ŒUVRES COMPLÈTES

DE VOLTAIRE

TOME NEUVIÈME

PARIS
LIBRAIRIE HACHETTE ET Cie
79, BOULEVARD SAINT-GERMAIN, 79

ŒUVRES COMPLÈTES

DE VOLTAIRE

COULOMMIERS. — Typ. ALBERT PONSOT et P. BRODARD

ŒUVRES COMPLÈTES

DE VOLTAIRE

TOME NEUVIÈME

PARIS
LIBRAIRIE HACHETTE ET Cie
79, BOULEVARD SAINT-GERMAIN, 79

1878

POËMES.

(SUITE.)

LA GUERRE CIVILE DE GENÈVE,

OU

LES AMOURS DE ROBERT COVELLE.

POÈME HÉROÏQUE,

AVEC DES NOTES INSTRUCTIVES.

(1768.)

AVERTISSEMENT DES ÉDITEURS DE KEHL.

On a fait un crime à M. de Voltaire d'avoir publié ce poëme. Nous ne doutons point que les chantres de la Sainte-Chapelle n'aient aussi trouvé Boileau un homme bien abominable.

M. de Voltaire avait acheté fort cher une petite maison auprès de Genève, et il avait été forcé de la vendre à perte. Malgré la défense d'appeler son frère *raca*, quelques *vénérables maîtres* lui avaient dit de grosses injures. Cependant le produit de ses ouvrages, dont il ne tirait rien pour lui-même, avait enrichi une des familles patriciennes de la république. Son séjour avait rendu à la ville de Genève, en Europe, la célébrité que deux siècles auparavant le Picard Jehan Chauvin lui avait donnée, et qu'elle avait perdue depuis que la théologie avait passé de mode. Il avait donné de plus la comédie gratis aux dames genevoises, et avait formé plusieurs citoyens dans l'art de la déclamation. Les exécutions de Servet, d'Antoine et Michel Chaudron, avaient été jusqu'alors les seuls spectacles permis par le consistoire : l'ingratitude ne pouvait donc être de son côté.

D'ailleurs ce poëme n'a d'autre objet que de prêcher la concorde aux deux partis; et ce qui prouve que M. de Voltaire avait raison, c'est que bientôt après la lassitude des troubles amena une espèce de paix.

L'histoire de Robert Covelle est très-vraie. Les prêtres genevois avaient l'insolence d'appeler à leur tribunal les citoyens et citoyennes accusés du crime de fornication, et les obligeaient de recevoir leur sentence à genoux : c'était rendre un service important à la république que de tourner cette extravagance en ridicule. M. Rousseau est traité dans ce poëme avec trop de dureté, sans doute; mais M. Rousseau accusait publiquement M. de Voltaire d'être un athée, le dénonçait comme l'auteur d'ouvrages irréligieux auxquels M. de Voltaire n'avait pas mis son nom, cherchait à attirer la persécution sur lui, et mettait en même temps à la tête de ses persécuteurs ce vieillard dont la vie avait été une guerre continuelle contre les fauteurs de la persécution, et qui, dans ce temps-là même, prenait contre les prêtres le parti de Jean-Jacques.

M. de Voltaire vivait dans un pays où des lois barbares, établies contre la liberté de penser dans les siècles d'ignorance, n'étaient pas encore abolies. De telles accusations étaient donc un véritable crime, et elles doivent paraître plus odieuses encore, lorsque l'on songe que l'accusateur lui-même avait imprimé des choses plus hardies que celles qu'il reprochait à son ennemi; qu'il donnait pour un modèle de vertu un prêtre qui disait la messe pour de l'argent, sans y croire; et qu'il avait la fureur de prétendre être un bon chrétien, parce qu'il avait développé en prose sérieuse cette épigramme de Jean-Baptiste Rousseau :

.... Oui, je voudrais connaître,
Toucher au doigt, sentir la vérité.
— Eh bien! courage, allons, reprit le prêtre :
Offrez à Dieu votre incrédulité.

L'humeur qui a pu égarer M. de Voltaire n'est-elle pas excusable? Il eût dû plaindre M. Rousseau; mais un homme qui, dans son malheur, calomniait, outrageait, dénonçait tous ceux qui faisaient cause commune avec lui, pouvait aussi exciter l'indignation.

Excepté ces traits contre M. Rousseau, on ne trouve ici que des plaisanteries. La manière dont milord Abington ressuscite Catherine est une sorte de reproche aux Génevois d'aimer trop l'argent; mais ce reproche, qu'on peut faire aux habitants de toutes les villes purement commerçantes, n'est-il pas fondé? Tout homme qui, ayant le nécessaire, et un patrimoine suffisant à laisser à ses enfants, se dévoue à un métier lucratif, peut-il ne pas aimer l'argent? s'occupe-t-on toute sa vie sans nécessité d'une chose qu'on n'aime point? le désintéressement qu'affecte un homme qui s'est livré longtemps au soin de s'enrichir ne peut être que de l'hypocrisie.

PROLOGUE.

On a si mal imprimé quelques chants de ce poëme, nous en avons vu des morceaux si défigurés dans différents journaux, on est si empressé de publier toutes les nouveautés dans l'heureuse paix dont nous jouissons, que nous avons interrompu notre édition de l'histoire des anciens Babyloniens et des Gomérites, pour donner l'histoire véritable des dissensions présentes de Genève, mises en vers par un jeune Franc-Comtois qui paraît promettre beaucoup. Ses talents seront encouragés sans doute par tous les gens de lettres, qui ne sont jamais jaloux les uns des autres, qui courent tous avec candeur au-devant du mérite naissant, qui n'ont jamais fait la moindre cabale pour faire tomber les pièces nouvelles, jamais écrit la moindre imposture, jamais accusé personne de sentiments erronés sur la grâce prévenante, jamais attribué à d'autres leurs obscurs écrits, et jamais emprunté de l'argent du jeune auteur en question pour faire imprimer contre lui de petits avertissements scandaleux.

Nous recommandons ce poëme à la protection des esprits fins et éclairés qui abondent dans notre province. Nous ne nous flattons pas que le sieur d'Hémeri, et le nommé Bruyset Ponthus, marchand libraire à Lyon, le laissent arriver jusqu'à Paris. On imprime aujourd'hui dans les provinces uniquement pour les provinces : Paris est une ville trop occupée d'objets sérieux pour être seulement informée de la guerre de Genève. L'Opéra-Comique, le singe de Nicolet, les romans nouveaux, les actions des fermes, et les actrices de l'Opéra, fixent l'attention de Paris avec tant d'empire, que personne n'y sait ni se soucie de savoir ce qui se passe au grand Caire, à Constantinople, à Moscou et à Genève. Mais nous espérons d'être lus des beaux esprits du pays de Gex, des Savoyards, des petits cantons suisses, de M. l'abbé de Saint-Gall, de M. l'évêque d'Annecy et de son chapitre, des révérends pères carmes de Fribourg, etc., etc. *Contenti paucis lectoribus.*

Nous avons suivi la nouvelle orthographe mitigée qui retranche les lettres inutiles, en conservant celles qui marquent l'étymologie des mots. Il nous a paru prodigieusement ridicule d'écrire *françois*, de ne pas distinguer les *Français* de saint *François d'Assise;* de ne pas écrire anglais et écossais par un *a*, comme on orthographie *portugais*. Il nous semble palpable que quand on prononce *j'aimais, je faisais, je plaisais,* avec un *a*, comme on prononce *je hais, je fais, je plais*, il est tout à fait impertinent de ne pas mettre un *a* à tous ces mots, et de ne pas orthographier de même ce qu'on prononce absolument de même.

S'il y a des imprimeurs qui suivent encore l'ancienne routine, c'est qu'ils composent avec la main plus qu'avec la tête. Pour moi, quand je vois un livre où le mot *Français* est imprimé avec un *o*, j'avertis l'auteur que je jette là le livre et que je ne le lis point.

J'en dis autant à Le Breton, imprimeur de l'*Almanach royal :* je ne lui payerai point l'almanach qu'il m'a vendu cette année. Il a eu la grossièreté de dire que M. le président.... M. le conseiller.... demeure dans le cul-de-sac de Ménard, dans le cul-de-sac des Blancs-Manteaux, dans le cul-de-sac de l'Orangerie. Jusqu'à quand les Welches croupiront-ils dans leur ancienne barbarie?

Hodieque manent vestigia ruris.

Comment peut-on dire qu'un grave président demeure dans un cul? passe encore pour Fréron : on peut habiter dans le lieu de sa naissance [1]; mais un président, un conseiller! fi, monsieur Le Breton! corrigez-vous, servez-vous du mot *impasse*, qui est le mot propre; l'expression ancienne est *impasse*. Feu mon cousin Guillaume Vadé, de l'Académie de Besançon, vous en avait averti. Vous ne vous êtes pas plus corrigé que nos plats auteurs, à qui l'on montre en vain leurs sottises; ils les laissent subsister, parce qu'ils ne peuvent mieux faire. Mais vous, monsieur Le Breton, qui avez du génie, comment, dans le seul ouvrage où un illustre académicien dit que la vérité se trouve, pouvez-vous glisser une infamie qui fait rougir les dames, à qui nous devons tous un si profond respect? Par Notre-Dame, monsieur Le Breton, je vous attends à l'année 1769.

PREMIER POSTSCRIPT.

A ANDRÉ PRAULT, LIBRAIRE, QUAI DES AUGUSTINS.

Monsieur André Prault, vous avertissez le public, dans *l'Avant-Coureur*, n° 9, du lundi 29 février 1768, que M. Le Franc de Pompignan ayant magnifiquement et superbement fait imprimer ses cantiques sacrés à ses dépens, vous les avez offerts d'abord pour dix-huit livres, ensuite pour seize; puis vous les avez mis à douze, puis à dix. Enfin vous les cédez pour huit francs, et vous avez dit dans votre boutique :

Sacrés ils sont, car personne n'y touche.

Je vous donnerai six francs d'un exemplaire bien relié, pourvu que vous n'appeliez jamais culs-de-lampe les ornements, les vignettes, les cartouches, les fleurons. Vous êtes parfaitement instruit qu'il n'y a nul rapport d'un fleuron à un cul, ni d'un cul à une lampe. Si quelque critique demande pourquoi je répète ces leçons utiles, je réponds que je les répéterai jusqu'à ce qu'on se soit rangé à son devoir.

SECOND POSTSCRIPT.

A M. PANCKOUCKE.

Et vous, monsieur Panckoucke, qui avez offert par souscription le recueil de *l'Année littéraire* de maître Aliboron, dit Fréron, à dix sous le volume relié, sachez que cela est trop cher; deux sous et demi, s'il vous plaît, monsieur Panckoucke, et je

---

1. Voyez *le Pauvre Diable*, ouvrage en vers aisés de feu mon cousin Vadé.

Je m'accostai d'un homme à lourde mine,
Qui sur sa plume a fondé sa cuisine, etc.

Voyez plus loin ces vers, qui sont de Voltaire lui-même. (ÉD.)

placerai dans ma chaumière cet ouvrage entre Cicéron et Quintilien. Je me forme une assez belle bibliothèque, dont je parlerai incessamment au roi; mais je ne veux pas me ruiner.

TROISIÈME POSTSCRIPT.

AU MÊME.

Je ne veux pas vous ruiner non plus. J'apprends que vous imprimez mes fadaises in-4°, comme un ouvrage de bénédictins, avec estampes, fleurons, et point de culs-de-lampe. De quoi vous avisez-vous? on aime assez les estampes dans ce siècle; mais pour les gros recueils personne ne les lit. Ne faites-vous pas quelquefois réflexion à la multitude innombrable de livres qu'on imprime tous les jours en Europe? les plaines de Beauce ne pourraient pas les contenir. Et n'était le grand usage qu'on en fait dans votre ville au haut des maisons, il y aurait mille fois plus de livres que de gens qui ne savent pas lire. La rage de mettre du noir sur du blanc, comme dit Sady; le *scribendi cacoethes*, comme dit Horace, est une maladie dont j'ai été attaqué, et dont je veux absolument me guérir : tâchez de vous défaire de celle d'imprimer. Tenez-vous-en, au moins en fait de belles-lettres, au siècle de Louis XIV.

M. d'Aquin, que j'aime et que j'estime, a célébré, à mon exemple, le siècle présent comme j'ai broché le passé : il a fait un relevé des grands hommes d'aujourd'hui. On y trouve dix-huit maîtres d'orgues et quinze joueurs de violon, Mlle Petit-Pas, Mlle Pélissier, Mlle Chevalier, M. Cahusac, plusieurs basses-tailles, quelques hautes-contre, neuf danseurs, autant de danseuses. Tous ces talents sont fort agréables, et les jeunes gens comme moi en sont fort épris. Mais peut-être le siècle des Condé, des Turenne, des Luxembourg, des Colbert, des Fénelon, des Bossuet, des Corneille, des Racine, des Boileau, des Molière, des La Fontaine, avait-il quelque chose de plus imposant. Je puis me tromper; je me défie toujours de mon opinion, et je m'en rapporte à M. d'Aquin.

CHANT PREMIER.

Auteur sublime, inégal, et bavard [1],
Toi qui chantas le rat et la grenouille,
Daigneras-tu m'instruire dans ton art?
Poliras-tu les vers que je barbouille?

1. Homère, qui a fait le combat des grenouilles et des rats.

LA GUERRE CIVILE DE GENÈVE.

O Tassoni[1] plus long dans tes discours,
De vers prodigue, et d'esprit fort avare,
Me faudra-t-il, dans mon dessein bizarre,
De tes langueurs implorer le secours?
Grand Nicolas[2], de Juvénal émule,
Peintre des mœurs, surtout du ridicule,
Ton style pur aurait pu me tenter;
Il est trop beau, je ne puis l'imiter :
A son génie il faut qu'on s'abandonne;
Suivons le nôtre, et n'invoquons personne.

Au pied d'un mont[3] que les temps ont pelé,
Sur le rivage où, roulant sa belle onde,
Le Rhône échappe à sa prison profonde,
Et court au loin par la Saône appelé,
On voit briller la cité génevoise,
Noble cité, riche[4], fière, et sournoise;
On y calcule, et jamais on n'y rit;
L'art de Barême[5] est le seul qui fleurit :
On hait le bal, on hait la comédie;
Du grand Rameau l'on ignore les airs :
Pour tout plaisir Genève psalmodie
Du bon David les antiques concerts,
Croyant que Dieu se plaît aux mauvais vers[6];
Des prédicants la morne et dure espèce
Sur tous les fronts a gravé la tristesse.

C'est en ces lieux que maître Jean Calvin,
Savant Picard, opiniâtre et vain,
De Paul apôtre impudent interprète,
Disait aux gens que la vertu parfaite
Est inutile au salut du chrétien;
Que Dieu fait tout, et l'honnête homme rien.
Ses successeurs en foule s'attachèrent
A ce grand dogme, et très-mal le prêchèrent.
Robert Covelle était d'un autre avis;
Il prétendait que Dieu nous laisse faire;
Qu'il va donnant châtiment ou salaire
Aux actions, sans gêner les esprits.

---

1. L'auteur de la *Secchia rapita*, ou de la terrible guerre entre Bologne et Modène, pour un seau d'eau.
2. Nicolas Boileau. — 3. La montagne de Salève, partie des Alpes.
4. Les seuls citoyens de Genève ont quatre millions cinq cent mille livres de rentes sur la France, en divers effets. Il n'y a point de ville en Europe qui, dans son territoire, ait autant de jolies maisons de campagne, proportion gardée. Il y a cinq cents fourneaux dans Genève, où l'on fond l'or et l'argent : on y poussait autrefois des arguments théologiques.
5. Auteur des *Comptes faits*.
6. Ces vers sont dignes de la musique; on y chante les commandements de Dieu sur l'air *Réveillez-vous belle endormie*.

CHANT I.

Ses sentiments étaient assez suivis
Par la jeunesse, aux nouveautés encline.
   Robert Covelle, au sortir d'un sermon
Qu'avait prêché l'insipide Brognon[1],
Grand défenseur de la vieille doctrine,
Dans un réduit rencontra Catherine
Aux grands yeux noirs, à la fringante mine,
Qui laissait voir un grand tiers de teton
Rebondissant sous sa mince étamine.
Chers habitants de ce petit canton,
Vous connaissez le beau Robert Covelle,
Son large nez, son ardente prunelle,
Son front altier, ses jarrets bien dispos
Et tout l'esprit qui brille en ses propos.
Jamais Robert ne trouva de cruelle.
Voici les mots qu'il dit à sa pucelle :
« Mort de Calvin! quel ennuyeux prêcheur
Vient d'annoncer à son sot auditoire
Que l'homme est faible et qu'un pauvre pécheur
Ne fit jamais une œuvre méritoire?
J'en veux faire une. » Il dit, et dans l'instant,
O Catherine, il vous fait un enfant.
Ainsi Neptune en rencontrant Philyre,
Et Jupiter voyant au fond des bois
La jeune Io pour la première fois,
Ont abrégé le temps de leur martyre.
Ainsi David, vainqueur du Philistin,
Vit Bethsabée, et lui planta soudain,
Sans soupirer, dans son pudique sein
Un Salomon et toute son engeance;
Ainsi Covelle en ses amours commence;
Ainsi les rois, les héros, et les dieux,
En ont agi. Le temps est précieux.
   Bientôt Catin dans sa taille arrondie
Manifesta les œuvres de Robert.
Les gens malins ont l'œil toujours ouvert,
Et le scandale a la marche étourdie.
Tout fut ému dans les murs génevois;
Du vieux Picard[2] on consulta les lois;
On convoqua le sacré consistoire;
Trente pédants en robe courte et noire
Dans leur taudis vont siéger après boire,
Prêts à dicter leur arrêt solennel.
Ce n'était pas le sénat immortel
Qui s'assemblait sous la voûte éthérée

1. Prédicant génevois. — 2. Calvin, chanoine de Noyon.

Pour juger Mars avec sa Cythérée [1],
Surpris tous deux l'un sur l'autre étendus,
Tout palpitants, et s'embrassant tout nus.
La Catherine avait caché ses charmes ;
Covelle aussi, de peur d'humilier
Le sanhédrin trop prompt à l'envier,
Cache avec soin ses redoutables armes.
    Du noir sénat le grave directeur
Est Jean Vernet [2], de maint volume auteur,
Le vieux Vernet, ignoré du lecteur,
Mais trop connu des malheureux libraires ;
Dans sa jeunesse il a lu les saints Pères,
Se croit savant, affecte un air dévot :
Broun est moins fat, et Needham est moins sot [3].
Les deux amants devant lui comparaissent.
A ces objets, à ces péchés charmants,
Dans sa vieille âme en tumulte renaissent
Les souvenirs des tendres passe-temps
Qu'avec Javotte il eut dans son printemps.
Il interroge ; et sa rare prudence
Pèse à loisir, sur chaque circonstance,
Le lieu, le temps, le nombre, la façon.
« L'amour, dit-il, est l'œuvre du démon ;
Gardez-vous bien de la persévérance,
Et dites-moi si les tendres désirs
Ont subsisté par delà les plaisirs. »
    Catin subit son interrogatoire
Modestement, jalouse de sa gloire,
Non sans rougir ; car l'aimable pudeur
Est sur son front comme elle est dans son cœur.
Elle dit tout, rend tout clair et palpable
Et fait serment que son amant aimable
Est toujours gai devant, durant, après.
Vernet, content de ces aveux discrets,
Va prononcer la divine sentence.

---

1. Le Soleil, comme on sait, découvrit Vénus couchée avec Mars, et Vulcain porta sa plainte au consistoire de là-haut.

2. Vernet, professeur en théologie, très-plat écrivain, fils d'un réfugié. Nous avons ses lettres originales, par lesquelles il pria l'auteur de *l'Essai sur les mœurs* de le gratifier de l'édition, et de l'accepter pour correcteur d'imprimerie. Il fut refusé, et se jeta dans la politique.

3. Broun, prédicant écossais, qui a écrit des sottises et des injures, de compagnie avec Vernet. Ce prédicant écossais venait souvent manger chez l'auteur sans être prié, et c'est ainsi qu'il témoigna sa reconnaissance. Needham est un jésuite irlandais, imbécile, qui a cru faire des anguilles avec de la farine. On a donné quelque temps dans sa chimère, et quelques philosophes même ont bâti un système sur cette prétendue expérience, aussi fausse que ridicule.

CHANT I.

« Robert Covelle, écoutez à genoux....
—A genoux, moi !...—Vous-même....—Qui? moi !... —Vous;
A vos vertus joignez l'obéissance. »
Covelle alors, à sa mâle éloquence
Donnant l'essor, et ranimant son feu,
Dit : « Je fléchis les genoux devant Dieu,
Non devant l'homme ; et jamais ma patrie
A mon grand nom ne pourra reprocher
Tant de bassesse et tant d'idolâtrie.
J'aimerais mieux périr sur le bûcher
Qui de Servet a consumé la vie;
J'aimerais mieux mourir avec Jean Hus,
Avec Chausson[1], et tant d'autres élus,
Que m'avilir à rendre à mes semblables
Un culte infâme et des honneurs coupables;
J'ignore encor tout ce que votre esprit
Peut en secret penser de Jésus-Christ[2];
Mais il fut juste, et ne fut point sévère :
Jésus fit grâce à la femme adultère,
Il dédaigna de tenir à ses pieds
Ses doux appas de honte humiliés;
Et vous, pédants, cuistres de l'Évangile,
Qui prétendez remplacer en fierté
Ce qui chez vous manque en autorité,
Nouveaux venus, troupe vaine et futile,
Vous oseriez exiger un honneur
Que refusa Jésus-Christ mon Sauveur !
Tremblez, cessez d'insulter votre maître....
Tu veux parler; tais-toi, Vernet.... Peut-être
Me diras-tu qu'aux murs de Saint-Médard
Trente prélats, tous dignes de la hart,
Pour exalter leur sacré caractère,
Firent fesser Louis le Débonnaire[3],
Sur un cilice étendu devant eux?
Louis était plus bête que pieux :
La discipline, en ces jours odieux,
Était d'usage, et nous venait du Tibre;
C'était un temps de sottise et d'erreur.
Ce temps n'est plus; et si ce déshonneur
A commencé par un vil empereur,

1. Chausson, fameux partisan d'Alcibiade, d'Alexandre, de Jules César, de Giton, de Desfontaines, de l'*âne littéraire*, brûlé chez les Welches au XVIIe siècle.
2. Voyez l'article Genève dans l'*Encyclopédie*. Jamais Vernet n'a signé que Jésus est Dieu consubstantiel à Dieu le Père. A l'égard de l'Esprit, il n'en parle pas.
3. Voyez l'histoire de l'Empire et de France.

Il finira par un citoyen libre[1]. »
   A ces discours tous les bons citadins,
Pressés en foule à la porte, applaudirent,
Comme autrefois les chevaliers romains
Battaient des pieds et claquaient des deux mains
Dans le forum, alors qu'ils entendirent
De Cicéron les beaux discours diffus
Contre Verrès, Antoine, et Céthégus[2],
Ses tours nombreux, son éloquente emphase,
Et les grands mots qui terminaient sa phrase :
Tel de plaisir le parterre enivré
Fit retentir les clameurs de la joie
Quand *l'Écossaise* abandonnait en proie
Aux ris moqueurs du public éclairé
Ce lourd Fréron[3], diffamé par la ville,
Comme un bâtard du bâtard de Zoïle.
Six cents bourgeois proclamèrent soudain
Robert Covelle heureux vainqueur des prêtres,
Et défenseur des droits du genre humain.
Chacun embrasse et Robert et Catin ;
Et, dans leur zèle, ils tiennent pour des traîtres
Les prédicants qui, de leurs droits jaloux,
Dans la cité voudraient faire les maîtres,
Juger l'amour, et parler de genoux.
   Ami lecteur, il est dans cette ville
De magistrats un sénat peu commun,
Et peu connu. Deux fois douze, plus un,
Font le complet de cette troupe habile.
Ces sénateurs, de leur place ennuyés,
Vivent d'honneur, et sont fort mal payés ;
On ne voit point une pompe orgueilleuse
Environner leur marche fastueuse :
Ils vont à pied comme les Manlius,
Les Curius, et les Cincinnatus ;
Pour tout éclat, une énorme perruque
D'un long boudin cache leur vieille nuque,
Couvre l'épaule, et retombe en anneaux ;
Cette crinière a deux pendants égaux,
De la justice emblème respectable ;
Leur col est roide, et leur front vénérable
N'a jamais su pencher d'aucun côté ;

---

   1. Il est très-vrai que les ministres citèrent à Covelle l'exemple de Louis le Débonnaire ou le Faible, et qu'il leur fit cette réponse.
   2. Céthégus, complice de Catilina.
   3. Maître Aliboron, dit Fréron, était à la première représentation de *l'Écossaise*. Il fut hué pendant toute la pièce, et reconduit chez lui par le public avec des huées.

CHANT I.

Signe d'esprit et preuve d'équité.
Les deux partis devant eux se présentent,
Plaident leur cause, insistent, argumentent :
De leurs clameurs le tribunal mugit;
Et plus on parle, et moins on s'éclaircit :
L'un se prévaut de la sainte Écriture;
L'autre en appelle aux lois de la nature,
Et tous les deux décochent quelque injure
Pour appuyer le droit et la raison.
  Dans le sénat il était un Caton,
Paul Gallatin, syndic de cette année,
Qui crut l'affaire en ces mots terminée :
  « Vos différends pourraient s'accommoder.
Vous avez tous l'art de persuader.
Les citoyens et l'éloquent Covelle
Ont leurs raisons.... les vôtres ont du poids....
C'est ce qui fait.... l'objet de la querelle....
Nous en pourrons parler une autre fois....
Car.... en effet.... il est bon qu'on s'entende....
Il faut savoir ce que chacun demande....
De tout État l'Église est le soutien....
On doit surtout penser au.... citoyen....
Les blés sont chers, et la disette est grande.
Allons dîner.... les genoux n'y font rien¹. »
  A ce discours, à cet arrêt suprême,
Digne en tout sens de Thémis elle-même,
Les deux partis également flattés,
Également l'un et l'autre irrités,
Sont résolus de commencer la guerre.
O guerre horrible! ô fléau de la terre!
Que deviendront Covelle et ses amours?
Des bons bourgeois le bras les favorise;
Mais les bourgeois sont un faible secours
Quand il s'agit de combattre l'Église.
Leur premier feu bientôt se ralentit,
Et pour l'éteindre un dimanche suffit.
Au cabaret on est fier, intrépide;
Mais au sermon qu'on est sot et timide!
Qui parle seul a raison trop souvent;
Sans rien risquer sa voix peut nous confondre.
Un temps viendra qu'on pourra lui répondre;
Ce temps est proche, et sera fort plaisant.

---

1. C'est le refrain d'une chanson grivoise, *Et lon, lan, la, les genoux n'y font rien.*

CHANT SECOND.

Quand deux partis divisent un empire,
Plus de plaisirs, plus de tranquillité,
Plus de tendresse et plus d'honnêteté;
Chaque cerveau, dans sa moelle infecté,
Prend pour raison les vapeurs du délire;
Tous les esprits, l'un par l'autre agité,
Vont redoublant le feu qui les inspire :
Ainsi qu'à table un cercle de buveurs,
Faisant au vin succéder les liqueurs,
Tout en buvant demande encore à boire,
Verse à la ronde, et se fait une gloire
En s'enivrant d'enivrer son voisin.
  Des prédicants le bataillon divin,
Ivre d'orgueil et du pouvoir suprême,
Avait déjà prononcé l'anathème;
Car l'hérétique excommunie aussi.
Ce sacré foudre est lancé sans merci
Au nom de Dieu. Genève imite Rome,
Comme le singe est copiste de l'homme.
Robert Covelle et ses braves bourgeois
Font peu de cas des foudres de l'Église :
On en sait trop; on lit *l'Esprit des lois;*
A son pasteur l'ouaille est peu soumise.
Le fier Rodon, l'intrépide Flournois,
Pallard le riche, et le discret Clavière,
Vont envoyer, d'une commune voix,
Les prédicants prêcher dans la rivière.
On s'y dispose; et le vaillant Rodon
Saisit déjà le sot prêtre Brognon
A la braguette, au collet, au chignon;
Il le soulève ainsi qu'on vit Hercule,
En déchirant la robe qui le brûle,
Lancer d'un jet le malheureux Lychas.
  Mais, ô prodige! et qu'on ne croira pas,
Tel est l'ennui dont la sage nature
Dota Brognon, que sa seule figure
Peut assoupir, et même sans prêcher,
Tout citoyen qui l'oserait toucher;
Rien n'y résiste, homme, femme, ni fille.
Maître Brognon ressemble à la torpille;
Elle engourdit les mains des matelots
Qui de trop près la suivent sur les flots.
Rodon s'endort, et Pallard le secoue;

Brognon gémit étendu dans la boue.
　Tous les pasteurs étaient saisis d'effroi;
Ils criaient tous : « Au secours! à la loi!
A moi, chrétiens, femmes, filles, à moi! »
A leurs clameurs, une troupe dévote,
Se rajustant, descend de son grenier,
Et crie, et pleure, et se retrousse, et trotte,
Et porte en main Saurin[1] et le psautier;
Et les enfants vont pleurant après elles,
Et les amants donnant le bras aux belles;
Diacre, maçon, corroyeur, pâtissier,
D'un flot subit inondent le quartier.
La presse augmente; on court, on prend les armes;
Qui n'a rien vu donne le plus d'alarmes;
Chacun pense être à ce jour si fatal
Où l'ennemi, qui s'y prit assez mal,
Au pied des murs vint planter ses échelles[2],
Pour tuer tout, excepté les pucelles.
　Dans ce fracas, le sage et doux Dolot
Fait un grand signe, et d'abord ne dit mot :
Il est aimé des grands et du vulgaire;
Il est poëte, il est apothicaire,
Grand philosophe, et croit en Dieu pourtant;
Simple en ses mœurs, il est toujours content,
Pourvu qu'il rime, et pourvu qu'il remplisse
De ses beaux vers *le Mercure* de Suisse.
Dolot s'avance; et dès qu'on s'aperçut
Qu'il prétendait parler à des visages,
On l'entoura, le désordre se tut.
　« Messieurs, dit-il, vous êtes nés tous sages;
Ces mouvements sont des convulsions;
C'est dans le foie, et surtout dans la rate,
Que Galien, Nicomaque, Hippocrate,
Tous gens savants, placent les passions;
L'âme est du corps la très-humble servante;
Vous le savez, les esprits animaux
Sont fort légers, et s'en vont aux cerveaux
Porter le trouble avec l'humeur peccante.
Consultons tous le célèbre Tronchin;
Il connaît l'âme, il est grand médecin;
Il peut beaucoup dans cette épidémie. »
Tronchin sortait de son académie

1. Les sermons de Saurin, prédicant à la Haye, connu pour une petite espièglerie qu'il fit à milord Portland, en faveur d'une fille : ce qui déplut fort au Portland, lequel ne passait cependant pas pour aimer les filles.
2. L'escalade de Genève, le 12 décembre 1602.

Lorsque Dolot disait ces derniers mots :
Sur son beau front siége le doux repos ;
Son nez romain dès l'abord en impose ;
Ses yeux sont noirs, ses lèvres sont de rose ;
Il parle peu, mais avec dignité ;
Son air de maître est plein d'une bonté
Qui tempérait la splendeur de sa gloire ;
Il va tâtant le pouls du consistoire,
Et du conseil, et des plus gros bourgeois.
  Sur eux à peine il a placé ses doigts,
O de son art merveilleuse puissance !
O vanités ! ô fatale science !
La fièvre augmente, un délire nouveau
Avec fureur attaque tout cerveau.
J'ai vu souvent, près des rives du Rhône,
Un serviteur de Flore et de Pomone
Par une digue arrêtant de ses mains
Le flot bruyant qui fond sur ses jardins :
L'onde s'irrite, et, brisant sa barrière,
Va ravager les œillets, les jasmins,
Et des melons la couche printanière.
Telle est Genève ; elle ne peut souffrir
Qu'un médecin prétende la guérir :
Chacun s'émeut, et tous donnent au diable
Le grand Tronchin avec sa mine affable.
Du genre humain voilà le sort fatal :
Nous buvons tous dans une coupe amère
Le jus du fruit que mangea notre mère ;
Et du bien même il naît encor du mal.
Lui, d'un pas grave et d'une marche lente,
Laisse gronder la troupe turbulente,
Monte en carrosse, et s'en va dans Paris
Prendre son rang parmi les beaux esprits.
  Genève alors est en proie au tumulte,
A la menace, à la crainte, à l'insulte :
Tous contre tous, Bitet contre Bitet,
Chacun écrit, chacun fait un projet ;
On représente, et puis on représente ;
A penser creux tout bourgeois se tourmente ;
Un prédicant donne à l'autre un soufflet ;
Comme la horde à Moïse attachée
Vit autrefois, à son très-grand regret,
Sédékia, prophète peu discret,
Qui souffletait le prophète Michée[1].

---

1. Voyez les *Paralipomènes*, liv. II, chap. XVIII, v. 23. « Or Sédékia, fils de Kanaa, s'approcha de Michée, lui donna un soufflet, et lui dit : « Par

CHANT II.

Quand le soleil, sur la fin d'un beau jour,
De ses rayons dore encor nos rivages,
Que Philomèle enchante nos bocages,
Que tout respire et la paix et l'amour,
Nul ne prévoit qu'il viendra des orages.
D'où partent-ils? dans quels antres profonds
Étaient cachés les fougueux aquilons?
Où dormaient-ils? quelle main, sur nos têtes,
Dans le repos retenait les tempêtes?
Quel noir démon soudain trouble les airs?
Quel bras terrible a soulevé les mers?
On n'en sait rien. Les savants ont beau dire
Et beau rêver, leurs systèmes font rire.
Ainsi Genève, en ces jours pleins d'effroi,
Était en guerre, et sans savoir pourquoi.

Près d'une église à Pierre consacrée,
Très-sale église, et de Pierre abhorrée,
Qui brave Rome, hélas! impunément,
Sur un vieux mur est un vieux monument,
Reste maudit d'une déesse antique,
Du paganisme ouvrage fantastique,
Dont les enfers animaient les accents
Lorsque la terre était sans prédicants.
Dieu quelquefois permet qu'à cette idole
L'esprit malin prête encor sa parole.
Les Genevois consultent ce démon
Quand par malheur ils n'ont point de sermon.
Ce diable antique est nommé l'Inconstance;
Elle a toujours confondu la prudence :
Une girouette exposée à tout vent
Est à la fois son trône et son emblème;
Cent papillons forment son diadème :
Par son pouvoir magique et décevant
Elle envoya Charles-Quint au couvent,
Jules second aux travaux de la guerre;
Fit Amédée et moine, et pape, et rien [1],
Bonneval turc [2], et Macarty chrétien [3].
Elle est fêtée en France, en Angleterre.

« où l'esprit du Seigneur a-t-il passé pour aller de ma main à ta joue »
(et, selon la Vulgate, « de toi à moi »)?
1. Amédée, duc de Savoie, retiré à Ripaille, devenu antipape sous le nom de Félix V, en 1440.
2. Le comte de Bonneval, général en Allemagne, et bacha en Turquie, sous le nom d'Osman.
3. L'abbé Macarty, Irlandais, prieur en Bretagne, sodomite, simoniaque, puis turc. Il emprunta, comme on sait, à l'auteur de ce grave poëme deux mille livres, avec lesquelles il s'alla faire circoncire. Il a rechristianisé depuis, et est mort à Lisbonne.

Contre l'ennui son charme est un secours.
Elle a, dit-on, gouverné les amours :
S'il est ainsi, c'est gouverner la terre.
Monsieur Grillet[1], dont l'esprit est vanté,
Est fort dévot à cette déité :
Il est profond dans l'art de l'ergotisme ;
En quatre parts il vous coupe un sophisme,
Prouve et réfute, et rit d'un ris malin
De saint Thomas, de Paul, et de Calvin :
Il ne fait pas grand usage des filles,
Mais il les aime ; il trouve toujours bon
Que du plaisir on leur donne leçon
Quand elles sont honnêtes et gentilles ;
Permet qu'on change et de fille et d'amant,
De vins, de mode, et de gouvernement.
« Amis, dit-il, alors que nos pensées
Sont au droit sens tout à fait opposées,
Il est certain par le raisonnement
Que le contraire est un bon jugement ;
Et qui s'obstine à suivre ses visées
Toujours du but s'écarte ouvertement.
Pour être sage, il faut être inconstant ;
Qui toujours change une fois au moins trouve
Ce qu'il cherchait, et la raison l'approuve :
A ma déesse allez offrir vos vœux ;
Changez toujours, et vous serez heureux. »
Ce beau discours plut fort à la commune.
« Si les Romains adoraient la Fortune,
Disait Grillet, on peut avec honneur
Prier aussi l'Inconstance, sa sœur. »
Un peuple entier suit avec allégresse
Grillet, qui vole aux pieds de la déesse.
On s'agenouille, on tourne à son autel.
La déité, tournant comme eux sans cesse,
Dicte en ces mots son arrêt solennel :
« Robert Covelle, allez trouver Jean-Jacques,
Mon favori, qui devers Neuchâtel
Par passe-temps fait aujourd'hui ses pâques[2].
C'est le soutien de mon culte éternel ;

1. Celui que l'auteur désigne par le nom de Grillet est en effet un homme d'esprit, qui joint à une dialectique profonde beaucoup d'imagination. (Le véritable nom du personnage est Rilliet. Éd.)
2. Jean-Jacques Rousseau communiait en effet alors dans le village de Moutier-Travers, diocèse de Neuchâtel. Il imprima une lettre dans laquelle il dit *qu'il pleurait de joie à cette sainte cérémonie*. Le lendemain il écrivit une lettre sanglante contre le prédicant, qui l'avait, dit-il, très-mal communié ; le surlendemain, il fut lapidé par les petits garçons, et ne communia plus. Il avait commencé par se faire papiste à

CHANT II.

Toujours il tourne, et jamais ne rencontre;
Il vous soutient et le pour et le contre
Avec un front de pudeur dépouillé.
Cet étourdi souvent a barbouillé
De plats romans, de fades comédies,
Des opéras, de minces mélodies;
Puis il condamne, en style entortillé,
Les opéras, les romans, les spectacles.
Il vous dira qu'il n'est point de miracles,
Mais qu'à Venise il en a fait jadis.
Il se connaît finement en amis;
Il les embrasse, et pour jamais les quitte.
L'ingratitude est son premier mérite.
Par grandeur d'âme il hait ses bienfaiteurs.
Versez sur lui les plus nobles faveurs,
Il frémira qu'un homme ait la puissance,
La volonté, la coupable impudence
De l'avilir en lui faisant du bien.
Il tient beaucoup du naturel d'un chien;
Il jappe et fuit, et mord qui le caresse.
 « Ce qui surtout me plaît et m'intéresse,
C'est que de secte il a changé trois fois,
En peu de temps, pour faire un meilleur choix
Allez, volez, Catherine, Covelle;
Dans votre guerre engagez mon héros,
Et qu'il y trouve une gloire nouvelle;
Le dieu du lac vous attend sur ses flots.
En vain mon sort est d'aimer les tempêtes
Puisse Borée, enchaîné sur vos têtes,
Abandonner au souffle des zéphyrs
Et votre barque et vos charmants plaisirs!
Soyez toujours amoureux et fidèles,
Et jouissants. C'est sans doute un souhait
Que jusqu'ici je n'avais jamais fait;
Je ne voulais que des amours nouvelles :
Mais ma nature étant le changement,

Turin, puis il se refit calviniste à Genève; puis il alla à Paris faire des comédies; puis il écrivit à l'auteur qu'il le ferait poursuivre au consistoire de Genève pour avoir fait jouer la comédie sur terre de France, dans son château à deux lieues de Genève; puis il écrivit contre M. d'Alembert en faveur des prédicants de Genève; puis il écrivit contre les prédicants de Genève, et imprima qu'ils étaient tous des fripons, aussi bien que ceux qui avaient travaillé au dictionnaire de l'*Encyclopédie*, auxquels il avait de très-grandes obligations. Comme il en avait davantage à M. Hume, son protecteur, qui le mena en Angleterre, et qui épuisa son crédit pour lui faire obtenir cent guinées d'aumône du roi, il écrivit bien plus violemment contre lui : « Premier soufflet, dit-il, sur la joue de mon protecteur; second soufflet, troisième soufflet. » Apparemment, a-t-on dit, que le quatrième était pour le roi.

Pour votre bien je change en ce moment.
Je veux enfin qu'il soit dans mon empire
Un couple heureux sans infidélité,
Qui toujours aime, et qui toujours désire;
On l'ira voir un jour par rareté :
Je veux donner, moi qui suis l'Inconstance,
Ce rare exemple : il est sans conséquence;
J'empêcherai qu'il ne soit imité.
Je suis vrai pape, et je donne dispense,
Sans déroger à ma légèreté :
Ne doutez point de ma divinité;
Mon Vatican, mon église est en France. »
Disant ces mots, la déesse bénit
Les deux amants, et le peuple applaudit.
  A cet oracle, à cette voix divine,
Le beau Robert, la belle Catherine,
Vers la girouette avancèrent tous deux,
En se donnant des baisers amoureux :
Leur tendre flamme en était augmentée;
Et la girouette, un moment arrêtée,
Ne tourna point, et se fixa pour eux.
  Les deux amants sont prêts pour le voyage;
Un peuple entier les conduit au rivage :
Le vaisseau part; Zéphyre et les Amours
Sont à la poupe, et dirigent son cours,
Enflent la voile, et d'un battement d'aile
Vont caressant Catherine et Covelle.
Tels, en allant se coucher à Paphos,
Mars et Vénus ont vogué sur les flots;
Telle Amphitrite et le puissant Nérée
Ont fait l'amour sur la mer azurée.
  Les bons bourgeois, au rivage assemblés,
Suivaient de l'œil ce couple si fidèle;
On n'entendait que les cris redoublés
De liberté, de Catin, de Covelle.
  Parmi la foule il était un savant
Qui sur ce cas rêvait profondément,
Et qui tirait un fort mauvais présage
De ce tumulte et de ce beau voyage.
« Messieurs, dit-il, je suis vieux, et j'ai vu
Dans ce pays bon nombre de sottises;
Je fus soldat, prédicant, et cocu;
Je fus témoin des plus terribles crises;
Mon bisaïeul a vu mourir Calvin :
J'aime Covelle, et surtout sa Catin;
Elle est charmante, et je sais qu'elle brille
Par son esprit comme par ses attraits;

CHANT II.

Mais, croyez-moi, si vous aimez la paix,
Allez souper avec madame Oudrille. »
  Notre savant, ayant ainsi parlé,
Fut du public impudemment sifflé.
Il n'en tint compte; il répétait sans cesse :
« Madame Oudrille... » On l'entoure, on le presse;
Chacun riait des discours du barbon;
Et cependant lui seul avait raison.

CHANT TROISIÈME.

  Quand sur le dos de ce lac argenté
Le beau Robert et sa tendre maîtresse
Voguaient en paix, et savouraient l'ivresse
Des doux désirs et de la volupté;
Quand le sylvain, la dryade attentive,
D'un pas léger accouraient sur la rive;
Lorsque Protée et les nymphes de l'eau
Nageaient en foule autour de leur bateau,
Lorsque Triton caressait la naïade,
Que devenait ce Jean-Jacques Rousseau
Chez qui Robert allait en ambassade?
  Dans un vallon fort bien nommé Travers
S'élève un mont, vrai séjour des hivers;
Son front altier se perd dans les nuages,
Ses fondements sont au creux des enfers;
Au pied du mont sont des antres sauvages,
Du dieu du jour ignorés à jamais :
C'est de Rousseau le digne et noir palais;
Là se tapit ce sombre énergumène,
Cet ennemi de la nature humaine,
Pétri d'orgueil et dévoré de fiel;
Il fuit le monde, et craint de voir le ciel
Et cependant sa triste et vilaine âme
Du dieu d'amour a ressenti la flamme;
Il a trouvé, pour charmer son ennui,
Une beauté digne en effet de lui :
C'était Caron amoureux de Mégère.
Cette infernale et hideuse sorcière
Suit en tous lieux le magot ambulant;
Comme la chouette est jointe au chat-huant.
L'infâme vieille avait pour nom Vachine[1];

---

1. Son nom est Vacheur; c'est de là que l'auteur a tiré le nom de la fée Vachine. — Par ce nom de Vachine, Voltaire désigne Thérèse Le Vasseur, femme de J. J. Rousseau. (ED.)

C'est sa Circé, sa Didon, son Alcine.
L'aversion pour la terre et les cieux
Tient lieu d'amour à ce couple odieux.
Si quelquefois, dans leurs ardeurs secrètes,
Leurs os pointus joignent leurs deux squelettes,
Dans leurs transports ils se pâment soudain
Du seul plaisir de nuire au genre humain.
 Notre Euménide avait alors en tête
De diriger la foudre et la tempête
Devers Genève. Ainsi l'on vit Junon,
Du haut des airs, terrible et forcenée,
Persécuter les restes d'Ilion,
Et foudroyer les compagnons d'Énée.
Le roux Rousseau, renversé sur le sein,
Le sein pendant de l'infernale amie,
L'encourageait dans le noble dessein
De submerger sa petite patrie :
Il détestait sa ville de Calvin ;
Hélas ! pourquoi ? c'est qu'il l'avait chérie.
 Aux cris aigus de l'horrible harpie,
Déjà Borée, entouré de glaçons,
Est accouru du pays des Lapons ;
Les aquilons arrivent de Scythie ;
Les gnomes noirs, dans la terre enfermés
Où se pétrit le bitume et le soufre,
Font exhaler du profond de leur gouffre
Des feux nouveaux dans l'enfer allumés :
L'air s'en émeut, les Alpes en mugissent ;
Les vents, la grêle, et la foudre, s'unissent ;
Le jour s'enfuit ; le Rhône épouvanté
Vers Saint-Maurice[1] est déjà remonté ;
Le lac au loin vomit de ses abîmes
Des flots d'écume élancés dans les airs,
De cent débris ses deux bords sont couverts ;
Des vieux sapins les ondoyantes cimes
Dans leurs rameaux engouffrent tous les vents,

---

1. Saint-Maurice dans le Valais, à quelques milles de la source du Rhône. C'est en cet endroit que la légende a prétendu que Dioclétien, en 287, avait fait martyriser une légion composée de six mille chrétiens à pied, et de sept cents chrétiens à cheval, qui arrivaient d'Egypte par les Alpes. Le lecteur remarquera que Saint-Maurice est une vallée étroite entre deux montagnes escarpées, et qu'on ne peut pas y ranger trois cents hommes en bataille. Il remarquera encore qu'en 287 il n'y avait aucune persécution ; que Dioclétien alors comblait tous les chrétiens de faveurs ; que les premiers officiers de son palais, Gorgonios et Dorothéos, étaient chrétiens, et que sa femme Prisca était chrétienne, etc. Le lecteur observera surtout que la fable du martyre de cette légion fut écrite par Grégoire de Tours, qui ne passe pas pour un Tacite, d'après un mauvais roman attribué à l'abbé Eucher, évêque de Lyon, mort

CHANT III.

Et de leur chute écrasent les passants :
Un foudre tombe, un autre se rallume :
Du feu du ciel on connaît la coutume ;
Il va frapper des arides rochers,
Ou le métal branlant dans les clochers ;
Car c'est toujours sur les murs de l'église
Qu'il est tombé : tant Dieu la favorise,
Tant il prend soin d'éprouver ses élus !
   Les deux amants, au gré des flots émus.
Sont transportés au séjour du tonnerre,
Au fond du lac, aux rochers, à la terre,
De tous côtés entourés de la mort.
Aucun des deux ne pensait à son sort.
Covelle craint, mais c'était pour sa belle ;
Catin s'oublie, et tremble pour Covelle.
Robert disait aux Zéphyrs, aux Amours,
Qui conduisaient la barque tournoyante :
« Dieux des amants, secourez mon amante,
Aidez Robert à sauver ses beaux jours ;
Pompez cette eau, bouchez-moi cette fente
A l'aide! à l'aide! » Et la troupe charmante
Le secondait de ses doigts enfantins
Par des efforts douloureux et trop vains.
   L'affreux Borée a chassé le Zéphyre,
Un aquilon prend en flanc le navire,
Brise la voile, et casse les deux mâts ;
Le timon cède, et s'envole en éclats ;
La quille saute, et la barque s'entr'ouvre ;
L'onde écumante en un moment la couvre.
   La tendre amante, étendant ses beaux bras.
Et s'élançant vers son héros fidèle,
Disait : « Cher Co..... » L'onde ne permit pas
Qu'elle achevât le beau nom de Covelle ;
Le flot l'emporte, et l'horreur de la nuit
Dérobe aux yeux Catherine expirante.
Mais la clarté terrible et renaissante

en 454 ; et dans ce roman il est fait mention de Sigismond, roi de Bourgogne, mort en 523.

Je veux et je dois apprendre au public qu'un nommé Nonnotte, ci-devant jésuite, fils d'un brave crocheteur de notre ville, a depuis peu, dans le style de son père, soutenu l'authenticité de cette ridicule fable avec la même impudence qu'il a prétendu que les rois de France de la première race n'ont jamais eu plusieurs femmes, que Dioclétien avait toujours été persécuteur, et que Constantin était, comme Moïse, le plus doux de tous les hommes. Cela se trouve dans un libelle de cet ex-jésuite, intitulé *les Erreurs de Voltaire*, libelle aussi rempli d'erreurs que de mauvais raisonnements. Cette note est un peu étrangère au texte mais c'est le droit des commentateurs. (*Note de M. C***, avocat à Besançon.*)

De cent éclairs dont le feu passe et fuit
Montre bientôt Catherine flottante,
Jouet des vents, des flots, et du trépas.
Robert voyait ses malheureux appas,
Ces yeux éteints, ces bras, ces cuisses rondes,
Ce sein d'albâtre, à la merci des ondes;
Il la saisit, et d'un bras vigoureux,
D'un fort jarret, d'une large poitrine,
Brave les vents, fend les flots écumeux,
Tire après lui la tendre Catherine,
Pousse, s'avance, et cent fois repoussé,
Plongé dans l'onde, et jamais renversé,
Perdant sa force, animant son courage,
Vainqueur des flots, il aborde au rivage.
   Alors il tombe épuisé de l'effort.
Les habitants de ce malheureux bord
Sont fort humains, quoique peu sociables,
Aiment l'argent autant qu'aucun chrétien,
En gagnent peu, mais sont fort charitables
Aux étrangers, quand il n'en coûte rien.
Aux deux amants une troupe s'avance :
Bonnet[1] accourt, Bonnet le médecin,
De qui Lausanne admire la science;
De son grand art il connaît tout le fin;
Aux impotents il prescrit l'exercice;
D'après Haller, il décide qu'en Suisse
Qui but trop d'eau doit guérir par le vin.
A ce seul mot Covelle se réveille;
Avec Bonnet il vide une bouteille,
Et puis une autre : il reprend son teint frais,
Il est plus leste et plus beau que jamais.
Mais Catherine, hélas! ne pouvait boire;
De son amant les soins sont superflus :
Bonnet prétend qu'elle a bu l'onde noire;
Robert disait : « Qui ne boit point n'est plus. »
Lors il se pâme, il revient, il s'écrie,
Fait retentir les airs de ses clameurs,

---

1. Il est mort depuis peu. Il faut avouer qu'il aimait fort à boire; mais il n'en avait pas moins de pratiques. Il disait plus de bons mots qu'il ne guérissait de malades. Les médecins ont joué un grand rôle dans toute cette guerre de Genève. M. Jori, mon médecin ordinaire, a contribué beaucoup à la pacification; il faut espérer que l'auteur en parlera dans sa première édition de cet important ouvrage. A l'égard des chirurgiens, ils s'en sont peu mêlés, attendu qu'il n'y a pas eu une égratignure, excepté le soufflet donné par un prédicant dans l'assemblée qu'on nomme la vénérable compagnie. Les chirurgiens avaient cependant préparé de la charpie, et plusieurs citoyens avaient fait leur testament. Il faut que l'auteur ait ignoré ces particularités.

CHANT III.

Se pâme encor sur la nymphe chérie,
S'étend sur elle, et, la baignant de pleurs,
Par cent baisers croit la rendre à la vie;
Il pense même en cet objet charmant
Sentir encore un peu de mouvement :
A cet espoir en vain il s'abandonne,
Rien ne répond à ses brûlants efforts.
« Ah ! dit Bonnet, je crois, Dieu me pardonne !
Si les baisers n'animent point les morts,
Qu'on n'a jamais ressuscité personne. »
Covelle dit : « Hélas ! s'il est ainsi,
C'en est donc fait, je vais mourir aussi : »
Puis il retombe; et la nuit éternelle
Semblait couvrir le beau front de Covelle.
Dans ce moment, du fond des antres creux
Venait Rousseau suivi de son Armide,
Pour contempler le ravage homicide
Qu'ils excitaient sur ces bords malheureux;
Il voit Robert qui, penché sur l'arène,
Baisait encor les genoux de sa reine,
Roulait des yeux, et lui serrait la main.
« Que fais-tu là? lui cria-t-il soudain.
— Ce que je fais? mon ami, je suis ivre
De désespoir et de très-mauvais vin :
Catin n'est plus; j'ai le malheur de vivre;
J'en suis honteux : adieu; je vais la suivre. »
Rousseau réplique : « As-tu perdu l'esprit?
As-tu le cœur si lâche et si petit?
Aurais-tu bien cette faiblesse infâme
De t'abaisser à pleurer une femme?
Sois sage enfin; le sage est sans pitié,
Il n'est jamais séduit par l'amitié;
Tranquille et dur en son orgueil suprême,
Vivant pour soi, sans besoin, sans désir,
Semblable à Dieu, concentré dans lui-même,
Dans son mérite il met tout son plaisir.
J'ai quelquefois festoyé ma sorcière;
Mais si le ciel terminait sa carrière,
Je la verrais mourir à mes côtés
Des dons cuisants qui nous ont infectés,
Sur un fumier rendant son âme au diable,
Que ma vertu, paisible, inaltérable,
Me défendrait de m'écarter d'un pas
Pour la sauver des portes du trépas.
D'un vrai Rousseau tel est le caractère;
Il n'est ami, parent, époux, ni père;
Il est de roche; et quiconque, en un mot,

Naquit sensible, est fait pour être un sot.
— Ah! dit Robert, cette grande doctrine
A bien du bon; mais elle est trop divine :
Je ne suis qu'homme, et j'ose déclarer
Que j'aime fort toute humaine faiblesse;
Pardonnez-moi la pitié, la tendresse,
Et laissez-moi la douceur de pleurer. »
Comme il parlait, passait sur cette terre
En berlingot certain pair d'Angleterre,
Qui voyageait tout excédé d'ennui,
Uniquement pour sortir de chez lui,
Lequel avait pour charmer sa tristesse
Trois chiens courants, du punch, et sa maîtresse.
Dans le pays on connaissait son nom,
Et tous ses chiens : c'est milord Abington.
  Il aperçoit une foule éperdue,
Une beauté sur le sable étendue,
Covelle en pleurs, et des verres cassés.
« Que fait-on là? dit-il à la cohue.
— On meurt, milord. » Et les gens empressés
Portaient déjà les quatre ais d'une bière,
Et deux manants fouillaient le cimetière.
Bonnet disait : « Notre art n'est que trop vain;
On a tenté des baisers et du vin,
Rien n'a passé; cette pauvre bourgeoise
A fait son temps; qu'on l'enterre, et buvons. »
Milord reprit : « Est-elle Génevoise ?
— Oui, dit Covelle. — Eh bien, nous le verrons. »
Il saute en bas, il écarte la troupe,
Qui fait un cercle en lui pressant la croupe,
Marche à la belle, et lui met dans la main
Un gros bourson de cent livres sterling.
La belle serre, et soudain ressuscite.
On bat des mains : Bonnet n'a jamais su
Ce beau secret; la gaupe décrépite
Dit qu'en enfer il était inconnu.
Rousseau convient que, malgré ses prestiges,
Il n'a jamais fait de pareils prodiges.
  Milord sourit : Covelle transporté
Croit que c'est lui qu'on a ressuscité.
Puis en dansant ils s'en vont à la ville,
Pour s'amuser de la guerre civile.

CHANT QUATRIÈME.

Nos voyageurs devisaient en chemin;
Ils se flattaient d'obtenir du destin
Ce que leur cœur aveuglément désire :
Bonnet, de boire; et Jean-Jacques, d'écrire;
Catin, d'aimer; la vieille, de médire;
Robert, de vaincre, et d'aller à grands pas
Du lit à table, et de table aux combats.
   Tout caractère en causant se déploie.
Milord disait : « Dans ces remparts sacrés
Avant-hier les Français sont entrés :
Nous nous battrons, c'est là toute ma joie;
Mes chiens et moi nous suivrons cette proie;
J'aurai contre eux mes fusils à deux coups :
Pour un Anglais c'est un plaisir bien doux;
Des Génevois je conduirai l'armée. »
   Comme il parlait, passa la Renommée;
Elle portait trois cornets à bouquin [1],
L'un pour le faux, l'autre pour l'incertain;
Et le dernier, que l'on entend à peine,
Est pour le vrai, que la nature humaine
Chercha toujours, et ne connut jamais.
La belle aussi se servait de sifflets.
Son écuyer, l'astrologue de Liége,
De son chapitre obtint le privilége
D'accompagner l'errante déité;
Et le Mensonge était à son côté.
Entre eux marchait le Vieux à tête chauve,
Avec son sable et sa fatale faux.
Auprès de lui la Vérité se sauve.
L'âge et la peine avaient courbé son dos
Il étendait ses deux pesantes ailes;
La Vérité, qu'on néglige, ou qu'on fuit,
Qu'on aime en vain, qu'on masque, ou qu'on poursuit,
En gémissant se blottissait sous elles.
La Renommée à peine la voyait,
Et tout courant devant elle avançait.
   « Eh bien, madame, avez-vous des nouvelles?

---

1. Observez, cher lecteur, combien le siècle se perfectionne. On n'avait donné qu'une trompette à la Renommée dans *la Henriade*, on lui en a donné deux dans la divine *Pucelle*, et aujourd'hui on lui en donne trois dans le poëme moral de la guerre génevoise. Pour moi, j'ai envie d'en prendre une quatrième pour célébrer l'auteur, qui est sans doute un jeune homme qu'il faut bien encourager.

Dit Abington. — J'en ai beaucoup, milord :
Déjà Genève est le champ de la mort ;
J'ai vu Deluc[1], plein d'esprit et d'audace,
Dans le combat animer les bourgeois ;
J'ai vu tomber au seul son de sa voix
Quatre syndics[2] étendus sur la place :
Verne[3] est en casque, et Vernet en cuirasse ;
L'encre et le sang dégouttent de leurs doigts :
Ils ont prêché la discorde cruelle
Différemment, mais avec même zèle.
Tels autrefois dans les murs de Paris
Des moines blancs, noirs, minimes, et gris,
Portant mousquet, carabine, rondelle,
Encourageaient tout un peuple fidèle
A débusquer le plus grand des Henris,
Aimé de Mars, aimé de Gabrielle,
Héros charmant, plus héros que Covelle.
Bèze et Calvin sortent de leurs tombeaux ;
Leur voix terrible épouvante les sots :
Ils ont crié d'une voix de tonnerre :
Persécutez ! c'est là leur cri de guerre.
Satan, Mégère, Astaroth, Alecton,
Sur les remparts ont pointé le canon :
Il va tirer ; je crois déjà l'entendre :
L'église tombe, et Genève est en cendre.
 — Bon, dit la vieille, allons, doublons le pas ;
Exaucez-nous, puissant Dieu des combats,
Dieu Sabaoth, de Jacob, et de Bèze !
Tout va périr ; je ne me sens pas d'aise. »
Enfin la troupe est aux remparts sacrés,
Remparts chétifs et très-mal réparés :
Elle entre, observe, avance, fait sa ronde.
Tout respirait la paix la plus profonde ;
Au lieu du bruit des foudroyants canons,
On entendait celui des violons ;
Chacun dansait ; on voit pour tout carnage
Pigeons, poulets, dindons, et grianaux ;

---

1. Deluc, d'une des plus anciennes familles de la ville ; c'était le Paoli de Genève : il est d'ailleurs physicien et naturaliste. Son père entend merveilleusement saint Paul, sans savoir le grec et le latin : on dit qu'il ressemble aux apôtres, tels qu'ils étaient avant la descente du Saint-Esprit.
2. Les bourgeois voulaient avoir le droit de destituer quatre syndics.
3. Le ministre Verne, homme d'un esprit cultivé, et fort aimable. Il a beaucoup servi à la conciliation. Ce fut lui qui releva la garde posée par les bourgeois dans l'antichambre du procureur général Tronchin pour l'empêcher de sortir de la ville. La Renommée, qui est menteuse, dit ici le contraire de ce qu'il a fait.

CHANT IV.

Trois cents perdrix à pieds de cardinaux
Chez les traiteurs étalent leur plumage.
 Milord s'étonne; il court au cabaret :
A peine il entre, une actrice jolie
Vient l'aborder d'un air tendre et discret,
Et l'inviter à voir la comédie.
O juste ciel! qu'est-ce donc qui s'est fait?
Quel changement! Alors notre Zaïre
Au doux parler, au gracieux sourire,
Lorgna milord, et dit ces propres mots :
« Ignorez-vous que tout est en repos?
Ignorez-vous qu'un Mécène de France,
Ministre heureux et de guerre et de paix,
Jusqu'en ces lieux a versé ses bienfaits?
S'il faut qu'on prêche, il faut aussi qu'on danse.
Il nous envoie un brave chevalier [1],
Ange de paix comme vaillant guerrier :
Qu'il soit béni! grâce à son caducée,
Par les plaisirs la discorde est chassée;
Le vieux Vernet sous son vieux manteau noir
Cache en tremblant sa mine embarrassée;
Et nous donnons le *Tartuffe* ce soir.
 — *Tartuffe!* allons, je vole à cette pièce,
Lui dit milord : j'ai haï de tout temps
De ces croquants la détestable espèce;
Egayons-nous ce soir à leurs dépens.
Allons, Bonnet, Covelle, et Catherine;
Et vous aussi, vous, Jean-Jacque et Vachine;
Buvons dix coups, mangeons vite, et courons
Rire à Molière, et siffler les fripons. »
 A ce discours enfant de l'allégresse,
Rousseau restait morne, pâle et pensif;
Son vilain front fut voilé de tristesse;
D'un vieux caissier l'héritier présomptif
N'est pas plus sot alors qu'on lui vient dire
Que le bonhomme en réchappe, et respire.
Rousseau, poussé par son maudit démon,
S'en va trouver le prédicant Brognon :
Dans un réduit à l'écart il le tire,
Grince les dents, se recueille et soupire;
Puis il lui dit : « Vous êtes un fripon;
Je sens pour vous une haine implacable;
Vous m'abhorrez, vous me donnez au diable;

---

1. Le chevalier de Beauteville, ambassadeur en Suisse, lieutenant général des armées. Il contribua plus que personne à la prise de Berg-op-Zoom.

Mais nos dangers doivent nous réunir.
Tout est perdu; Genève a du plaisir;
C'est pour nous deux le coup le plus terrible;
Vernet surtout y sera bien sensible.
Les charlatans sont donc bernés tout net!
Ce soir *Tartuffe*, et demain *Mahomet!*
Après-demain l'on nous jouera de même.
Des Génevois on adoucit les mœurs,
On les polit, ils deviendront meilleurs;
On s'aimera! Souffrirons-nous qu'on s'aime?
Allons brûler le théâtre à l'instant.
Un chevalier, ambassadeur de France,
Vient d'ériger cet affreux monument,
Séjour de paix, de joie, et d'innocence :
Qu'il soit détruit jusqu'en son fondement!
Ayons tous deux la vertu d'Érostrate[1];
Ainsi que lui méritons un grand nom.
Vous connaissez la noble ambition;
Le grand vous plaît, et la gloire vous flatte :
Prenons ce soir en secret un brandon.
En vain les sots diront que c'est un crime;
Dans ce bas monde il n'est ni bien ni mal;
Aux vrais savants tout doit sembler égal.
Bâtir est beau, mais détruire est sublime.
Brûlons théâtre, actrice, acteur, souffleur,
Et spectateur, et notre ambassadeur. »
  Le lourd Brognon crut entendre un prophète,
Crut contempler l'ange exterminateur
Qui fait sonner sa fatale trompette
Au dernier jour, au grand jour du Seigneur.
  Pour accomplir ce projet de détruire,
Pour réussir, Vachine doit s'armer.
Sans toi, Bacchus, peut-on chanter et rire?
Sans toi, Vénus, peut-on savoir aimer?
Sans toi, Vachine, on n'est pas sûr de nuire.
Ils font venir la vieille à leur taudis.
La gaupe arrive, et de ses mains crochues,
Que de l'enfer les chiens avaient mordues,
Forme un gâteau de matières fondues
Qui brûleraient les murs du paradis.
Pour en répandre au loin les étincelles
Vachine a pris (je ne puis décemment
Dire en quel lieu, mais le lecteur m'entend
Un tas pourri de brochures nouvelles,

---

1. Érostrate brûla, dit-on, le temple d'Éphèse pour se faire de la réputation.

CHANT IV

Vers de Le Brun morts aussitôt que nés [1],
Longs mandements dans le Puy confinés [2],
Tacite orné par le sieur La Blétrie
D'un style neuf et d'un mélange heureux
De pédantisme et de galanterie,
Journal chrétien, madrigaux amoureux,
De Chiniac les écrits plagiaires [3],
Du droit canon quarante commentaires.
Tout ce fatras fut du chanvre en son temps;
Linge il devint par l'art des tisserands,
Puis en lambeaux des pilons le pressèrent :
Il fut papier; cent cerveaux à l'envers
De visions à l'envi le chargèrent;
Puis on le brûle, il vole dans les airs,
Il est fumée, aussi bien que la gloire.
De nos travaux voilà quelle est l'histoire;
Tout est fumée, et tout nous fait sentir
Ce grand néant qui doit nous engloutir.

Les trois méchants ont posé cette étoupe
Sous le foyer où s'assemble la troupe :
La mèche prend. Ils regardent de loin
L'heureux effet qui suit leur noble soin [4],
Clignant les yeux, et tremblant qu'on ne voie
Leurs fronts plissés se dérider de joie.
Déjà la flamme a surmonté les toits.
Les toits pourris, séjour de tant de rois;
Le feu s'étend, le vent le favorise.
Le spectateur, que la flamme poursuit,
Crie au secours, se précipite, et fuit :
Jean-Jacques rit; Brognon les exorcise.
Ainsi Calchas et le traître Sinon
S'applaudissaient lorsqu'ils mirent en cendre
Les murs sacrés du superbe Ilion,
Que le dieu Mars, Aphrodise [5], Apollon,

---

1. Nous ne savons pas qui est ce Le Brun. Il y a tant de plats poëtes connus deux jours à Paris, et ignorés ensuite pour jamais !

2. C'est apparemment un mandement de l'évêque du Puy en Velay, qui, adressant la parole aux chaudronniers de son diocèse, leur parla de La Motte et de Fontenelle.

3. Le Chiniac nous est aussi inconnu que Le Brun. Nous apprenons dans le moment que c'est un commentateur des discours de Fleury, qui a été assez indigent pour voler tout ce qui se trouve sur ce sujet dans un livre très-connu, et assez impudent pour insulter ceux qu'il a volés.

> De telles gens il est assez :
> Priez Dieu pour les trépassés.

4. Ce fut le 5 février 1768 qu'on mit le feu à la salle des spectacles.

5. Vénus est nommée en grec Aphrodite. Notre auteur l'appelle Aphrodise : c'est apparemment par euphonie, comme disent les doctes.

Virent brûler, et ne purent défendre.
Las! que devient le pauvre entrepreneur,
Ce Rosimond plus généreux qu'habile [1]?
A ses dépens il a, pour son malheur,
Fait à grands frais meubler le noble asile
Des doux plaisirs peu faits pour cette ville;
Un seul moment consume l'attirail
Du grand César, d'Auguste, d'Orosmane,
Et la toilette où se coiffa Roxane,
Et l'ornement de Rome et du sérail.
O Rosimond! que devient votre bail?
De tous vos soins quel funeste salaire!
Est-ce à Calvin que vous aurez recours?
Est-ce à l'évêque appelé titulaire?
Hélas! lui-même a besoin de secours.
Ah! malheureux! à qui vouliez-vous plaire?
Vous êtes plaint, mais fort abandonné.
Après vingt ans vous voilà ruiné :
De vos pareils c'est le sort ordinaire;
Qui du public s'est fait le serviteur
Peut se vanter d'avoir un méchant maître.
Soldat, auteur, commentateur, acteur,
Également se repentent peut-être.
Loin du public, heureux dans sa maison
Qui boit en paix, et dort avec Suzon [2]!

CHANT CINQUIÈME.

Des prédicants les âmes réjouies
Rendaient à Dieu des grâces infinies [3]
Sincèrement du mal qu'on avait fait :
Le cœur d'un prêtre est toujours satisfait
Si les plaisirs que son rabbat condamne
Sont enlevés au séculier profane.
Qu'arriva-t-il? le désordre s'accrut
Quand de ces lieux le plaisir disparut.
Mieux qu'un sermon l'aimable comédie

---

1. M. Rosimond, entrepreneur des spectacles à Genève. Il a perdu plus de quarante mille francs à cet incendie.
2. On accusa de cet incendie le fanatisme religieux ou patriotique des bons Génevois, qui croyaient que, si la comédie s'établissait à Genève, ils seraient ruinés dans ce monde, et damnés dans l'autre. C'est par une fiction poétique qu'on l'attribue ici à ceux qui avaient mis cette idée dans la tête de ces pauvres gens.
3. Expression si familière à l'un d'entre eux, que, l'ayant répétée vingt fois dans un sermon, un de ses parents lui dit : « Je te rends des grâces infinies d'avoir fini. »

Instruit les gens, les rapproche, les lie :
Voilà pourquoi la discorde en tout temps
Pour son séjour a choisi les couvents.
Les deux partis, plus fous qu'à l'ordinaire,
S'alldient gourmer, n'ayant plus rien à faire;
Et tous les soins du ministre de paix
Dans la cité sont perdus désormais :
Mille horlogers[1], de qui les mains habiles
Savaient guider leurs aiguilles dociles,
D'un acier fin régler les mouvements,
Marquer l'espace, et diviser le temps,
Renonçaient tous à leurs travaux utiles :
Le trouble augmente; on ne sait plus enfin
Quelle heure il est dans les murs de Calvin.
On voit leurs mains tristement occupées
A ranimer sur un grès plat et rond
Le fer rouillé de leurs vieilles épées;
Ils vont chargeant de salpêtre et de plomb
De lourds mousquets dégarnis de platine;
Le fer pointu qui tourne à la cuisine,
Et fait tourner les poulets déplumés,
Bientôt se change, aux regards alarmés,
En longue pique, instrument de carnage;
Et l'ouvrier, contemplant son ouvrage,
Tremble lui-même, et recule de peur.
    O jours! ô temps de disette et d'horreur!
Les artisans, dépourvus de salaire,
Nourris de vent, défiant les hasards,
Meurent de faim, en attendant que Mars
Les extermine à coups de cimeterre.
    Avant ce temps l'industrie et la paix
Entretenaient une honnête opulence,
Et le travail, père de l'abondance,
Sur la cité répandait ses bienfaits :
La pauvreté, sèche, pâle, au teint blême,
Aux longues dents, aux jambes de fuseaux,
Au corps flétri, mal couvert de lambeaux,
Fille du Styx, pire que la mort même,
De porte en porte allait traînant ses pas;
Monsieur Labat la guette et n'ouvre pas[2] :

---

1. Genève fait un commerce de montres qui va par année à plus d'un million. Les horlogers ne sont pas des artisans ordinaires; ce sont, comme l'a dit l'auteur du *Siècle de Louis XIV*, des physiciens de pratique. Les Graham et les Le Roy ont joui d'une grande considération; et M. Le Roy d'aujourd'hui est un des plus habiles mécaniciens de l'Europe. Les grands mécaniciens sont aux simples géomètres ce qu'un grand poète est à un grammairien.

2. C'est un Français réfugié, qui, par une honnête industrie et par un

Et cependant Jean-Jacque et sa sorcière,
Le beau Covelle et sa reine d'amour,
Avec Bonnet, buvaient le long du jour
Pour soulager la publique misère.
Au cabaret le bon milord payait;
Des indigents la foule s'y rendait;
Pour s'en défaire, Abington leur jetait
De temps en temps de l'or par les fenêtres :
Nouveau secret, très-peu connu des prêtres.
L'or s'épuisa, le secours dura peu.
Deux fois par jour il faut qu'un mortel mange;
Sous les drapeaux il est beau qu'il se range,
Mais il faudrait qu'il eût un pot au feu.
 C'en était fait; *les seigneurs magnifiques*[1]
Allaient subir le sort des républiques,
Sort malheureux qui mit Athène aux fers,
Abîma Tyr et les murs de Carthage,
Changea la Grèce en d'horribles déserts,
Des fils de Mars énerva le courage,
Dans des filets[2] prit l'empire romain,
Et quelque temps menaça Saint-Marin[3].
Hélas! un jour il faut que tout périsse!
Dieu paternel, sauvez du précipice
Ce pauvre peuple, et reculez sa fin!
 Dans le conseil le doux Paul Galatin
Cède à l'orage, et, navré de tristesse,
Quitte un timon qui branlait dans sa main.

travail estimable, s'est procuré un fortune de plus de deux millions. Presque toutes les familles opulentes de Genève sont dans le même cas. Les enfants de M. Hervart, contrôleur général des finances sous le cardinal Mazarin, se retirèrent dans la Suisse et en Allemagne, avec plus de six millions, à la révocation de l'édit de Nantes. La Hollande et l'Angleterre sont remplies de familles réfugiées qui, ayant transporté les manufactures, ont fait des fortunes très-considérables, dont la France a été privée. La plupart de ces familles reviendraient avec plaisir dans leur patrie, et y rapporteraient plus de cent millions, si l'on établissait en France la liberté de conscience, comme elle l'est dans l'Allemagne, en Angleterre, en Hollande, dans le vaste empire de la Russie, et dans la Pologne.

Cette note nous a été fournie par un descendant de M. Hervart.

1. Quand les citoyens sont convoqués, le premier syndic les appelle *souverains et magnifiques seigneurs*.

2. Les filets de saint Pierre. Les curieux ne cessent d'admirer que des cordeliers et des dominicains aient régné sur les descendants des Scipions.

3. Le cardinal Albéroni, n'ayant pu bouleverser l'Europe, voulut détruire la république de Saint-Marin en 1739. C'est une petite ville perchée sur une montagne de l'Apennin, entre Urbin et Rimini. Elle conquit autrefois un moulin; mais, craignant le sort de la république romaine, elle rendit le moulin, et demeura tranquille et heureuse. Elle a mérité de garder sa liberté. C'est une grande leçon qu'elle a donnée à tous les États.

CHANT V.

Nécessité fait bien plus que sagesse.
Cramer un jour, ce Cramer dont la presse
A tant gémi sous ma prose et mes vers,
Au magasin déjà rongés des vers;
Le beau Cramer, qui jamais ne s'empresse
Que de chercher la joie et les festins,
Dont le front chauve est encor cher aux belles,
Acteur brillant dans nos pièces nouvelles;
Cramer, vous dis-je, aimé des citadins,
Se promenait dans la ville affligée,
Vide d'argent, et d'ennuis surchargée.
Dans sa cervelle il cherchait un moyen
De la sauver, et n'imaginait rien.
A la fenêtre il voit madame Oudrille,
Et son époux, et son frère, et sa fille,
Qui chantaient tous des chansons en refrain
Près d'un buffet garni de chambertin.
Mon cher Cramer est homme qui se pique
De se connaître en vin plus qu'en musique.
Il entre, il boit; il demeure surpris,
Tout en buvant, de voir de beaux lambris,
Des meubles frais, tout l'air de la richesse :
« Je crois, dit-il non sans quelque allégresse,
Que la fortune enfin vous a compris
Au numéro de ses chers favoris.
L'an dix-sept cent deux six, ou je me trompe,
Vous étiez loin d'étaler cette pompe;
Vous demeuriez dans le fond d'un taudis;
Votre gosier, raclé par la piquette,
Poussait des sons d'une voix bien moins nette :
Pour Dieu, montrez à mes sens ébaudis
Par quel moyen votre fortune est faite. »
    Madame Oudrille en ces mots répliqua :
« La pauvreté longtemps nous suffoqua,
Quand la discorde était dans la famille,
Et de chez elle écartait le bon sens.
J'étais brouillée avec monsieur Oudrille,
Monsieur Oudrille avec tous ses parents,
Ma belle-sœur l'était avec ma fille;
Nous plaidions tous, nous mangions du pain bis.
Notre intérêt nous a tous réunis :
Pour être en paix dans son lit comme à table,
Le premier point est d'être raisonnable;
Chacun, cédant un peu de son côté,
Dans la maison met la prospérité. »
    Cramer aimait cette saine doctrine :
D'un trait de feu son esprit s'illumine;

Il se recueille, il fait son pronostic,
Boit, prend congé, puis avise un syndic
Qui disputait dans la place voisine
Avec Deluc, et Clavière, et Flournois;
Trois conseillers et quatre bons bourgeois
Auprès de là criaient à pleine tête,
Et se morguaient d'un air très-malhonnête.
Cramer leur dit : « Madame Oudrille est prête
A vous donner du meilleur chambertin :
Montez là-haut, c'est l'arrêt du destin;
Ce jour pour vous doit être un jour de fête. »
Chacun y court, citadin, conseiller :
Le beau Covelle y monte le premier;
En jupon blanc sa belle requinquée,
Les cheveux teints d'une poudre musquée,
L'accompagnait, et serrait son blondin,
Qui sur le cou lui passait une main.
A leur devant madame Oudrille arrive;
Sa face est ronde, et sa mine est naïve
En la voyant, le cœur se réjouit.
Elle conta comment elle s'y prit,
Pour radouber sa barque délabrée.
Tout le conseil entendit la leçon:
Le peuple même écouta la raison.
Les jours sereins de Saturne et de Rhée,
Les temps heureux du beau règne d'Astrée,
Dès ce moment renaquirent pour eux;
On rappela les danses et les jeux
Qu'avait bannis Calvin l'impitoyable,
Jeux protégés par un ministre aimable,
Jeux détestés de Vernet l'ennuyeux.
Celle qu'on dit de Jupiter la fille,
Mère d'amour et des plaisirs de paix,
Revint placer son fils à Plainpalais[1].
Genève fut une grande famille;
Et l'on jura que, si quelque brouillon

---

1. Plainpalais, promenade entre le Rhône et l'Arve aux portes de la ville, couverte de maisons de plaisance, de jardins, et d'excellents potagers d'un très-grand rapport. C'était autrefois un marais infect, *plana palus*, du temps qu'il n'était question dans Genève que de la grâce prévenante accordée à Jacob, et refusée à son frère le *patte-pelu*; qu'on ne parlait que des supralapsaires, des infralapsaires, des universalistes, de la perception de Dieu différente de sa vision, de plusieurs autres visions; de la manducation supérieure, de l'inutilité des bonnes œuvres, des querelles de Vigilantius et de Jérôme, et autres controverses sublimes extrêmement nécessaires à la santé, et par le moyen desquelles on vit fort à l'aise, et on marie avantageusement ses filles.

N. B. On a souvent donné à Plainpalais de très-agréables rendez-vous avec toute la discrétion requise.

CHANT V.

Mettait jamais le trouble à la maison,
On l'enverrait devers madame Oudrille.
Le roux Rousseau, de fureur hébété,
Avec sa gaupe errant à l'aventure,
S'enfuit de rage, et fit vite un traité
Contre la paix qu'on venait de conclure.

ÉPILOGUE.

Je donnerai le sixième chant dès que l'auteur voudra bien m'en gratifier; car il gratifie, et ne vend pas, quoi qu'en dise l'ex-jésuite Patouillet dans un de ses mandements contre tous les parlements du royaume, sous le nom d'un archevêque [1]. J'espère qu'alors ma fortune sera faite, comme celle de *l'Homme aux quarante écus*.

1. J. F. de Montillet, archevêque d'Auch, signa *dans son* palais archiépiscopal, le 23 janvier 1764, un libelle diffamatoire composé par Patouillet et consorts. Ce libelle fut condamné à être brûlé par le bourreau, et l'archevêque à dix mille écus d'amende. Il est dit dans ce libelle (page 35) : « Vos pères vous avaient appris à respecter les jésuites ; cette vénérable compagnie vous avait pris dans son sein dès votre enfance, pour former vos cœurs et vos esprits par le lait de ses instructions. Elle cesse d'être : on leur ôte, en les rendant au siècle, le patrimoine qu'ils y avaient laissé, etc. »
C'est-à-dire que Patouillet voulait bouleverser la famille des Patouillets, en demandant à partager, et en ne se contentant pas de sa pension.
Patouillet poursuit humblement *dans son* palais archiépiscopal p. 47): « Quelle est la puissance qui a frappé ces coups inouïs ? C'est une puissance étrangère.... qui est allée bien au delà des limites de sa compétence. »
Ainsi, selon l'archevêque d'Auch, il faut excommunier tous les parlements du royaume, les rois de France, d'Espagne, de Naples, de Portugal, le duc de Parme, etc., etc. « Ces parlements, ajoute-t-il (page 48), sont les vrais ennemis des deux puissances, qui, mille fois abattus par leur concert, toujours animés de la rage la plus noire, toujours attentifs à nous nuire, nous ont porté enfin le plus perçant de tous les coups. »
Ainsi Patouillet fait dire à Montillet que les parlements sont des séditieux, qui ont nui à tous les évêques en les défaisant des jésuites.

Notre imbécile Montillet
Devint ainsi le perroquet
De notre savant Patouillet :
Mais on rabattit son caquet.

Patouillet s'avise de parler de poésie dans son mandement. Il traite (page 13) de vagabond un officier du roi qui n'était pas sorti de ses terres depuis quinze ans. Il est assez bien instruit pour appeler mercenaire un homme qui dans ce temps-là même avait prêté généreusement au neveu de J. F. Montillet une somme considérable, en bon voisin; et le J. F. Montillet d'Auch est assez malavisé pour signer cette impertinence. J'étais auprès de cet officier du roi quand, au bout de trois ans, la nièce de l'archevêque J. F. Montillet envoya son argent avec les intérêts au créancier, qui les jeta au nez du porteur.
Si j'avais été à la place de l'archevêque J. F. Montillet, j'aurais écrit au bienfaiteur de mon neveu: « Monsieur, je vous demande très-hum-

Si quelqu'un se formalise de ces plaisanteries très-légères sur un sujet qui en méritait de plus fortes, si quelqu'un est assez sot pour se fâcher, l'auteur, qui est parfois goguenard, m'a promis de se fâcher un peu davantage dans le nouveau chant que nous espérons publier.

A l'égard de Jean-Jacques, puisqu'il n'a joué dans tout ce tracas que le rôle d'une cervelle fort mal timbrée; puisqu'il s'est fait chasser partout où il a paru; puisque c'est un absurde raisonneur, qui, ayant imprimé sous son nom quelques petites sottises contre Jésus-Christ, a imprimé aussi dans le même libelle que Jésus-Christ *est mort comme un Dieu;* puisqu'il est quelquefois calomniateur, déclaré tel et affiché tel par une déclaration publique des plénipotentiaires de France, de Zurich, et de Berne, le 25 juillet 1766, nous pensons qu'il a fallu lui donner le fouet beaucoup plus fort qu'aux autres, et que l'auteur a très-bien fait de montrer le vice et la folie dans toute leur turpitude. Nous l'exhortons à traiter ainsi les brouillons et les ingrats, et à écraser les serpents de la littérature de la même main dont il a élevé des trophées à Henri IV, à Louis XIV, et à la vérité, dans tous ses ouvrages. Nous avons besoin d'un vengeur : il est juste que celui qui a vécu avec la petite-fille de Corneille extermine les descendants des Claveret, des Scudéry, et des d'Aubignac.

Les lois ne peuvent pas punir un calomniateur littéraire, encore moins un charlatan déclamateur qui se contredit à chaque page, un romancier qui croit éclipser *Télémaque* en élevant un jeune seigneur pour en faire un menuisier, et qui croit surpasser Mme de La Fayette en faisant donner des *baisers âcres* par une Suissesse à un précepteur suisse.

Il n'y a pas moyen de condamner à l'amende honorable ceux qui, ayant devant les yeux les grands modèles du siècle de Louis XIV, défigurent la langue française par un style barbare, ou ampoulé, ou entortillé; ceux qui parlent poétiquement de physique; ceux qui, dans les choses les plus communes, prodiguent les expressions les plus violentes; ceux qui, ayant fait ronfler au théâtre des vers qu'on ne peut lire, ne manquent pas de faire dire dans les journaux qu'ils sont supérieurs à l'inimitable Racine; ceux qui se croient des Tite-Live pour avoir copié des dates; ceux qui écrivent l'histoire avec le style familier de la conversation, ou qui font des phrases au lieu de nous apprendre des faits; ceux qui, inconnus au barreau, publient les re-

---

blement pardon d'avoir signé le libelle de Patouillet, etc.; » ou bien : « Monsieur, je suis un imbécile qui ne sais pas ce que c'est qu'un mandement, et qui m'en suis rapporté à ce misérable Patouillet, etc.; » ou bien : « Monsieur, pardonnez à ma bêtise, si, ne sachant ni lire ni écrire, j'ai prêté mon nom à ce polisson de Patouillet ; » ou enfin quelque chose dans ce goût d'honnêteté et de décence. Mais en voilà assez sur Montillet et Patouillet.

ÉPILOGUE. 37

cueils de leurs plaidoyers inconnus au public ; ceux qui soutiennent une cause respectable par d'absurdes arguments, et qui ont la bêtise de rapporter les objections les plus accablantes pour y faire les réponses les plus frivoles et les plus sottes; ceux qui trafiquent de la louange et de la satire, comme on vend des merceries dans une boutique, et qui jugent insolemment de tout ce qui est approuvé, sans avoir jamais pu rien produire de supportable; ceux qui.... On aurait plus tôt compté les dettes de l'Angleterre que le nombre de ces excréments du Parnasse.

Nous avons donc besoin qu'il s'élève enfin parmi nous un homme qui sache détruire cette vermine, qui encourage le bon goût et qui proscrive le mauvais, qui puisse donner le précepte et l'exemple. Mais où le trouver? qui sera assez éclairé et courageux?... Ah! si M. l'abbé d'Olivet, notre cher compatriote, pouvait prendre cette peine! mais il est trop vieux, et l'ex-jésuite Nonnotte [1] infecte impunément notre Franche-Comté.

---

1. Nous commençons pourtant à espérer que Nonnotte se décrassera. Un magistrat de notre ville le trouva ces jours passés dansant, en veste et en culotte déchirée, avec deux filles de quinze ans. Le voilà dans le bon chemin. On a réprimandé les deux filles; elles ont répondu qu'elles l'avaient pris pour un singe. A l'égard de Patouillet, il n'y a rien à espérer de lui; le maraud a pris son pli. En qualité de Franc-Comtois, je ne cherche pas les expressions délicates quand j'ai trouvé les vraies. Le mot propre est quelquefois nécessaire, quoique la métaphore ait ses agréments.

On m'a parlé aussi d'un ex-jésuite nommé Prost, impliqué dans la sainte banqueroute de frère La Vallette*, lequel Prost est retiré à Dôle sous le nom de Rotalier : il a déjà fait son marché avec tous les épiciers de la province pour leur vendre ses *Remarques sur le pontificat de Grégoire VII, de Jean XII, d'Alexandre VI; sur l'ulcère malin dont Léon X fut attaqué dans le périnée; sur la liberté d'indifférence, l'Optimisme, Zaïre, Tancrède, Nanine, Mérope, le Siècle de Louis XIV,* et *la Princesse de Babylone*. Nous pourrons joindre ici frère Prost, dit Rotalier, à frère Nonnotte et à frère Patouillet, quand nous serons de loisir, et que nous aurons envie de rire. Ce n'est pas que nous négligions Cogé, et Larcher, et Guyon, et les grands hommes attachés à la secte des convulsionnaires, de qui les écrits donnent des convulsions. Nous sommes justes, nous n'avons acception de personne :

Bos, asinusve fuat, nullo discrimine habemus.

* On ne sait pas de quelle banqueroute parle ici M. C..., avocat de Besançon, auteur de cet épilogue: car le révérend P. La Valette, ou frère La Valette (comme on voudra), a fait deux banqueroutes *ad majorem Dei gloriam*, l'une à la Guadeloupe ou Guadaloupe, l'autre à Londres.

JEAN QUI PLEURE ET QUI RIT.
(1772.)

Quelquefois le matin, quand j'ai mal digéré,
Mon esprit abattu, tristement éclairé,
Contemple avec effroi la funeste peinture
    Des maux dont gémit la nature :
Aux erreurs, aux tourments, le genre humain livré;
Les crimes, les fléaux de cette race impure,
    Dont le diable s'est emparé.
Je dis au mont Etna : « Pourquoi tant de ravages,
Et ces sources de feu qui sortent de tes flancs? »
Je redemande aux mers tous ces tristes rivages
Disparus autrefois sous leurs flots écumants;
      Et je redis aux tyrans :
      « Vous avez troublé le monde
      Plus que les fureurs de l'onde
      Et les flammes des volcans. »
      Enfin, lorsque j'envisage
      Dans ce malheureux séjour
      Quel est l'horrible partage
      De tout ce qui voit le jour,
Et que la loi suprême est qu'on souffre et qu'on **meure**,
      Je pleure.

Mais lorsque sur le soir, avec des libertins,
    Et plus d'une femme agréable,
Je mange mes perdreaux, et je bois les bons vins
Dont monsieur d'Aranda vient de garnir ma table;
    Quand, loin des fripons et des sots,
La gaîté, les chansons, les grâces, les bons mots,
Ornent les entremets d'un souper délectable;
    Quand, sans regretter mes beaux jours,
    J'applaudis aux nouveaux amours
    De Cléon et de sa maîtresse,
    Et que la charmante amitié,
    Seul nœud dont mon cœur est lié,
    Me fait oublier ma vieillesse,
Cent plaisirs renaissants réchauffent mes esprits :
      Je ris.

Je vois, quoique de loin, les partis, les cabales,
Qui soufflent dans Paris vainement agité
    Des inimitiés infernales,
Et versent leur poison sur la société;

L'infâme calomnie avec perversité
　　　Répand ses ténébreux scandales;
On me parle souvent du Nord ensanglanté,
D'un roi sage et clément chez lui persécuté,
　　　Qui dans sa royale demeure
　　　N'a pu trouver sa sûreté,
Que ses propres sujets poursuivent à toute heure :
　　　Je pleure.

Mais si monsieur Terray veut bien me rembourser;
Si mes prés, mes jardins, mes forêts s'embellissent;
　　　Si mes vassaux se réjouissent,
　　　Et sous l'orme viennent danser;
　　　Si parfois, pour me délasser,
Je relis l'Arioste, ou même *la Pucelle*,
　　　Toujours catin, toujours fidèle,
Ou quelque autre impudent dont j'aime les écrits,
　　　Je ris.

Il le faut avouer, telle est la vie humaine :
Chacun a son lutin qui toujours le promène
　　　Des chagrins aux amusements.
De cinq sens tout au plus malgré moi je dépends;
L'homme est fait, je le sais, d'une pâte divine;
Nous serons tous un jour des esprits glorieux;
Mais dans ce monde-ci l'âme est un peu machine :
　　　La nature change à nos yeux;
　　　Et le plus triste Héraclite
　　　Redevient un Démocrite
Lorsque ses affaires vont mieux.

LE TEMPLE DU GOÛT[1].

(1731.)

AVERTISSEMENT DES ÉDITEURS DE KEHL.

(1733.)

Le Temple du Goût a fait à M. de Voltaire plus d'ennemis peut-être que ceux de ses ouvrages où il a combattu les préjugés les plus puissants et les plus funestes.

On ne pardonna point à l'auteur de *la Henriade*, d'*Œdipe*,

---

1. Cet ouvrage fut composé en 1731. Il en a été fait plusieurs éditions; celle-ci est incomparablement la meilleure, la plus ample et la plus cor-

de *Brutus*, et de *Zaïre*, d'oser juger les poëtes du siècle passé, trouver des défauts dans Corneille, dans Racine, dans Despréaux, et apprécier ce qu'on était convenu d'admirer. Cependant un demi-siècle s'est écoulé, et il n'y a peut-être pas un seul des jugements du *Temple du Goût* qui ne soit devenu l'opinion générale des hommes éclairés.

Nous croyons devoir dire un mot des variantes de ce poëme. La critique conseillait à M. de Voltaire de ne point faire de vers dans sa vieillesse, et de ne pas aller en Allemagne. Il n'a point profité de ces conseils, et nous y aurions beaucoup perdu s'il avait suivi le premier. Il a laissé subsister ces vers pour éviter apparemment qu'on lui reprochât de les avoir ôtés : mais il a supprimé,

Donnez plus d'intrigue à Brutus,
Plus de vraisemblance à Zaïre ;

parce que ces conseils de la critique étaient moins l'expression de son jugement qu'un sacrifice qu'il faisait à l'opinion publique du moment.

Il a supprimé également quelques louanges qui n'étaient que des compliments de société, et qui, dans un ouvrage lu par toute l'Europe et destiné pour la postérité, auraient contrasté avec les jugements sévères, mais justes, que contient le reste du poëme.

Il n'a pas cru devoir conserver non plus les éloges qu'il avait donnés d'abord au cardinal Fleury, parce que le cardinal se rendit, peu de temps après, l'instrument de la haine des cagots contre M. de Voltaire, quoiqu'il les méprisât autant que M. de Voltaire lui-même pouvait les mépriser.

Toutes les fois qu'un homme de lettres loue un ministre ou un prince, il conserve le droit d'effacer ses éloges, s'ils cessent de les mériter.

LETTRE A M. CIDEVILLE,

SUR LE TEMPLE DU GOÛT.

Monsieur, vous avez vu et vous pouvez rendre témoignage comment cette bagatelle fut conçue et exécutée. C'était une plaisanterie de société. Vous y avez eu part comme un autre : chacun fournissait ses idées, et je n'ai guère eu d'autre fonction que celle de les mettre par écrit.

M. de *** disait que c'était dommage que Bayle eût enflé son dictionnaire de plus de deux cents articles de ministres et de professeurs luthériens ou calvinistes ; qu'en cherchant l'article de César, il n'avait rencontré que celui de Jean Césarius, professeur à Cologne ; et qu'au lieu de Scipion, il avait trouvé six grandes pages sur Gaspard Scioppius. De là on concluait, à la pluralité des voix, à réduire Bayle en un seul tome dans la bibliothèque du Temple du Goût.

recte. — L'auteur parle ici de l'édition de 1748. Le *Temple du Goût* était écrit depuis deux ans quand il parut pour la première fois. (Éd.)

Vous m'assuriez tous que vous aviez été assez ennuyés en lisant l'*Histoire de l'Académie française;* que vous vous intéressiez fort peu à tous les détails des ouvrages de Balesdens, de Porchères, de Bardin, de Baudoin, de Faret, de Colletet, et d'autres pareils grands hommes, et je vous en crus sur votre parole. On ajoutait qu'il n'y a guère aujourd'hui de femmes d'esprit qui n'écrivent de meilleures lettres que Voiture; on disait que Saint-Évremond n'aurait jamais dû faire de vers, et qu'on ne devait pas imprimer toute sa prose. C'est le sentiment du public éclairé : et moi, qui trouve toujours tous les livres trop longs, et surtout les miens, je réduisais aussitôt tous ces volumes à très-peu de pages.

Je n'étais en tout cela que le secrétaire du public. Si ceux qui perdent leur cause se plaignent, ils ne doivent pas s'adresser à celui qui a écrit l'arrêt.

Je sais que des politiques ont regardé cette innocente plaisanterie du *Temple du Goût* comme un grave attentat. Ils prétendent qu'il n'y a qu'un malintentionné qui puisse avancer que le château de Versailles n'a que sept croisées de face sur la cour, et soutenir que Le Brun, qui était premier peintre du roi, a manqué de coloris.

Des rigoristes disent qu'il est impie de mettre des filles de l'Opéra, Lucrèce, et les docteurs de Sorbonne, dans *le Temple du Goût*.

Des auteurs auxquels on n'a point pensé crient à la satire, et se plaignent que leurs défauts sont désignés, et leurs grandes beautés passées sous silence; crime irrémissible qu'ils ne pardonneront de leur vie; et ils appellent *le Temple du Goût* un libelle diffamatoire.

On ajoute qu'il est d'une âme noire de ne louer personne sans un petit correctif, et que, dans cet ouvrage dangereux, nous n'avons jamais manqué de faire quelque égratignure à ceux que nous avons caressés.

Je répondrai en deux mots à cette accusation : Qui loue tout n'est qu'un flatteur; celui-là seul sait louer, qui loue avec restriction.

Ensuite, pour mettre de l'ordre dans nos idées, comme il convient dans ce siècle éclairé, je dirai qu'il faudrait un peu distinguer entre la critique, la satire, et le libelle.

Dire que *le Traité des Études* est un livre à jamais utile, et que par cette raison même il en faut retrancher quelques plaisanteries et quelques familiarités peu convenables à ce sérieux ouvrage; dire que *les Mondes* est un livre charmant et unique, et qu'on est fâché d'y trouver que le jour est une beauté blonde, et la nuit une beauté brune, et d'autres petites douceurs : voilà, je crois, de la critique.

Que Despréaux ait écrit :

> Si je pense exprimer un auteur sans défaut,
> La raison dit Virgile, et la rime Quinault;

c'est de la satire, et de la satire même assez injuste en tous sens (avec le respect que je lui dois); car la rime de défaut n'est point assez belle pour rimer avec Quinault; et il est aussi peu vrai de dire que Virgile est sans défaut, que de dire que Quinault est sans naturel et sans grâces.

Les Couplets de Rousseau, *le Masque de Laverne*, et telle autre horreur, certains ouvrages de Gacon; voilà ce qui s'appelle un libelle diffamatoire.

Tous les honnêtes gens qui pensent sont critiques, les malins sont satiriques, les pervers font des libelles; et ceux qui ont fait avec moi *le Temple du Goût* ne sont assurément ni malins ni méchants.

Enfin voilà ce qui nous amusa pendant plus de quinze jours. Les idées se succédaient les unes aux autres; on changeait tous les soirs quelque chose; et cela a produit sept ou huit *Temples du Goût* absolument différents.

Un jour nous y mettions les étrangers, le lendemain nous n'admettions que les Français. Les Maffei, les Pope, les Bononcini, ont perdu à cela plus de cinquante vers, qui ne sont pas fort à regretter. Quoi qu'il en soit, cette plaisanterie n'était point du tout faite pour être publique.

Une des plus mauvaises et des plus infidèles copies d'un des plus négligés brouillons de cette bagatelle, ayant couru dans le monde, a été imprimée sans mon aveu; et celui qui l'a donnée, quel qu'il soit, a très-grand tort.

Peut-être fait-on plus mal encore de donner cette nouvelle édition; il ne faut jamais prendre le public pour confident de ses amusements; mais la sottise est faite, et c'est un des cas où l'on ne peut faire que des fautes.

Voici donc une faute nouvelle; et le public aura une petite esquisse (si cela même peut en mériter le nom), telle qu'elle a été faite dans une société où l'on savait s'amuser sans la ressource du jeu, où l'on cultivait les belles-lettres sans esprit de parti, où l'on aimait la vérité plus que la satire, et où l'on savait louer sans flatterie.

S'il avait été question de faire un traité du goût, on aurait prié les de Cotte et les Boffrand de parler d'architecture, les Coypel de définir leur art avec esprit, les Destouches de dire quelles sont les grâces de la musique, les Crébillon de peindre la terreur qui doit animer le théâtre : pour peu que chacun d'eux eût voulu dire ce qu'il sait, cela aurait fait un gros in-folio. Mais on s'est contenté de mettre en général les sentiments du public dans un petit écrit sans conséquence, et je me suis chargé uniquement de tenir la plume.

Il me reste à dire un mot sur notre jeune noblesse, qui emploie l'heureux loisir de la paix à cultiver les lettres et les arts; bien différente en cela des augustes Visigoths, leurs ancêtres, qui ne savaient pas signer leurs noms. S'il y a encore dans notre nation si polie quelques barbares et quelques mauvais plaisants qui osent désapprouver des occupations si estimables, on peut assurer qu'ils en feraient autant s'ils le pouvaient. Je suis très-persuadé que quand un homme ne cultive point un talent, c'est qu'il ne l'a pas; qu'il n'y a personne qui ne fît des vers s'il était né poète, et de la musique s'il était né musicien.

Il faut seulement que les graves critiques, aux yeux desquels il n'y a d'amusement honorable dans le monde que le lansquenet et le biribi, sachent que les courtisans de Louis XIV, au retour de la conquête de Hollande, en 1672, dansèrent à Paris sur le théâtre de Lulli, dans le jeu de paume de Belleaire, avec les danseurs de l'Opéra, et que l'on n'osa pas en murmurer. A plus forte raison doit-on, je crois, pardonner à la jeunesse d'avoir eu de l'esprit dans un âge où l'on ne connaissait que la débauche.

Omne tulit punctum qui miscuit utile dulci.

Je suis, etc.

>Le cardinal oracle de la France (*a*),
>Non ce Mentor qui gouverne aujourd'hui,
>Mais ce Nestor qui du Pinde est l'appui,
>Qui des savants a passé l'espérance,
>Qui les soutient, qui les anime tous,
>Qui les éclaire, et qui règne sur nous
>Par les attraits de sa douce éloquence;
>Ce cardinal qui sur un nouveau ton
>En vers latins fait parler la sagesse,
>Réunissant Virgile avec Platon,
>Vengeur du ciel, et vainqueur de Lucrèce[1];

ce cardinal, enfin, que tout le monde doit reconnaître à ce portrait, me dit un jour qu'il voulait que j'allasse avec lui au temple du Goût. « C'est un séjour, me dit-il, qui ressemble au temple de l'Amitié, dont tout le monde parle, où peu de gens vont, et que la plupart de ceux qui y voyagent n'ont presque jamais bien examiné. »

>Je répondis avec franchise :
>« Hélas ! je connais assez peu
>Les lois de cet aimable dieu;
>Mais je sais qu'il vous favorise.
>Entre vos mains il a remis
>Les clefs de son beau paradis;
>Et vous êtes, à mon avis,
>Le vrai pape de cette Église :
>Mais de l'autre pape et de vous
>(Dût Rome se mettre en courroux
>La différence est bien visible;
>Car la Sorbonne ose assurer
>Que le saint-père peut errer,
>Chose, à mon sens, assez possible;
>Mais pour moi, quand je vous entends

1. *L'Anti-Lucrèce* n'avait point encore été imprimé; mais on en connaissait quelques morceaux, et cet ouvrage avait une très-grande réputation.

> D'un ton si doux et si plausible
> Débiter vos discours brillants,
> Je vous croirais presque infaillible.

— Ah! me dit-il, l'infaillibilité est à Rome pour les choses qu'on ne comprend point, et dans le temple du Goût pour les choses que tout le monde croit entendre. Il faut absolument que vous veniez avec moi (b). — Mais, insistai-je encore, si vous me menez avec vous, je m'en vanterai à tout le monde.

> Sur ce petit pèlerinage
> Aussitôt on demandera
> Que je compose un gros ouvrage.
> Voltaire simplement fera
> Un récit court, qui ne sera
> Qu'un très-frivole badinage.
> Mais son récit on frondera;
> A la cour on murmurera;
> Et dans Paris on me prendra
> Pour un vieux conteur de voyage
> Qui vous dit d'un air ingénu
> Ce qu'il n'a ni vu ni connu,
> Et qui vous ment à chaque page.

Cependant, comme il ne faut jamais se refuser un plaisir honnête, dans la crainte de ce que les autres en pourront penser, je suivis le guide qui me faisait l'honneur de me conduire.

> Cher Rothelin[1], vous fûtes du voyage,
> Vous que le goût ne cesse d'inspirer,
> Vous dont l'esprit si délicat, si sage,
> Vous dont l'exemple a daigné me montrer
> Par quels chemins on peut sans s'égarer
> Chercher ce goût, ce dieu que dans cet âge
> Maints beaux esprits font gloire d'ignorer.

Nous rencontrâmes en chemin bien des obstacles. D'abord nous trouvâmes MM. Baldus, Scioppius, Lexicocrassus, Scriblerius; une nuée de commentateurs qui restituaient des passages, et qui compilaient de gros volumes à propos d'un mot qu'ils n'entendaient pas.

> Là j'aperçus les Dacier, les Saumaises[2];
> Gens hérissés de savantes fadaises,
> Le teint jauni, les yeux rouges et secs,

---

1. L'abbé de Rothelin, de l'Académie française.
2. Dacier avait une littérature fort grande : il connaissait tout des anciens, hors la grâce et la finesse : ses commentaires ont partout de

Le dos courbé sous un tas d'auteurs grecs,
Tout noircis d'encre, et coiffés de poussière.
Je leur criai de loin par la portière :
« N'allez-vous pas dans le temple du Goût
Vous décrasser ? — Nous, messieurs ? point du tout ;
Ce n'est pas là, grâce au ciel, notre étude :
Le goût n'est rien ; nous avons l'habitude
De rédiger au long de point en point
Ce qu'on pensa ; mais nous ne pensons point. »

Après cet aveu ingénu, ces messieurs voulurent absolument nous faire lire certains passages de Dictys de Crète et de Métrodore de Lampsaque, que Scaliger avait estropiés. Nous les remerciâmes de leur courtoisie, et nous continuâmes notre chemin. Nous n'eûmes pas fait cent pas, que nous trouvâmes un homme entouré de peintres, d'architectes, de sculpteurs, de doreurs, de faux connaisseurs, de flatteurs. Ils tournaient le dos au temple du Goût.

D'un air content l'orgueil se reposait,
Se pavanait sur son large visage ;
Et mon Crassus tout en ronflant disait :
« J'ai beaucoup d'or, de l'esprit davantage ;
Du goût, messieurs, j'en suis pourvu sur tout ;
Je n'appris rien, je me connais à tout ;
Je suis un aigle en conseil, en affaires ;
Malgré les vents, les rocs et les corsaires.
J'ai dans le port fait aborder ma nef ;

l'érudition, et jamais de goût ; il traduit grossièrement les délicatesses d'Horace.
Si Horace dit à sa maîtresse :

Miseri, quibus
Intentata nites!

Dacier dit : « Malheureux ceux qui se laissent attirer par cette bonace sans vous connaître ! » Il traduit,

Nunc est bibendum, nunc pede libero
Pulsanda tellus,

« C'est à présent qu'il faut boire, et que sans rien craindre il faut danser de toute sa force ; »

Mox juniores quærit adulteros,

« Elles ne sont pas plutôt mariées qu'elles cherchent de nouveaux galants. » Mais quoiqu'il défigure Horace, et que ses notes soient d'un savant peu spirituel, son livre est plein de recherches utiles, et on loue son travail en voyant son peu de génie.
Saumaise est un auteur savant qu'on ne lit plus guère. Il commence ainsi sa défense du roi d'Angleterre Charles I*er* : « Anglais, qui vous renvoyez les têtes des rois comme des *balles de paume*, qui jouez à la *boule* avec des *couronnes*, et qui vous servez de *sceptres comme de marottes.* »

Partant il faut qu'on me bâtisse en bref
Un beau palais fait pour moi, c'est tout dire,
Où tous les arts soient en foule entassés,
Où tout le jour je prétends qu'on m'admire.
L'argent est prêt; je parle, obéissez. »
Il dit, et dort. Aussitôt la canaille
Autour de lui s'évertue et travaille.
Certain maçon, en Vitruve érigé,
Lui trace un plan d'ornements surchargé,
Nul vestibule, encor moins de façade;
Mais vous aurez une longue enfilade;
Vos murs seront de deux doigts d'épaisseur,
Grands cabinets; salon sans profondeur,
Petits trumeaux, fenêtres à ma guise,
Que l'on prendra pour des portes d'église;
Le tout boisé, verni, blanchi, doré,
Et des badauds à coup sûr admiré.
  « Réveillez-vous, monseigneur, je vous prie,
Criait un peintre; admirez l'industrie
De mes talents; Raphaël n'a jamais
Entendu l'art d'embellir un palais:
C'est moi qui sais ennoblir la nature;
Je couvrirai plafonds, voûte, voussure,
Par cent magots travaillés avec soin,
D'un pouce ou deux, pour être vus de loin. »
  Crassus s'éveille; il regarde, il rédige,
A tort, à droit, règle, approuve, corrige.
A ses côtés un petit curieux,
Lorgnette en main, disait : « Tournez les yeux,
Voyez ceci, c'est pour votre chapelle;
Sur ma parole achetez ce tableau,
C'est Dieu le Père en sa gloire éternelle,
Peint galamment dans le goût de Wateau [1]. »
  Et cependant un fripon de libraire (c),
Des beaux esprits écumeur mercenaire,
Tout Bellegarde à ses yeux étalait,
Gacon, Le Noble, et jusqu'à Desfontaines,
Recueils nouveaux et journaux à centaines :
Et monseigneur voulait lire, et bâillait.

Je crus en être quitte pour ce petit retardement, et que nous allions arriver au temple sans autre mauvaise fortune ; mais la

---

1. Wateau est un peintre flamand qui a travaillé à Paris, où il est mort il y a quelques années. Il a réussi dans les petites figures qu'il a dessinées, et qu'il a très-bien groupées; mais il n'a jamais rien fait de grand, il en était incapable.

route est plus dangereuse que je ne pensais. Nous trouvâmes bientôt une nouvelle embuscade.

> Tel un dévot infatigable,
> Dans l'étroit chemin du salut,
> Est cent fois tenté par le diable
> Avant d'arriver à son but.

C'était un (d) concert que donnait un homme de robe, fou de la musique, qu'il n'avait jamais apprise, et encore plus fou de la musique italienne, qu'il ne connaissait que par de mauvais airs inconnus à Rome, et estropiés en France par quelques filles de l'Opéra.

Il faisait exécuter alors un long récitatif français, mis en musique par un Italien qui ne savait pas notre langue. En vain on lui remontra que cette espèce de musique, qui n'est qu'une déclamation notée, est nécessairement asservie au génie de la langue, et qu'il n'y a rien de si ridicule que des scènes françaises chantées à l'italienne, si ce n'est de l'italien chanté dans le goût français.

> La nature féconde, ingénieuse et sage,
> Par ses dons partagés ornant cet univers,
> Parle à tous les humains, mais sur des tons divers.
> Ainsi que son esprit tout peuple a son langage,
> Ses sons et ses accents à sa voix ajustés,
> Des mains de la nature exactement notés :
> L'oreille heureuse et fine en sent la différence.
> Sur le ton des Français il faut chanter en France.
> Aux lois de notre goût Lulli sut se ranger;
> Il embellit notre art, au lieu de le changer.

A ces paroles judicieuses, mon homme répondit en secouant la tête. « Venez, venez, dit-il, on va vous donner du neuf. » Il fallut entrer, et voilà son concert qui commence.

> Du grand Lulli vingt rivaux fanatiques,
> Plus ennemis de l'art et du bon sens,
> Défiguraient sur des tons glapissants
> Des vers français en fredons italiques.
> Une bégueule en lorgnant se pâmait;
> Et certain fat, ivre de sa parure,
> En se mirant chevrotait, fredonnait,
> Et, de l'index battant faux la mesure,
> Criait bravo lorsque l'on détonnait.

Nous sortîmes au plus vite : ce ne fut qu'au travers de bien des aventures pareilles que nous arrivâmes enfin au temple du Goût.

> Jadis en Grèce on en posa
> Le fondement ferme et durable,

Puis jusqu'au ciel on exhaussa
Le faîte de ce temple aimable :
L'univers entier l'encensa.
Le Romain, longtemps intraitable,
Dans ce séjour s'apprivoisa ;
Le musulman, plus implacable,
Conquit le temple, et le rasa [1].
En Italie on ramassa
Tous les débris que l'infidèle
Avec fureur en dispersa.
Bientôt François premier osa
En bâtir un sur ce modèle ;
Sa postérité méprisa
Cette architecture si belle.
   Richelieu vint, qui répara
Le temple abandonné par elle.
Louis le Grand le décora :
Colbert, son ministre fidèle,
Dans ce sanctuaire attira
Des beaux-arts la troupe immortelle.
L'Europe jalouse admira
Ce temple en sa beauté nouvelle ;
Mais je ne sais s'il durera. »
   Je pourrais décrire ce temple,
Et détailler les ornements
Que le voyageur y contemple ;
Mais n'abusons point de l'exemple
De tant de faiseurs de romans ;
Surtout fuyons le verbiage
De monsieur de Félibien [2],
Qui noie éloquemment un rien
Dans un fatras de beau langage.
Cet édifice précieux
N'est point chargé des antiquailles
Que nos très-gothiques aïeux
Entassaient autour des murailles
De leurs temples, grossiers comme eux [3] ;
Il n'a point les défauts pompeux

---

1. Quand Mahomet II prit Constantinople en 1453, tous les Grecs qui cultivaient les arts se réfugièrent en Italie. Ils y furent principalement accueillis par les maisons de Médicis, d'Este et de Bentivoglio, à qui l'Italie doit sa politesse et sa gloire.

2. Félibien a fait, sur la peinture, cinq volumes, où on trouve moins de choses que dans le seul volume de Piles.

3. Le portail de Notre-Dame est chargé de plus d'ornements qu'on n'en voit dans tous les bâtiments de Michel-Ange, de Palladio et du vieux Mansard.

De la chapelle de Versaille[1],
Ce colifichet fastueux,
Qui du peuple éblouit les yeux,
Et dont le connaisseur se raille.

Il est plus aisé de dire (*f*) ce que ce temple n'est pas, que de faire connaître ce qu'il est. J'ajouterai seulement, en général, pour éviter la difficulté :

Simple en était la noble architecture;
Chaque ornement, à sa place arrêté,
Y semblait mis par la nécessité :
L'art s'y cachait sous l'air de la nature;
L'œil satisfait embrassait sa structure,
Jamais surpris, et toujours enchanté[2].

Le temple était environné d'une foule de virtuoses, d'artistes, et de juges de toute espèce, qui s'efforçaient d'entrer, mais qui n'entraient point;

Car la Critique, à l'œil sévère et juste,
Gardant les clefs de cette porte auguste,
D'un bras d'airain fièrement repoussait
Le peuple goth qui sans cesse avançait.

(*g*) Oh! que d'hommes considérables, que de gens du bel air, qui président si impérieusement à de petites sociétés, ne sont point reçus dans ce temple, malgré les dîners qu'ils donnent aux beaux esprits, et malgré les louanges qu'ils reçoivent dans les journaux!

On ne voit point dans ce pourpris
Les cabales toujours mutines
De ces prétendus beaux esprits
Qu'on vit soutenir dans Paris
Les Pradons et les Scudérys[3]

---

1. La chapelle de Versailles n'est dans aucune proportion : elle est longue et étroite à un excès ridicule.
2. Quand on entre dans un édifice bâti selon les véritables règles de l'architecture, toutes les proportions étant observées, rien ne paraît ni trop grand, ni trop petit, et le tout semble s'agrandir insensiblement à mesure qu'on le considère; il arrive tout le contraire dans les monuments gothiques.
3. Scudéry était, comme de raison, ennemi déclaré de Corneille. Il avait une cabale qui le mettait fort au-dessus de ce père du théâtre. Il y a encore un mauvais ouvrage de Sarrasin fait pour prouver que je ne sais quelle pièce de Scudéry, nommée *l'Amour tyrannique*, était le chef-d'œuvre de la scène française. Ce Scudéry se vantait qu'il y avait eu quatre portiers tués à une de ses pièces, et il disait qu'il ne céderait à Corneille qu'en cas qu'on eût tué cinq portiers au *Cid* et aux *Horaces*.
A l'égard de Pradon, on sait que sa *Phèdre* fut d'abord beaucoup mieux reçue que celle de Racine, et qu'il fallut du temps pour faire céder la cabale au mérite.

Contre les immortels écrits
Des Corneilles et des Racines.

(*h*) On repoussait aussi rudement ces ennemis obscurs de tout mérite éclatant, ces insectes de la société, qui ne sont aperçus que parce qu'ils piquent. Ils auraient envié également Rocroy au grand Condé, Denain à Villars, et *Polyeucte* à Corneille; ils auraient exterminé Le Brun pour avoir fait le tableau de la famille de Darius. Ils ont forcé le célèbre Le Moine à se tuer pour avoir fait l'admirable salon d'Hercule. Ils ont toujours dans les mains la ciguë que leurs pareils firent boire à Socrate.

> L'Orgueil les engendra dans les flancs de l'Envie.
> L'Intérêt, le Soupçon, l'infâme Calomnie,
> Et souvent les dévots, monstres plus odieux,
> Entr'ouvrent en secret d'un air mystérieux
> Les portes des palais à leur cabale impie.
> C'est là que d'un Midas ils fascinent les yeux;
> Un fat leur applaudit, un méchant les appuie (*i*) :
> Le mérite indigné, qui se tait devant eux,
> Verse en secret des pleurs, que le temps seul essuie.

Ces lâches persécuteurs s'enfuirent en voyant paraître mes deux guides. Leur fuite précipitée fit place à un spectacle plus plaisant : c'était une foule d'écrivains de tout rang, de tout état, et de tout âge, qui grattaient à la porte, et qui priaient la Critique de les laisser entrer. L'un apportait un roman mathématique, l'autre une harangue à l'Académie; celui-ci venait de composer une comédie métaphysique, celui-là tenait un petit recueil de ses poésies, imprimé depuis longtemps incognito, avec une longue approbation[1] et un privilége. Cet autre venait présenter un mandement en style précieux, et était tout surpris qu'on se mît à rire au lieu de lui demander sa bénédiction. « Je suis le R. P. Albertus Garassus (*j*), disait un moine noir; je prêche mieux que Bourdaloue : car jamais Bourdaloue ne fit brûler de livres; et moi j'ai déclamé avec tant d'éloquence contre Pierre Bayle, dans une petite province toute pleine d'esprit, j'ai touché tellement les auditeurs, qu'il y en eut six qui brûlèrent chacun leur Bayle. Jamais l'éloquence n'obtint un si beau triomphe. — Allez, frère Garassus, lui dit la Critique, allez, barbare; sortez du temple du Goût; sortez de ma présence, Visigoth moderne, qui avez insulté celui que j'ai inspiré. — J'apporte ici *Marie Alacoque*, disait un homme fort grave. — Allez souper avec elle, » répondit la déesse.

---

1. La plupart des mauvais livres sont imprimés avec des approbations pleines d'éloges. Les censeurs des livres manquent en cela de respect au public. Leur devoir n'est pas de dire si un livre est bon, mais s'il n'y a rien contre l'État.

LE TEMPLE DU GOÛT.

> Un raisonneur avec un fausset aigre
> Criait : « Messieurs, je suis ce juge intègre
> Qui toujours parle, arguë, et contredit;
> Je viens siffler tout ce qu'on applaudit. »
> Lors la Critique apparut, et lui dit :
> « Ami Bardou, vous êtes un grand maître,
> Mais n'entrerez en cet aimable lieu;
> Vous y venez pour fronder notre dieu :
> Contentez-vous de ne le pas connaître. »

M. Bardou se mit alors à crier : « Tout le monde est trompé et le sera; il n'y a point de dieu du Goût, et voici comme je le prouve. » Alors il proposa, il divisa, il subdivisa, il distingua, il résuma; personne ne l'écouta, et l'on s'empressait à la porte plus que jamais.

> Parmi les flots de la foule insensée
> De ce parvis obstinément chassée,
> Tout doucement venait La Motte-Houdard,
> Lequel disait d'un ton de papelard :
> « Ouvrez, messieurs, c'est mon *OEdipe* en prose.
> Mes vers sont durs, d'accord, mais forts de chose[1].
> De grâce, ouvrez; je veux à Despréaux
> Contre les vers dire avec goût deux mots. »

La Critique le reconnut à la douceur de son maintien et à la dureté de ses derniers vers, et elle le laissa quelque temps entre Perrault et Chapelain, qui assiégeaient la porte depuis cinquante ans, en criant contre Virgile.

Dans le moment arriva un autre versificateur (*k*), soutenu par deux petits satyres, et couvert de lauriers et de chardons.

> « Je viens, dit-il[2], pour rire et pour m'ébattre,
> Me rigolant, menant joyeux déduit,
> Et jusqu'au jour faisant le diable à quatre. »

— Qu'est-ce que j'entends là ? dit la Critique. — C'est moi, reprit le rimeur. J'arrive d'Allemagne pour vous voir, et j'ai pris la saison du printemps :

> Car les jeunes zéphyrs, de leurs chaudes haleines,
> Ont fondu l'écorce des eaux[3]. »

---

1. Houdard de La Motte fit, en 1728, un *OEdipe* en prose et un *OEdipe* en vers. A l'égard de son *OEdipe* en prose, personne, que je sache, n'a pu le lire. Son *OEdipe* en vers fut joué trois fois. Il est imprimé avec ses autres œuvres dramatiques, et l'auteur a eu soin de mettre dans un avertissement que cette pièce a été interrompue au milieu du plus grand succès. Cet auteur a fait d'autres ouvrages estimés, quelques odes très-belles, de jolis opéras, et des dissertations très bien écrites.
2. Vers de Rousseau. — 3. *Ibid.* (ED.)

Plus il parlait ce langage, moins la porte s'ouvrait. « Quoi !
l'on me prend donc, dit-il,

>Pour ¹ une grenouille aquatique,
>Qui du fond d'un petit thorax
>Va chantant, pour toute musique,
>Brekeke, kake, koax, koax, koax?

— Ah ! bon Dieu ! s'écria la Critique (*l*), quel horrible jargon ! »
Elle ne put d'abord reconnaître celui qui s'exprimait ainsi. On lui
dit que c'était Rousseau, dont les muses avaient changé la voix,
en punition de ses méchancetés : elle ne pouvait le croire, et
refusait d'ouvrir.

Elle ouvrit pourtant en faveur de ses premiers vers; mais elle
s'écria :

>« O vous, messieurs les beaux esprits,
>Si vous voulez être chéris
>Du dieu de la double montagne,
>Et que toujours dans vos écrits
>Le dieu du Goût vous accompagne,
>Faites tous vos vers à Paris,
>Et n'allez point en Allemagne. »

Puis, me faisant approcher, elle me dit tout bas : « Tu le
connais ; il fut ton ennemi, et tu lui rends justice.

>Tu vis sa muse indifférente,
>Entre l'autel et le fagot,
>Manier d'une main savante
>De David la harpe imposante
>Et le flageolet de Marot.
>Mais n'imite pas la faiblesse
>Qu'il eut de rimer trop longtemps :
>Les fruits des rives du Permesse
>Ne croissent que dans le printemps,
>Et la froide et triste vieillesse
>N'est faite que pour le bon sens »

Après m'avoir donné cet avis, la Critique décida que Rousseau
passerait devant La Motte en qualité de versificateur, mais que
La Motte aurait le pas toutes les fois qu'il s'agirait d'esprit et de
raison.

Ces deux hommes si différents n'avaient pas fait quatre pas,
que l'un pâlit de colère et l'autre tressaillit de joie à l'aspect d'un
homme qui était depuis longtemps dans ce temple, tantôt à une
place, tantôt à une autre.

>C'était le discret Fontenelle,
>Qui, par les beaux-arts entouré,

---

1. Vers de Rousseau.

Répandait sur eux, à son gré,
Une clarté douce et nouvelle.
D'une planète, à tire-d'aile,
En ce moment il revenait
Dans ces lieux où le Goût tenait
Le siége heureux de son empire :
Avec Quinault il badinait ;
Avec Mairan il raisonnait ;
D'une main légère il prenait
Le compas, la plume, et la lyre.

« Eh quoi ! cria Rousseau, je verrai ici cet homme contre qui j'ai fait tant d'épigrammes ! Quoi ! le bon Goût souffrira dans son temple l'auteur des *Lettres du ch. d'Her....*, d'une *Passion d'automne*, d'un *Clair de lune*, d'un *Ruisseau amant de la prairie*, de la tragédie d'*Aspar*, d'*Endymion*, etc. ! — Hé ! non, dit la Critique : ce n'est pas l'auteur de tout cela que tu vois ; c'est celui des *Mondes*, livre qui aurait dû t'instruire ; de *Thétis et Pélée*, opéra qui excite inutilement ton envie ; de l'*Histoire de l'Académie des sciences*, que tu n'es pas à portée d'entendre. »

Rousseau alla faire une épigramme ; et Fontenelle le regarda avec cette compassion philosophique qu'un esprit éclairé et étendu ne peut s'empêcher d'avoir pour un homme qui ne sait que rimer ; et il alla prendre tranquillement sa place entre Lucrèce et Leibnitz[1]. Je lui demandai pourquoi Leibnitz était là : on me répondit que c'était pour avoir fait d'assez bons vers latins, quoiqu'il fût métaphysicien et géomètre, et que la Critique le souffrait en cette place pour tâcher d'adoucir, par cet exemple, l'esprit dur de la plupart de ses confrères.

Cependant la Critique, se tournant vers l'auteur des *Mondes*, lui dit : « Je ne vous reprocherai pas certains ouvrages de votre jeunesse, comme font ces cyniques jaloux ; mais je suis la Critique, vous êtes chez le dieu du Goût, et voici ce que je vous dis de la part de ce dieu, du public, et de la mienne ; car nous sommes à la longue toujours tous trois d'accord :

Votre muse sage et riante
Devrait aimer un peu moins l'art :

---

1. Leibnitz, né à Leipsick le 23 juin 1646, mort à Hanovre le 14 novembre 1716. Nul homme de lettres n'a fait tant d'honneur à l'Allemagne. Il était plus universel que Newton, quoiqu'il n'ait peut-être pas été si grand mathématicien. Il joignait à une profonde étude de toutes les parties de la physique un grand goût pour les belles-lettres ; il faisait même des vers français. Il a paru s'égarer en métaphysique ; mais il a cela de commun avec tous ceux qui ont voulu faire des systèmes. Au reste, il dut sa fortune à sa réputation. Il jouissait de grosses pensions de l'empereur d'Allemagne, de celui de Moscovie, du roi d'Angleterre, et de plusieurs autres souverains.

Ne la gâtez point par le fard ;
Sa couleur est assez brillante. »

(*m*) A l'égard de Lucrèce, il rougit d'abord en voyant le cardinal son ennemi ; mais à peine l'eut-il entendu parler, qu'il l'aima ; il courut à lui, et lui dit en très-beaux vers latins ce que je traduis ici en assez mauvais vers français :

« Aveugle que j'étais ! je crus voir la nature ;
Je marchai dans la nuit, conduit par Épicure ;
J'adorai comme un dieu ce mortel orgueilleux
Qui fit la guerre au ciel, et détrôna les dieux.
L'âme ne me parut qu'une faible étincelle
Que l'instant du trépas dissipe dans les airs.
Tu m'as vaincu : je cède ; et l'âme est immortelle,
Aussi bien que ton nom, mes écrits, et tes vers. »

Le cardinal répondit à ce compliment très-flatteur dans la langue de Lucrèce. Tous les poëtes latins qui étaient là le prirent pour un ancien Romain, à son air et à son style ; mais les poëtes français sont fort fâchés qu'on fasse des vers dans une langue qu'on ne parle plus, et disent que, puisque Lucrèce, né à Rome, embellissait Épicure en latin, son adversaire, né à Paris, devait le combattre en français. Enfin, après beaucoup de ces retardements agréables, nous arrivâmes jusqu'à l'autel et jusqu'au trône du dieu du Goût.

Je vis ce dieu qu'en vain j'implore,
Ce dieu charmant que l'on ignore
Quand on cherche à le définir ;
Ce dieu qu'on ne sait point servir
Quand avec scrupule on l'adore ;
Que La Fontaine fait sentir,
Et que Vadius cherche encore.
Il se plaisait à consulter
Ces grâces simples et naïves
Dont la France doit se vanter ;
Ces grâces piquantes et vives
Que les nations attentives
Voulurent souvent imiter ;
Qui de l'art ne sont point captives ;
Qui régnaient jadis à la cour,
Et que la nature et l'amour
Avaient fait naître sur nos rives.
Il est toujours environné
De leur troupe tendre et légère ;
C'est par leurs mains qu'il est orné,
C'est par leurs charmes qu'il sait plaire ;
Elles-mêmes l'ont couronné

LE TEMPLE DU GOÛT. 55

D'un diadème qu'au Parnasse
Composa jadis Apollon
Du laurier du divin Maron,
Du lierre et du myrte d'Horace,
Et des roses d'Anacréon.

  Sur son front règne la sagesse (*n*);
Le sentiment et la finesse
Brillent tendrement dans ses yeux;
Son air est vif, ingénieux :
Il vous ressemble enfin, Sylvie,
A vous que je ne nomme pas,
De peur des cris et des éclats
De cent beautés que vos appas
Font dessécher de jalousie.

  Non loin de lui, Rollin dictait[1]
Quelques leçons à la jeunesse;
Et, quoique en robe, on l'écoutait (*o*),
Chose assez rare à son espèce.
Près de là, dans un cabinet
Que Girardon et le Puget[2]
Embellissaient de leur sculpture,
Le Poussin sagement peignait[3],

---

1. Charles Rollin, ancien recteur de l'université et professeur royal, est le premier homme de l'université qui ait écrit purement en français pour l'instruction de la jeunesse, et qui ait recommandé l'étude de notre langue, si nécessaire, et cependant si négligée dans les écoles. Son livre du *Traité des études* respire le bon goût et la saine littérature presque partout. On lui reproche seulement de descendre dans des minuties. Il ne s'est guère éloigné du bon goût que quand il a voulu plaisanter (t. III, liv. VI, part. III, chap. II, art. I, sect. 1) en parlant de Cyrus : « Aussitôt, dit-il, on équipe le petit Cyrus en échanson; il s'avance gravement, la serviette sur l'épaule, et tenant la coupe délicatement entre trois doigts.... « J'ai appréhendé, dit le petit Cyrus, que cette liqueur « ne fût du poison. — Du poison! et comment cela? — Oui, mon papa. » En un autre endroit (liv. VII, part. I, art. 2), en parlant des jeux qu'on peut permettre aux enfants : « Une balle, un ballon, un sabot, sont fort de leur goût.... » Et liv. VII, part. II, chap. II, art. 4 : « Depuis le toit jusqu'à la cave, tout parlait latin chez Robert Etienne. » Il serait à souhaiter qu'on corrigeât ces mauvaises plaisanteries dans la première édition qu'on fera de ce livre, si estimable d'ailleurs.

2. Girardon mettait dans ses statues plus de grâce, et le Puget plus d'expression. Les bains d'Apollon sont de Girardon, ainsi que le mausolée du cardinal de Richelieu en Sorbonne, l'un des chefs-d'œuvre de la sculpture moderne. Le Milon et l'Andromède sont du Puget.

3. Le Poussin, né aux Andelys en 1594, n'eut de maître que son génie et quelques estampes de Raphaël qui lui tombèrent entre les mains. Le désir de consulter la belle nature dans les antiques le fit aller à Rome, malgré les obstacles qu'une extrême pauvreté mettait à ce voyage. Il y fit beaucoup de chefs-d'œuvre, qu'il ne vendait que sept écus pièce. Appelé en France par le secrétaire d'État des Noyers, il y établit le bon goût de la peinture; mais, persécuté par ses envieux, il s'en retourna à Rome, où il mourut avec une grande réputation, et sans fortune. Il a sacrifié le coloris à toutes les autres parties de la peinture. Ses *Sacre*

> Le Brun fièrement dessinait [1];
> Le Sueur entre eux se plaçait [2] :
> On l'y regardait sans murmure;
> Et le dieu, qui de l'œil suivait
> Les traits de leur main libre et sûre,
> En les admirant se plaignait
> De voir qu'à leur docte peinture,
> Malgré leurs efforts, il manquait
> Le coloris de la nature,
> Sous ses yeux, des Amours badins
> Ranimaient ces touches savantes
> Avec un pinceau que leurs mains
> Trempaient dans les couleurs brillantes
> De la palette [3] de Rubens (p).

Je fus fort étonné de ne pas trouver dans le sanctuaire bien des gens qui passaient, il y a soixante ou quatre-vingts ans, pour être les plus chers favoris du dieu du Goût. Les Pavillon, les Benserade, les Pellisson, les Segrais [4], les Saint-Évremond, les Balzac, les Voiture, ne me parurent pas occuper les premiers rangs. « Ils les avaient autrefois, me dit un de mes guides; ils brillaient avant que les beaux jours des belles-lettres fussent arrivés; mais peu à peu ils ont cédé aux véritablement grands

ments sont trop gris : cependant il y a dans le cabinet de M. le duc d'Orléans un *Ravissement de saint Paul*, du Poussin, qui fait pendant avec *la Vision d'Ezéchiel*, de Raphaël, et qui est d'un coloris assez fort. Ce tableau n'est point déparé du tout par celui de Raphaël, et on les voit tous deux avec un égal plaisir.

1. Le Brun, disciple de Vouet, n'a péché que dans le coloris. Son tableau de *la Famille d'Alexandre* est beaucoup mieux colorié que ses batailles. Ce peintre n'a pas un si grand goût de l'antique que le Poussin et Raphaël, mais il a autant d'invention que Raphaël et plus de vivacité que le Poussin. Les estampes des *Batailles d'Alexandre* sont plus recherchées que celles des *Batailles de Constantin* par Raphaël et par Jules Romain.

2. Eustache Le Sueur était un excellent peintre, quoiqu'il n'eût point été en Italie. Tout ce qu'il a fait était dans le grand goût; mais il manquait encore de beau coloris.

Ces trois peintres sont à la tête de l'école française.

3. Rubens égale le Titien pour le coloris; mais il est fort au-dessous de nos peintres français pour la correction du dessin.

4. Segrais est un poëte très-faible; on ne lit point ses églogues, quoique Boileau les ait vantées. Son *Énéide* est du style de Chapelain. Il y a un opéra de lui, c'est Roland et Angélique, sous le titre de *l'Amour guéri par le temps*. On voit ces vers dans le prologue :

> Pour couronner leur tête
> En cette fête,
> Allons dans nos jardins,
> Avec les lis de Charlemagne,
> Assembler les jasmins
> Qui parfument l'Espagne.

La *Zayde* est un roman purement écrit et entre les mains de tout le monde; mais il n'est pas de lui.

hommes : ils ne font plus ici qu'une assez médiocre figure. En effet, la plupart n'avaient guère que l'esprit de leur temps, et non cet esprit qui passe à la dernière postérité.

> Déjà de leurs faibles écrits
> Beaucoup de grâces sont ternies :
> Ils sont comptés encore au rang des beaux esprits,
> Mais exclus du rang des génies. »

Segrais voulut un jour entrer dans le sanctuaire, en récitant ce vers de Despréaux :

« Que Segrais dans l'églogue en charme les forêts ; »

mais la Critique, ayant lu par malheur pour lui quelques pages de son *Énéide* en vers français, le renvoya assez durement, et laissa venir à sa place Mme de La Fayette [1], qui avait mis sous le nom de Segrais le roman aimable de *Zaïde* et celui de *la Princesse de Clèves*.

On ne pardonne pas à Pellisson d'avoir dit gravement tant de puérilités dans son *Histoire de l'Académie française*, et d'avoir rapporté comme des bons mots des choses assez grossières [2]. Le doux mais faible Pavillon fait sa cour humblement à Mme Deshoulières, qui est placée fort au-dessus de lui. L'inégal [3] Saint-Évremond n'ose parler de vers à personne. Balzac assomme de

---

1. Voici ce que M. Huet, évêque d'Avranches, rapporte, page 204 de ses *Commentaires*, édition d'Amsterdam ; « Mme de La Fayette négligea si fort la gloire qu'elle méritait, qu'elle laissa *Zaïde* paraître sous le nom de Segrais ; et lorsque j'eus rapporté cette anecdote, quelques amis de Segrais, qui ne savaient pas la vérité, se plaignirent de ce trait, comme d'un outrage fait à sa mémoire. Mais c'était un fait dont j'avais longtemps été témoin oculaire, et c'est ce que je suis en état de prouver par plusieurs lettres de Mme de La Fayette, et par l'original du manuscrit de la *Zaïde*, dont elle m'envoyait les feuilles à mesure qu'elle les composait. »

2. Voici ce que Pellisson rapporte comme des bons mots : « Sur ce qu'on parlait de marier Voiture, fils d'un marchand de vin, à la fille d'un pourvoyeur de chez le roi :

> Oh ! que ce beau couple d'amants
> Va goûter de contentements !
> Que leurs délices seront grandes !
> Ils seront toujours en festins ;
> Car si La Prou fournit les viandes,
> Voiture fournira les vins. »

Il ajoute que Mme Desloges, jouant au jeu des proverbes, dit à Voiture : « Celui-ci ne vaut rien, percez-nous-en d'un autre. » Son *Histoire de l'Académie* est remplie de pareilles minuties, écrites languissamment : et ceux qui lisent ce livre sans prévention sont bien étonnés de la réputation qu'il a eue. Mais il y avait alors quarante personnes intéressées à le louer.

3. On sait à quel point Saint-Évremond était mauvais poëte. Ses comédies sont encore plus mauvaises. Cependant il avait tant de réputation qu'on lui offrit cinq cents louis pour imprimer sa comédie de *Sir Politik*.

58   LE TEMPLE DU GOÛT.

longues phrases hyperboliques Voiture[1] et Benserade, qui lui répondent par des pointes et des jeux de mots dont ils rougissent eux-mêmes le moment d'après. Je cherchais le fameux comte de Bussy. Mme de Sévigné, qui est aimée de tous ceux qui habitent le temple, me dit que son cher cousin, homme de beaucoup d'esprit, un peu trop vain, n'avait jamais pu réussir à donner au dieu du Goût cet excès de bonne opinion que le comte de Bussy avait de messire Roger de Rabutin.

> Bussy, qui s'estime et qui s'aime
> Jusqu'au point d'en être ennuyeux
> Est censuré dans ces beaux lieux
> Pour avoir, d'un ton glorieux,
> Parlé trop souvent de lui-même[2].
> Mais son fils, son aimable fils,
> Dans le temple est toujours admis,
> Lui qui, sans flatter, sans médire,
> Toujours d'un aimable entretien
> Sans le croire, parle aussi bien
> Que son père croyait écrire.

1. Voiture est celui de tous ces illustres du tems passé qui eut le plus de gloire, et celui dont les ouvrages le méritent le moins, si vous en exceptez quatre ou cinq petites pièces de vers, et peut-être autant de lettres. Il passait pour écrire des lettres mieux que Pline, et ses lettres ne valent guère mieux que celles de Le Pays et de Boursault. Voici quelques uns de ses traits : « Lorsque vous me déchirez le cœur et que vous le mettez en mille pièces, il n'y en a pas une qui ne soit à vous, et un de vos souris confit mes plus amères douleurs. Le regret de ne vous plus voir me coûte, sans mentir, plus de cent mille larmes. Sans mentir, je vous conseille de vous faire roi de Madère. Imaginez-vous le plaisir d'avoir un royaume tout de sucre ! A dire le vrai, nous y vivrions avec beaucoup de douceur »

Il écrit à Chapelain : » Et notez, quand il me vient en la pensée que c'est au plus judicieux homme de notre siècle, au père de *la Lionne* et de *la Pucelle* que j'écris, les cheveux me dressent si fort à la tête qu'il semble d'un hérisson. »

Souvent rien n'est si plat que sa poésie.

> Nous trouvâmes près Sercotte,
> Cas étrange, et vrai pourtant,
> Des bœufs qu'on voyait broutant
> Dessus le haut d'une motte,
> Et plus bas quelques cochons,
> Et bon nombre de moutons.

Cependant Voiture a été admiré, parce qu'il est venu dans un temps où l'on commençait à sortir de la barbarie, et où l'on courait après l'esprit sans le connaître. Il est vrai que Despréaux l'a comparé à Horace ; mais Despréaux était jeune alors. Il payait volontiers ce tribut à la réputation de Voiture, pour attaquer celle de Chapelain, qui passait alors pour le plus grand génie de l'Europe ; et Despréaux a rétracté depuis ces éloges.

2. Il écrivit au roi : « Sire, un homme comme moi, qui a de la naissance, de l'esprit, et du courage.... J'ai de la naissance, et l'on dit que j'ai de l'esprit pour faire estimer ce que je dis. »

Je vis arriver en ce lieu
Le brillant abbé de Chaulieu,
Qui chantait en sortant de table.
Il osait caresser le dieu
D'un air familier, mais aimable.
Sa vive imagination
Prodiguait, dans sa douce ivresse,
Des beautés sans correction [1],
Qui choquaient un peu la justesse,
Mais respiraient la passion.
  La Fare [2], avec plus de mollesse,
En baissant sa lyre d'un ton,
Chantait auprès de sa maîtresse
Quelques vers sans précision,
Que le plaisir et la paresse
Dictaient sans l'aide d'Apollon.
Auprès d'eux le vif Hamilton [3]
Toujours armé d'un trait qui blesse,
Médisait de l'humaine espèce,
Et même d'un peu mieux, dit-on.
  L'aisé, le tendre Saint-Aulaire [4],

---

1. L'abbé de Chaulieu, dans une épître au marquis de La Fare, connue dans le public sous le titre du *Déiste*, dit :

  J'ai vu de près le Styx, j'ai vu les Euménides ;
  Déjà venaient frapper mes oreilles timides
  Les affreux cris du chien de l'empire des morts.

Le moment d'après il fait le portrait d'un confesseur, et parle du Dieu d'Israël.

  Lorsqu'au bord de mon lit une voix menaçante,
  Des volontés du ciel interprète lassante....

Voilà bien le confesseur. Dans une autre pièce sur la Divinité, il dit :

  D'un Dieu, moteur de tout, j'adore l'existence :
  Ainsi l'on doit passer avec tranquillité
  Les ans que nous départ l'*aveugle destinée*.

Ces remarques sont exactes, et M. de Saint-Marc s'est trompé en disant dans son édition de Chaulieu qu'elles ne l'étaient pas. On trouve dans ses poésies beaucoup de contradictions pareilles, Il n'y a pas trois pièces écrites avec une correction continue ; mais les beautés de sentiment et d'imagination qui y sont répandues en rachètent les défauts. L'abbé de Chaulieu mourut en 1720, âgé de près de quatre-vingts ans, avec beaucoup de courage d'esprit.

2. Le marquis de La Fare, auteur des *Mémoires* qui portent son nom, et de quelques pièces de poésie qui respirent la douceur de ses mœurs, était plus aimable homme qu'aimable poëte. Il est mort en 1718. Ses poésies sont imprimées à la suite des œuvres de l'abbé de Chaulieu, son intime ami, avec une préface très partiale et pleine de défauts.

3. Le comte Antoine Hamilton, né à Caen en Normandie, a fait des vers pleins de feu et de légèreté. Il était fort satirique.

4. M. de Saint-Aulaire, à l'âge de plus de quatre-vingt-dix ans, faisait encore des chansons aimables.

Plus vieux encor qu'Anacréon,
Avait une voix plus légère;
On voyait les fleurs de Cythère
Et celles du sacré vallon
Orner sa tête octogénaire.

Le dieu aimait fort tous ces messieurs, et surtout ceux qui ne se piquaient de rien : il avertissait Chaulieu de ne se croire que le premier des poëtes négligés, et non pas le premier des bons poëtes.

Ils faisaient conversation avec quelques-uns des plus aimables hommes de leur temps. Ces entretiens n'ont ni l'affectation de l'hôtel de Rambouillet [1], ni le tumulte qui règne parmi nos jeunes étourdis.

On y sait fuir également
Le précieux, le pédantisme,
L'air empesé du syllogisme,
Et l'air fou de l'emportement.
C'est là qu'avec grâce on allie
Le vrai savoir à l'enjouement,
Et la justesse à la saillie ;
L'esprit en cent façons se plie;
On sait lancer, rendre, essuyer
Des traits d'aimable raillerie;
Le bon sens, de peur d'ennuyer,
Se déguise en plaisanterie (q).

Là se trouvait Chapelle, ce génie plus débauché encore que délicat, plus naturel que poli, facile dans ses vers, incorrect dans son style, libre dans ses idées. Il parlait toujours au dieu du Goût sur les mêmes rimes. On dit que ce dieu lui répondit un jour :

« Réglez mieux votre passion »
Pour ces syllabes enfilées,
Qui, chez Richelet étalées,
Quelquefois sans invention,
Disent avec profusion
Des riens en rimes redoublées. »

Ce fut parmi ces hommes aimables que je rencontrai le président de Maisons, homme très-éloigné de dire des riens, homme aimable et solide, qui avait aimé tous les arts.

« O transports ! ô plaisirs ! ô moments pleins de charmes !
Cher Maisons ! m'écriai-je en l'arrosant de larmes.
C'est toi que j'ai perdu, c'est toi que le trépas,

---

1. Despréaux alla réciter ses ouvrages à l'hôtel de Rambouillet. Il y trouva Chapelain, Cotin, et quelques gens de pareil goût, qui le reçurent fort mal.

A la fleur de tes ans, vint frapper dans mes bras.
La mort, l'affreuse mort fut sourde à ma prière.
Ah! puisque le destin nous voulait séparer,
C'était à toi de vivre, à moi seul d'expirer.
Hélas! depuis le jour où j'ouvris la paupière,
Le ciel pour mon partage a choisi les douleurs;
Il sème de chagrins ma pénible carrière :
La tienne était brillante, et couverte de fleurs.
Dans le sein des plaisirs, des arts, et des honneurs,
Tu cultivais en paix les fruits de ta sagesse;
Ma vertu n'était point l'effet de ta faiblesse;
Je ne te vis jamais offusquer ta raison
Du bandeau de l'exemple et de l'opinion.
L'homme est né pour l'erreur : on voit la molle argile
Sous la main du potier moins souple et moins docile
Que l'âme n'est flexible aux préjugés divers,
Précepteurs ignorants de ce faible univers.
Tu bravas leur empire, et tu ne sus te rendre
Qu'aux paisibles douceurs de la pure amitié;
Et dans toi la nature avait associé
A l'esprit le plus ferme un cœur facile et tendre.»

Parmi ces gens d'esprit nous trouvâmes quelques jésuites. Un janséniste dira que les jésuites se fourrent partout; mais le dieu du Goût reçoit aussi leurs ennemis, et il est assez plaisant de voir dans ce temple Bourdaloue qui s'entretient avec Pascal sur le grand art de joindre l'éloquence au raisonnement. Le P. Bouhours est derrière eux, marquant sur des tablettes toutes les fautes de langage et toutes les négligences qui leur échappent.

Le cardinal ne put s'empêcher de dire au P. Bouhours :

« Quittez d'un censeur pointilleux
La pédantesque diligence;
Aimons jusqu'aux défauts heureux
De leur mâle et libre éloquence :
J'aime mieux errer avec eux
Que d'aller, censeur scrupuleux
Peser des mots dans ma balance. »

Cela fut dit avec beaucoup plus de politesse que je ne le rapporte ; mais nous autres poëtes, nous sommes souvent très-impolis pour la commodité de la rime (r).

(s) Je ne m'arrêtai pas dans ce temple à voir les seuls beaux esprits.

Vers enchanteurs, exacte prose,
Je ne me borne point à vous;
N'avoir qu'un goût est peu de chose :
Beaux-arts, je vous invoque tous.
Musique, danse, architecture,

> Que vous m'inspirez de désirs !
> Art de graver, docte peinture,
> Beaux-arts, vous êtes des plaisirs ;
> Il n'en est point qu'on doive exclure.

Je vis les muses présenter tour à tour, sur l'autel du dieu, des livres, des dessins, et des plans de toute espèce. On voit sur cet autel le plan de cette belle façade du Louvre, dont on n'est point redevable au cavalier Bernini, qu'on fit venir inutilement en France avec tant de frais, et qui fut construite par Perrault et par Louis Le Vau, grands artistes trop peu connus. Là est le dessin de la porte Saint-Denis, dont la plupart des Parisiens ne connaissent pas plus la beauté que le nom de François Blondel, qui acheva ce monument ; cette admirable fontaine[1], qu'on regarde si peu, et qui est ornée des précieuses sculptures de Jean Goujon, mais qui le cède en tout à l'admirable fontaine de Bouchardon, et qui semble accuser la grossière rusticité de toutes les autres ; le portail de Saint-Gervais, chef-d'œuvre d'architecture, auquel il manque une église, une place, et des admirateurs, et qui devrait immortaliser le nom de Desbrosses, encore plus que le palais du Luxembourg qu'il a aussi bâti. Tous ces monuments, négligés par un vulgaire toujours barbare, et par les gens du monde toujours légers, attirent souvent les regards du dieu.

On nous fit voir ensuite la bibliothèque de ce palais enchanté : elle n'était pas ample. On croira bien que nous n'y trouvâmes pas

> L'amas curieux et bizarre
> De vieux manuscrits vermoulus,
> Et la suite inutile et rare
> D'écrivains qu'on n'a jamais lus.
> Le dieu daigna de sa main même
> En leur rang placer ces auteurs
> Qu'on lit, qu'on estime, et qu'on aime,
> Et dont la sagesse suprême
> N'a ni trop ni trop peu de fleurs.

Presque tous les livres (t) y sont corrigés et retranchés de la main des muses. On y voit entre autres l'ouvrage de Rabelais, réduit tout au plus à un demi-quart.

Marot, qui n'a qu'un style, et qui chante du même ton les psaumes de David et les merveilles d'Alix, n'a plus que huit ou dix feuillets. Voiture et Sarrasin n'ont pas à eux deux plus de soixante pages.

Tout l'esprit de Bayle se trouve dans un seul tome, de son

---

1. La fontaine Saint-Innocent. L'architecture est de Lescot, abbé de Claigny, et les sculptures de Jean Goujon.

propre aveu ; car ce judicieux philosophe, ce juge éclairé de tant d'auteurs et de tant de sectes, disait souvent qu'il n'aurait pas composé plus d'un in-folio, s'il n'avait écrit que pour lui, et non pour les libraires [1].

(u) Enfin on nous fit passer dans l'intérieur du sanctuaire. Là, les mystères du dieu furent dévoilés; là, je vis ce qui doit servir d'exemple à la postérité : un petit nombre de véritablement grands hommes s'occupait à corriger ces fautes de leurs écrits excellents, qui seraient des beautés dans les écrits médiocres.

L'aimable auteur du *Télémaque* retranchait des répétitions et des détails inutiles dans son roman moral, et rayait le titre de poème épique que quelques zélés indiscrets lui donnent; car il avoue sincèrement qu'il n'y a point de poème en prose [2].

L'éloquent Bossuet voulait bien rayer quelques familiarités échappées à son génie vaste, impétueux, et facile, lesquelles déparent un peu la sublimité de ses *Oraisons funèbres;* et il est à remarquer qu'il ne garantit point tout ce qu'il a dit de la prétendue sagesse des anciens Égyptiens.

  Ce grand, ce sublime Corneille,
  Qui plut bien moins à notre oreille
  Qu'à notre esprit qu'il étonna;
  Ce Corneille, qui crayonna [3]
  L'âme d'Auguste et de Cinna,
  De Pompée et de Cornélie,
  Jetait au feu sa *Pulchérie,*
  Agésilas et *Suréna,*
  Et sacrifiait sans faiblesse
  Tous ces enfants infortunés,
  Fruits languissants de sa vieillesse,
  Trop indignes de leurs aînés.
   Plus pur, plus élégant, plus tendre,
  Et parlant au cœur de plus près,
  Nous attachant sans nous surprendre,
  Et ne se démentant jamais,
  Racine observe les portraits
  De Bajazet, de Xipharès,
  De Britannicus, d'Hippolyte.
  A peine il distingue leurs traits :
  Ils ont tous le même mérite,

---

1. C'est ce que Bayle lui-même écrivit au sieur des Maizeaux.
2. Jamais l'illustre Fénelon n'avait prétendu que son *Télémaque* fût un poème; il connaissait trop les arts pour les confondre ainsi : lisez sur ce sujet une Dissertation de l'abbé Fraguier, imprimée dans les *Mémoires de l'Académie des inscriptions.*
3. Terme dont Corneille se sert dans une de ses épîtres.

Tendres, galants, doux, et discrets;
Et l'Amour, qui marche à leur suite,
Les croit des courtisans français.
 Toi, favori de la nature,
Toi, La Fontaine, auteur charmant,
Qui, bravant et rime et mesure,
Si négligé dans ta parure,
N'en avais que plus d'agrément,
Sur tes écrits inimitables
Dis-nous quel est ton sentiment;
Éclaire notre jugement
Sur tes *Contes* et sur tes *Fables*.

La Fontaine, qui avait conservé la naïveté de son caractère, et qui, dans le temple du Goût, joignait un sentiment éclairé à cet heureux et singulier instinct qui l'inspirait pendant sa vie, retranchait quelques-unes de ses *Fables*. Il accourcissait presque tous ses *Contes*, et déchirait les trois quarts d'un gros recueil d'œuvres posthumes, imprimées par ces éditeurs qui vivent des sottises des morts.

Là régnait Despréaux, leur maître en l'art d'écrire,
Lui qu'arma la raison des traits de la satire,
Qui, donnant le précepte et l'exemple à la fois,
Établit d'Apollon les rigoureuses lois.
Il revoit ses enfants avec un œil sévère :
De la triste *Équivoque* il rougit d'être père;
Et rit des traits manqués du pinceau faible et dur
Dont il défigura le vainqueur de Namur.
Lui-même il les efface, et semble encor nous dire :
« Ou sachez vous connaître, ou gardez-vous d'écrire. »

Despréaux, par un ordre exprès du dieu du Goût, se réconciliait avec Quinault, qui est le poëte des grâces, comme Despréaux est le poëte de la raison.

 Mais le sévère satirique
 Embrassait encore en grondant
 Cet aimable et tendre lyrique,
 Qui lui pardonnait en riant.

« Je ne me réconcilie point avec vous, disait Despréaux, que vous ne conveniez qu'il y a bien des fadeurs dans ces opéras s agréables. — Cela peut bien être, dit Quinault; mais avouez auss que vous n'eussiez jamais fait *Atys* ni *Armide*.

 Dans vos scrupuleuses beautés
 Soyez vrai, précis, raisonnable;
 Que vos écrits soient respectés :
 Mais permettez-moi d'être aimable. »

Après avoir salué Despréaux, et embrassé tendrement Quinault, je vis l'inimitable Molière, et j'osai lui dire :

« Le sage, le discret Térence
Est le premier des traducteurs;
Jamais dans sa froide élégance
Des Romains il n'a peint les mœurs :
Tu fus le peintre de la France :
Nos bourgeois à sots préjugés,
Nos petits marquis rengorgés,
Nos robins toujours arrangés,
Chez toi venaient se reconnaître;
Et tu les aurais corrigés,
Si l'esprit humain pouvait l'être.

— Ah! disait-il, pourquoi ai-je été forcé d'écrire quelquefois pour le peuple ? Que n'ai-je toujours été le maître de mon temps ? j'aurais trouvé des dénoûments plus heureux, j'aurais moins fait descendre mon génie au bas comique. »

C'est ainsi que tous ces maîtres de l'art montraient leur supériorité, en avouant ces erreurs auxquelles l'humanité est soumise, et dont nul grand homme n'est exempt.

Je connus alors que le dieu du Goût est difficile à satisfaire, mais qu'il n'aime point à demi. Je vis que les ouvrages qu'il critique le plus en détail sont ceux qui en tout lui plaisent davantage.

Nul auteur avec lui n'a tort,
Quand il a trouvé l'art de plaire;
Il le critique sans colère,
Il l'applaudit avec transport.
Melpomène, étalant ses charmes,
Vient lui présenter ses héros;
Et c'est en répandant des larmes
Que ce dieu connaît leurs défauts.
Malheur à qui toujours raisonne,
Et qui ne s'attendrit jamais !
Dieu du Goût, ton divin palais
Est un séjour qu'il abandonne.

Quand mes conducteurs s'en retournèrent, le dieu leur parla à peu près dans ce sens; car il ne m'est pas donné de dire ses propres mots :

« Adieu, mes plus chers favoris :
Comblés des faveurs du Parnasse,
Ne souffrez pas que dans Paris
Mon rival usurpe ma place.
« Je sais qu'à vos yeux éclairés
Le faux goût tremble de paraître;

Si jamais vous le rencontrez,
Il est aisé de le connaître :
« Toujours accablé d'ornements,
Composant sa voix, son visage,
Affecté dans ses agréments,
Et précieux dans son langage.
« Il prend mon nom, mon étendard
Mais on voit assez l'imposture ;
Car il n'est que le fils de l'art ;
Moi, je le suis de la nature. »

VARIANTES.

(*a*) Le cardinal oracle de la France,
Non ce mentor qui gouverne aujourd'hui,
Juste à la cour, humble dans sa puissance,
Maître de tout, et plus maître de lui ;
Mais ce Nestor, etc.

(*b*) « Il est bon que vous observiez de près un dieu que vous voulez servir.

Vous l'avez pris pour votre maître,
Il l'est, ou du moins le doit être ;
Mais vous l'encensez de trop loin,
Et nous allons prendre le soin
De vous le faire mieux connaître. »

Je remerciai Son Éminence de sa bonté, et je lui dis : « Monseigneur, je suis extrêmement indiscret : si vous me menez avec vous, je m'en vanterai à tout le monde.

Et si, dans son malin vouloir,
Quelque critique veut savoir
En quels lieux, en quel coin du monde
Est bâti ce divin manoir,
Que faudra-t-il que je réponde ? »

Le cardinal me répliqua que le temple était dans le pays des beaux-arts, qu'il voulait absolument que je l'y suivisse, et que je fisse ma relation avec sincérité ; que s'il arrivait qu'on se moquât un peu de moi, il n'y aurait pas grand mal à cela, et que je le rendrais bien, si je voulais. J'obéis, et nous partîmes.

(*c*) Édition de 1733 :

Et cependant un fripon de libraire
Des beaux esprits écumeur mercenaire,
Vendeur adroit de sottise et de vent,
En souriant d'une mine matoise,
Lui mesurait des livres à la toise ;
Car monseigneur est surtout fort savant.

(*d*) C'était un concert que l'on donnait dans une maison de campagne bizarrement située, et bâtie de même. Le maître de la maison voyant de loin le carrosse du cardinal, et sachant que Son Éminence venait d'Italie, vint le prier du concert. Il lui dit en peu de mots beaucoup de mal de Lulli, de Destouches, et de Campra, et l'assura qu'à son concert il n'y aurait point de musique française. Le cardinal lui remontra en vain que la musique italienne, la française, et la latine, étaient fort bonnes, chacune dans leur genre; qu'il n'y a rien de si ridicule que de l'italien chanté à la française, si ce n'est peut-être le français chanté à l'italienne : car, lui dit-il avec ce ton de voix aimable fait pour orner la raison,

« La nature féconde, ingénieuse, et sage, etc. »

(*e*) L'édition d'Amsterdam, après le vers,

Mais je ne sais s'il durera,

contient ce qui suit :

« Ce serait ici le lieu de m'étendre sur la structure de cet édifice, et de parler d'architrave et d'archivolte, si j'avais formé le dessein de n'être pas lu :

Évitons le long verbiage
De monsieur de Félibien,
Qui noie, etc. »

Les éditions de Kehl donnent cette autre variante :

« C'est cela même, dit le cardinal; mais, puisqu'il est question de goût, défiez-vous un peu des rimes redoublées : elles ont l'air de la facilité, elles soutiennent l'harmonie, elles charment l'oreille; mais il faut qu'elles disent quelque chose à l'esprit, sans quoi ce n'est plus qu'un abus de la rime; c'est un arbre couvert de feuilles, qui n'aurait point de fruits. L'aimable Chapelle est tombé lui-même quelquefois dans ce défaut; et plusieurs de ses petites pièces n'ont d'autre mérite que celui de beaucoup de familiarité, et du retour des mêmes rimes,

Qui chez Richelet étalées,
Et des esprits sages sifflées
Bien souvent sans invention,
Disent avec profusion, etc. »

(*f*) Il est plus aisé de dire ce que ce temple n'est pas que de faire connaître ce qu'il est. Je n'ose en faire une longue description, et épuiser les termes d'architecture; car c'est surtout en parlant du temple du Goût qu'il ne faut pas ennuyer :

Dieu nous garde du verbiage
De monsieur de Félibien,
Qui noie éloquemment un rien
Dans un fatras de beau langage.

Il vaut mieux éviter le détail, qui serait ici très-hors d'œuvre. Je me bornerai donc à dire :

Simple en était la noble architecture, etc.

(*g*) Là ne sont point reçus les petits-maîtres, qui assistent à un spectacle sans l'entendre, ou qui n'écoutent les meilleures choses que pour en faire de froides railleries. Bien des gens qui ont brillé dans de petites sociétés, qui ont régné chez certaines femmes, et qui se sont fait appeler grands hommes, sont tout surpris d'être refusés : ils restent à la porte, et adressent en vain leurs plaintes à quelques seigneurs ou soi-disant tels, ennemis jurés du vrai mérite, qui les néglige, et protecteurs ardents des esprits médiocres, dont ils sont encensés. On repousse aussi très-rudement tous ces petits satiriques obscurs, qui, dans la démangeaison de se faire connaître, insultent les auteurs connus, qui font secrètement une mauvaise critique d'un bon ouvrage; petits insectes dont on ne soupçonne l'existence que par les efforts qu'ils font pour piquer. Heureux encore les véritables gens de lettres, s'ils n'avaient pour ennemis que cette engeance! Mais, à la honte de la littérature et de l'humanité, il y a des gens qui s'animent d'une vraie fureur contre tout mérite qui réussit, qui s'acharnent à le décrier et à le perdre; qui vont dans les lieux publics, dans les maisons des particuliers, dans les palais des princes, semer les rumeurs les plus fausses avec l'air de vérité; calomniateurs de profession, monstres ennemis des arts et de la société. Ces lâches persécuteurs s'enfuirent en voyant paraître le cardinal de Polignac et l'abbé de Rothelin : ils n'ont jamais pu avoir accès auprès de ces deux hommes; ils ont pour eux cette haine timide que les cœurs corrompus ont pour les cœurs droits et pour les esprits justes.

(*h*) Premières éditions :

On repoussait plus fièrement ces hommes injustes et dangereux, ces ennemis de tout mérite, qui haïssent sincèrement ce qui réussit, de quelque nature qu'il puisse être. Leurs bouches distillent la médisance et la calomnie [1]. Ils disent que *Télémaque* est un libelle contre Louis XIV, et *Esther* une satire contre le ministère : ils donnent de nouvelles clefs de La Bruyère, ils infectent tout ce qu'ils touchent.

(*i*)   Un fat leur applaudit, un méchant les appuie;
        Et le mérite en pleurs, persécuté par eux,
        Renonce en soupirant aux beaux-arts qu'on décrie.

Ces lâches persécuteurs s'enfuirent en voyant paraître le cardinal de Polignac et l'abbé de Rothelin : ils n'ont jamais pu avoir accès auprès de ces deux hommes; ils ont pour eux cette haine timide que les cœurs corrompus ont pour les cœurs droits et pour les esprits justes. Leur fuite précipitée, etc.

(*j*) Les premières éditions portent : « Je suis le révérend père...., criait l'un; faites un peu place à monseigneur, » disait l'autre.

Un raisonneur avec un fausset aigre, etc.

1. On a fait réellement ces reproches à Fénelon et à Racine, dans de misérables libelles que personne ne lit plus aujourd'hui, et auxquels la malignité donna de la vogue dans leur temps.

VARIANTES.

(*k*) Rousseau parut en revenant d'Allemagne : il avait été autrefois dans le temple ; mais quand il voulut y rentrer,

> Il eut beau tristement redire
> Ses vers durement façonnés,
> Hérissés de traits de satire,
> On lui ferma la porte au nez.

Rousseau se fâcha d'autant plus que la déesse avait raison : elle lui disait des vérités ; il répondit par des injures, et lui cria :

> « Ah ! je connais votre cœur équivoque ;
> Respect le cabre, amour ne l'adoucit,
> Et ressemblez à l'œuf cuit dans sa coque :
> Plus on l'échauffe, et plus il se durcit. »

Il vomit plusieurs de ses nouvelles épigrammes, qui sont toutes dans ce goût. La Motte les entendit : il en rit, mais point trop fort, et avec discrétion. Rousseau, furieux, lui reprocha à son tour tous les mauvais vers que cet académicien avait faits en sa vie ; et cette dispute aurait duré longtemps entre eux, si la Critique ne leur avait imposé silence, et ne leur avait dit : « Écoutez : vous, La Motte, brûlez votre *Iliade*, vos tragédies, et toutes vos dernières odes, les trois quarts de vos fables et de vos opéras ; prenez à la main vos premières odes, quelques morceaux de prose dans lesquels vous avez presque toujours raison, hors quand vous parlez de vous et de vos vers. Je vous demande surtout une demi-douzaine de vos fables, *l'Europe galante;* avec cela, entrez hardiment.

« Vous, Rousseau, brûlez vos opéras, vos comédies, vos dernières allégories, odes, épigrammes germaniques, ballades, sonnets : jurez de ne plus écrire, et venez vous mettre au-dessus de La Motte en qualité de versificateur ; mais toutes les fois qu'il s'agira d'esprit et de raisonnement, vous vous placerez fort au-dessous de lui. » La Motte fit la révérence, Rousseau tourna la bouche, et tous deux entrèrent à ces conditions.

Dans une autre édition de 1733, après ce vers,

> On lui ferma la porte au nez,

on lisait :

Il fut fort étonné de ce procédé, et jura de s'en venger par quelque nouvelle allégorie contre le genre humain, qu'il haït par représailles. Il s'écriait en rougissant :

> « Adoucissez cette rigueur extrême :
> Je viens chercher Marot mon compagnon ;
> J'eus comme lui quelque peu de guignon.
> Le dieu qui rime est le seul dieu qui m'aime :
> Connaissez moi ; je suis toujours le même.
> Voici des vers contre l'abbé Bignon [1];

---

[1]. Il faut apprendre au lecteur qu'il y a dans les OEuvres de Rousseau une mauvaise épigramme contre M. l'abbé Bignon, qui est regardé dans l'Europe, depuis quarante ans, comme le protecteur le plus zélé des

J'ai tout frondé, Vienne, Paris, Versailles;
J'ai rétracté l'éloge de Noailles [1].
Du dieu Pluton lisez le jugement [2],
Où j'ai *sanglé* messieurs du parlement.
O vous, Critique! ô vous, déesse utile!
C'était par vous que j'étais inspiré :
En tout pays, en tout temps abhorré,
Je n'ai que vous désormais pour asile. »

La Critique entendit ces paroles, rouvrit la porte, et parla ainsi :

« Rousseau, connais mieux la Critique :
Je suis juste, et ne fus jamais
Semblable à ce monstre caustique
Qui t'arma de ses lâches traits,
Trempés au poison satirique
Dont tu t'enivres à longs traits.
Autrefois de ta félonie
Thémis te donna le guerdon :
Par arrêt ta muse est bannie
Pour certains couplets de chanson,
Et pour un fort mauvais facton
Que te dicta la calomnie.
Mais par l'équitable Apollon
Ta rage fut bien mieux punie :
Il t'ôta le peu de génie
Dont tu dis qu'il t'avait fait don:

lettres. Rousseau a tâché, dans cette épigramme, de tourner en ridicule une vertu si respectable; et voici comme il définit ce sage prélat, bibliothécaire du roi :

C'est celui qui sous Apollon
Prend soin des haras du Parnasse,
Et qui fait proviguer la race
Des bidets du sacré vallon.

1. Il avait autrefois fait des vers pour M. le duc de Noailles, où il avait dit :

Oh! qu'il chansonne bien!
Serait-ce point Apollon Delphien?
Venez, voyez : tant a beau le corsage, etc.

Mais dans le même temps, ayant écrit une lettre contre M. le duc de Noailles, qui songeait à lui faire avoir un emploi, ce seigneur lui retira sa protection. Rousseau, étant banni de France, fit depuis une pièce qu'il intitula *la Palinodie*, ouvrage généralement méprisé.

2. *Le jugement de Pluton*, allégorie de Rousseau, dans laquelle il se répand en invectives contre le parlement, qui ne l'avait pourtant condamné qu'au bannissement. Cette pièce est d'un style dur et rebutant. Il y a encore je ne sais quelle épigramme de lui sur cet auguste corps.

Si de Noé l'un des enfants maudit,
De son seigneur perdit la sauvegarde,
Ce ne fut point pour avoir, comme on dit,
Surpris son père en posture gaillarde;
Mais c'est qu'ayant fait cacher sa guimbarde
Au fond de l'arche, en guise de relais,
Il en tira cette espèce bâtarde
Qu'on nomme gens de robe et de palais.

Il te priva de l'harmonie;
Et tu n'as plus rien aujourd'hui
Que la fureur et la manie
De rimer encor malgré lui
Des vers tudesques qu'il renie.
O vous, messieurs les beaux esprits,
Si vous voulez être chéris
Du dieu de la double montagne,
Et que dans vos galants écrits
Le dieu du Goût vous accompagne,
Faites tous vos vers à Paris,
Et n'allez point en Allemagne. »

(*m*) « Ah, bon Dieu! s'écria la Critique, quel horrible jargon! » Elle fit ouvrir la porte pour voir l'animal qui avait un cri si singulier. Quel fut son étonnement quand tout le monde lui dit que c'était Rousseau! elle lui ferma la porte au plus vite. Le rimeur désespéré lui criait dans son style marotique :

« Eh! montrez-vous un peu moins difficile.
J'ai près de vous mérité d'être admis;
Reconnaissez mon humeur et mon style :
Voici des vers contre tous mes amis.
O vous, Critique! ô vous, déesse utile!
C'était par vous que j'étais inspiré :
En tout pays, en tout temps abhorré,
Je n'ai que vous désormais pour asile. »

A ces paroles, la Critique fit ouvrir le temple, parut d'un air de juge, et parla ainsi au cynique :

« Rousseau, tu m'as trop méconnue :
Jamais ma candeur ingénue
A tes écrits n'a présidé.
Ne prétends pas qu'un dieu t'inspire,
Quand ton esprit n'est possédé
Que du démon de la satire.
Pour certains couplets de chanson,
Et pour un fort mauvais facton
Ta mordante muse est bannie[1] :
Mais par l'équitable Apollon
Ta rage est encor mieux punie :
Il t'ôta le peu de génie
Dont tu dis qu'il t'avait fait don :
Il te priva de l'harmonie;
Et tu n'as plus rien aujourd'hui
Que la faiblesse et la manie
De forger encor malgré lui
Des vers tudesques, qu'il renie. »

La Motte entendait tout cela; il riait, mais point trop fort, et avec

1. Voyez le factum de M. Saurin, de l'Académie des sciences, contre Rousseau, avec l'arrêt qui condamne ce dernier comme calomniateur.

discrétion. Rousseau lui reprochait avec fureur tous les mauvais vers que cet académicien avait faits en sa vie. « Souviens-toi du *cornet futidique*[1], disait Rousseau avec un sourire amer. — Eh! n'oubliez pas l'*œuf cuit dans sa coque*[2], » répondait doucement La Motte. La dispute aurait duré longtemps, si la Critique ne leur avait imposé silence, et ne leur avait dit : « Écoutez : prenez tous deux à la main vos premières œuvres, et brûlez les dernières. Rousseau, placez-vous au-dessus de La Motte en qualité de versificateur; mais toutes les fois qu'il s'agira d'esprit et de raison, vous vous mettrez fort au-dessous de lui. » Ni l'un ni l'autre ne fut content de sa décision.

J'étais présent à cette scène; la Critique m'aperçut : « Ah! ah! me dit-elle, vous êtes bien hardi d'entrer. » Je lui répondis humblement : « Dangereuse déesse, je ne suis ici que parce que ces messieurs l'ont voulu; je n'aurais jamais osé y venir seul. — Je veux bien, dit-elle, vous y souffrir à leur considération; mais tâchez de profiter de tout ce qui se fait ici.

> Surtout gardez-vous bien de rire
> Des auteurs que vous avez vus;
> Cent petits rimeurs ingénus
> Crieraient bien vite à la satire.
> Corrigez-vous sans les instruire :
> Donnez plus d'intrigue à *Brutus*,
> Plus de vraisemblance à *Zaïre;*
> Et, croyez-moi, n'oubliez plus
> Que vous avez fait *Artémire.* »

Je vis bien qu'elle allait en dire davantage; elle me parlait déjà d'un certain *Philoctète :* je m'esquivai, et je laissai avancer un homme qui valait mieux que Rousseau, La Motte, et moi.

> C'était le sage Fontenelle,
> Qui, par les beaux-arts entouré, etc.

Autre variante.

« Ah, bon Dieu! s'écria la Critique, quel horrible jargon! » On lui dit que c'était Rousseau, dont les dieux avaient changé la voix en ce cri ridicule, pour punition de ses méchancetés; elle lui ferma la porte au nez au plus vite. Il fut fort étonné de ce procédé, et jura de s'en venger par quelque nouvelle allégorie contre le genre humain, qu'il hait par représailles; il s'écriait en rougissant :

> « Adoucissez cette rigueur extrême :
> Je viens chercher Marot mon compagnon;
> J'eus comme lui quelque peu de guignon :
> Le dieu qui rime est le seul dieu qui m'aime.
> Connaissez-moi; je suis toujours le même :

1.
> Plus loin une main frénétique
> Chasse du cornet fatidique
> L'oracle roulant du destin.
>   LAMOTTE.

2.
> Ah! je connais votre cœur équivoque,
> ....
> Et ressemblez à l'œuf cuit dans sa coque.

VARIANTES. 73

Voici des vers contre l'abbé Bignon [1].
O vous, Critique! ô vous, déesse utile!
C'était par vous que j'étais inspiré :
En tout pays, en tout temps abhorré,
Je n'ai que vous désormais pour asile. »

La Critique entendit ces paroles, rouvrit la porte, et parla ainsi :

« Rousseau, connais mieux la Critique :
Je suis juste, et ne fus jamais
Semblable à ce monstre caustique
Qui t'arma de ses lâches traits,
Trempés au poison satirique
Dont tu t'enivres à longs traits.
Autrefois de ta félonie
Thémis te donna le guerdon :
Par arrêt ta muse est bannie [2]
Pour certains couplets de chanson,
Et pour un fort mauvais façon
Que te dicta la calomnie.
Mais par l'équitable Apollon
Ta rage fut bientôt punie :
Il t'ôta le peu de génie
Dont tu dis qu'il t'avait fait don.
Il te priva de l'harmonie ;
Et tu n'as plus rien aujourd'hui
Que la faiblesse et la manie
De rimer encor malgré lui
Des vers tudesques qu'il renie. »

(*m*) Édition de 1733 :

A l'égard de Lucrèce, il fut embarrassé en voyant son ennemi ; il le regarda d'un œil un peu fâché, surtout quand il vit combien il est aimable, et comme il paraît fait pour avoir raison.

Son rival charmant lui parla
Avec sa grâce naturelle,
Et cependant il y mêla

---

1. Conseiller d'État, homme d'un mérite reconnu dans l'Europe, et protecteur des sciences. Rousseau avait fait contre lui quelques mauvais vers.
2. Rousseau fut condamné à l'amende honorable, et au bannissement perpétuel, pour des couplets infâmes faits contre ses amis, et dont il accusa M. Saurin, de l'Académie des sciences, d'être l'auteur. Le factum de Rousseau passe pour être extrêmement mal écrit ; celui de M. Saurin est un chef-d'œuvre d'esprit et d'éloquence. Rousseau, banni de France, s'est brouillé avec tous ses protecteurs, et a continué de déclamer inutilement contre ceux qui faisaient honneur à la France par leurs ouvrages, comme MM. de Fontenelle, Crébillon, Destouches, Dubos, etc., etc. Quant aux vers qu'il fit depuis sa sortie de France, il est constant qu'ils ne sont pas de la force des autres. Son style est dur, corrompu, et plein des défauts mêmes qu'il avait tant reprochés à La Motte. Quant à son bannissement de France, il est absurde de penser que le Châtelet et le parlement l'aient unanimement condamné sans des preuves convaincantes.

LE TEMPLE DU GOÛT.

> Un peu de catholique zèle.
> « Çà, dit-il, puisque vous voilà,
> L'âme a bien l'air d'être immortelle;
> Que répondez-vous à cela?
> — Ah! laissons ces disputes-là,
> Dit le vieux chantre d'Épicure.
> J'ai fort mal connu la nature :
> Mais ne me poussez point à bout;
> Que votre muse me pardonne :
> Vous êtes chez le dieu du Goût,
> Non sur les bancs de la Sorbonne. »

Ces messieurs n'argumentèrent donc point, et épargnèrent une dispute aux gens de goût, qui n'aiment pas volontiers l'argument.

Lucrèce récita seulement quelques-uns de ses beaux vers, qui ne prouvent rien; le cardinal dit aussi des siens, ce qui lui arrive trop rarement à Paris : on leur applaudit également à tous deux. De rapporter ce qui fut dit à cette occasion par les Grecs et les Latins qui étaient là et qui les entendaient, cela serait beaucoup trop long; il n'est ici question que des Français.

La Critique m'aperçut : « Ah! ah! me dit-elle, vous êtes bien hardi d'entrer. » Je lui répondis humblement : « Dangereuse déesse, je ne suis ici que parce que ces messieurs l'ont voulu; je n'aurais jamais osé y venir seul. — Je veux bien, dit-elle, vous y souffrir à leur considération; mais tâchez de profiter de tout ce qui se fait ici.

> Surtout gardez-vous bien de rire
> Des auteurs que vous avez vus;
> Cent petits rivaux inconnus
> Crieraient bientôt à la satire.
> Corrigez-vous, sans les instruire.
> Donnez plus d'intrigue à *Brutus*,
> Plus de vraisemblance à *Zaïre*;
> Et, croyez-moi, n'oubliez plus
> Que vous avez fait *Artémire*. »

Je vis bien qu'elle en allait dire davantage; elle me parlait déjà d'un certain Philoctète : je m'esquivai, etc.

Après « il n'est ici question que des Français, » on lisait dans une autre édition :

Cependant le cardinal et l'abbé étaient arrivés à l'autel du dieu; et je m'y glissai sous leur protection.

> Je vis ce dieu tout à mon aise;
> Je vis ses naïves beautés,
> Ses élégantes propretés.
> Ses atours n'ont rien qui ne plaise;
> Mais s'il est mis à la française,
> Si par nos mains il est orné,
> Ce dieu toujours est couronné
> D'un diadème qu'au Parnasse, etc.

(*r*) Premières éditions :

> Sur son front règne la sagesse,
> Son air est tendre, ingénieux;

Les Amours ont mis dans ses yeux
Le sentiment et la finesse.
Le Maure à ses autels chantait[1];
Pélissier près d'elle exprimait
De Lulli toute la tendresse;
Légère et forte en sa souplesse,
La vive Camargo[2] sautait
A ces sons brillants d'allégresse
Et de Rebel et de Mouret;
Le Couvreur[3] plus loin récitait
Avec cette grâce divine
Dont autrefois elle ajoutait
De nouveaux charmes à Racine.

Colbert, l'amateur et le protecteur de tous les arts, rassemblait autour de lui les connaisseurs. Tous félicitaient le cardinal de Polignac[4] sur ce salon de Marius qu'il a déterré dans Rome, et dont il vient d'orner la France.

Colbert attachait souvent sa vue sur cette belle façade du Louvre, dont Perrault et Le Vau se disputent encore l'invention. Il soupirait de ce qu'un si beau monument périssait sans être achevé. « Ah! disait-il, pourquoi a-t-on forcé la nature pour faire du château de Versailles un favori sans mérite, tandis qu'on pourrait, en achevant le Louvre, égaler en bon goût Rome ancienne et moderne?»

On voyait sur un autel le plan du Luxembourg; de ce portail si noble[5], auquel il manque une place, une église, et des admirateurs; de cette fontaine qui fut un chef-d'œuvre du goût dans un temps d'ignorance; de cet arc de triomphe qu'on admirerait dans Rome, et auquel le nom vulgaire de la porte Saint-Denys ôte tout son mérite auprès de la plupart des Parisiens. Cependant le dieu s'amusait à faire construire le modèle d'un palais parfait. Il joignait l'architecture du palais de Maisons au dedans de l'hôtel de Lassay, dont il a conseillé lui-même la situation, les proportions, et les embellissements, au maître aimable de cet édifice, et auquel il ajoutait quelques commodités.

Je demandais tout bas pourquoi il y a eu, à proportion, moins de bons architectes en France que de bons sculpteurs. Le cardinal, qui connaît tous les arts, daigna répondre ainsi : « Premièrement, les sculp-

1. Mlles Le Maure et Pélissier, célèbres chanteuses de l'Opéra.
2. Mlle Camargo, la première qui ait dansé comme un homme.
3. Adrienne Le Couvreur, la meilleure actrice que le Théâtre-Français ait jamais eue et aura peut-être jamais, est enterrée sur le bord de la Seine, à la Grenouillère, près d'un terrain appartenant à M. le comte de Maurepas. On l'y porta à minuit dans un fiacre, avec une escouade de guet, au lieu de prêtres.
4. M. de Polignac, ayant conjecturé qu'un certain terrain de Rome avait été autrefois la maison de Marius, fit fouiller dans cet endroit. L'on trouva, à plusieurs pieds sous terre, un salon entier, avec plusieurs statues très-bien conservées. Parmi ces statues, il y en a dix qui font une suite complète, et qui représentent Achille déguisé en fille à la cour de Lycomède, et reconnu par l'artifice d'Ulysse. Cette collection est unique dans l'Europe par la rareté et la beauté. À la mort du cardinal de Polignac, le roi de Prusse en fit l'acquisition.
5. Saint-Gervais. (ÉD.)

teurs et les peintres ont la liberté de leur génie, au lieu que les architectes sont souvent gênés par le terrain, et encore plus par le caprice du maître. En second lieu, les sculpteurs et les peintres, faisant beaucoup plus d'ouvrages, ont bien plus d'occasions de se corriger. Cent particuliers étaient en état d'employer le pinceau du Poussin, de Jouvenet, de Santerre, de Boulogne, de Watteau, et même aujourd'hui nos peintres modernes travaillent presque tous pour de simples citoyens; mais il faut être roi ou surintendant pour exercer le génie d'un Mansard ou d'un Desbrosses. Enfin le succès du peintre est dans le dessin de son tableau, celui du sculpteur est dans son modèle en terre; le modèle de l'architecte, au contraire, est trompeur, parce que le bâtiment, regardé ensuite à une plus grande distance, fait un effet tout différent, et que la perspective aérienne en change les proportions : en un mot, il en est souvent du plan en relief d'un édifice comme de la plupart des machines, qui ne réussissent qu'en petit. »

(o) Édition de 1733 :

> Mais, malgré l'austère sagesse
> De la morale qu'il prêchait,
> Pélissier en ces lieux chantait;
> Et cependant, avec mollesse,
> Sallé¹ le temple parcourait
> D'un pas guidé par la justesse.

(p) Édition de 1733 :

> C'est ce dieu qu'implore et révère
> Toute la troupe des acteurs
> Qui représentent sur la terre,
> Et ceux qui viennent dans la chaire
> Endormir leurs chers auditeurs,
> Et ceux qui livrent les auteurs
> Aux sifflets bruyants du parterre.

> C'est là que je vous vis, aimable Le Couvreur;
> Vous, fille de l'Amour, fille de Melpomène;
> Vous dont le souvenir règne encor sur la scène,
> Et dans tous les esprits, et surtout dans mon cœur.
> Ah! qu'en vous revoyant une volupté pure,
> Un bonheur sans mélange enivra tous mes sens!
> Qu'à vos pieds en ces lieux je fis fumer d'encens!
> Car, il faut le redire à la race future,
> Si les saintes fureurs d'un préjugé cruel
> Vous ont pu dans Paris priver de sépulture
> Dans le temple du Goût vous avez un autel.

Mes deux guides disaient qu'ils ne pouvaient en conscience donner à une actrice le même encens que moi; mais ils avaient trop de justice pour me désapprouver.

(q) On y examine si les arts se plaisent mieux dans une monarchie que dans une république, si l'on peut se passer aujourd'hui du

---

1 Mlle Sallé, excellente danseuse, qui exprime les passions.

secours des anciens, si les livres ne sont point trop multipliés, si la comédie et la tragédie ne sont point épuisées. On examine quelle est la vraie différence entre l'homme de talent et l'homme d'esprit, entre le critique et le satirique, entre l'imitateur et le plagiaire.

Quelquefois même on laisse parler longtemps la même personne, mais ce cas arrive très-rarement; heureusement pour moi on se rassemblait en ce moment autour de la fameuse Ninon Lenclos.

> Ninon, cet objet si vanté,
> Qui si longtemps sut faire usage
> De son esprit, de sa beauté,
> Et du talent d'être volage,
> Faisait alors, avec gaieté,
> A ce charmant aréopage,
> Un discours sur la volupté.
> Dans cet art elle était maîtresse :
> L'auditoire était enchanté,
> Et tout respirait la tendresse.
> Mes deux guides, en vérité,
> Auraient volontiers écouté;
> Mais hélas! ils sont d'une espèce
> Qui leur ôte la liberté,
> Et les condamne à la sagesse.

Ils me laissèrent entendre le sermon de Ninon. Je courus ensuite vers la Le Couvreur, et mes conducteurs s'amusèrent à parler de littérature avec quelques jésuites qu'ils rencontrèrent. Un janséniste dira que les jésuites se fourrent partout; mais la vérité est que de tous les religieux les jésuites sont ceux qui entendent le mieux les belles-lettres, et qu'ils ont toujours réussi dans l'éloquence et dans la poésie. Le dieu voit de très-bon œil beaucoup de ces pères, mais à condition qu'ils ne diront plus tant de mal de Despréaux, et qu'ils avoueront que les *Lettres provinciales* sont la plus ingénieuse, aussi bien que la plus cruelle, et, en quelques endroits, la plus injuste satire qu'on ait jamais faite.

On se doute assez que les bienfaiteurs du temple y ont une place honorable; mais croirait-on que Colbert y est mieux traité que le cardinal de Richelieu? C'est que Colbert protégea tous les beaux-arts sans être jaloux des artistes, et qu'il ne favorisa que de grands hommes; car il se dégoûta bien vite de Chapelain, et encouragea Despréaux. Le cardinal de Richelieu, au contraire, fut jaloux du grand Corneille; et, au lieu de s'en tenir, comme il le devait, à protéger les beaux vers, il s'amusa à en faire de mauvais avec Chapelain, Desmarets, et Colletet [1]. Je m'aperçus même que ce grand ministre était moins gracieusement accueilli par le dieu du Goût qu'un certain duc

---

1. Non-seulement le cardinal de Richelieu fit quelquefois travailler Chapelain à des ouvrages de théâtre, mais il s'appropria un mauvais prologue de ce Chapelain; c'était le prologue d'un très-ridicule poëme dramatique intitulé : *les Tuileries*. Ce cardinal fit bâtir la salle du Palais-Royal pour représenter la tragédie de *Mirame*, dont il avait donné le sujet, et dans laquelle il avait fait plus de cinq cents vers. Il se servait de Desmarets, de Colletet, de Faret, pour composer des tragédies dont il leur donnait le plan. Il admit quelque temps le grand Corneille dans cette troupe; mais le mérite de Corneille se trouva incompatible avec

son neveu, qui vient très-souvent dans le temple. Les connaisseurs en belles-lettres disent pour raison

    Que dans ce charmant sanctuaire
L'honneur de protéger les beaux-arts qu'on chérit,
    Mais auxquels on ne s'entend guère,
    L'autorité du ministère,
    L'éclat, l'intrigue, et le crédit,
Ne sauraient égaler les charmes de l'esprit,
    Et le don fortuné de plaire.

Les connaisseurs en galanterie ajoutent que Son Éminence[1] fit jadis l'amour en vrai pédant, et que son neveu s'y prend d'une manière assurément tout opposée. Il y a dans cette demeure bien des habitants qui, comme lui, n'ont fait aucun ouvrage;

    Qui, sagement livrés aux douceurs du loisir,
    Ont passé de leurs jours les moments délectables
    A recevoir, à donner du plaisir.
    De chanter et d'écrire ils ont été capables;
Mais pour être en ce temple, et pour y réussir,
    Qu'ont-ils fait? ils étaient aimables.

C'est entre ces voluptueux et les artistes qu'on trouve le facile, le sage, l'agréable La Faye : heureux qui pourrait, comme lui, passer les dernières années de sa vie tantôt en composant des vers aisés et pleins de grâce, tantôt écoutant ceux des autres sans envie et sans mépris; ouvrant son cabinet à tous les arts, et sa maison aux seuls hommes de bonne compagnie! Combien de particuliers dans Paris pourraient lui ressembler dans l'usage de leur fortune! mais le goût leur manque; ils jouissent insipidement, ils ne savent qu'être riches.

Devant le dieu est un grand autel, où les muses viennent présenter tour à tour des livres, des dessins, et des ornements de toute espèce : on y voyait tous les opéras de Lulli, et plusieurs opéras de Destouches et de Campra. Le dieu eût désiré quelquefois, dans Destouches, une musique plus forte; souvent, dans Campra, un récitatif mieux déclamé; et de temps en temps, dans Lulli, quelques airs moins froids. Tantôt les muses, tantôt les Pélissier et les Le Maure chantent ces opéras charmants : le temple résonne de leurs voix touchantes; tout ce qui est dans ces beaux lieux applaudit par un léger murmure, plus flatteur que ne le seraient les acclamations emportées du peuple. Les

ces poëtes, et il fut aussitôt exclu. Ce cardinal avait si peu de goût, qu'il récompensa ces vers impertinents de Colletet :

    La cane s'humecter de la bourbe de l'eau,
    D'une voix enrouée et d'un battement d'aile
    Animer le canard qui languit auprès d'elle.

Il voulait seulement, pour rendre ces vers parfaits, qu'on mît *barboter* au lieu d'*humecter*.

1. Le cardinal de Richelieu fit soutenir des thèses sur *l'amour* chez sa nièce la duchesse d'Aiguillon : il y avait un président, un répondant, et des arguments. Il y a à Paris une copie de ces thèses chez un curieux; elles sont divisées en plusieurs positions, comme les thèses de collége : la première position est « qu'il ne faut point parler d'un véritable amour après sa fin, parce qu'un véritable amour est sans fin. »

mauvais auteurs et leurs amis prêtent l'oreille autour du temple, entendent à peine quelques sons, et sifflent pour se venger.

Le dessin de Versailles se trouve, à la vérité, sur l'autel; mais il est accompagné d'un arrêt du dieu, qui ordonne qu'on abatte au moins tout le côté de la cour, afin qu'on n'ait point à la fois en France un chef-d'œuvre de mauvais goût et de magnificence. Par le même arrêt, le dieu ordonne que les grands morceaux d'architecture très-déplacés et très-cachés dans les bosquets de Versailles soient transportés à Paris pour orner des édifices publics.

Une des choses que le dieu aime davantage, c'est un recueil d'estampes d'après les plus grands maîtres; entreprise utile au genre humain, qui multiplie à peu de frais le mérite des meilleurs peintres, qui fait revivre à jamais dans tous les cabinets de l'Europe des beautés qui périraient sans les secours de la gravure, et qui peut faire connaître toutes les écoles à un homme qui n'aura jamais vu de tableaux.

> Crozat préside à ce dessin;
> Il conduit le docte burin
> De la Gravure scrupuleuse,
> Qui, d'une main laborieuse,
> Immortalise sur l'airain
> Du Carache la touche heureuse,
> Et la belle âme du Poussin.

Dans le temps que nous arrivâmes, le dieu s'amusait à faire élever en relief le modèle d'un palais parfait; il joignait l'architecture extérieure du château de Maisons avec les dedans de l'hôtel de Lassay, lequel, par sa situation, ses proportions, et ses embellissements, est digne du maître aimable qui l'occupe, et qui lui-même a conduit l'ouvrage.

Tous les amateurs considéraient ce modèle avec attention. Parmi eux était le président de Maisons, qui, depuis le moment fatal où il a été enlevé à ses amis et aux beaux-arts dont il faisait les délices, jouit auprès du dieu du Goût de l'immortalité qu'il mérite[1]. Quelle fut ma félicité de le revoir, pour pouvoir prendre encore de ses leçons, et de jouir de son utile entretien!

> O transport! ô plaisir, etc.

(r) « Permettez que je continue mes petites observations, répondit le P. Bouhours. Ce sont les grands hommes qu'il faut critiquer, de peur que les fautes qu'ils font contre les règles ne servent de règles aux petits écrivains; ce sont les défauts du Poussin et de Le Sueur qu'il faut relever, et non ceux de Rouet et de Vignon; et dès que votre *Anti-Lucrèce* sera imprimé, soyez sûr de ma critique.

---

1. René de Longueil de Maisons, président du parlement, mort à Paris en 1731, à l'âge de trente ans, et n'ayant laissé pour héritier qu'un enfant de quelques mois, mort l'année suivante. Il avait eu du goût pour tous les arts dès sa première jeunesse; il avait un jardin de plantes plus complet et mieux entretenu que celui du roi ne l'était alors. Il commençait un cabinet de tableaux. Il s'amusait quelquefois à faire des vers et même de la musique; il était excellent critique, peu aimé de ceux qui ne le connaissaient pas, et chéri avec la plus vive tendresse de ses amis, qui en parlent encore les larmes aux yeux.

— Eh bien, examinez, vétillez tant qu'il vous plaira, dit en passant un jeune duc qui revenait du sermon de Ninon, et qui en paraissait tout pénétré : pour moi, je n'ai pas la force de rien censurer d'aujourd'hui. »

Cet homme que Ninon avait rendu si indulgent,

> C'est lui qui, d'un esprit vif, aimable, et facile,
> D'un vol toujours brillant sut passer tour à tour
> Du temple des beaux-arts au temple de l'Amour,
> Mais qui fut plus content de ce dernier asile.
> Des mains des Grâces présenté,
> En Allemagne, en Italie,
> Il charma l'Europe adoucie,
> Dont son oncle fut redouté.

Il est même encore mieux reçu dans le temple du Goût que cet oncle si vanté, qui rétablit les beaux-arts en France de la même main dont il abaissa ou perdit tous ses ennemis. Ce terrible ministre, craint, haï, envié, admiré à l'excès de toutes les cours et de la sienne, est redouté jusque dans le temple du Goût, dont il est restaurateur : on craint à tout moment qu'il ne lui prenne fantaisie d'y faire entrer Chapelain, Colletet, Faret, et Desmarets, avec lesquels il faisait autrefois de méchants vers.

Quand je vis que le cardinal de Richelieu n'avait pas toutes les préférences, je m'écriai : « C'est donc ici comme ailleurs, et l'inclination l'emporte partout sur les bienfaits ! » Alors j'entendis quelqu'un qui me dit :

> « Établir, conserver, mouvoir, arrêter tout,
> Donner la paix au monde, ou fixer la victoire,
> C'est ce qui m'a conduit au temple de la Gloire
> Bien plutôt qu'au temple du Goût. »

(s) Édition de 1733 :

Ce qui me charmait davantage dans cette demeure délicieuse, c'était de voir avec quelle heureuse agilité l'esprit se promène sur différents plaisirs, en parcourant de suite les arts, et caressant tant de beautés diverses.

> On y passe facilement
> De la musique à la peinture,
> De la physique au sentiment,
> Du tragique au simple agrément,
> De la danse à l'architecture.
> Tel Homère peignait ses dieux
> Planant sur la terre et sur l'onde,
> Et, cent fois plus prompt que nos yeux,
> S'élançant du centre des cieux
> Jusqu'au bout de l'axe du monde.

Aussi serais-je trop long si je disais tout ce que je vis dans ce temple. Grâce au siècle de Louis XIV, une foule de grands hommes en tout genre, qui avaient honoré ce beau siècle, s'étaient rangés avec mes deux guides autour du grand Colbert. « Je n'ai exécuté, disait ce ministre, que la moindre partie de ce que je méditais ; j'aurais voulu que Louis XIV eût employé aux embellissements nécessaires de sa capitale les trésors ensevelis dans Versailles, et prodigués pour forcer la nature. Si j'avais vécu plus longtemps, Paris aurait pu surpasser Rome en magnificence et en bon goût, comme il la surpasse en grandeur : ceux qui viendront après moi feront ce que j'ai seulement imaginé. Alors le royaume sera rempli des monuments de tous les beaux-arts. Déjà les grands chemins qui conduisent à la capitale, sont des promenades délicieuses, ombragées de grands arbres l'espace de plusieurs milles, et ornées même de fontaines [1] et de statues. Un jour vous n'aurez plus de temples gothiques ; les salles [2] de vos spectacles seront dignes des ouvrages immortels qu'on y représente ; de nouvelles places, et des marchés publics construits sous des colonnades, décoreront Paris comme l'ancienne Rome ; les eaux seront distribuées dans toutes les maisons comme à Londres ; les inscriptions de Santeuil ne seront plus la seule chose que l'on admirera dans vos fontaines ; la sculpture étalera partout ses beautés [3] durables, et annoncera aux étrangers la gloire de la nation, le bonheur du peuple, la sagesse et le goût de ses conducteurs. » Ainsi parlait ce grand ministre.

Qui n'aurait applaudi ? quel cœur français n'eût été ému à de tels discours ? On finit par donner de justes éloges et par souhaiter un succès heureux aux grands desseins que le magistrat [4] de la ville de Paris a formés pour la décoration de cette capitale.

Enfin, après une conversation utile, dans laquelle on louait avec justice ce que nous avons, et dans laquelle on regrettait, avec non moins de justice, ce que nous n'avons pas, il fallut se séparer. J'entendis le dieu qui disait à ses deux amis, en les embrassant :

« Adieu, mes plus chers favoris,
Par qui ma gloire est établie ;
Tant que vous serez dans Paris,

1. Sur le chemin de Juvisy on a élevé deux fontaines dont l'eau retombe dans de grands bassins : des deux côtés du chemin sont deux morceaux de sculpture ; l'un est de Coustou, et est fort estimé : il est triste que son ouvrage ne soit pas de marbre, mais seulement de pierre.

2. Les salles de tous les spectacles de Paris sont sans magnificence, sans goût, sans commodités, ingrates pour la voix, incommodes pour les acteurs et pour les spectateurs : ce n'est qu'en France qu'on a l'impertinente coutume de faire tenir debout la plus grande partie de l'auditoire.

3. C'était en effet le dessein de ce grand homme. Un de ses projets était de faire une grande place de l'hôtel de Soissons ; on aurait creusé au milieu de la place un vaste bassin qu'on aurait rempli des eaux qu'il devait faire venir par de nouveaux aqueducs. Du milieu de ce bassin, entouré d'une balustrade de marbre, devait s'élever un rocher sur lequel quatre fleuves de marbre auraient répandu l'eau, qui eût retombé en nappe dans le bassin, et qui de là se serait distribuée dans les maisons des citoyens. Le marbre destiné à cet incomparable monument était acheté ; mais ce dessein fut oublié avec M. Colbert, qui mourut trop tôt pour la France.

4. M. Turgot, président au parlement, prévôt des marchands, qui a déjà embelli cette capitale, a fait marché avec des entrepreneurs pour agrandir le quai derrière le Palais, le continuer jusqu'au pont de l'île, et joindre l'île au reste de la ville par un beau pont de pierre : il n'y a point de citoyen dans Paris qui ne doive s'empresser à contribuer de tout son pouvoir à l'exécution de pareils desseins, qui servent à notre commodité, à nos plaisirs et à notre gloire.

Je n'ai pas peur que l'on m'oublie;
Mais prêchez, je vous en supplie,
Certains prétendus beaux esprits,
Qui, du faux goût toujours épris,
Et toujours me faisant insulte,
Ont tout l'air d'avoir entrepris
De traiter mes lois et mon culte
Comme l'on traite leurs écrits. »

Il les pria de faire ses compliments à un jeune prince qu'il aime tendrement; et s'échauffant à son nom avec un peu d'enthousiasme, que ce dieu ne dédaigne pas quelquefois, mais qu'il sait toujours modérer, il prononça ces vers avec vivacité :

« Que toujours Clermont[1] s'illumine
Des vives clartés de ma loi;
Lui, sa sœur, les Amours et moi,
Nous sommes de même origine.
Conti, sachez à votre tour
Que vous êtes né pour me plaire
Aussi bien qu'au dieu de l'Amour.
J'aimai jadis votre grand-père;
Il fut le charme de ma cour :
De ce héros suivez l'exemple;
Que vos beaux jours me soient soumis;
Croyez-moi, venez dans ce temple,
Où peu de princes sont admis.
Vous, noble jeunesse de France,
Secondez les chants des beaux-arts,
Tandis que les foudres de Mars
Se reposent dans le silence;
Que dans ces fortunés loisirs
L'esprit et la délicatesse,
Nouveaux guides de la jeunesse,
Soient l'âme de tous vos plaisirs.
Je vois Thalie et Melpomène[2]
Vous suivre en secret quelquefois,
Et quitter Gaussin et Dufresne
Pour venir entendre vos voix,
Et vous applaudir sur la scène.
Que des muses à vos genoux
Les lauriers à jamais fleurissent;
Que ces arbres s'enorgueillissent

1. M. le comte de Clermont, prince du sang, a fondé, à l'âge de vingt ans, une académie des arts, composée de cent personnes qui s'assemblent chez lui, et il donne une protection marquée aux gens de lettres. On ne saurait trop proposer un tel exemple aux jeunes princes.
2. Il y a plus de vingt maisons dans Paris dans lesquelles on représente des tragédies et des comédies : on a fait même beaucoup de pièces nouvelles pour ces sociétés particulières. On ne saurait croire combien est utile cet amusement, qui demande beaucoup de soin et d'attention : il forme le goût de la jeunesse, il donne de la grâce au corps et à l'esprit, il contribue au talent de la parole, il retire les jeunes gens de la débauche, en les accoutumant aux plaisirs purs de l'esprit.

VARIANTES.

De se voir cultivés par vous.
Transportez le Pinde à Cythère :
Brassac [1], chantez ; gravez, Caylus [2] :
Ne craignez point, jeune Surgère [3],
D'employer des soins assidus
Aux beaux vers que vous savez faire ;
Et que tous les sots confondus,
A la cour et sur la frontière,
Désormais ne prétendent plus
Qu'on déroge et qu'on dégénère
En suivant Minerve et Phébus. »

Dans une des premières éditions on lisait :

« Se reposent dans le silence.
Brassac, sois toujours mon soutien ;
Sous tes doigts j'accordai ta lyre :
De l'amour tu chantes l'empire,
Et tu composes dans le mien.
Caylus, tous les arts te chérissent ;
Je conduis tes brillants dessins,
Et les Raphaëls s'applaudissent
De se voir gravés par tes mains.
Jeune d'Étampe [4], et vous, Surgère,
Employez vos soins assidus
Aux beaux vers que vous savez faire, » etc.

(*t*) Dans l'édition de Desbordes, 1733, on lit :

« Presque toutes les éditions sont corrigées et retranchées de la main des muses. Les trois quarts de Rabelais au moins sont renvoyés à la *Bibliothèque bleue;* et le reste, tout bizarre qu'il est, ne laisse pas de faire rire quelquefois le dieu du Goût. Marot, etc. »

1. M. le chevalier de Brassac non-seulement a le talent très-rare de faire la musique d'un opéra, mais il a le courage de le faire jouer, et de donner cet exemple à la jeune noblesse française. Il y a déjà longtemps que les Italiens, qui ont été nos maîtres en tout, ne rougissent pas de donner leurs ouvrages au public. Le marquis Maffei vient de rétablir la gloire du théâtre italien ; le baron d'Astorga, et le prélat qui est aujourd'hui archevêque de Pise, ont fait plusieurs opéras fort estimés.
2. M. le comte de Caylus est célèbre par son goût pour les arts, et par la faveur qu'il donne à tous les bons artistes ; il grave lui-même, et met une expression singulière dans ses dessins. Les cabinets des curieux sont pleins de ses estampes. M. de Saint-Maurice, officier des gardes, grave aussi, et se sert avec avantage du burin : il a fait une estampe d'après Le Nain, qui est un chef-d'œuvre.
3. M. de La Rochefoucauld, marquis de Surgères, a fait une comédie intitulée *l'École du monde.* Cette pièce est sans contredit bien écrite, et pleine de traits que le célèbre duc de La Rochefoucauld, auteur des *Maximes,* aurait approuvés.
4. M. le marquis d'Étampes, qu'on nomme M. de La Ferté-Imbault, permettra, malgré son extrême modestie, qu'on dise qu'il a fait, à l'âge de dix-huit ans, une tragédie dont les vers sont très-harmonieux, dans le temps que de vieux poètes de profession étaient assez déraisonnables pour écrire contre l'harmonie.

(u) Dans l'édition de Desbordes on lit :

« Saint-Évremond, qui parle si délicatement de religion, si solidement de bagatelles, et qui écrit de si longues lettres à la belle Mme Mazarin, est confiné dans un très-petit volume; encore n'y trouve-t-on pas *la Conversation du P. Canaye*, qui appartient à Charleval. *La Conjuration de Venise*, seul ouvrage qui puisse donner un nom à l'abbé de Saint-Réal, est à côté de Salluste. Il n'y a point encore d'écrivain français que les muses aient pu mettre à côté de Tacite. Enfin l'on nous fit passer, etc. »

(v) Dans l'édition de Desbordes, 1733, on lisait :

« Bossuet, le seul Français véritablement éloquent entre tant de bons écrivains en prose qui pour la plupart ne sont qu'élégants, Bossuet voulait bien retrancher quelques familiarités échappées à son génie vaste et docile, qui déparent la beauté de ses *Oraisons funèbres*. »

VOYAGE A BERLIN.

A MADAME DENYS.

A Clèves, juillet 1750.

C'est à vous, s'il vous plaît, ma nièce,
Vous, femme d'esprit sans travers,
Philosophe de mon espèce,
Vous qui, comme moi, du Permesse
Connaissez les sentiers divers;
C'est à vous qu'en courant j'adresse
Ce fatras de prose et de vers,
Ce récit de mon long voyage :
Non tel que j'en fis autrefois
Quand, dans la fleur de mon bel âge,
D'Apollon je suivais les lois;
Quand j'osai, trop hardi peut-être,
Aller consulter à Paris,
En dépit de nos beaux esprits,
Le dieu du goût, mon premier maître.

Ce voyage-ci n'est que trop vrai, et ne m'éloigne que trop de vous. N'allez pas vous imaginer que je veuille égaler Chapelle, qui s'est fait, je ne sais comment, tant de réputation pour avoir été de Paris à Montpellier, et en terre papale, et en avoir rendu compte à un gourmand¹.

Ce n'était pas peut-être un emploi difficile
De railler monsieur d'Assoucy :
Il faut une autre plume, il faut un autre style,

1. Broussin. (Éd.)

Pour peindre ce Platon, ce Solon, cet Achille
    Qui fait des vers à Sans-Souci.
Je pourrais vous parler de ce charmant asile,
Vous peindre ce héros philosophe et guerrier,
Si terrible à l'Autriche, et pour moi si facile;
    Mais je pourrais vous ennuyer.

D'ailleurs, je ne suis pas encore à sa cour, et il ne faut rien anticiper : je veux de l'ordre jusque dans mes lettres. Sachez donc que je partis de Compiègne le 25 juillet, prenant ma route par la Flandre, et qu'en bon historiographe et en bon citoyen j'allai voir en passant les champs de Fontenoy, de Raucoux, et de Laufeldt. Il n'y paraissait pas; tout cela était couvert des plus beaux blés du monde; les Flamands et les Flamandes dansaient comme si de rien n'eût été.

    Durez, jeux innocents de ces peuples grossiers;
    Régnez, belle Cérès, où triompha Bellone.
    Campagnes qu'engraissa le sang de nos guerriers,
    J'aime mieux vos moissons que celles des lauriers;
    La vanité les cueille, et le hasard les donne.
    O que de grands projets par le sort démentis!
    O victoires sans fruit! ô meurtres inutiles!
    Français, Anglais, Germains, aujourd'hui si tranquilles,
    Fallait-il s'égorger pour être bons amis?

J'ai été à Clèves, comptant y trouver des relais que tous les bailliages fournissent, moyennant un ordre du roi de Prusse, à ceux qui vont philosopher à Sans-Souci auprès du Salomon du Nord, et à qui le roi accorde la faveur de voyager à ses dépens : mais l'ordre du roi de Prusse était resté à Vesel entre les mains d'un homme qui l'a reçu, comme les Espagnols reçoivent les bulles des papes, avec le plus profond respect, et sans en faire aucun usage. Je me suis donc arrêté quelques jours dans le château de cette princesse que Mme de La Fayette a rendue si fameuse[1].

    Mais de cette héroïne et du duc de Nemours
    On ignore en ces lieux la galante aventure.
        Ce n'est pas ici, je vous jure,
    Le pays des romans, ni celui des amours.

C'est dommage, car le pays semble fait pour des princesses de Clèves : c'est le plus beau lieu de la nature, et l'art a encore ajouté à sa situation. C'est une vue supérieure à celle de Meudon; c'est un terrain planté comme les Champs-Elysées et le bois de Boulogne; c'est une colline couverte d'allées d'arbres en pente douce. Un grand bassin reçoit les eaux de cette colline : au milieu s'élève une statue de Minerve. L'eau de ce premier bassin

---

1. Par son roman *la Princesse de Clèves*. (ÉD.)

est reçue dans un second, qui la renvoie à un troisième, et le bas de la colline est terminé par une cascade ménagée dans une vaste grotte en demi-cercle; la cascade laisse tomber ses eaux dans un canal qui va arroser une vaste prairie, et se joindre à un bras du Rhin. Mlle de Scudéry et La Calprenède auraient rempli de cette description un tome de leurs romans; mais moi, historiographe, je vous dirai seulement qu'un certain prince, Maurice de Nassau, gouverneur, de son vivant, de cette belle solitude, y fit presque toutes ces merveilles. Il s'est fait enterrer au milieu des bois, dans un grand diable de tombeau de fer, environné de tous les plus vilains bas-reliefs du temps de la décadence de l'empire romain, et de quelques monuments gothiques plus grossiers encore. Mais le tout serait quelque chose de fort respectable pour ces esprits profonds qui tombent en extase à la vue d'une pierre mal taillée, pour peu qu'elle ait deux mille ans d'antiquité.

Un autre monument antique, c'est le reste d'un grand chemin pavé, construit par les Romains, qui allait à Francfort, à Vienne, et à Constantinople. Le saint-empire, dévolu à l'Allemagne, est un peu déchu de sa magnificence; on s'embourbe aujourd'hui en été dans l'auguste Germanie. De toutes les nations modernes, la France et le petit pays des Belges sont les seuls qui aient des chemins dignes de l'antiquité. Nous pouvons surtout nous vanter de passer les anciens Romains en cabarets, et il y a encore certains points dans lesquels nous les valons bien; mais enfin, pour les monuments durables, utiles, magnifiques, quel peuple approche d'eux? quel monarque fait dans son royaume ce qu'un proconsul faisait dans Nîmes et dans Arles?

> Parfaits dans le petit, sublimes en bijoux,
> Grands inventeurs de riens, nous faisons des jaloux.
> Élevons nos esprits à la hauteur suprême
>   Des fiers enfants de Romulus:
> Ils faisaient plus cent fois pour des peuples vaincus
>   Que nous ne faisons pour nous-même.

Enfin, malgré la beauté de la situation de Clèves, malgré le chemin des Romains; en dépit d'une tour qu'on prétend bâtie par Jules César, ou au moins par Germanicus; en dépit des inscriptions d'une vingt-sixième légion qui était ici en quartier d'hiver; en dépit des belles allées plantées par le prince Maurice, et de son grand tombeau de fer; en dépit enfin des eaux minérales découvertes ici depuis peu, il n'y a guère d'affluence à Clèves. Les eaux y sont cependant aussi bonnes que celles de Spa et de Forges, et on ne peut avaler de petits atomes de fer dans un plus beau lieu. Mais il ne suffit pas, comme vous savez, d'avoir du mérite pour avoir la vogue: l'utile et l'agréable sont ici; mais ce séjour délicieux n'est fréquenté que par quelques

Hollandais que le voisinage et le bas prix des vivres et des maisons y attirent, et qui viennent admirer et boire.

J'y ai retrouvé avec une très-grande satisfaction un célèbre poëte hollandais qui nous a fait l'honneur de traduire élégamment en batave, et même vers pour vers, nos tragédies bonnes ou mauvaises. Peut-être un jour viendra que nous serons réduits à traduire les tragédies d'Amsterdam : chaque peuple a son tour.

Les dames romaines qui allaient lorgner leurs amants au théâtre de Pompée ne se doutaient pas qu'un jour au milieu des Gaules, dans un petit bourg nommé Lutèce, on ferait de meilleures pièces de théâtre qu'à Rome.

L'ordre du roi pour les relais vient enfin de me parvenir voilà mon enchantement chez la princesse de Clèves fini, et je pars pour Berlin.

J'ai d'abord passé par Vesel, qui n'est plus ce qu'elle était quand Louis XIV la prit en deux jours, en 1672, sur les Hollandais. Elle appartient aujourd'hui au roi de Prusse, et c'est une des plus fortes places de l'Europe. C'est là qu'on commence à voir de ces belles troupes que Frédéric II forma sans vouloir s'en servir, et que Frédéric le Grand a rendues si utiles à ses intérêts et à sa gloire. Le premier coup d'œil surprend toujours.

> D'un regard étonné j'ai vu sur ces remparts
> Ces géants court vêtus, automates de Mars,
> Ces mouvements si prompts, ces démarches si fières,
>   Ces moustaches, ces grands bonnets,
> Ces habits retroussés, montrant de gros derrières
>   Que l'ennemi ne vit jamais.

Bientôt après j'ai traversé les vastes, et tristes, et stériles, et détestables campagnes de la Vestphalie.

> De l'âge d'or jadis vanté
> C'est la plus fidèle peinture :
> Mais toujours la simplicité
> Ne fait pas la belle nature.

Dans de grandes huttes qu'on appelle maisons, on voit des animaux qu'on appelle hommes, qui vivent le plus cordialement du monde pêle-mêle avec d'autres animaux domestiques. Une certaine pierre dure, noire, et gluante, composée, à ce qu'on dit, d'une espèce de seigle, est la nourriture des maîtres de la maison. Qu'on plaigne après cela nos paysans, ou plutôt qu'on ne plaigne personne; car, sous ces cabanes enfumées, et avec cette nourriture détestable, ces hommes des premiers temps sont sains, vigoureux, et gais. Ils ont tout juste la mesure d'idées que comporte leur état.

Ce n'est pas que je les envie :
J'aime fort nos lambris dorés;
Je bénis l'heureuse industrie
Par qui nous furent préparés
Cent plaisirs par moi célébrés,
Frondés par la cagoterie,
Et par elle encor savourés.
Mais sur les huttes des sauvages
La nature épand ses bienfaits;
On voit l'empreinte de ses traits
Dans les moindres de ses ouvrages.
L'oiseau superbe de Junon,
L'animal chez les Juifs immonde,
Ont du plaisir à leur façon;
Et tout est égal en ce monde.

Si j'étais un vrai voyageur, je vous parlerais du Véser et de l'Elbe, et des campagnes fertiles de Magdebourg, qui étaient autrefois le domaine de plusieurs saints archevêques, et qui se couvrent aujourd'hui des plus belles moissons (à regret sans doute) pour un prince hérétique; je vous dirais que Magdebourg est presque imprenable; je vous parlerais de ses belles fortifications, et de sa citadelle construite dans une île entre deux bras de l'Elbe, chacun plus large que la Seine ne l'est vers le pont Royal. Mais comme ni vous ni moi n'assiégerons jamais cette ville, je vous jure que je ne vous en parlerai jamais.

Me voici enfin dans Potsdam. C'était sous le feu roi la demeure de Pharasmane; une place d'armes et point de jardin, la marche du régiment des gardes pour toute musique, des revues pour tout spectacle, la liste des soldats pour bibliothèque. Aujourd'hui c'est le palais d'Auguste, des légions et des beaux esprits, du plaisir et de la gloire, de la magnificence et du goût, etc.

ODES

I. — SUR SAINTE GENEVIÈVE.

IMITATION D'UNE ODE LATINE PAR LE R. P. LEJAY.

(1709 [1].)

Qu'aperçois-je? est-ce une déesse
Qui s'offre à mes regards surpris?
Son aspect répand l'allégresse,
Et son air charme mes esprits.
Un flambeau brillant de lumière,
Dont sa chaste main nous éclaire,
Jette un feu nouveau dans les airs.
Quels sons, quelles douces merveilles,
Viennent de frapper mes oreilles
Par d'inimitables concerts?

Un chœur d'esprits saints l'environne,
Et lui prodigue des honneurs;
Les uns soutiennent sa couronne,
Les autres la parent de fleurs.
O miracle! ô beautés nouvelles!
Je les vois, déployant leurs ailes,
Former un trône sous ses pieds.
Ah! je sais qui je vois paraître!
France, pouvez-vous méconnaître
L'héroïne que vous voyez?

Oui, c'est vous que Paris révère
Comme le soutien de ses lis :
Geneviève, illustre bergère,
Quel bras les a mieux garantis?
Vous qui, par d'invisibles armes,
Toujours au fort de nos alarmes
Nous rendites victorieux,
Voici le jour où la mémoire
De vos bienfaits, de votre gloire,
Se renouvelle dans ces lieux.

Du milieu d'un brillant nuage
Vous voyez les humbles mortels

---

1. On lit au bas de la première édition : FRANÇOIS AROUET, *étudiant en rhétorique et pensionnaire au collége Louis-le-Grand.* (ED.)

Vous rendre à l'envi leur hommage,
Prosternés devant vos autels ;
Et les puissances souveraines
Remettre entre vos mains les rênes
D'un empire à vos lois soumis.
Reconnaissant et plein de zèle,
Que n'ai-je su, comme eux fidèle,
Acquitter ce que j'ai promis !

Mais, hélas ! que ma conscience
M'offre un souvenir douloureux !
Une coupable indifférence
M'a pu faire oublier mes vœux.
Confus, j'en entends le murmure.
Malheureux ! je suis donc parjure
Mais non ; fidèle désormais,
Je jure ces autels antiques,
Parés de vos saintes reliques,
D'accomplir les vœux que j'ai faits.

Vous, tombeau sacré que j'honore,
Enrichi des dons de nos rois,
Et vous, bergère que j'implore,
Écoutez ma timide voix.
Pardonnez à mon impuissance,
Si ma faible reconnaissance
Ne peut égaler vos faveurs.
Dieu même, à contenter facile,
Ne croit point l'offrande trop vile
Que nous lui faisons de nos cœurs.

Les Indes, pour moi trop avares,
Font couler l'or en d'autres mains :
Je n'ai point de ces meubles rares
Qui flattent l'orgueil des humains.
Loin d'une fortune opulente,
Aux trésors que je vous présente
Ma seule ardeur donne du prix ;
Et si cette ardeur peut vous plaire,
Agréez que j'ose vous faire
Un hommage de mes écrits.

Eh quoi ! puis-je dans le silence
Ensevelir ces nobles noms
De protectrice de la France
Et de ferme appui des Bourbons ?
Jadis nos campagnes arides,
Trompant nos attentes timides,
Vous durent leur fertilité ;

Et, par votre seule prière,
Vous désarmâtes la colère
Du ciel contre nous irrité.

La Mort même, à votre présence,
Arrêtant sa cruelle faux,
Rendit des hommes à la France,
Qu'allaient dévorer les tombeaux.
Maîtresse du séjour des ombres,
Jusqu'au plus profond des lieux sombres
Vous fîtes révérer vos lois.
Ah! n'êtes-vous plus notre mère,
Geneviève? ou notre misère
Est-elle moindre qu'autrefois?

Regardez la France en alarmes,
Qui de vous attend son secours!
En proie à la fureur des armes,
Peut-elle avoir d'autre recours?
Nos fleuves, devenus rapides
Par tant de cruels homicides,
Sont teints du sang de nos guerriers;
Chaque été forme des tempêtes
Qui fondent sur d'illustres têtes,
Et frappent jusqu'à nos lauriers.

Je vois en des villes brûlées
Régner la mort et la terreur;
Je vois des plaines désolées
Aux vainqueurs même faire horreur.
Vous qui pouvez finir nos peines,
Et calmer de funestes haines,
Rendez-nous une aimable paix!
Que Bellone, de fers chargée,
Dans les enfers soit replongée,
Sans espoir d'en sortir jamais!

II[1]. — SUR LE VŒU DE LOUIS XIII.

(1712.)

Du Roi des rois la voix puissante
S'est fait entendre dans ces lieux.
L'or brille, la toile est vivante,
Le marbre s'anime à mes yeux.

---

1. Cette ode fut composée pour le concours de poésie. L'abbé du Jarry eut le prix. (ED.)

Prêtresses de ce sanctuaire,
La Paix, la Piété sincère,
La Foi, souveraine des rois,
Du Très-Haut filles immortelles,
Rassemblent en foule autour d'elles
Les Arts animés par leurs voix.

O Vierges, compagnes des justes,
Je vois deux héros prosternés [1]
Dépouiller leurs bandeaux augustes
Par vos mains tant de fois ornés.
Mais quelle puissance céleste
Imprime sur leur front modeste
Cette suprême majesté,
Terrible et sacré caractère
Dans qui l'œil étonné révère
Les traits de la Divinité?

L'un voua ces fameux portiques;
Son fils vient de les élever.
Oh! que de projets héroïques
Seul il est digne d'achever!
C'est lui, c'est ce sage intrépide
Qui triompha du sort perfide
Contre sa vertu conjuré,
Et de la discorde étouffée
Vint dresser un nouveau trophée
Sur l'autel qu'il a consacré [2].

Telle autrefois la cité sainte
Vit le plus sage des mortels
Du Dieu qu'enferma son enceinte
Dresser les superbes autels;
Sa main redoutable et chérie,
Loin de sa paisible patrie
Écartait les troubles affreux;
Et son autorité tranquille
Sur un peuple à lui seul docile
Faisait luire des jours heureux.

O toi, cher à notre mémoire,
Puisque Louis te doit le jour,
Descends du pur sein de la gloire,
Des bons rois éternel séjour;

---

1. Les statues de Louis XIII et de Louis XIV sont aux deux côtés de l'autel.
2. La paix faite avec l'empereur, dans le temps que le chœur a été achevé.

ODES. 93

Revois les rivages illustres
Où ton fils depuis tant de lustres
Porte ton sceptre dans ses mains;
Reconnais-le aux vertus suprêmes
Qui ceignent de cent diadèmes
Son front respectable aux humains.

Viens : la Chicane insinuante,
Le Duel armé par l'Affront,
La Révolte pâle et sanglante,
Ici ne lèvent plus le front.
Tu vis leur cohorte effrénée
De leur haleine empoisonnée
Souffler leur rage sur tes lis;
Leurs dents, leurs flèches sont brisées,
Et sur leurs têtes écrasées
Marche ton invincible fils.

Viens sous cette voûte nouvelle,
De l'art ouvrage précieux;
Là brûle, allumé par son zèle,
L'encens que tu promis aux cieux.
Offre au Dieu que son cœur révère
Ses vœux ardents, sa foi sincère,
Humble tribut de piété.
Voilà les dons que tu demandes :
Grand Dieu! ce sont là les offrandes
Que tu reçois dans ta bonté.

Les rois sont les vives images
Du Dieu qu'ils doivent honorer.
Tous lui consacrent des hommages;
Combien peu savent l'adorer!
Dans une offrande fastueuse
Souvent leur piété pompeuse
Au ciel est un objet d'horreur;
Sur l'autel que l'Orgueil lui dresse
Je vois une main vengeresse
Montrer l'arrêt de sa fureur[1].

Heureux le roi que la couronne
N'éblouit point de sa splendeur;
Qui, fidèle au Dieu qui la donne,
Ose être humble dans sa grandeur :
Qui, donnant aux rois des exemples,
Au Seigneur élève des temples,

Apparuerunt digiti quasi manus hominis scribentis. » (Daniel, chap. v, vers. 5.)

Des asiles aux malheureux;
Dont la clairvoyante justice
Démêle et confond l'artifice
De l'hypocrite ténébreux!

Assise avec lui sur le trône,
La Sagesse est son ferme appui.
Si la Fortune l'abandonne,
Le Seigneur est toujours à lui :
Les vertus seront couronnées
D'une longue suite d'années,
Trop courte encore à nos souhaits;
Et l'Abondance dans ses villes
Fera germer ses dons fertiles,
Cueillis par les mains de la Paix.

PRIÈRE POUR LE ROI [1].

Toi qui formas Louis de tes mains salutaires,
Pour augmenter ta gloire, et pour combler nos vœux,
Grand Dieu, qu'il soit encor l'appui de nos neveux,
  Comme il fut celui de nos pères!

III. — SUR LES MALHEURS DU TEMPS.

(1713.)

Aux maux les plus affreux le ciel nous abandonne :
Le désespoir, la mort, la faim nous environne;
Et les dieux, contre nous soulevés tant de fois,
Équitables vengeurs des crimes de la terre,
  Ont frappé du tonnerre
  Les peuples et les rois.

Des plaines de Tortose aux bords du Borysthène
Mars a conduit son char, attelé par la Haine :
Les vents contagieux ont volé sur ses pas;
Et, soufflant de la mort les semences funestes,
  Ont dévoré les restes
  Echappés aux combats.

D'un monarque puissant la race fortunée
Remplissait de son nom l'Europe consternée :
Je n'ai fait que passer, ils étaient disparus;
Et le peuple abattu, que ce malheur étonne,

---

1. Toutes les pièces de concours devaient finir par une prière pour le roi. (ED.)

Les cherche auprès du trône,
Et ne les trouve plus.

Peuples, reconnaissez la main qui vous accable;
Ce n'est point du destin l'arrêt irrévocable,
C'est le courroux des dieux, mais facile à calmer :
Méritez d'être heureux, osez quitter le vice;
C'est par ce sacrifice
Qu'on peut le désarmer.

Rome, en sages héros autrefois si fertile;
Rome, jadis des rois la terreur ou l'asile;
Rome fut vertueuse et dompta l'univers :
Mais l'Orgueil et le Luxe, enfants de la Victoire,
Du comble de la gloire
L'ont mise dans les fers.

Quoi! verra-t-on toujours de ces tyrans serviles,
Oppresseurs insolents des veuves, des pupilles,
Élever des palais dans nos champs désolés?
Verra-t-on cimenter leurs portiques durables
Du sang des misérables
Devant eux immolés?

Élevés dans le sein d'une infâme avarice,
Leurs enfants ont sucé le lait de l'Injustice,
Et dans les tribunaux vont juger les humains :
Malheur à qui, fondé sur la seule innocence,
A mis son espérance
En leurs indignes mains!

Des nobles cependant l'ambition captive
S'endort entre les bras de la Mollesse oisive,
Et ne porte aux combats que des corps languissants;
Cédez, abandonnez à des mains plus vaillantes
Ces piques trop pesantes
Pour vos bras impuissants.

Voyez cette beauté sous les yeux de sa mère;
Elle apprend en naissant l'art dangereux de plaire,
Et d'exciter en nous de funestes penchants;
Son enfance prévient le temps d'être coupable :
Le vice trop aimable
Instruit ses premiers ans.

Bientôt, bravant les yeux de l'époux qu'elle outrage,
Elle abandonne aux mains d'un courtisan volage
De ses trompeurs appas le charme empoisonneur :
Que dis-je? cet époux, à qui l'hymen la lie,
Trafiquant l'infamie,
La livre au déshonneur.

Ainsi vous outragez les dieux et la nature!
Oh! que ce n'était pas de cette source impure
Qu'on vit naître les Francs, des Scythes successeurs,
Qui, du char d'Attila détachant la Fortune,
      De la cause commune
      Furent les défenseurs!

Le citoyen alors savait porter les armes;
Sa fidèle moitié, qui négligeait ses charmes,
Pour son retour heureux préparait des lauriers,
Recevait de ses mains sa cuirasse sanglante,
      Et sa hache fumante
      Du trépas des guerriers.

Au travail endurci, leur superbe courage
Ne prodigua jamais un imbécile hommage
A de vaines beautés, à leurs yeux sans appas;
Et d'un sexe timide et né pour la mollesse
      Ils plaignaient la faiblesse,
      Et ne l'adoraient pas.

De ces sauvages temps l'héroïque rudesse,
Leur dérobait encor la délicate adresse
D'excuser leurs forfaits par un subtil détour;
Jamais on n'entendit leur bouche peu sincère
      Donner à l'adultère
      Le tendre nom d'amour.

Mais insensiblement l'adroite Politesse,
Des cœurs efféminés souveraine maîtresse,
Corrompit de nos mœurs l'austère pureté,
Et, du subtil Mensonge empruntant l'artifice,
      Bientôt à l'injustice
      Donna l'air d'équité.

Le Luxe à ses côtés marche avec arrogance;
L'or qui naît sous ses pas s'écoule en sa présence:
Le fol Orgueil le suit : compagnon de l'Erreur,
Il sape des États la grandeur souveraine,
      De leur chute certaine
      Brillant avant-coureur.

IV. — LE VRAI DIEU[1].

Se peut-il que dans ses ouvrages
L'homme aveugle ait mis son appui,
Et qu'il prodigue ses hommages

---

1. Voltaire a désavoué cette ode. (ÉD.)

A des dieux moins divins que lui?
Jusqu'à quand, par d'affreux blasphèmes,
Rendrons-nous des honneurs suprêmes
Aux métaux qu'ont formé nos mains?
Jusqu'à quand l'encens de la terre
Ira-t-il grossir le tonnerre
Prêt à tomber sur les humains?

Descends des demeures divines,
Grand Dieu : les temps sont accomplis;
L'Erreur enfin sur ses ruines
Va voir des temples rétablis.
Un jour pur commence à paraître;
Sur la terre un Dieu vient de naître
Pour nous arracher au tombeau.
De l'enfer les monstres terribles,
Abaissant leurs têtes horribles,
Tremblent au pied de son berceau.

Mais l'homme, constant dans sa rage,
S'oppose à sa félicité;
Amoureux de son esclavage,
Il s'endort dans l'iniquité.
Je vois ses mains infortunées
Aux palmes du ciel destinées,
S'offrir à des fers odieux.
Il boit dans la coupe infernale,
Et l'épais venin qu'elle exhale
Dérobe le jour à ses yeux.

Ne peut-il des nuages sombres
Percer la longue obscurité?
Son Dieu porte à travers les ombres
Le flambeau de la vérité.
Ouvre les yeux, homme infidèle :
Suis le Dieu puissant qui t'appelle :
Mais tu te plais à l'ignorer.
Affermi dans l'ingratitude,
Tu voudrais que l'incertitude
Te dispensât de l'adorer.

Mets le comble à tes injustices,
Il n'est plus temps de reculer;
Ses vertus condamnent tes vices
Il faut le suivre, ou l'immoler.
L'Erreur, la Colère, l'Envie,
Tout s'est armé contre sa vie
Que tardes-tu? perce son flanc.
De ses jours il t'a rendu maître;

Et qui l'a bien pu méconnaître,
Craindra-t-il de verser son sang?

Ciel! déjà ta rage exécute
Ce qu'a présagé ma douleur;
Ton juge, à tous les maux en butte,
Va succomber sous ta fureur.
Je vous vois, victime innocente,
Sous le faix d'une croix pesante,
Vous traîner jusqu'au triste lieu.
Tout est prêt pour le sacrifice :
Vous semblez, de vos maux complice,
Oublier que vous êtes Dieu.

O toi dont la course céleste
Annonce aux hommes ton auteur,
Soleil! en cet état funeste
Reconnais-tu ton Créateur?
C'est à toi de punir la terre :
Si le ciel suspend son tonnerre,
Ta clarté doit s'évanouir.
Va te cacher au sein de l'onde :
Peux-tu donner le jour au monde,
Quand ton Dieu cesse d'en jouir?

Mais quel prodige me découvre
Les flambeaux obscurs de la nuit?
Le voile du temple s'entr'ouvre,
Le ciel gronde, le jour s'enfuit.
La terre, en abîmes ouverte,
Avec regret se voit couverte
Du sang d'un Dieu qui la forma;
Et la Nature consternée
Semble à jamais abandonnée
Du feu divin qui l'anima.

Toi seul, insensible à tes peines,
Tu chéris l'instant de ta mort.
Grand Dieu! grâce aux fureurs humaines
L'univers a changé de sort.
Je vois des palmes éternelles
Croître en ces campagnes cruelles
Qu'arrosa ton sang précieux.
L'homme est heureux d'être perfide,
Et, coupables d'un déicide,
Tu nous fais devenir des dieux.

V. — LA CHAMBRE DE JUSTICE[1]

ÉTABLIE AU COMMENCEMENT DE LA RÉGENCE, EN 1716.

Toi dont le redoutable Alcée
Suivait les transports et la voix,
Muse, viens peindre à ma pensée
La France réduite aux abois.
Je me livre à ta violence;
C'est trop, dans un lâche silence,
Nourrir d'inutiles douleurs.
Je vais, dans l'ardeur qui m'enflamme,
Flétrir le tribunal infâme
Qui met le comble à nos malheurs.

Une tyrannique industrie
Épuise aujourd'hui son savoir;
Son implacable barbarie
Se mesure sur son pouvoir.
Le délateur, monstre exécrable,
Est orné d'un titre honorable,
A la honte de notre nom;
L'esclave fait trembler son maître;
Enfin nous allons voir renaître
Les temps de Claude et de Néron.

En vain l'Auteur de la nature
S'est réservé le fond des cœurs,
Si l'orgueilleuse créature
Ose en sonder les profondeurs.
Une ordonnance criminelle
Veut qu'en public chacun révèle
Les opprobres de sa maison;
Et, pour couronner l'entreprise,
On fait d'un pays de franchise
Une immense et vaste prison.

Quel gouffre sous mes pas s'entr'ouvre!
Quels spectres me glacent d'effroi!
L'enfer ténébreux se découvre :
C'est Tisiphone, je la voi.
La Terreur, l'Envie, et la Rage,
Guident son funeste passage :
Des foudres partent de ses yeux;

---

1. Cette ode est attribuée à Voltaire, sans autre motif qu'une note manuscrite de P. A. de La Place, mort à Paris en 1793. (ÉD.)

Elle tient dans ses mains perfides
Un tas de glaives homicides
Dont elle arme des furieux.

Déjà la troupe meurtrière
Commence ses sanglants exploits ;
Elle ouvre l'affreuse carrière
Par le renversement des lois.
Contre la force et l'imposture
La foi, la candeur, la droiture,
Sont des asiles impuissants.
Tout cède à l'horrible tempête ;
S'il tombe une coupable tête,
On égorge mille innocents.

Tel, sortant du mont de Sicile,
Un torrent de soufre enflammé
Engloutit un terrain fertile
Et son habitant alarmé ;
Tel un loup fumant de carnage
Enveloppe dans son ravage
Les bergers avec les troupeaux ;
Telle était, moins terrible encore,
La fatale boîte où Pandore
Cachait à nos yeux tous les maux

Dans cet odieux parallèle
Ne rencontrez-vous pas vos traits,
Magistrats d'un nouveau modèle,
Que l'enfer en courroux a faits ;
Vils partisans de la Fortune,
Que le cri du faible importune,
Par qui les bons sont abattus,
Chez qui la Cruauté farouche,
Les Préjugés au regard louche,
Tiennent la place des Vertus ?

Nous périssons : tout se dérange ;
Tous les états sont confondus.
Partout règne un désordre étrange :
On ne voit qu'hommes éperdus ;
Leurs cœurs sont fermés à la joie ;
Leurs biens vont devenir la proie
De leurs ennemis triomphants.
O désespoir ! notre patrie
N'est plus qu'une mère en furie
Qui met en pièces ses enfants.

Je sens que mes craintes redoublent ;
Le ciel s'obstine à nous punir.

Que d'objets affligeants me troublent!
Je lis dans le sombre avenir.
Bientôt les guerres intestines,
Les massacres, et les rapines,
Deviendront les jeux des mortels.
On souillera le sanctuaire;
Les dieux d'une terre étrangère
Vont déshonorer nos autels.

Vieille erreur, respect chimérique,
Sortez de nos cœurs mutinés;
Chassons le sommeil léthargique
Qui nous a tenus enchaînés.
Peuple! que la flamme s'apprête;
J'ai déjà, semblable au prophète,
Percé le mur d'iniquité :
Volez, détruisez l'Injustice
Saisissez au bout de la lice
La désirable Liberté.

VI. — A M. LE DUC DE RICHELIEU.

SUR L'INGRATITUDE.

(1736.)

O toi, mon support et ma gloire,
Que j'aime à nourrir ma mémoire
Des biens que ta vertu m'a faits,
Lorsqu'en tous lieux l'ingratitude
Se fait une pénible étude
De l'oubli honteux des bienfaits!

Doux nœuds de la reconnaissance,
C'est par vous que dès mon enfance
Mon cœur à jamais fut lié;
La voix du sang, de la nature,
N'est rien qu'un languissant murmure
Près de la voix de l'amitié.

Eh! quel est en effet mon père?
Celui qui m'instruit, qui m'éclaire,
Dont le secours m'est assuré;
Et celui dont le cœur oublie
Les biens répandus sur sa vie,
C'est là le fils dénaturé.

Ingrats, monstres que la nature
A pétris d'une fange impure,

Qu'elle dédaigna d'animer,
Il manque à votre âme sauvage
Des humains le plus beau partage :
Vous n'avez pas le don d'aimer.

Nous admirons le fier courage
Du lion fumant de carnage,
Symbole du dieu des combats.
D'où vient que l'univers déteste
La couleuvre bien moins funeste?
Elle est l'image des ingrats [1].

[1]. La première édition contenait les strophes suivantes, que l'auteur a fait disparaître :

> Tel fut ce plagiaire habile
> Et de Marot et de d'Ouville,
> Connu par ses viles chansons :
> Semblable à l'infâme Locuste,
> Qui, sous les successeurs d'Auguste,
> Fut illustre par ses poisons.
>
> Dis-nous, Rousseau, quel premier crime
> Entraîna tes pas dans l'abîme
> Où j'ai vu Saurin te plonger?
> Ah! ce fut l'oubli des services :
> Tu fus ingrat, et tous les vices
> Vinrent en foule t'assiéger.
>
> Aussitôt le dieu qui m'inspire
> T'arracha le luth et la lyre
> Qu'avaient déshonorés tes mains :
> Tu n'es plus qu'un reptile immonde,
> Rebut du Parnasse et du monde,
> Rongé de tes propres venins.
>
> En vain la triste Hypocrisie,
> Des fureurs de la frénésie
> Veut couvrir les traits odieux;
> Ton cœur n'en est que plus coupable,
> Et, dans la noirceur qui t'accable,
> Ton esprit moins ingénieux.
>
> Des forêts le tyran sauvage,
> Vieux, languissant, et plein de rage,
> Périssant de faim dans les bois,
> Pour tromper les troupeaux paisibles,
> Prétendit par ses cris horribles
> Des pasteurs imiter la voix.
>
> Les faibles troupeaux en gémirent;
> Mais quand les pasteurs entendirent
> Ses détestables hurlements,
> On écrasa dans son repaire
> Cet hypocrite sanguinaire,
> Pour prix de ses déguisements.
>
> Oh! qu'en sa fureur impuissante
> Une âme abattue et tremblante
> Donne de mépris et d'horreur,
> Quand le style, glacé par l'âge,

Quel monstre plus hideux s'avance ?
La Nature fuit et s'offense
A l'aspect de ce vieux giton ;
Il a la rage de Zoïle,
De Gacon¹ l'esprit et le style,
Et l'âme impure de Chausson

C'est Desfontaines, c'est ce prêtre
Venu de Sodome à Bicêtre,
De Bicêtre au sacré vallon :
A-t-il l'espérance bizarre
Que le bûcher qu'on lui prépare
Soit fait des lauriers d'Apollon²?

Il m'a dû l'honneur et la vie,
Et, dans son ingrate furie,
De Rousseau lâche imitateur,
Avec moins d'art et plus d'audace,
De la fange où sa voix coasse
Il outrage son bienfaiteur.

Qu'un Hibernois³, loin de la France,
Aille ensevelir dans Byzance

En vain ranimé par la rage,
Languit énervé de froideur !
Il faut que ma main vengeresse
Sur ce monstre un moment s'abaisse
A lancer ces utiles traits ;
Il faut de la douce peinture
De la vertu brillante et pure
Passer à d'horribles portraits.

Quel monstre plus hideux s'avance, etc.

1. Gacon était un misérable écrivain satirique, universellement méprisé. Chausson a laissé un nom immortel. Il fut brûlé publiquement pour le même crime pour lequel l'abbé Desfontaines fut mis à Bicêtre.

2. Après cette strophe, on lit dans les premières éditions :

Vieux, languissant, et sans courage,
Souvent dans un accès de rage,
Qui l'enflamme et dont il périt,
Un chien, de sa gueule édentée
Horrible, écumante, empestée,
Poursuit la main qui le nourrit.

Il me dut l'honneur et la vie ;
Et dans son ingrate furie,
De Rousseau lâche imitateur,
Ami traître, ennemi timide,
Des flots de sa bile insipide
Il veut couvrir son bienfaiteur.

Pardon si ma main vengeresse, etc.

3. Un abbé irlandais, fils d'un chirurgien de Nantes, qui se disait de l'ancienne maison de Macarty, ayant subsisté longtemps des bienfaits

Sa honte à l'abri du croissant;
D'un œil tranquille et sans colère,
Je vois son crime et sa misère;
Il n'emporte que mon argent.

Mais l'ingrat dévoré d'envie,
Trompette de la calomnie,
Qui cherche à flétrir mon honneur,
Voilà le ravisseur coupable,
Voilà le larcin détestable
Dont je dois punir la noirceur.

Pardon, si ma main vengeresse
Sur ce monstre un moment s'abaisse
A lancer ces utiles traits,
Et si de la douce peinture
De ta vertu brillante et pure
Je passe à ces sombres portraits.

Mais lorsque Virgile et le Tasse
Ont chanté dans leur noble audace
Les dieux de la terre et des mers,
Leur muse, que le ciel inspire,
Ouvre le ténébreux empire,
Et peint les monstres des enfers [1].

VII. — SUR LE FANATISME.

Charmante et sublime Émilie [2],
Amante de la Vérité,
Ta solide philosophie
T'a prouvé la Divinité.

de notre auteur, et lui ayant emprunté deux mille livres en 1731, s'enfuit aussitôt avec un Ecossais, nommé Ramsay, qui se disait aussi des bons Ramsay, et avec un officier français, nommé Mornay; ils passèrent tous trois à Constantinople, et se firent circoncire chez le comte de Bonneval. Remarquez qu'aucun de ces folliculaires, de ces trompettes de scandale qui fatiguaient Paris de leurs brochures, n'a écrit contre cette apostasie; mais ils ont jeté feu et flamme contre les Bayle, les Montesquieu, les Diderot, les d'Alembert, les Helvétius, les Buffon, contre tous ceux qui ont éclairé le monde.

1. La strophe qui suit, et que l'auteur a supprimée, terminait l'ode :

Raphaël, Rubens, Michel-Ange,
Sous les pieds du divin archange
Ont montré le diable abattu;
Et, par un heureux artifice,
Massillon peint l'horreur du vice
Pour mieux embellir la vertu.

2. Cette ode est de l'année 1732. Elle est adressée à l'illustre marquise

Ton âme, éclairée et profonde,
Franchissant les bornes du monde,
S'élance au sein de son auteur.
Tu parais son plus bel ouvrage;
Et tu lui rends un digne hommage,
Exempt de faiblesse et d'erreur.

Mais si les traits de l'athéisme
Sont repoussés par ta raison,
De la coupe du fanatisme
Ta main renverse le poison :
Tu sers la justice éternelle,
Sans l'âcreté de ce faux zèle
De tant de dévots malfaisants [1],
Tel qu'un sujet sincère et juste
Sait approcher d'un trône auguste
Sans les vices des courtisans.

Ce fanatisme sacrilége
Est sorti du sein des autels;
Il les profane, il les assiége,
Il en écarte les mortels.
O religion bienfaisante,
Ce farouche ennemi se vante
D'être né dans ton chaste flanc!
Mère tendre, mère adorable,
Croira-t-on qu'un fils si coupable
Ait été formé de ton sang?

On a vu souvent des athées
Estimables dans leurs erreurs;
Leurs opinions infectées
N'avaient point corrompu leurs mœurs.
Spinosa fut toujours fidèle
A la loi pure et naturelle
Du Dieu qu'il avait combattu;
Et ce Desbarreaux qu'on outrage [2],
S'il n'eut pas les clartés du sage,
En eut le cœur et la vertu.

Je sentirais quelque indulgence
Pour un aveugle audacieux
Qui nierait l'utile existence
De l'astre qui brille à mes yeux.

du Châtelet, qui s'est rendue par son génie l'admiration de tous les vrais savants et de tous les bons esprits de l'Europe.
1. Faux dévots.
2. Il était conseiller au parlement : il paya à des plaideurs les frais de leur procès qu'il avait trop différé de rapporter.

Ignorer ton être suprême,
Grand Dieu! c'est un moindre blaspheme,
Et moins digne de ton courroux,
Que de te croire impitoyable,
De nos malheurs insatiable,
Jaloux, injuste comme nous.

Lorsqu'un dévot atrabilaire,
Nourri de superstition,
A, par cette affreuse chimère,
Corrompu sa religion,
Le voilà stupide et farouche;
Le fiel découle de sa bouche
Le fanatisme arme son bras;
Et, dans sa piété profonde,
Sa rage immolerait le monde
A son Dieu, qu'il ne connaît pas.

Ce sénat proscrit dans la France,
Cette infâme inquisition,
Ce tribunal où l'ignorance
Traîna si souvent la raison;
Ces Midas en mitre, en soutane,
Au philosophe de Toscane
Sans rougir ont donné des fers.
Aux pieds de leur troupe aveuglée,
Abjurez, sage Galilée,
Le système de l'univers.

Écoutez ce signal terrible
Qu'on vient de donner dans Paris;
Regardez ce carnage horrible,
Entendez ces lugubres cris;
Le frère est teint du sang du frère
Le fils assassine son père,
La femme égorge son époux;
Leurs bras sont armés par des prêtres.
O ciel! sont-ce là les ancêtres
De ce peuple léger et doux?

Jansénistes et molinistes,
Vous qui combattez aujourd'hui
Avec les raisons des sophistes,
Leurs traits, leur bile, et leur ennui,
Tremblez qu'enfin votre querelle
Dans vos murs un jour ne rappelle
Ces temps de vertige et d'horreur;
Craignez ce zèle qui vous presse :

On ne sent pas dans son ivresse
Jusqu'où peut aller sa fureur.

Malheureux, voulez-vous entendre
La loi de la religion?
Dans Marseille il fallait l'apprendre
Au sein de la contagion,
Lorsque la tombe était ouverte,
Lorsque la Provence, couverte
Par les semences du trépas,
Pleurant ses villes désolées
Et ses campagnes dépeuplées,
Fit trembler tant d'autres États.

Belsunce[1], pasteur vénérable,
Sauvait son peuple périssant;
Langeron, guerrier secourable,
Bravait un trépas renaissant;
Tandis que vos lâches cabales
Dans la mollesse et les scandales
Occupaient votre oisiveté
De la dispute ridicule
Et sur Quesnel et sur la bulle,
Qu'oubliera la postérité.

Pour instruire la race humaine
Faut-il perdre l'humanité?
Faut-il le flambeau de la haine
Pour nous montrer la vérité?
Un ignorant, qui de son frère
Soulage en secret la misère,
Est mon exemple et mon docteur;
Et l'esprit hautain qui dispute,
Qui condamne, qui persécute,
N'est qu'un détestable imposteur.

VIII. — A MM. DE L'ACADÉMIE DES SCIENCES,

Qui ont été sous l'équateur et au cercle polaire
mesurer des degrés de latitude.

O vérité sublime! ô céleste Uranie!
Esprit né de l'esprit qui forma l'univers,
Qui mesures des cieux la carrière infinie,
  Et qui pèses les airs :

1. M. de Belsunce, évêque de Marseille, et M. de Langeron, commandant, allaient porter eux-mêmes les secours et les remèdes aux pestiférés moribonds, dont les médecins et les prêtres n'osaient approcher.

Tandis que tu conduis sur les gouffres de l'onde
Ces voyageurs savants, ministres de tes lois,
De l'ardent équateur ou du pôle du monde,
    Entends ma faible voix.

Que font tes vrais enfants? Vainqueurs de la nature,
Ils arrachent son voile; et ces rares esprits
Fixent la pesanteur, la masse, et la figure,
    De l'univers surpris.

Les enfers sont émus au bruit de leur voyage
Je vois paraître au jour les ombres des héros,
De ces Grecs renommés qu'admira le rivage
    De l'antique Colchos.

Argonautes fameux, demi-dieux de la Grèce,
Castor, Pollux, Orphée, et vous, heureux Jason,
Vous de qui la valeur, et l'amour, et l'adresse,
    Ont conquis la toison;

En voyant les travaux et l'art de nos grands hommes,
Que vous êtes honteux de vos travaux passés!
Votre siècle est vaincu par le siècle où nous sommes :
    Venez, et rougissez.

Quand la Grèce parlait, l'univers en silence
Respectait le mensonge ennobli par sa voix;
Et l'admiration, fille de l'ignorance,
    Chanta de vains exploits[1].

Heureux qui les premiers marchent dans la carrière!
N'y fassent-ils qu'un pas, leurs noms sont publiés;
Ceux qui trop tard venus la franchissent entière
    Demeurent oubliés.

Le mensonge réside au temple de mémoire;
Il y grava, des mains de la crédulité,
Tous ces fastes des temps destinés pour l'histoire
    Et pour la vérité.

Uranie, abaissez ces triomphes des fables;
Effacez tous ces noms qui nous ont abusés;

---

1. En effet, il n'y a pas un de nos capitaines de vaisseau; pas un seul de nos pilotes, qui ne soit cent fois plus instruit que tous les Argonautes. Hercule, Thésée, et tous les héros de la guerre de Troie, n'auraient pas tenu devant six bataillons commandés par le grand Condé, ou Turenne, ou Marlborough. Thalès et les Pythagore n'étaient pas dignes d'étudier sous Newton. *Alcine* et *Armide* valent mieux que toutes les poésies grecques ensemble. Mais les premiers venus s'emparent du temple de la gloire, le temps les y affermit, et les derniers trouvent la place prise.

Montrez aux nations les héros véritables
  Que vous seule instruisez.

Le Génois qui chercha, qui trouva l'Amérique,
Cortez qui la vainquit par de plus grands travaux,
En voyant des Français l'entreprise héroïque,
  Ont prononcé ces mots :

« L'ouvrage de nos mains n'avait point eu d'exemples,
Et par nos descendants ne peut être imité ;
Ceux à qui l'univers a fait bâtir des temples
  L'avaient moins mérité.

« Nous avons fait beaucoup, vous faites davantage
Notre nom doit céder à l'éclat qui vous suit.
Plutus guida nos pas dans ce monde sauvage ;
  La vertu vous conduit. »

Comme ils parlaient ainsi, Newton dans l'empyrée
Newton les regardait, et du ciel entr'ouvert :
« Confirmez, disait-il, à la terre éclairée
  Ce que j'ai découvert.

« Tandis que des humains le troupeau méprisable,
Sous l'empire des sens indignement vaincu,
De ses jours indolents traînant le fil coupable,
  Meurt sans avoir vécu,

« Donnez un digne essor à votre âme immortelle,
Éclairez des esprits nés pour la vérité.
Dieu vous a confié la plus vive étincelle
  De la Divinité.

« De la raison qu'il donne il aime à voir l'usage ;
Et le plus digne objet des regards éternels,
Le plus brillant spectacle, est l'âme du vrai sage
  Instruisant les mortels.

« Mais surtout écartez ces serpents détestables,
Ces enfants de l'envie, et leur souffle odieux ;
Qu'ils n'empoisonnent pas ces âmes respectables
  Qui s'élèvent aux cieux.

« Laissez un vil Zoïle aux fanges du Parnasse
De ses coassements importuner le ciel,
Agir avec bassesse, écrire avec audace,
  Et s'abreuver de fiel.

« Imitez ces esprits, ces fils de la lumière,
Confidents du Très-Haut, qui vivent dans son sein,
Qui jettent comme lui sur la nature entière
  Un œil pur et serein »

IX. — SUR LA PAIX DE 1736.

L'Etna renferme le tonnerre
Dans ses épouvantables flancs;
Il vomit le feu sur la terre,
Il dévore ses habitants.
Fuyez, Dryades gémissantes,
Ces campagnes toujours brûlantes,
Ces abîmes toujours ouverts,
Ces torrents de flamme et de soufre,
Échappés du sein de ce gouffre
Qui touche aux voûtes des enfers.

Plus terrible dans ses ravages,
Plus fier dans ses débordements,
Le Pô renverse ses rivages
Cachés sous ses flots écumants :
Avec lui marchent la ruine,
L'effroi, la douleur, la famine,
La mort, les désolations;
Et, dans les fanges de Ferrare,
Il entraîne à la mer avare
Les dépouilles des nations.

Mais ces débordements de l'onde,
Et ces combats des éléments,
Et ces secousses qui du monde
Ont ébranlé les fondements,
Fléaux que le ciel en colère
Sur ce malheureux hémisphère
A fait éclater tant de fois,
Sont moins affreux, sont moins sinistres
Que l'ambition des ministres,
Et que les discordes des rois.

De l'Inde aux bornes de la France,
Le soleil, en son vaste tour,
Ne voit qu'une famille immense,
Que devrait gouverner l'amour.
Mortels, vous êtes tous des frères;
Jetez ces armes mercenaires :
Que cherchez-vous dans les combats?
Quels biens poursuit votre imprudence?
En aurez-vous la jouissance
Dans la triste nuit du trépas?

Encor si pour votre patrie
Vous saviez vous sacrifier !
Mais non ; vous vendez votre vie
Aux mains qui daignent la payer.
Vous mourez pour la cause inique
De quelque tyran politique
Que vos yeux ne connaissent pas ;
Et vous n'êtes, dans vos misères,
Que des assassins mercenaires
Armés pour des maîtres ingrats [1].

Tels sont ces oiseaux de rapine,
Et ces animaux malfaisants,
Apprivoisés pour la ruine
Des paisibles hôtes des champs :
Aux sons d'un instrument sauvage,
Animés, ardents, pleins de rage,
Ils vont, d'un vol impétueux,
Sans choix, sans intérêt, sans gloire,
Saisir une folle victoire
Dont le prix n'est jamais pour eux.

O superbe, ô triste Italie !
Que tu plains ta fécondité !
Sous tes débris ensevelie,
Que tu déplores ta beauté !
Je vois tes moissons dévorées
Par les nations conjurées
Qui te flattaient de te venger :
Faible, désolée, expirante,

1. Cette strophe et la précédente ont remplacé celles-ci :

  Que de nations fortunées
  Reposaient au sein des beaux-arts,
  Avant qu'au haut des Pyrénées
  Tonnât la trompette de Mars !
  Des Jeux la troupe enchanteresse,
  Les Plaisirs, les chants d'allégresse,
  Régnaient dans nos brillants palais,
  Tandis que les flûtes champêtres
  Mollement, à l'ombre des hêtres,
  Vantaient les charmes de la paix.

  Paix aimable, éternel partage
  Des heureux habitants des cieux,
  Vous étiez l'unique avantage
  Qui pouviez nous approcher d'eux.
  Ce tigre, acharné sur sa proie,
  Sent d'une impitoyable joie
  Son âme horrible s'enflammer :
  Notre cœur n'est point né sauvage :
  Grand Dieu ! si l'homme est ton image,
  C'est qu'il était fait pour aimer.

Tu combats d'une main tremblante
Pour le choix d'un maître étranger.

Que toujours armés pour la guerre
Nos rois soient les dieux de la paix ;
Que leurs mains portent le tonnerre,
Sans se plaire à lancer ses traits.
Nous chérissons un berger sage,
Qui, dans un heureux pâturage,
Unit les troupeaux sous ses lois.
Malheur au pasteur sanguinaire
Qui les expose en téméraire
A la dent du tyran des bois !

Eh ! que m'importe la victoire
D'un roi qui me perce le flanc,
D'un roi dont j'achète la gloire
De ma fortune et de mon sang ?
Quoi ! dans l'horreur de l'indigence,
Dans les langueurs, dans la souffrance,
Mes jours seront-ils plus sereins
Quand on m'apprendra que nos princes
Aux frontières de nos provinces
Nagent dans le sang des Germains ?

Colbert, toi qui dans ta patrie
Amenas les arts et les jeux ;
Colbert, ton heureuse industrie
Sera plus chère à nos neveux
Que la vigilance inflexible
De Louvois, dont la main terrible
Embrasait le Palatinat,
Et qui, sous la mer irritée,
De la Hollande épouvantée
Voulait anéantir l'État.

Que Louis jusqu'au dernier âge
Soit honoré du nom de *Grand* ;
Mais que ce nom s'accorde au sage.
Qu'on le refuse au conquérant.
C'est dans la paix que je l'admire,
C'est dans la paix que son empire
Florissait sous de justes lois,
Quand son peuple aimable et fidèle
Fut des peuples l'heureux modèle,
Et lui le modèle des rois.

X. — AU ROI DE PRUSSE,

SUR SON AVENEMENT AU TRÔNE.

(1740.)

Est-ce aujourd'hui le jour le plus beau de ma vie[1]?
Ne me trompé-je point dans un espoir si doux?
Vous régnez. Est-il vrai que la philosophie
    Va régner avec vous?

Fuyez loin de son trône, imposteurs fanatiques,
Vils tyrans des esprits, sombres persécuteurs,
Vous dont l'âme implacable et les mains frénétiques
    Ont tramé tant d'horreurs.

Quoi! je t'entends encore, absurde Calomnie!
C'est toi, monstre inhumain, c'est toi qui poursuivis
Et Descartes, et Bayle, et ce puissant génie[2]
    Successeur de Leibnitz.

Tu prenais sur l'autel un glaive qu'on révère,
Pour frapper saintement les plus sages humains
Mon roi va te percer du fer que le vulgaire
    Adorait dans tes mains.

Il te frappe, tu meurs; il venge notre injure;
La vérité renaît, l'erreur s'évanouit;
La terre élève au ciel une voix libre et pure;
    Le ciel se réjouit.

Et vous, de Borgia détestables maximes,
Science d'être injuste à la faveur des lois,
Art d'opprimer la terre, art malheureux des crimes,
    Qu'on nomme l'art des rois;

---

1. Voici la pièce telle qu'elle a été envoyée au roi :

    Enfin voici le jour le plus beau de ma vie,
    Que le monde attendait et que vous seul craignez,
    Le grand jour où la terre est par vous embellie,
        Le jour où vous régnez.

    Fuyez, disparaissez, révérends fanatiques,
    Sous le nom de dévots lâches persécuteurs,
    Séducteurs insolents, dont les mains frénétiques
        Ont tramé tant d'horreurs.

    J'entends, je vois trembler la sombre hypocrisie;
    C'est toi, monstre inhumain, etc.

2. Wolf, chancelier de l'université de Halle. Il fut chassé sur la dénonciation d'un théologien, et rétabli ensuite. Voyez la préface de *l'Histoire de Brandebourg*, où il est dit « qu'il a noyé le système de Leibnitz dans un fatras de volumes, et dans un déluge de paroles. »

Périssent à jamais vos leçons tyranniques!
Le crime est trop facile, il est trop dangereux.
Un esprit faible est fourbe; et les grands politiques
    Sont les cœurs généreux.

Ouvrons du monde entier les annales fidèles,
Voyons-y les tyrans, ils sont tous malheureux;
Les foudres qu'ils portaient dans leurs mains criminelles
    Sont retombés sur eux.

Ils sont morts dans l'opprobre, ils sont morts dans la rage;
Mais Antonin, Trajan, Marc Aurèle, Titus,
Ont eu des jours sereins, sans nuit et sans orage,
    Purs comme leurs vertus.

Tout siècle eut ses guerriers; tout peuple a dans la guerre;
Signalé des exploits par le sage ignorés.
Cent rois que l'on méprise ont ravagé la terre
    Régnez, et l'éclairez.

On a vu trop longtemps l'orgueilleuse ignorance,
Écrasant sous ses pieds le mérite abattu,
Insulter aux talents, aux arts, à la science,
    Autant qu'à la vertu.

Avec un ris moqueur, avec un ton de maître,
Un esclave de cour, enfant des voluptés,
S'est écrié souvent : « Est-on fait pour connaître?
    Est-il des vérités? »

Il n'en est point pour vous, âme stupide et fière;
Absorbé dans la nuit, vous méprisez les cieux.
Le Salomon du Nord apporte la lumière;
    Barbare, ouvrez les yeux.

1. Au lieu des quatre dernières strophes, l'auteur avait mis celles-ci :

    Ils renaîtront en vous, ces vrais héros de Rome;
    A les remplacer tous vous êtes destiné :
    Régnez, vivez heureux; que le plus honnête homme
        Soit le plus fortuné.

    Un philosophe règne. Ah! le siècle où nous sommes
    Le désirait sans doute, et n'osait l'espérer.
    Seul il a mérité de gouverner les hommes :
        Il sait les éclairer.

    On voit des souverains vieillis dans l'ignorance,
    Idoles sans vertus, sans oreilles, sans yeux,
    Que sur l'autel du vice un vil flatteur encense,
        Images des faux dieux.

    Quelle est du Dieu vivant la véritable image?
    Vous, des talents, des arts, et des vertus l'appui;
    Vous, Salomon du Nord, plus savant et plus sage,
        Et moins faible que lui.

XI. — SUR LA MORT DE L'EMPEREUR CHARLES VI[1].

(1740.)

Il tombe pour jamais, ce cèdre dont la tête
Défia si longtemps les vents et la tempête,
Et dont les grands rameaux ombrageaien tant d'États.
   En un instant frappée,
   Sa racine est coupée
   Par la faux du trépas.

Voilà ce roi des rois et ses grandeurs suprêmes :
La mort a déchiré ses trente diadèmes,
D'un front chargé d'ennuis dangereux ornement.
   O race auguste et fière !
   Un reste de poussière
   Est ton seul monument.

Son nom même est détruit, le tombeau le dévore ;
Et si le faible bruit s'en fait entendre encore,
On dira quelquefois : « Il régnait, il n'est plus ! »
   Éloges funéraires
   De tant de rois vulgaires
   Dans la foule perdus.

Ah ! s'il avait lui-même, en ces plaines fumantes
Qu'Eugène ensanglanta de ses mains triomphantes,
Conduit de ses Germains les nombreux armements,
   Et raffermi l'empire,
   De qui la gloire expire
   Sous les fiers Ottomans !

S'il n'avait pas langui dans sa ville alarmée,
Redoutable en sa cour aux chefs de son armée,
Punissant ses guerriers par lui-même avilis ;
   S'il eût été terrible
   Au sultan invincible,
   Et non pas à Wallis !

Ou si, plus sage encore, et détournant la guerre,
Il eût par ses bienfaits ramené sur la terre
Les beaux jours, les vertus, l'abondance, et les arts,
   Et cette paix profonde
   Que sut donner au monde
   Le second des Césars !

---

1. Charles VI venait de conclure avec les Turcs une paix désavantageuse. (ED.)

La renommée alors, en étendant ses ailes,
Eût répandu sur lui les clartés immortelles
Qui de la nuit du temps percent les profondeurs;
  Et son nom respectable
  Eût été plus durable
  Que ceux de ses vainqueurs.

Je ne profane point les dons de l'harmonie :
Le sévère Apollon défend à mon génie
De verser, en bravant et les mœurs et les lois,
  Le fiel de la satire
  Sur la tombe où respire
  La majesté des rois.

Mais, ô vérité sainte! ô juste renommée!
Amour du genre humain dont mon âme enflammée
Reçoit avidement les ordres éternels!
  Dictez à la mémoire
  Les leçons de la gloire,
  Pour le bien des mortels.

Rois, la mort vous appelle au tribunal auguste
Où vous êtes pesés aux balances du juste.
Votre siècle est témoin; le juge est l'avenir
  Demi-dieux mis en poudre,
  Lui seul peut vous absoudre,
  Lui seul peut vous punir.

XII. — A LA REINE DE HONGRIE MARIE-THÉRÈSE D'AUTRICHE.

(1742.)

Fille de ces héros que l'empire eut pour maîtres,
Digne du trône auguste où l'on vit tes ancêtres,
Toujours près de leur chute et toujours affermis;
  Princesse magnanime,
  Qui jouis de l'estime
  De tous tes ennemis :

Le Français généreux, si fier et si traitable,
Dont le goût pour la gloire est le seul goût durable;
Et qui vole en aveugle où l'honneur le conduit,
  Inonde ton empire,
  Te combat et t'admire,
  T'adore et te poursuit.

Par des nœuds étonnants l'altière Germanie,
A l'empire français malgré soi réunie,

Fait de l'Europe entière un objet de pitié;
   Et leur longue querelle
   Fut cent fois moins cruelle
   Que leur triste amitié.

Ainsi de l'équateur et des antres de l'Ourse
Les vents impétueux emportent dans leur course
Des nuages épais l'un à l'autre opposés;
   Et, tandis qu'ils s'unissent,
   Les foudres retentissent
   De leurs flancs embrasés.

Quoi! des rois bienfaisants ordonnent ces ravages!
Ils annoncent le calme, ils forment les orages!
Ils prétendent conduire à la félicité
   Les nations tremblantes,
   Par les routes sanglantes
   De la calamité!

O vieillard vénérable[1], à qui les destinées
Ont de l'heureux Nestor accordé les années,
Sage que rien n'alarme et que rien n'éblouit,
   Veux-tu priver le monde
   De cette paix profonde
   Dont ton âme jouit?

Ah! s'il pouvait encore, au gré de sa prudence,
Tenant également le glaive et la balance,
Fermer, par des ressorts aux mortels inconnus,
   De sa main respectée,
   La porte ensanglantée
   Du temple de Janus!

Si de l'or des Français les sources égarées,
Ne fertilisant plus de lointaines contrées,
Rapportaient l'abondance au sein de nos remparts,
   Embellissaient nos villes,
   Arrosaient les asiles
   Où languissent les arts!

Beaux-Arts, enfants du Ciel, de la Paix, et des Grâces,
Que Louis en triomphe amena sur ses traces,
Ranimez vos travaux, si brillants autrefois,
   Vos mains découragées,
   Vos lyres négligées,
   Et vos tremblantes voix.

De l'immortalité vos succès sont le gage.
Tous ces traités rompus et suivis du carnage,

---

1. Le cardinal Fleury.

Ces triomphes d'un jour, si vains, si célébrés,
Tout passe, et tout retombe
Dans la nuit de la tombe ;
Et vous seuls demeurez.

XIII. — LA CLÉMENCE DE LOUIS XIV ET DE LOUIS XV

DANS LA VICTOIRE.

Devoir des rois, leçon des sages,
Vertu digne des immortels,
Clémence, de quelles images
Dois-je décorer tes autels ?
Dans les débris du Capitole
Irai-je chercher ton symbole ?
Rome seule a-t-elle un Titus ?
Les Trajans et les Marc Aurèles
Sont-ils les stériles modèles
Des inimitables vertus ?

Ce monarque brillant, illustre,
Digne en effet du nom de grand,
Louis, ne dut-il tant de lustre
Qu'aux triomphes du conquérant ?
Il le doit à ces arts utiles
Dont Colbert enrichit nos villes,
Aux bienfaits versés avec choix,
A ses vaisseaux maîtres de l'onde,
A la paix qu'il donnait au monde,
Aux exemples qu'il donne aux rois.

Imitez, maîtres de la terre,
Et sa justice et sa bonté ;
Que les maux cruels de la guerre
Soient ceux de la nécessité ;
Que dans les horreurs du carnage
Le vainqueur généreux soulage
L'ennemi que son bras détruit.
Héros entourés de victimes,
Vos exploits sont autant de crimes,
Si la paix n'en est pas le fruit.

La paix est fille de la guerre.
Ainsi les rapides éclairs
Par les vents et par le tonnerre
Épurent les champs et les airs ;
Ainsi les alcyons paisibles,
Après les tempêtes horribles,

Sur les eaux chantent leurs amours;
Ainsi quand Nimègue étonnée
Vit par Louis la paix donnée [1],
L'Europe entière eut de beaux jours.

Telle est la brillante carrière
Qu'ouvrit le dernier de nos rois;
Son fils la remplit tout entière
Par sa clémence et ses exploits :
Comme lui bienfaiteur du monde,
Son cœur est la source féconde
De la publique utilité;
Comme lui conquérant et sage,
Il sait combattre avec courage,
Et secourir avec bonté.

Adorateurs de la Clémence,
Transportez-vous à Fontenoy.
Le jour luit, le combat commence;
Bellone admire votre roi.
Voyez cette phalange altière,
Dans sa marche tranquille et fière,
En tous nos rangs porter la mort;
Et Louis plus inébranlable,
Par son courage inaltérable
Changer et maîtriser le sort.

Ce jour est le jour de la gloire,
Il est celui de la vertu :
Louis, au sein de la victoire,
Pleure son rival abattu.
Les succès n'ont rien qui l'enivre;
Il sait qu'un héros ne doit vivre
Que pour le bonheur des humains;
Parmi les feux qui l'environnent,
Sous les lauriers qui le couronnent,
L'olive est toujours dans ses mains.

Guerriers frappés de son tonnerre
Et secourus par ses bienfaits,
Dans les bras sanglants de la guerre
Il daigne demander la paix.
Par quelles maximes funestes
Préférez-vous aux dons célestes
Les fléaux qu'il veut détourner?

1. 10 août 1678. (ÉD.)

O victimes de sa justice,
Quoi! vous voulez qu'il vous punisse,
Quand il ne veut que pardonner!

XIV. — LA FÉLICITÉ DES TEMPS,
OU L'ÉLOGE DE LA FRANCE.
(1746.)

Est-il encor des satiriques
Qui, du présent toujours blessés,
Dans leurs malins panégyriques
Exaltent les siècles passés;
Qui, plus injustes que sévères,
D'un crayon faux peignent leurs pères
Dégénérant de leurs aïeux,
Et leurs contemporains coupables,
Suivis d'enfants plus condamnables,
Menacés de pires neveux?

Silence, imposture outrageante;
Déchirez-vous, voiles affreux;
Patrie auguste et florissante,
Connais-tu des temps plus heureux?
De la cime des Pyrénées
Jusqu'à ces rives étonnées
Où la mort vole avec l'effroi,
Montre ta gloire et ta puissance;
Mais pour mieux connaître la France,
Qu'on la contemple dans son roi.

Quelquefois la grandeur trop fière,
Sur son front portant les dédains,
Foule aux pieds, dans sa marche altière,
Les rampants et faibles humains.
Les prières humbles, tremblantes,
Pâles, sans force, chancelantes,
Baissant leurs yeux mouillés de pleurs,
Abordent ce monstre farouche,
Un indigne éloge à la bouche,
Et la haine au fond de leurs cœurs.

Favori du dieu de la guerre,
Héros dont l'éclat nous surprend,
De tous les vainqueurs de la terre
Le plus modeste est le plus grand.
O modestie! ô douce image
De la belle âme du vrai sage!

Plus noble que la majesté,
Tu relèves le diadème,
Tu décores la valeur même,
Comme tu pares la beauté[1].

Nous l'avons vu ce roi terrible
Qui, sur des remparts foudroyés,
Présentait l'olivier paisible
A ses ennemis effrayés :
Tel qu'un dieu guidant les orages,
D'une main portant les ravages
Et les tonnerres destructeurs,
De l'autre versant la rosée
Sur la terre fertilisée,
Couverte de fruits et de fleurs.

L'airain gronde au loin sur la Flandre
Il n'interrompt point nos loisirs,
Et quand sa voix se fait entendre,
C'est pour annoncer nos plaisirs;
Les muses en habit de fêtes,
De lauriers couronnant leurs têtes,
Éternisent ces heureux temps;
Et, sous le bonheur qui l'accable,
La Critique est inconsolable
De ne plus voir de mécontents.

1. Après la quatrième strophe on lisait :

> Mais sous cette aimable apparence,
> Souvent on nourrit dans son cœur
> La froide et dure indifférence,
> Funeste fille du bonheur.
> Du haut d'un trône inaccessible,
> Qu'il est aisé d'être insensible
> Aux voix plaintives des douleurs,
> Aux cris de la misère humaine,
> Qui percent avec tant de peine
> Dans le tumulte des grandeurs !

> C'est au faîte des grandeurs même,
> C'est sur un trône de lauriers,
> Que l'heureux vainqueur qui vous aime
> Gémit sur ses braves guerriers,
> Sur ces victimes de sa gloire,
> Qui, dans les bras de la victoire,
> Et dans les horreurs du tombeau,
> Formaient ce mélange terrible
> Du carnage le plus horrible
> Et du triomphe le plus beau.

> La Discorde, avec épouvante,
> Le voit sur des murs foudroyés
> Offrir l'olive bienfaisante
> A ses ennemis effrayés, etc.

Venez, enfants des Charlemagnes;
Paraissez, ombres des Valois;
Venez contempler ces campagnes
Que vous désoliez autrefois :
Vous verrez cent villes superbes
Aux lieux où d'inutiles herbes
Couvraient la face des déserts,
Et sortir d'une nuit profonde
Tous les arts, étonnant le monde
De miracles toujours divers.

Au lieu des guerres intestines
De quelques brigands forcenés,
Qui se disputaient les ruines
De leurs vassaux infortunés,
Vous verrez un peuple paisible,
Généreux, aimable, invincible;
Un prince au lieu de cent tyrans;
Le joug porté sans esclavage;
Et la concorde heureuse et sage
Du roi, des peuples, et des grands.

Souvent un laboureur habile,
Par des efforts industrieux,
Sur un champ rebelle et stérile
Attira les faveurs des cieux;
Sous ses mains la terre étonnée
Se vit de moissons couronnée
Dans le sein de l'aridité;
Bientôt une race nouvelle
De ces champs préparés pour elle
Augmenta la fécondité.

Ainsi Pyrrhus après Achille
Fit encore admirer son nom;
Ainsi le vaillant Paul-Émile
Fut suivi du grand Scipion;
Virgile, au-dessus de Lucrèce,
Aux lieux arrosés du Permesse,
S'éleva d'un vol immortel;
Et Michel-Ange vit paraître,
Dans l'art que sa main fit renaître,
Les prodiges de Raphaël.

Que des vertus héréditaires
A jamais ornent ce séjour!
Vous avez imité vos pères;
Qu'on vous imite à votre tour.
Loin ce discours lâche et vulgaire,

Que toujours l'homme dégénère,
Que tout s'épuise et tout finit :
La nature est inépuisable,
Et le Travail infatigable
Est un dieu qui la rajeunit.

XV. — SUR LA MORT DE S. A. S. Mme LA PRINCESSE DE BAREITH.

(1759.)

Lorsqu'en des tourbillons de flamme et de fumée
Cent tonnerres d'airain, précédés des éclairs,
De leurs globes brûlants renversent une armée,
Quand de guerriers mourants les sillons sont couverts,
  Tous ceux qu'épargna la foudre,
  Voyant rouler dans la poudre
  Leurs compagnons massacrés
  Sourds à la Pitié timide,
  Marchent d'un pas intrépide
  Sur leurs membres déchirés.

Ces féroces humains, plus durs, plus inflexibles
Que l'acier qui les couvre au milieu des combats,
S'étonnent à la fin de devenir sensibles,
D'éprouver la pitié qu'ils ne connaissaient pas,
  Lorsque la Mort en silence
  D'un pas terrible s'avance
  Vers un objet plein d'attraits,
  Quand ces yeux qui dans les âmes
  Lançaient les plus douces flammes
  Vont s'éteindre pour jamais.

Une famille entière, interdite, éplorée,
Se presse en gémissant vers un lit de douleurs;
La victime l'attend, pâle, défigurée,
Tendant une main faible à ses amis en pleurs.
  Tournant en vain la paupière
  Vers un reste de lumière
  Qu'elle gémit de trouver,
  Elle présente sa tête;
  La faux redoutable est prête,
  Et la Mort va la lever.

Le coup part, tout s'éteint : c'en est fait, il ne reste
De tant de dons heureux, de tant d'attraits si chers,
De ces sens animés d'une flamme céleste,
Qu'un cadavre glacé, la pâture des vers.

Ce spectacle lamentable,
Cette perte irréparable
Vous frappe d'un coup plus fort
Que cent mille funérailles
De ceux qui, dans les batailles,
Donnaient et souffraient la mort

O Bareith! ô vertus! ô grâces adorées!
Femme sans préjugés, sans vice, et sans erreur,
Quand la mort t'enleva de ces tristes contrées,
De ce séjour de sang, de rapine et d'horreur,
    Les nations acharnées
    De leurs haines forcenées
    Suspendirent les fureurs;
    Les discordes s'arrêtèrent;
    Tous les peuples s'accordèrent
    A t'honorer de leurs pleurs[1].

De la douce vertu tel est le sûr empire;
Telle est la digne offrande à tes mânes sacrés.
Vous qui n'êtes que grands, vous qu'un flatteur admire,
Vous traitons-nous ainsi lorsque vous expirez?
    La mort que Dieu vous envoie
    Est le seul moment de joie
    Qui console nos esprits.
    Emportez, âmes cruelles,
    Ou nos haines éternelles,
    Ou nos éternels mépris.

Mais toi dont la vertu fut toujours secourable,
Toi dans qui l'héroïsme égala la bonté,
Qui pensais en grand homme, en philosophe aimable,
Qui de ton sexe enfin n'avais que la beauté,
    Si ton insensible cendre
    Chez les morts pouvait entendre
    Tous ces cris de notre amour,
    Tu dirais dans ta pensée :

---

[1]. Après la cinquième strophe, on lisait la suivante, que l'auteur a retranchée :

    Des veuves, des enfants, sur ces rives funestes,
    Au milieu des débris des murs et des remparts,
    Cherchant de leurs parents les pitoyables restes,
    Ramassaient en tremblant leurs ossements épars.
        Ton nom seul est dans leur bouche,
        C'est ta perte qui les touche,
        Ta perte est leur seul effroi :
        Et ces familles errantes,
        Dans la misère expirantes,
        Ne gémissent que sur toi.

« Les dieux m'ont récompensée,
Quand ils m'ont ôté le jour. »

C'est nous, tristes humains, nous qui sommes à plaindre,
Dans nos champs désolés et sous nos boulevards,
Condamnés à souffrir, condamnés à tout craindre
Des serpents de l'envie et des fureurs de Mars.
       Les peuples foulés gémissent,
       Les arts, les vertus périssent
       On assassine les rois;
       Tandis que l'on ose encore,
       Dans ce siècle que j'abhorre,
       Parler de mœurs et de lois[1] !

Hélas! qui désormais dans une cour paisible
Retiendra sagement la superstition,
Le sanglant fanatisme, et l'athéisme horrible,
Enchaînés sous les pieds de la religion?
       Qui prendra pour son modèle
       La loi pure et naturelle
       Que Dieu grava dans nos cœurs?
       Loi sainte, aujourd'hui proscrite
       Par la fureur hypocrite
       D'ignorants persécuteurs !

Des tranquilles hauteurs de la philosophie
Ta pitié contemplait avec des yeux sereins
Ces fantômes changeants du songe de la vie,
Tant de travaux détruits, tant de projets si vains;
       Ces factions indociles
       Qui tourmentent dans nos villes
       Nos citoyens obstinés;
       Ces intrigues si cruelles
       Qui font des cours les plus belles
       Un séjour d'infortunés.

Du temps qui fuit toujours tu fis toujours usage :
O combien tu plaignais l'infâme oisiveté

---

1. L'auteur a retranché cette strophe, qui était après la huitième

    Beaux-arts, où fuirez-vous? troupe errante et céleste
    De l'Olympe usurpé chassés par les Titans;
    Beaux-arts! elle adoucit votre destin funeste :
    Puisqu'elle eut du génie, elle aima les talents;
        Ces talents que Dieu dispense,
        Avilis sous l'ignorance,
        Gémissant sous l'oppresseur;
        Ces enfants de la lumière
        Que l'imposture grossière
        Offusque de sa noirceur.

De ces esprits sans goût, sans force, et sans courage,
Qui meurent pleins de jours, et n'ont point existé!
   La vie est dans la pensée :
   Si l'âme n'est exercée,
   Tout son pouvoir se détruit;
   Ce flambeau sans nourriture
   N'a qu'une lueur obscure,
   Plus affreuse que la nuit.

Illustres meurtriers, victimes mercenaires,
Qui, redoutant la honte et maîtrisant la peur,
L'un par l'autre animés aux combats sanguinaires,
Fuiriez si vous l'osiez, et mourez par honneur;
   Une femme, une princesse,
   Dans sa tranquille sagesse
   Du sort dédaignant les coups,
   Souffrant ses maux sans se plaindre,
   Voyant la mort sans la craindre,
   Était plus brave que vous.

Mais qui célébrera l'amitié courageuse,
Première des vertus, passion des grands cœurs,
Feu sacré dont brûla ton âme généreuse,
Qui s'épurait encore au creuset des malheurs?
   Rougissez, âmes communes,
   Dont les diverses fortunes
   Gouvernent les sentiments,
   Frêles vaisseaux sans boussole,
   Qui tournez au gré d'Éole,
   Plus légers que ses enfants.

Cependant elle meurt, et Zoïle respire!
Et des lâches Séjans un lâche imitateur
A la vertu tremblante insulte avec empire;
Et l'hypocrite en paix sourit au délateur!
   Le troupeau faible des sages,
   Dispersé par les orages,
   Va périr sans successeurs;
   Leurs noms, leurs vertus s'oublient,
   Et les enfers multiplient
   La race des oppresseurs.

Tu ne chanteras plus, solitaire Sylvandre,
Dans ce palais des arts où les sons de ta voix
Contre les préjugés osaient se faire entendre,
Et de l'humanité faisaient parler les droits;
   Mais, dans ta noble retraite,
   Ta voix, loin d'être muette,
   Redouble ses chants vainqueurs,

Sans flatter les faux critiques,
Sans craindre les fanatiques,
Sans chercher des protecteurs.

Vils tyrans des esprits, vous serez mes victimes,
Je vous verrai pleurer à mes pieds abattus ;
A la postérité je peindrai tous vos crimes
De ces mâles crayons dont j'ai peint les vertus.
    Craignez ma main raffermie :
    A l'opprobre, à l'infamie,
    Vos noms seront consacrés,
    Comme le sont à la gloire
    Les enfants de la victoire
    Que ma muse a célébrés [1].

NOTE DE M. MORZA [2], SUR L'ODE PRÉCÉDENTE.

La princesse à qui on a élevé ce monument en méritait un plus beau, et les monstres dont on daigne parler à la fin de cette ode méritent une punition plus sévère.

Dans les beaux jours de la littérature, il y avait, à la vérité, de plats critiques comme aujourd'hui. Claveret écrivait contre Corneille; Subligny et Visé attaquaient toutes les pièces de Racine, chaque siècle a eu ses Zoïles et ses Garasses; mais on ne vit jamais que dans nos jours une troupe infâme de délateurs vomir hardiment leurs impostures, et en inventer encore de nouvelles quand les premières ont été confondues; cabaler insolemment, attaquer jusque dans les tribunaux les gens de lettres dont ils ne peuvent attaquer la gloire; porter l'audace de la calomnie jusqu'à les accuser de penser en secret tout le contraire de ce qu'ils écrivent en public; et vouloir rendre odieux, par leurs imputations, le nom respectable de philosophe.

La manie de ces délations a été poussée au point de dire et d'imprimer que les philosophes sont dangereux dans un État.

Et qui sont ces hardis délateurs? tantôt c'est un pédant jésuite [3] qui compromet la société dont il est, et qui ose parler de morale,

---

1. Après cette strophe, on en lisait, dans la première édition, encore une autre que l'auteur a retranchée, et que voici :

    Auguste et cher objet d'intarissables larmes,
    Une main plus illustre, un crayon plus heureux,
    Peindra tes grands talents, tes vertus et tes charmes,
    Et te fera régner chez nos derniers neveux
        Pour moi, dont la voix tremblante
        Dans ma vieillesse pesante
        Peut à peine s'exprimer,
        Ma main tremblante, accablée,
        Grave sur ton mausolée :
        CI-GÎT QUI SAVAIT AIMER.

2. Voltaire. (ÉD.) — 3. Le P. Berthier. (ÉD.)

tandis que ses confrères sont accusés et punis d'un parricide; tantôt c'est le factieux auteur d'une gazette nommée *ecclésiastique*, qui, pour quelques écus par mois, a calomnié les Buffon, les Montesquieu, et jusqu'à un ministre d'État (M. d'Argenson), auteur d'un livre excellent sur une partie du droit public. C'est une troupe d'écrivains affamés qui se vantent de défendre le christianisme à quinze sous par tome, qui accusent d'irréligion le sage et savant auteur des *Essais sur Paris*, et qui enfin sont forcés de lui demander pardon juridiquement.

C'est surtout le misérable auteur d'un libelle intitulé *l'Oracle des philosophes*, qui prétend avoir été admis à la table d'un homme qu'il n'a jamais vu, et dans l'antichambre duquel il ne serait pas souffert; qui se vante d'avoir été dans un château, lequel n'a jamais existé; et qui, pour prix du bon accueil qu'il dit avoir reçu dans cette seule maison en sa vie, divulgue les secrets qu'il suppose lui avoir été confiés dans cette maison.... Ce polisson, nommé Guyon, se donne ainsi lui-même de gaieté de cœur pour un malhonnête homme. N'ayant point d'honneur à perdre, il ne songe qu'à regagner par le débit d'un mauvais libelle l'argent qu'il a perdu à l'impression de ses mauvais livres. L'opprobre le couvre, et il ne le sent pas; il ne sent que le dépit honteux de n'avoir pu même vendre son libelle. C'est donc à cet excès de turpitude qu'on est parvenu dans le métier d'écrivain !

Ces valets de libraires, gens de la lie du peuple et la lie des auteurs, les derniers des écrivains inutiles, et par conséquent les derniers des hommes, sont ceux qui ont attaqué le roi, l'État, et l'Église, dans leurs feuilles scandaleuses écrites en faveur des convulsionnaires. Ils fabriquent leurs impostures, comme des filous commettent leurs larcins, dans les ténèbres de la nuit, changeant continuellement de nom et de demeure, associés à des recéleurs, fuyant à tout moment la justice, et, pour comble d'horreur, se couvrant du manteau de la religion, et, pour comble de ridicule, se persuadant qu'ils lui rendent service.

Ces deux partis, le janséniste et le moliniste, si fameux longtemps dans Paris, et si dédaignés dans l'Europe, fournissent des deux côtés les plumes vénales dont le public est si fatigué; ces champions de la folie, que l'exemple des sages et les soins paternels du souverain n'ont pu réprimer, s'acharnent l'un contre l'autre avec toute l'absurdité de nos siècles de barbarie, et tout le raffinement d'un temps également éclairé dans la vertu et dans le crime; et après s'être ainsi déchirés, ils se jettent sur les philosophes : ils attaquent la raison, comme des brigands réunis volent un honnête homme pour partager ses dépouilles.

Qu'on me montre dans l'histoire du monde entier un philosophe qui ait ainsi troublé la paix de sa patrie : en est-il un seul, depuis Confucius jusqu'à nos jours, qui ait été coupable, je ne dis pas de cette rage de parti et de ces excès monstrueux, mais de la moindre cabale contre les puissances, soit séculières, soit ecclésiastiques? Non, il n'y en eut jamais, et il n'y en aura jamais. Un philosophe fait son premier devoir d'aimer son prince et sa patrie; il est attaché à sa religion, sans s'élever outrageusement contre celles des autres peuples; il gémit de ces disputes insensées et fatales qui ont coûté autrefois tant de sang, et qui excitent aujourd'hui tant de haines. Le fanatique allume la discorde, et le philosophe l'éteint. Il étudie en paix la nature; il paye gaiement les contributions nécessaires à l'État; il regarde ses maîtres comme les députés de Dieu sur la terre, et ses concitoyens comme ses frères : bon mari, bon père, bon maître, il cultive l'amitié; il sait que, si l'amitié est *un besoin de l'âme*, c'est le plus noble besoin des âmes les plus belles, que c'est un contrat entre les cœurs, contrat plus sacré que s'il était écrit, et qui nous impose les obligations les plus chères : il est persuadé que les méchants ne peuvent aimer.

Ainsi le philosophe, fidèle à tous ses devoirs, se repose sur l'innocence de sa vie. S'il est pauvre, il rend la pauvreté respectable; s'il est riche, il fait de ses richesses un usage utile à la société. S'il fait des fautes, comme tous les hommes en font, il s'en repent, et il se corrige. S'il a écrit librement dans sa jeunesse, comme Platon, il cultive la sagesse comme lui dans un âge avancé; il meurt en pardonnant à ses ennemis, et en implorant la miséricorde de l'Être suprême.

Qu'il soit du sentiment de Leibnitz sur les monades et sur les indiscernables, ou du sentiment de ses adversaires; qu'il admette les idées innées, avec Descartes, ou qu'il voie tout dans le Verbe, avec Malebranche; qu'il croie au plein, qu'il croie au vide, ces innocentes spéculations exercent son esprit, et ne peuvent nuire en aucun temps à aucun homme. Mais plus il est éclairé, plus les esprits contentieux et absurdes redoutent son mépris; et voilà la source secrète et véritable de cette persécution qu'on a suscitée quelquefois aux plus pacifiques et aux plus estimables des mortels. Voilà pourquoi les factieux, les enthousiastes, les fourbes, les pédants orgueilleux, ont si souvent étourdi le monde de leurs clameurs; ils ont frappé à toutes les portes; ils ont pénétré chez les personnes les plus respectables; ils les ont séduites; ils ont animé la vertu même contre la vertu; et un sage a été quelquefois tout étonné d'avoir persécuté un sage.

Quand l'évêque irlandais Berkeley se fut trompé sur le calcul différentiel, et que le célèbre Jurin eut confondu son erreur, Berkeley écrivit que les géomètres n'étaient pas chrétiens; quand Descartes eut trouvé de nouvelles preuves de l'existence de Dieu, Descartes fut accusé juridiquement d'athéisme; dès que ce même philosophe eut adopté les idées innées, nos théologiens l'anathématisèrent pour s'être écarté de l'opinion d'Aristote et de l'axiome de l'école : *Que rien n'est dans l'entendement qui n'ait été dans les sens.* Cinquante ans après, la mode changea; ils traitèrent de matérialistes ceux qui revinrent à l'ancienne opinion d'Aristote et de l'école.

A peine Leibnitz eut-il proposé son système, rédigé depuis dans *la Théodicée*, que mille voix crièrent qu'il introduisait le fatalisme, qu'il renversait la créance de la chute de l'homme, qu'il détruisait les fondements de la religion chrétienne. D'autres philosophes ont-ils combattu le système de Leibnitz, on leur a dit : « Vous insultez la Providence. »

Lorsque milord Shaftesbury assura que l'homme était né avec l'instinct de la bienveillance pour ses semblables, on lui imputa de nier le péché originel. D'autres ont-ils écrit que l'homme est né avec l'instinct de l'amour-propre, on leur a reproché de détruire toute vertu.

Ainsi, quelque parti qu'ait pris un philosophe, il a toujours été en butte à la calomnie, fille de cette jalousie secrète dont tant d'hommes sont animés, et que personne n'avoue. Enfin de quoi pourra-t-on s'étonner depuis que le jésuite Hardouin a traité d'athées les Pascal, les Nicole, les Arnauld, les Malebranche?

Qu'on fasse ici une réflexion. Les Romains, ce peuple le plus religieux de la terre, nos vainqueurs, nos maîtres, et nos législateurs, ne connurent jamais la fureur absurde qui nous dévore; il n'y a pas dans l'histoire romaine un seul exemple d'un citoyen romain opprimé pour ses opinions; et nous, sortis à peine de la barbarie, nous avons commencé à nous acharner les uns contre les autres, dès que nous avons appris, je ne dis pas à penser, mais à balbutier les pensées des anciens. Enfin depuis les combats des réalistes et des nominaux, depuis Ramus assassiné par les écoliers de l'université de Paris pour venger Aristote, jusqu'à Galilée emprisonné, et jusqu'à Descartes banni d'une ville batave, il y a de quoi gémir sur les hommes, et de quoi se déterminer à les fuir.

Ces coups ne paraissent d'abord tomber que sur un petit nombre de sages obscurs dédaignés ou écrasés pendant leur vie par ceux qui ont acheté des dignités à prix d'or ou à prix d'honneur; mais il est trop certain que, si vous rétrécissez le génie, vous abâtardissez bientôt une nation entière. Qu'était l'Angleterre avant la reine Élisabeth, dans le temps qu'on employait l'autorité sur la prononciation de l'*epsilon*? L'Angleterre était alors la dernière des nations policées en fait d'arts utiles et agréables, sans aucun bon livre, sans manufactures, négligeant jusqu'à l'agriculture, et très-faible même dans sa marine; mais dès qu'on laissa un libre essor au génie, les Anglais eurent des Spenser, des Shakspeare, des Bacon, et enfin des Locke et des Newton.

On sait que tous les arts sont frères, que chacun d'eux en éclaire un autre, et qu'il en résulte une lumière universelle. C'est par ces mutuels secours que le génie de l'invention s'est communiqué de proche en proche; c'est par là qu'enfin la philosophie a secouru la politique, en donnant de nouvelles vues pour les manufactures, pour les finances, pour la construction des vaisseaux. C'est par là que les Anglais sont parvenus à mieux cultiver la terre qu'aucune nation, et à s'enrichir par la science de l'agriculture comme par celle de la marine; le même génie entreprenant et persévérant, qui leur fait fabriquer des draps plus forts que les nôtres, leur fait aussi écrire des livres de philosophie plus profonds. La devise du célèbre ministre d'État Walpole, *fari quæ sentiat*, est la devise des philosophes anglais. Ils marchent plus ferme et plus loin que nous dans la même carrière; ils creusent à cent pieds le sol que nous effleurons. Il y a tel livre français qui nous étonne par sa hardiesse, et qui paraîtrait écrit avec timidité, s'il était confronté avec ce que vingt auteurs anglais ont écrit sur le même sujet.

Pourquoi l'Italie, la mère des arts, de qui nous avons appris à lire, a-t-elle langui près de deux cents ans dans une décadence déplorable? C'est qu'il n'a pas été permis jusqu'à nos jours à un philosophe italien d'oser regarder la vérité à travers son télescope; de dire, par exemple, que le soleil est au centre de notre monde, et que le blé ne pourrit point dans la terre pour y germer. Les Italiens ont dégénéré jusqu'au temps de Muratori et de ses illustres contemporains. Ces peuples ingénieux ont craint de penser; les Français n'ont osé penser qu'à demi; et les Anglais, qui ont volé jusqu'au ciel, parce qu'on ne leur a point coupé les ailes, sont devenus les précepteurs des nations. Nous leur devons tout, depuis les lois primitives de la gravitation, depuis le calcul de l'infini, et la connaissance précise de la lumière, si vainement combattue, jusqu'à la nouvelle charrue et à l'insertion de la petite vérole, combattues encore.

Il faudrait savoir un peu mieux distinguer le dangereux et l'utile, la licence et la sage liberté, abandonner l'école à son ridicule, et respecter la raison. Il a été plus facile aux Hérules, aux Vandales aux Goths, et aux Francs, d'empêcher la raison de naître, qu'il ne le serait aujourd'hui de lui ôter sa force quand elle est née. Cette raison épurée, soumise à la religion et à la loi, éclaire enfin ceux qui abusent de l'une et de l'autre; elle pénètre lentement, mais sûrement; et au bout d'un demi-siècle une nation est surprise de ne plus ressembler à ses barbares ancêtres.

Peuple nourri dans l'oisiveté et dans l'ignorance, peuple si aisé à enflammer et si difficile à instruire, qui courez des farces du cimetière de Saint-Médard aux farces de la foire; qui vous passionnez tantôt pour un Quesnel, tantôt pour une actrice de la Comédie-Italienne; qui élevez une statue en un jour, et le lendemain la couvrez de boue; peuple qui dansez et chantez en murmurant, sachez que vous vous seriez égorgé sur la tombe du diacre ou sous-diacre Pâris, et dans vingt autres occasions aussi belles, si les philosophes n'avaient, depuis environ soixante ans, adouci un peu les mœurs, en éclairant les esprits par degrés; sachez que ce sont eux (et eux seuls) qui ont éteint enfin les bûchers, et détruit les échafauds où l'on immolait autrefois et le prêtre Jean Hus, et le moine Savonarole, et le chancelier Thomas Morus, et le conseiller Anne du Bourg, et le médecin Michel Servet, et l'avocat général de Hollande Barneveldt, et la maréchale d'Ancre, et le pauvre Morin, qui n'était qu'un imbécile, et Vanini même, qui n'était qu'un fou argumentant contre Aristote, et tant d'autres victimes enfin dont les noms seuls feraient un immense volume : registre sanglant de la plus infernale superstition et de la plus abominable démence.

Addition nouvelle de M. Morza sur ce vers de la 8ᵉ strophe :
On assassine les rois.

On se souvient de ceux qui, aux pieds d'une vierge Marie très-fêtée en Pologne, et dont il est difficile à un Français de prononcer le nom, firent serment, en 1771, d'assassiner le roi; ils remplirent leur serment autant qu'ils purent, avec le secours de la bonne mère.

Les philosophes qui avaient obtenu du R. P. Malagrida, du R. P. Mathos, et du R. P. Alexandre, en confession, la permission de tirer des coups de fusil par derrière au roi de Portugal, n'étaient-ils pas aussi de très-savants hommes, et qui savaient leur Lucrèce par cœur?

Si Damiens n'étudia point en philosophie, il est avéré du moins qu'il étudia en théologie, car il répondit dans ses interrogatoires;

page 135 : « Quel motif l'a déterminé ? A dit : La religion ; » et page 405 : « Qu'il a cru faire une œuvre méritoire ; que c'étaient tous ces prêtres qu'il entendait qui le disaient dans le palais. »

Voilà les mêmes réponses qu'ont faites tous les assassins de tant de princes, en remontant depuis Damiens jusqu'au pieux Aod, qui vint enfoncer de la main gauche un poignard jusqu'au manche dans le ventre de son roi Églon, de la part du Seigneur.

Et, après ces exemples, de pauvres philosophes oseraient se plaindre que de petits abbés leur disent des sottises¹ !

---

1. Dans la première édition, cette note (qui n'était pas donnée sous le nom de Morza) commençait ainsi :

L'auguste famille de Mme la margrave de Bareith a ordonné expressément qu'on publiât ce faible éloge d'une princesse qui en méritait un plus beau. Je l'expose au public, c'est-à-dire au très-petit nombre des amateurs de la poésie et des véritables connaisseurs, qui savent que cet art est encore plus difficile qu'infructueux ; ils pardonneront la langueur de cet ouvrage à celle de mon âge et de mes talents. Mon cœur, qui m'a toujours conduit, m'a fait répandre plus de larmes que de fleurs sur la tombe de cette princesse ; la reconnaissance est le premier des devoirs, je ne m'en suis écarté avec personne. Son Altesse Royale n'avait cessé en aucun temps de m'honorer de sa bienveillance et de son commerce ; elle envoya son portrait à ma nièce, et à moi quinze jours avant sa mort, lorsqu'elle ne pouvait plus écrire. Jamais une si belle âme ne sut mieux faire les choses décentes et nobles, et réparer les désagréables. Sujets, étrangers, amis, et ennemis, tous lui ont rendu justice, tous honorent sa mémoire : pour moi, si je n'ai pas vécu auprès d'elle, c'est que la liberté est un bien qu'on ne doit sacrifier à personne, surtout dans la vieillesse.

J'avoue donc hautement ce petit ouvrage, et je déclare en même temps (non pas à l'univers, à qui le P. Castel s'adressait toujours, mais à quelques gens de lettres, qui font la plus petite partie de l'univers) que je ne suis l'auteur d'aucun des ouvrages que l'ignorance et la mauvaise foi m'attribuent depuis longtemps.

Un jeune homme, connu dans son pays par son esprit et par ses talents, fit imprimer l'année passée une ode sur les victoires du roi de Prusse ; et comme le nom de ce jeune étranger commence par un V, ainsi que le mien, cette ode fut réimprimée à Ratisbonne, à Nuremberg, sous mon nom. On la traduisit à Londres, on m'en fit honneur partout : c'est un honneur qu'assurément je ne mérite pas. Chaque auteur a son style ; celui de cette ode n'est pas le mien ; mais ce qui est encore plus contraire à mon état, à mon devoir, à ma place, à mon caractère, c'est que la pièce sort du profond respect qu'on doit aux couronnes avec qui le roi de Prusse est en guerre ; il n'est permis à personne de s'exprimer comme on fait dans cet écrit. On doit d'ailleurs avertir tous les auteurs que nous ne sommes plus dans un temps où l'usage permettait à l'enthousiasme de la poésie de louer un prince aux dépens d'un autre. L'*Ode sur la prise de Namur*, dans laquelle Boileau raille très-indiscrètement le roi d'Angleterre Guillaume III, ne réussirait pas aujourd'hui ; et La Motte fut très-blâmé de n'avoir pas rendu justice à l'immortel prince Eugène dans une ode au duc de Vendôme.

On ne peut trop louer trois sortes de personnes,
Les dieux, sa maîtresse, et son roi.

C'est la maxime d'Ésope et de La Fontaine : mais il ne faut dire d'injures ni aux autres dieux, ni aux autres rois, ni aux autres femmes.

On m'a imputé encore je ne sais quel poëme sur *la Religion naturelle*, imprimé dans Paris, avec le titre de Berlin, par ces imprimeurs qui impriment tout, et publié aussi sous la première lettre de mon nom. Les brouillons et les délateurs ont beau faire, je n'ai jamais écrit ni en

NOTE SUR L'ODE PRÉCÉDENTE. 133

vers ni en prose sur la religion naturelle ou révélée ; mais je composai, dans le palais d'un roi et sous ses yeux, en 1751, un poëme sur *la Loi naturelle*, principe de toute religion, sur cette loi primitive que Dieu a gravée dans nos cœurs, et qui nous enseigne à frémir du mal que nous faisons à nos semblables ; ouvrage très-inférieur à son sujet, mais dont tout homme doit chérir la morale pure, et dans lequel il doit respecter le nom qui est à la tête.

Que nous nous éloignons tous tant que nous sommes de cette loi naturelle, et de la raison qui en est la source! Je ne parle pas ici des guerres qui inondent de sang le monde entier depuis qu'il est peuplé ; je parle de nous autres gens paisibles qui l'inondons de nos mauvais écrits, de nos plates disputes, et de nos sottes querelles ; je parle de ces graves fous qui enseignent que quatre et quatre font neuf, de nous qui sommes encore plus fous qu'eux quand nous perdons notre temps à vouloir leur faire entendre que quatre et quatre font huit, et des maîtres fous qui, pour nous mettre d'accord, décident que quatre et quatre font dix.

D'autres fous mourant de faim composent tous les matins dans leur grenier une des cent mille feuilles qui s'impriment journellement dans notre Europe, croyant fermement, avec frère Castel, que toute la terre a les yeux sur eux, et ne se doutant pas que le soir leurs belles productions périssent à jamais, tout comme les miennes.

Pendant que ces infatigables araignées font partout leurs toiles, il y en a deux ou trois cents autres qui recueillent soigneusement ces fils qu'on a balayés, et qui en composent ce qu'on appelle des journaux ; de façon que, depuis l'an 1666, nous avons environ dix mille journaux au moins, dans lesquels on a conservé près de trois cent mille extraits de livres inconnus : et, ce qui est fort à l'honneur de l'esprit humain, c'est que tout cela se fait pour gagner dix écus, pendant que ces messieurs auraient pu en gagner cent à labourer la terre.

Il faut excepter sans doute le *Journal des Savants*, uniquement dicté par l'amour des lettres, et le judicieux Bayle, l'éternel honneur de la raison humaine, et quelques-uns de ses sages imitateurs. J'excepte encore mes amis ; mais je ne puis excepter frère Berthier, principal auteur du *Journal de Trévoux*, qui n'est point du tout mon ami.

Il faut savoir qu'il y a non-seulement un *Journal de Trévoux*, mais encore un *Dictionnaire de Trévoux* : par conséquent il y a eu un peu de jalousie de métier entre les ignorants qui ont fait pour de l'argent le *Dictionnaire de Trévoux*, et les savants qui ont entrepris le *Dictionnaire de l'Encyclopédie*, je ne sais pourquoi. Outre ces terribles savants, nous sommes une cinquantaine d'empoisonneurs, lieutenants généraux des armées du roi, commandants d'artillerie, prélats, magistrats, professeurs, académiciens, de belles dames même, et moi, cultivateur de la terre et partisan séditieux de la nouvelle charrue, qui tous avons conspiré contre l'Etat, en envoyant au magasin encyclopédique d'énormes articles. Quelques-uns sont remplis de longues déclamations qui n'apprennent rien ; et beaucoup de nos méchants confrères ont manqué à la principale règle d'un dictionnaire, qui est de se contenter d'une définition courte et juste, d'un précepte clair et vrai, et de deux ou trois exemples utiles. Notre fureur de dire plus qu'il ne faut a enflé le dictionnaire, et en a fait un objet de papier et d'encre de plus de trois cent mille écus.

Aussitôt les adverses parties ont soulevé la ville et la cour contre les entrepreneurs ; on les a accablés des plus horribles injures. On a poussé la cruauté jusqu'à dire à Versailles qu'ils étaient des philosophes. « Qu'est-ce que des philosophes ? » a dit une grande dame. Un homme grave a répondu : « Madame, ce sont des gens de sac et de corde, qui examinent, dans quelques lignes d'un livre en vingt volumes in-folio, si les atomes sont insécables ou sécables, si on pense toujours quand on dort, si l'âme est dans la glande pinéale ou dans le corps calleux, si l'ânesse de Balaam était animée par le diable, selon le sentiment du R. P. Bougeant, et autres choses semblables, capables de mettre le trouble dans les consciences timorées des tailleurs scrupuleux de Paris, et des

134 NOTE SUR L'ODE PRÉCÉDENTE.

pieuses revendeuses à la toilette, qui ne manqueront pas d'acheter ce livre, et de le lire assidûment. On a fourni des mémoires par lesquels on démontre que, si le venin n'est pas expressément dans les tomes imprimés, il se trouvera dans les articles des autres tomes, qu'il en résultera infailliblement des séditions et la ruine du royaume, et qu'enfin rien n'a jamais été plus dangereux dans un Etat que des philosophes. »

Pour dire le vrai, la cabale la plus acharnée a osé accuser d'une cabale des hommes qui ne se son jamais vus, et qui, dispersés à une grande distance les uns des autres, cultivent en paix la raison et les lettres.

Hélas ! quel temps l'auteur du *Journal de Trévoux* et ceux de son parti prennent-ils pour accuser les philosophes d'être dangereux dans un Etat ! Quelques philosophes auraient-ils donc trempé dans ces détestables attentats qui ont saisi d'horreur l'Europe étonnée ? Auraient-ils eu part aux ouvrages innombrables de ces théologiens d'enfer, qui ont mis plus d'une fois le couteau dans des mains parricides ? Attisèrent-ils autrefois les feux de la Ligue et de la Fronde ? Ont-ils.... je m'arrête. Que le gazetier de Trévoux ne force point les hommes éclairés à une récrimination juste et terrible; que ses supérieurs mettent un frein à son audace. J'estime et j'aime plusieurs de ses confrères; c'est avec regret que je lui fais sentir son imprudence, qui lui attire de dures vérités. Quel emploi pour un prêtre, pour un religieux, de vendre tous les mois à un libraire un recueil de médisances et de jugements téméraires!

Si le *Journal de Trévoux* excite le mépris et l'indignation, ce n'est pas qu'on ait moins d'horreur pour ses adversaires les auteurs de la *Gazette ecclésiastique*, eux qui ont outragé si souvent le célèbre Montesquieu, et tant d'honnêtes gens; eux qui, dans leurs libelles séditieux, ont attaqué le roi, l'Etat, et l'Eglise; qui fabriquent cette gazette scandaleuse comme les filous exécutent leurs larcins, dans les ténèbres de la nuit; changeant continuellement de nom et de demeure, associés à des receleurs; fuyant à tout moment la justice: et pour comble d'horreur se couvrant du manteau de la religion, et pour comble de ridicule se persuadant qu'ils lui rendent service.

Ces deux partis, le janséniste et le moliniste, etc.

Dans la première édition la note se terminait ainsi par forme de post-scriptum :

P. S. Sur une lettre reçue du roi de Prusse, je suis en droit de réfuter ici quelques mensonges imprimés. J'en choisirai trois dans la foule. La première erreur est celle d'un homme qui malheureusement a employé tout son esprit et toutes ses lumières à pallier dans un livre plein de recherches savantes les suites de la révocation de l'édit de Nantes, suites plus funestes que ne le voulait un monarque sage; il a voulu encore (qui le croirait !) diminuer, excuser les horreurs de la Saint-Barthélemy, que l'enfer ne pourrait approuver, s'il s'assemblait pour juger les hommes.

Cet écrivain avance dans son livre[*] que les *Mémoires de Brandebourg* n'ont pas été écrits par le roi de Prusse. Je suis obligé de dire à la face de l'Europe, sans crainte d'être démenti par personne, que ce monarque seul a été l'historien de ses Etats. L'honneur qu'on veut me faire d'avoir part à son ouvrage ne m'est point dû; je n'ai servi qu'à lui aplanir les difficultés de notre langue, dans un temps où je la parlais mieux qu'aujourd'hui, parce que les instructions des académiciens mes confrères étaient plus fraîches dans ma mémoire. Je n'ai été que son grammairien; s'il m'arracha à ma patrie, à ma famille, à mes amis, à mes emplois, à ma fortune, si je lui sacrifiai tout, j'en fus récompensé en étant le confident de ses ouvrages; et quant à l'honneur qu'il daigna me faire de me demander à mon roi pour être au nombre de ses cham-

---

[*] Page 84 de l'*Apologie de la révocation de l'édit de Nantes et des massacres de la Saint-Barthélemy*.

NOTE SUR L'ODE PRÉCÉDENTE.

bellans, ceux qui me l'ont reproché ne savent pas que cette dignité était nécessaire à un étranger dans sa cour.

Le même auteur* accuse d'infidélité les *Mémoires de Brandebourg*, sur ce que l'illustre auteur dit que le roi son grand-père recueillit vingt mille Français dans ses États : rien n'est plus vrai. Le critique ignore que celui qui a fait l'histoire de sa patrie connaît le nombre de ses sujets comme celui de ses soldats.

A qui doit-on croire, ou à celui qui écrit au hasard qu'il n'y eut pas dix mille Français réfugiés dans les provinces de la maison de Prusse, ou au souverain qui a dans ses archives la liste des vingt mille personnes auxquelles on donna des secours, et qui les méritèrent si bien en apportant chez lui tant d'arts utiles?

Ce critique ajoute qu'il n'y a pas eu cinquante familles françaises réfugiées à Genève. Je connais cette ville florissante, voisine de mes terres; je certifie, sur le rapport unanime de tous ses citoyens que j'ai eu l'honneur de voir à ma campagne, magistrats, professeurs, négociants, qu'il y a eu beaucoup au delà de mille familles françaises dans Genève: et, de ces familles à qui l'auteur reproche leur *misère vagabonde*, j'en connais plusieurs qui ont acquis de très-grandes richesses par des travaux honorables.

La plupart des calculs de cet auteur ne sont pas moins erronés. Celui qui a eu le malheur d'être l'apologiste de la Saint-Barthélemy, celui qui a été forcé de falsifier toute l'histoire ancienne pour établir la persécution, celui-là, dis-je, méritait-il de trouver la vérité?

S'il y a eu parmi les catholiques un homme capable de préconiser les massacres de la Saint-Barthélemy, nous venons de voir dans le parti opposé un écrivain anonyme qui, avec beaucoup moins d'esprit et de connaissances, et non moins d'inhumanité, a essayé de justifier les meurtres que son parti commettait autrefois, lorsque des fanatiques errants immolaient d'autres fanatiques qui ne rêvaient pas de la même manière qu'eux.

Quel est le plus condamnable, ou d'un siècle ignorant et barbare dans lequel on commettait de telles cruautés, ou d'un siècle éclairé et poli dans lequel on les approuve?

C'est ainsi que des ennemis de l'humanité écrivent sur plus d'une matière depuis quelques années; et ce sont ces livres qu'on tolère! Il semble que des démons aient conspiré pour étouffer en nous toute pitié, et pour nous ravir la paix dans tous les genres et dans toutes les conditions.

Ce n'est pas assez que le fléau de la guerre ensanglante et bouleverse une partie de l'Europe, et que ses secousses se fassent sentir aux extrémités de l'Asie et de l'Amérique; il faut encore que le repos des villes soit continuellement troublé par des misérables qui veulent se venger de leur obscurité en se déchaînant contre toute espèce de mérite. Ces taupes, qui soulèvent un pied de terre dans leurs trous, tandis que les puissances du siècle ébranlent le monde, ne seront pas éclairées par la lumière qu'on leur présente ici, mais on se croira trop heureux si ce peu de vérités peut germer dans l'esprit de ceux qui, étant appelés aux emplois publics, doivent aimer la modération, et avoir le fanatisme en horreur.

* Page 84.

XVI. — A LA VÉRITÉ.

Vérité, c'est toi que j'implore;
Soutiens ma voix, dicte mes vers.
C'est toi qu'on craint et qu'on adore,
Toi qui fais trembler les pervers.
Tes yeux veillent sur la justice :
Sous tes pieds tombe l'artifice,
Par la main du temps abattu :
Témoin sacré, juge inflexible,
Tu mis ton trône incorruptible
Entre l'audace et la vertu.

Qu'un autre[1] en sa fougue hautaine,
Insultant aux travaux de Mars,
Soit le flatteur du prince Eugène,
Et le Zoïle des Césars;
Qu'en adoptant l'erreur commune,
Il n'impute qu'à la fortune
Les succès des plus grands guerriers,
Et que du vainqueur du Granique
Son éloquence satirique
Pense avoir flétri les lauriers.

Illustres fléaux de la terre,
Qui dans votre cours orageux
Avez renversé par la guerre
D'autres brigands moins courageux,
Je vous hais; mais je vous admire :
Gardez cet éternel empire
Que la gloire a sur nos esprits;
Ce sont les tyrans sans courage
A qui je ne dois pour hommage
Que de l'horreur et du mépris.

Kouli-Kan ravage l'Asie,
Mais en affrontant le trépas :
Tout mortel a droit sur sa vie;
Qu'il expire sous mille bras;
Que le brave immole le brave.
Le guerrier qui frappa Gustave
Ailleurs eût rampé sous ses lois;
Et, dans ces fameuses journées
Au droit du glaive destinées,
Tout soldat est égal aux rois.

[1]. J. B. Rousseau, dans son *Ode à la Fortune*. (ÉD.)

Mais que ce fourbe sanguinaire,
De Charles-Quint l'indigne fils,
Cet hypocrite atrabilaire,
Entouré d'esclaves hardis,
Entre les bras de sa maîtresse
Plongé dans la flatteuse ivresse
De la volupté qui l'endort,
Aux dangers dérobant sa tête,
Envoie en cent lieux la tempête,
Les fers, la discorde, et la mort :

Que Borgia, sous sa tiare
Levant un front incestueux,
Immole à sa fureur avare
Tant de citoyens vertueux,
Et que la sanglante Italie
Tremble, se taise, et s'humilie
Aux pieds de ce tyran sacré :
O terre! ô peuples qu'il offense!
Criez au ciel, criez vengeance ;
Armez l'univers conjuré.

O vous tous qui prétendez être
Méchants avec impunité,
Vous croyez n'avoir point de maître :
Qu'est-ce donc que la Vérité?
S'il est un magistrat injuste,
Il entendra la voix auguste
Qui contre lui va prononcer;
Il verra sa honte éternelle
Dans les traits d'un burin fidèle
Que le temps ne peut effacer.

Quel est parmi nous le barbare?
Ce n'est point le brave officier
Qui de Champagne ou de Navarre
Dirige le courage altier :
C'est un pédant morne et tranquille,
Gonflé d'un orgueil imbécile,
Et qui croit avoir mérité
Mieux que les Molé vénérables
Le droit de juger ses semblables,
Pour l'avoir jadis acheté.

Arrête, âme atroce, âme dure,
Qui veux dans tes graves fureurs
Qu'on arrache par la torture
La vérité du fond des cœurs.

Torture! usage abominable
Qui sauve un robuste coupable,
Et qui perd le faible innocent,
Du faîte éternel de son temple
La Vérité qui vous contemple
Détourne l'œil en gémissant.

Vérité, porte à la Mémoire,
Répète aux plus lointains climats
L'éternelle et fatale histoire
Du supplice affreux des Calas;
Mais dis qu'un monarque propice,
En foudroyant cette injustice,
A vengé tes droits violés.
Et vous, de Thémis interprètes,
Méritez le rang où vous êtes;
Aimez la justice, et tremblez.

Qu'il est beau, généreux d'Argence,
Qu'il est digne de ton grand cœur
De venger la faible innocence
Des traits du calomniateur!
Souvent l'Amitié chancelante
Resserre sa pitié prudente;
Son cœur glacé n'ose s'ouvrir;
Son zèle est réduit à tout craindre :
Il est cent amis pour nous plaindre,
Et pas un pour nous secourir.

Quel est ce guerrier intrépide?
Aux assauts je le vois voler;
A la cour je le vois timide :
Qui sait mourir n'ose parler.
La Germanie et l'Angleterre
Par cent mille coups de tonnerre
Ne lui font pas baisser les yeux :
Mais un mot, un seul mot l'accable;
Et ce combattant formidable
N'est qu'un esclave ambitieux.

Imitons les mœurs héroïques.
De ce ministre des combats[1],
Qui de nos chevaliers antiques
A le cœur, la tête, et le bras;
Qui pense et parle avec courage,
Qui de la Fortune volage

1. Le duc de Choiseul-Stainville, ministre de la guerre. (É.)

Dédaigne les dons passagers,
Qui foule aux pieds la calomnie,
Et qui sait mépriser l'envie,
Comme il méprisa les dangers.

XVII. — GALIMATIAS PINDARIQUE.

SUR UN CARROUSEL DONNÉ PAR L'IMPÉRATRICE DE RUSSIE.

(1766.)

Sors du tombeau, divin Pindare,
Toi qui célébras autrefois
Les chevaux de quelques bourgeois
Ou de Corinthe ou de Mégare;
Toi qui possédas le talent
De parler beaucoup sans rien dire;
Toi qui modulas savamment
Des vers que personne n'entend,
Et qu'il faut toujours qu'on admire.

Mais commence par oublier
Tes petits vainqueurs de l'Élide;
Prends un sujet moins insipide;
Viens cueillir un plus beau laurier.
Cesse de vanter la mémoire
Des héros dont le premier soin
Fut de se battre à coups de poing
Devant les juges de la Gloire.

La Gloire habite de nos jours
Dans l'empire d'une amazone;
Elle la possède, et la donne :
Mars, Thémis, les Jeux, les Amours,
Sont en foule autour de son trône.
Viens chanter cette Thalestris[1]
Qu'irait courtiser Alexandre.
Sur tes pas je voudrais m'y rendre,
Si je n'étais en cheveux gris.

Sans doute, en dirigeant ta course
Vers les sept étoiles de l'Ourse,
Tu verras, dans ton vol divin,

---

[1] Thalestris, reine des Amazones, sortit de ses Etats pour venir voir Alexandre le Grand, auquel elle avoua de bonne foi qu'elle désirait avoir des enfants de lui, se croyant digne de donner des héritiers à son empire. (Quinte-Curce.)

Cette France si renommée
Qui brille encor dans son déclin;
Car ta muse est accoutumée
A se détourner en chemin.

Tu verras ce peuple volage,
De qui la mode et le langage
Règnent dans vingt climats divers;
Ainsi que ta brillante Grèce,
Par ses arts, par sa politesse,
Servit d'exemple à l'univers.

Mais il est encor des barbares
Jusque dans le sein de Paris;
Des bourgeois pesants et bizarres,
Insensibles aux bons écrits;
Des fripons aux regards austères,
Persécuteurs atrabilaires
Des grands talents et des vertus;
Et, si dans ma patrie ingrate
Tu rencontres quelque Socrate,
Tu trouveras vingt Anitus[1].

Je m'aperçois que je t'imite.
Je veux aux campagnes du Scythe
Chanter les jeux, chanter les prix
Que la nouvelle Thalestris
Accorde aux talents, au mérite
Je veux célébrer la grandeur,
Les généreuses entreprises,
L'esprit, les grâces, le bonheur,
Et j'ai parlé de nos sottises.

XVIII. — SUR LA GUERRE DES RUSSES CONTRE LES TURCS,

EN 1768.

L'homme n'était pas né pour égorger ses frères;
Il n'a point des lions les armes sanguinaires :
La nature en son cœur avait mis la pitié.
De tous les animaux seul il répand des larmes,
    Seul il connaît les charmes
    D'une tendre amitié.

Il naquit pour aimer : quel infernal usage
De l'enfant du Plaisir fit un monstre sauvage?

---

1. Anitus fut le délateur et l'accusateur calomnieux de Socrate.

Combien les dons du ciel ont été pervertis!
Quel changement, ô dieux! la Nature étonnée,
　　　　Pleurante et consternée,
　　　　Ne connaît plus son fils.

Heureux cultivateurs de la Pensylvanie,
Que par son doux repos votre innocente vie
Est un juste reproche aux barbares chrétiens!
Quand, marchant avec ordre au bruit de leur tonnerre
　　　　Ils ravagent la terre,
　　　　Vous la comblez de biens.

Vous leur avez donné d'inutiles exemples.
Jamais un Dieu de paix ne reçut dans vos temples
Ces horribles tributs d'étendards tout sanglants :
Vous croiriez l'offenser, et c'est dans nos murailles
　　　　Que le dieu des batailles
　　　　Est le dieu des brigands.

Combattons, périssons, mais pour notre patrie.
Malheur aux vils mortels qui servent la furie
Et la cupidité des rois déprédateurs!
Conservons nos foyers; citoyens sous les armes,
　　　　Ne portons les alarmes
　　　　Que chez nos oppresseurs.

Où sont ces conquérants que le Bosphore enfante?
D'un monarque abruti la milice insolente
Fait avancer la Mort aux rives du Tyras[1];
C'est là qu'il faut marcher, Roxelans invincibles;
　　　　Lancez vos traits terribles,
　　　　Qu'ils ne connaissent pas.

Frappez, exterminez les cruels janissaires,
D'un tyran sans courage esclaves téméraires;
Du malheur des mortels instruments malheureux,
Ils voudraient qu'à la fin, par le sort de la guerre,
　　　　Le reste de la terre
　　　　Fût esclave comme eux.

La Minerve du Nord vous enflamme et vous guide;
Combattez, triomphez sous sa puissante égide.
Gallitzin vous commande, et Byzance en frémit;
Le Danube est ému, la Tauride est tremblante;
　　　　Le sérail s'épouvante,
　　　　L'univers applaudit.

---

[1] Aujourd'hui le Dniester. (Éd.)

XIX. — ODE PINDARIQUE

A PROPOS DE LA GUERRE PRÉSENTE EN GRÈCE.

Au fond d'un sérail inutile
Que fait parmi ses icoglans
Le vieux successeur imbécile
Des Bajazets et des Orcans?
Que devient cette Grèce altière,
Autrefois savante et guerrière,
Et si languissante aujourd'hui;
Rampante aux genoux d'un Tartare,
Plus amollie, et plus barbare,
Et plus misérable que lui?

Tels n'étaient point ces Héraclides,
Suivants de Minerve et de Mars,
Des Persans vainqueurs intrépides,
Et favoris de tous les arts;
Eux qui, dans la paix, dans la guerre,
Furent l'exemple de la terre
Et les émules de leurs dieux,
Lorsque Jupiter et Neptune
Leur asservirent la fortune,
Et combattirent avec eux.

Mais quand sous les deux Théodoses
Tous ces héros dégénérés
Ne virent plus d'apothéoses
Que de vils pédants tonsurés,
Un délire théologique
Arma leur esprit frénétique
D'anathèmes et d'arguments;
Et la postérité d'Achille,
Sous la règle de saint Basile,
Fut l'esclave des Ottomans.

Voici le vrai temps des croisades.
Français, Bretons, Italiens,
C'est trop supporter les bravades
Des cruels vainqueurs des chrétiens.
Un ridicule fanatisme
Fit succomber votre héroïsme
Sous ces tyrans victorieux.
Écoutez Pallas qui vous crie :
« Vengez-moi! vengez ma patrie!
Vous irez après aux saints lieux

« Je veux ressusciter Athènes.
Qu'Homère chante vos combats,
Que la voix de cent Démosthènes
Ranime vos cœurs et vos bras.
Sortez, renaissez, Arts aimables,
De ces ruines déplorables
Qui vous cachaient sous leurs débris;
Reprenez votre éclat antique,
Tandis que l'Opéra-Comique
Fait les triomphes de Paris.

« Que des badauds la populace
S'étouffe à des processions,
Que des imposteurs à besace
Président aux convulsions,
Je rirai de cette manie;
Mais je veux que dans Olympie
Phidias, Pigal, ou Vulcain,
Fassent admirer à la terre
Les noirs sourcils du Dieu mon père,
Et mettent la foudre en sa main.

« C'est par moi que l'on peut connaître
Le monde antique et le nouveau;
Je suis la fille du grand Être,
Et je naquis de son cerveau.
C'est moi qui conduis Catherine
Quand cette étonnante héroïne,
Foulant à ses pieds le turban,
Réunit Thémis et Bellone,
Et rit avec moi, sur son trône
De *la Bible* et de *l'Alcoran*.

« Je dictai l'*Encyclopédie*,
Cet ouvrage qui n'est pas court,
A d'Alembert, que j'étudie,
A mon Diderot, à Jaucourt;
J'ordonne encore au vieux Voltaire
De percer de sa main légère
Les serpents du sacré vallon;
Et, puisqu'il m'aime et qu'il me venge
Il peut écraser dans la fange
Le lourd Nonotte et l'abbé Guion. »

XX. — L'ANNIVERSAIRE DE LA SAINT-BARTHÉLEMY

POUR L'ANNÉE 1772.

Tu reviens après deux cents ans,
Jour affreux, jour fatal au monde :
Que l'abîme éternel du temps
Te couvre de sa nuit profonde !
Tombe à jamais enseveli
Dans le grand fleuve de l'oubli,
Séjour de notre antique histoire !
Mortels, à souffrir condamnés,
Ce n'est que des jours fortunés
Qu'il faut conserver la mémoire.

C'est après le triumvirat
Que Rome devint florissante.
Un poltron, tyran de l'État,
L'embellit de sa main sanglante.
C'est après les proscriptions
Que les enfants des Scipions
Se croyaient heureux sous Octave.
Tranquille et soumis à sa loi,
On vit danser le peuple-roi
En portant des chaînes d'esclave.

Virgile, Horace, Pollion,
Couronnés de myrte et de lierre,
Sur la cendre de Cicéron
Chantaient les baisers de Glycère;
Ils chantaient dans les mêmes lieux
Où tombèrent cent demi-dieux
Sous des assassins mercenaires;
Et les familles des proscrits
Rassemblaient les Jeux et les Ris
Entre les tombeaux de leurs pères.

Bellone a dévasté nos champs
Par tous les fléaux de la guerre :
Cérès par ses dons renaissants
A bientôt consolé la terre.
L'enfer engloutit dans ses flancs
Les déplorables habitants
De Lisbonne aux flammes livrée;
Abandonna-t-on son séjour ?...
On y revint, on fit l'amour,
Et la perte fut réparée.

Tout mortel a versé des pleurs;
Chaque siècle a connu les crimes;
Ce monde est un amas d'horreurs,
De coupables, et de victimes.
Des maux passés le souvenir
Et les terreurs de l'avenir
Seraient un poids insupportable :
Dieu prit pitié du genre humain;
Il le créa frivole et vain,
Pour le rendre moins misérable.

XXI. — SUR LE PASSÉ ET LE PRÉSENT.

(JUIN 1775.)

Si la main des rois et des prêtres
Ébranla le monde en tout temps,
Et si nos coupables ancêtres
Ont eu de coupables enfants,
O triste muse de l'histoire,
Ne grave plus à la mémoire
Ce qui doit périr à jamais !
Tu n'as vu qu'horreur et délire.
Les annales de chaque empire
Sont les archives des forfaits.

La fable est encor plus funeste;
Ses mensonges sont plus cruels.
Tantale, Atrée, Égisthe, Oreste,
N'épouvantez plus les mortels.
Que je hais le divin Achille,
Sa colère en malheurs fertile,
Et tous ces ridicules dieux
Que vers le ruisseau du Scamandre
Du haut du ciel on fait descendre
Pour inspirer un furieux !

Josué, je hais davantage
Tes sacrifices inhumains.
Quoi ! trente rois dans un village
Pendus par tes dévotes mains !
Quoi ! ni le sexe, ni l'enfance,
De ton exécrable démence
N'ont pu désarmer la fureur !
Quoi ! pour contempler ta conquête,
A ta voix le soleil s'arrête !
Il devait reculer d'horreur.

Mais de ta horde vagabonde
Détournons mes yeux éperdus.
O Rome ! ô maîtresse du monde !
Verrai-je en toi quelques vertus ?
Ce n'est pas sous l'infâme Octave,
Ce n'est pas lorsque Rome esclave
Succombait avec l'univers,
Ou quand le sixième Alexandre
Donnait dans l'Italie en cendre
Des indulgences et des fers.

L'innocence n'a plus d'asile :
Le sang coule à mes yeux surpris,
Depuis les vêpres de Sicile
Jusqu'aux matines de Paris.
Est-il un peuple sur la terre
Qui dans la paix ou dans la guerre
Ait jamais vu des jours heureux ?
Nous pleurons ainsi que nos pères,
Et nous transmettons nos misères
A nos déplorables neveux.

C'est ainsi que mon humeur sombre
Exhalait ses tristes accents;
La nuit, me couvrant de son ombre,
Avait appesanti mes sens :
Tout à coup un trait de lumière
Ouvrit ma débile paupière,
Qui cherchait en vain le repos;
Et, des demeures éternelles,
Un génie étendant ses ailes
Daigna me parler en ces mots :

« Contemple la brillante aurore
Qui t'annonce enfin les beaux jours :
Un nouveau monde est près d'éclore;
Até disparaît pour toujours.
Vois l'auguste Philosophie,
Chez toi si longtemps poursuivie,
Dicter ses triomphantes lois.
La Vérité vient avec elle
Ouvrir la carrière immortelle
Où devaient marcher tous les rois.

« Les cris affreux du fanatique
N'épouvantent plus la raison ;
L'insidieuse politique
N'a plus ni masque ni poison.
La douce, l'équitable Astrée

S'assied, de grâces entourée,
Entre le trône et les autels;
Et sa fille, la Bienfaisance,
Vient de sa corne d'abondance
Enrichir les faibles mortels. »

Je lui dis : « Ange tutélaire,
Quels dieux répandent ces bienfaits?
— C'est un seul homme. » Et le vulgaire
Méconnaît les biens qu'il a faits!
Le peuple, en son erreur grossière,
Ferme les yeux à la lumière,
Il n'en peut supporter l'éclat.
Ne recherchons point ses suffrages :
Quand il souffre, il s'en prend aux sages;
Est-il heureux, il est ingrat.

On prétend que l'humaine race,
Sortant des mains du Créateur,
Osa, dans son absurde audace,
S'élever contre son auteur.
Sa clameur fut si téméraire,
Qu'à la fin Dieu, dans sa colère,
Se repentit de ses bienfaits.
O vous que l'on voit de Dieu même
Imiter la bonté suprême,
Ne vous en repentez jamais.

FIN DES ODES.

STANCES.

I. — A Mme LA MARQUISE DU CHATELET.

SUR LES POËTES ÉPIQUES.

Plein de beautés et de défauts,
Le vieil Homère a mon estime;
Il est, comme tous ses héros,
Babillard, outré, mais sublime.

Virgile orne mieux la raison,
A plus d'art, autant d'harmonie;
Mais il s'épuise avec Didon,
Et rate à la fin Lavinie.

De faux brillants, trop de magie,
Mettent le Tasse un cran plus bas;
Mais que ne tolère-t-on pas
Pour Armide et pour Herminie?

Milton, plus sublime qu'eux tous,
A des beautés moins agréables;
Il semble chanter pour les fous,
Pour les anges, et pour les diables.

Après Milton, après le Tasse,
Parler de moi serait trop fort;
Et j'attendrai que je sois mort
Pour apprendre quelle est ma place.

Vous en qui tant d'esprit abonde,
Tant de grâce et tant de douceur,
Si ma place est dans votre cœur,
Elle est la première du monde.

II. — A M. DE FORCALQUIER.

Vous philosophe! ah, quel projet!
N'est-ce pas assez d'être aimable?
Aurez-vous bien l'air en effet
D'un vieux raisonneur vénérable?

D'inutiles réflexions
Composent la philosophie.
Eh! que deviendra votre vie
Si vous n'avez des passions?

C'est un pénible et vain ouvrage
Que de vouloir les modérer ;
Les sentir et les inspirer
Est à jamais votre partage.

L'esprit, l'imagination,
Les grâces, la plaisanterie,
L'amour du vrai, le goût du bon,
Voilà votre philosophie.

Si quelque secte a le mérite
De fixer votre esprit divin,
C'est l'école de Démocrite,
Qui se moquait du genre humain.

III. — AU MÊME.

AU NOM DE MADAME LA MARQUISE DU CHATELET,

A QUI IL AVAIT ENVOYÉ UNE PAGODE CHINOISE.

Ce gros Chinois en tout diffère
Du Français qui me l'a donné ;
Son ventre en tonne est façonné,
Et votre taille est bien légère.

Il a l'air de s'extasier
En admirant notre hémisphère ;
Vous aimez à vous égayer
Pour le moins sur la race entière
Que Dieu s'avisa d'y créer.

Le cou penché, clignant les yeux,
Il rit aux anges d'un sot rire ;
Vous avez de l'esprit comme eux :
Je le crois, et je l'entends dire.

Peut-être, en vous parlant ainsi,
C'est vous donner trop de louanges :
Mais il se pourrait bien aussi
Que je fais trop d'honneur aux anges.

IV. — A MONSEIGNEUR LE PRINCE DE CONTI.

POUR UN NEVEU DU P. SANADON, JÉSUITE [1].

Votre âme, à la vertu docile,
Eut de moi plus d'une leçon ;

1. Le P. Sanadon est supposé parler lui-même de l'autre monde. (ÉD.)

Je fus autrefois le Chiron
Qui guidait cet aimable Achille.

Mon pauvre neveu Sanadon,
Connu de vous dans votre enfance,
N'a pour ressource que mon nom,
Vos bontés et son espérance.

A vos pieds je voudrais bien fort
L'amener pour vous rendre hommage;
Mais j'ai le malheur d'être mort,
Ce qui s'oppose à mon voyage.

Votre cœur n'est point endurci,
Et sur vous mon espoir se fonde :
Je ne peux rien dans l'autre monde,
Vous pouvez tout dans celui-ci.

Je pourrais me faire un mérite
D'avoir pour vous bien prié Dieu :
Mais jeune prince aime fort peu
Les *oremus* d'un vieux jésuite.

Je ne sais d'où dater ma lettre.
Si par vous mes vœux sont reçus,
En paradis vous m'allez mettre,
Mais en enfer par un refus.

Non, mon neveu seul misérable
Est seul à souffrir condamné;
Car qui n'a rien se donne au diable :
Empêchez qu'il ne soit damné.

V. — AU PRÉSIDENT HÉNAULT,

EN LUI ENVOYANT LE MANUSCRIT DE MÉROPE.

Juin 1740

Lorsqu'à la ville un solitaire envoie
Des fruits nouveaux, honneur de ses jardins,
Nés sous ses yeux et plantés de ses mains,
Il les croit bons, et prétend qu'on le croie.

Quand par le don de son portrait flatté
La jeune Aminte à ses lois vous engage,
Elle ressemble à la Divinité
Qui veut vous faire adorer son image.

Quand un auteur, de son œuvre entêté,
Modestement vous en fait une offrande,

STANCES.   151

Que veut de vous sa fausse humilité?
C'est de l'encens que son orgueil demande.

Las! je suis loin de tant de vanité.
A tous ces traits gardez de reconnaître
Ce qui par moi vous sera présenté :
C'est un tribut, et je l'offre à mon maître.

VI. — AU ROI DE PRUSSE.

SUR M. HONY, MARCHAND DE VIN.

A Bruxelles, le 26 auguste 1740

Le voilà, ce monsieur Hony
Que Bacchus a comblé de gloire ;
Il prétend qu'il sera honni,
S'il ne peut vous donner à boire.

Il garde un mépris souverain
Pour Phébus et pour sa fontaine,
Et dit qu'un verre de son vin
Vaut le Permesse et l'Hippocrène.

Je crois que quelques rois jaloux,
Et quelques princes de l'empire,
Pour essayer de vous séduire,
Ont député Hony vers vous.

Comme on leur dit que la Sagesse
A grand soin de vous éclairer,
Ils ont voulu vous enivrer,
Pour vous réduire à leur espèce.

Cher Hony, cette trahison
Est un bien faible stratagème;
Jamais Bacchus et l'Amour même
Ne pourront rien sur sa raison.

Le dieu des amours et le vôtre,
Hony, sont les dieux du plaisir;
Tous deux sont faits pour le servir :
Mais il ne sert ni l'un ni l'autre.

Sans doute Bacchus et l'Amour
Ne sont point ennemis du sage;
Il les reçoit sur son passage,
Sans leur permettre un long séjour.

VII. — AU MÊME.

A Berlin, ce 2 décembre 1740.

Adieu, grand homme; adieu coquette,
Esprit sublime et séducteur,
Fait pour l'éclat, pour la grandeur,
Pour les muses, pour la retraite.

Adieu, vainqueur ou protecteur
Du reste de la Germanie,
De moi, très-chétif raisonneur,
Et de la noble poésie.

Adieu, trente âmes dans un corps
Que les dieux comblèrent de grâce,
Qui réunissez les trésors
Qu'on voit divisés au Parnasse.

Adieu, vous dont l'auguste main,
Toujours au travail occupée,
Tient, pour l'honneur du genre humain,
La plume, la lyre, et l'épée.

Vous qui prenez tous les chemins
De la gloire la plus durable,
Avec nous autres si traitable,
Si grand avec les souverains !

Vous qui n'avez point de faiblesse,
Pas même celle de blâmer
Ceux qu'on voit un peu trop aimer
Ou leurs erreurs ou leur maîtresse !

Adieu ; puis-je me consoler
Par votre amitié noble et pure ?
Le roi me fait un peu trembler ;
Mais le grand homme me rassure.

VIII. — A Mme DU CHATELET.

(1741.)

Si vous voulez que j'aime encore,
Rendez-moi l'âge des amours ;
Au crépuscule de mes jours
Rejoignez, s'il se peut, l'aurore.

Des beaux lieux où le dieu du vin
Avec l'Amour tient son empire,

STANCES.

Le Temps, qui me prend par la main,
M'avertit que je me retire.

De son inflexible rigueur
Tirons au moins quelque avantage.
Qui n'a pas l'esprit de son âge
De son âge a tout le malheur.

Laissons à la belle jeunesse
Ses folâtres emportements :
Nous ne vivons que deux moments ;
Qu'il en soit un pour la sagesse.

Quoi ! pour toujours vous me fuyez,
Tendresse, illusion, folie,
Dons du ciel, qui me consoliez
Des amertumes de la vie !

On meurt deux fois, je le vois bien :
Cesser d'aimer et d'être aimable,
C'est une mort insupportable ;
Cesser de vivre, ce n'est rien.

Ainsi je déplorais la perte
Des erreurs de mes premiers ans ;
Et mon âme, aux désirs ouverte,
Regrettait ses égarements.

Du ciel alors daignant descendre,
L'Amitié vint à mon secours ;
Elle était peut-être aussi tendre,
Mais moins vive que les Amours.

Touché de sa beauté nouvelle,
Et de sa lumière éclairé,
Je la suivis ; mais je pleurai
De ne pouvoir plus suivre qu'elle.

IX. — A M. VAN-HAREN, DÉPUTÉ DES ÉTATS GÉNÉRAUX.
(1743.)

Démosthène au conseil, et Pindare au Parnasse,
L'auguste vérité marche devant tes pas ;
Tyrtée a dans ton sein répandu son audace,
Et tu tiens sa trompette, organe des combats.

Je ne puis t'imiter ; mais j'aime ton courage.
Né pour la liberté, tu penses en héros :
Mais qui naquit sujet ne doit penser qu'en sage,
Et vivre obscurément, s'il veut vivre en repos.

Notre esprit est conforme aux lieux qui l'ont vu naître :
A Rome on est esclave ; à Londres, citoyen.
La grandeur d'un Batave est de vivre sans maître ;
Et mon premier devoir est de servir le mien.

X. — A FRÉDÉRIC, ROI DE PRUSSE,

Pour en obtenir la grâce d'un Français détenu depuis longtemps dans les prisons de Spandau.

(1743.)

Génie universel, âme sensible et ferme,
Grand homme, il est sous vous de malheureux mortels,
Mais quand à ses vertus on n'a point mis de terme,
On en met aux tourments des plus grands criminels.

Depuis vingt ans entiers faut-il qu'on abandonne
Un étranger mourant au poids affreux des fers ?
Pluton punit toujours, mais Jupiter pardonne :
N'imiterez-vous plus que le dieu des enfers ?

Voyez autour de vous les Prières tremblantes,
Filles du Repentir, maîtresses des grands cœurs,
S'étonner d'arroser de larmes impuissantes
La généreuse main qui sécha tant de pleurs.

Ah ! pourquoi m'étaler avec magnificence
Ce spectacle brillant où triomphe Titus ?
Pour embellir la fête égalez sa clémence,
Et l'imitez en tout, ou ne le vantez plus.

XI. — A Mme LA MARQUISE DE POMPADOUR.

A Étioles, juillet 1745.

Il sait aimer, il sait combattre ;
Il envoie en ce beau séjour
Un brevet digne d'Henri quatre,
Signé Louis, Mars, et l'Amour.

Mais les ennemis ont leur tour ;
Et sa valeur et sa prudence
Donnent à Gand le même jour
Un brevet de ville de France [1].

---

1. La ville de Gand avait été prise par l'armée française le 11 juillet 1745. (Éd.)

Ces deux brevets si bien venus
Vivront tous deux dans la mémoire :
Chez lui les autels de Vénus
Sont dans le temple de la Gloire.

XII. — A S. A. R. LA PRINCESSE DE SUÈDE, ULRIQUE DE PRUSSE, SŒUR DE FRÉDÉRIC LE GRAND.

STANCES IRRÉGULIÈRES.

Janvier 1747.

Souvent la plus belle princesse
Languit dans l'âge du bonheur;
L'étiquette de la grandeur,
Quand rien n'occupe et n'intéresse,
Laisse un vide affreux dans le cœur.

Souvent même un grand roi s'étonne,
Entouré de sujets soumis,
Que tout l'éclat de sa couronne
Jamais en secret ne lui donne
Ce bonheur qu'elle avait promis.

On croirait que le jeu console;
Mais l'ennui vient à pas comptés,
A la table d'un cavagnole [1],
S'asseoir entre des Majestés.

On fait tristement grande chère,
Sans dire et sans écouter rien,
Tandis que l'hébété vulgaire
Vous assiége, vous considère,
Et croit voir le souverain bien.

Le lendemain, quand l'hémisphère
Est brûlé des feux du soleil,
On s'arrache aux bras du sommeil
Sans savoir ce que l'on va faire.

De soi-même peu satisfait,
On veut du monde; il embarrasse :
Le plaisir fuit; le jour se passe
Sans savoir ce que l'on a fait.

O temps! ô perte irréparable !
Quel est l'instant où nous vivons !
Quoi ! la vie est si peu durable,
Et les jours paraissent si longs !

1. Jeu à la mode à la cour

STANCES.

Princesse au-dessus de votre âge,
De deux cours auguste ornement,
Vous employez utilement
Ce temps qui si rapidement
Trompe la jeunesse volage.

Vous cultivez l'esprit charmant
Que vous a donné la nature;
Les réflexions, la lecture,
En font le solide aliment,
Le bon usage, et la parure.

S'occuper, c'est savoir jouir :
L'oisiveté pèse et tourmente.
L'âme est un feu qu'il faut nourrir,
Et qui s'éteint s'il ne s'augmente.

XIII. — A Mme DU BOCAGE.
(1748.)

Milton, dont vous suivez les traces,
Vous prête ses transports divins :
Ève est la mère des humains,
Et vous êtes celle des Grâces.

Comment n'eût-elle pas séduit.
La raison la plus indomptable?
Vous lui donnez tout votre esprit;
Adam était bien pardonnable.

Ève le rendit criminel,
Et vous méritez des louanges;
Ève séduisit un mortel,
Et vous auriez séduit les anges.

Sa faute a perdu l'univers :
Elle ne doit plus nous déplaire;
Et son erreur nous devient chère
Dès que nous lui devons vos vers.

Ève, par sa coquetterie,
Nous a fermé le paradis;
L'Amour, les Grâces, le Génie,
Nous l'ont rouvert par vos écrits.

XIV. — SUR LE LOUVRE.

(1749.)

Monument imparfait de ce siècle vanté
Qui sur tous les beaux-arts a fondé sa mémoire,
Vous verrai-je toujours, en attestant sa gloire,
Faire un juste reproche à sa postérité?

Faut-il que l'on s'indigne alors qu'on vous admire,
Et que les nations qui veulent nous braver,
Fières de nos défauts, soient en droit de nous dire
Que nous commençons tout, pour ne rien achever?

Mais, ô nouvel affront! quelle coupable audace [1]
Vient encore avilir ce chef-d'œuvre divin?
Quel sujet entreprend d'occuper une place [2]
Faite pour admirer les traits du souverain?

Louvre, palais pompeux dont la France s'honore!
Sois digne de Louis, ton maître et ton appui;
Sors de l'état honteux où l'univers t'abhorre,
Et dans tout ton éclat montre-toi comme lui [3].

XV. — IMPROMPTU

FAIT A UN SOUPER DANS UNE COUR D'ALLEMAGNE.

Il faut penser, sans quoi l'homme devient,
Malgré son âme, un vrai cheval de somme :
Il faut aimer, c'est ce qui nous soutient;
Sans rien aimer, il est triste d'être homme.

Il faut avoir douce société
De gens savants, instruits sans suffisance,
Et de plaisirs grande variété,
Sans quoi les jours sont plus longs qu'on ne pense.

Il faut avoir un ami qu'en tout temps,
Pour son bonheur, on écoute, on consulte,
Qui puisse rendre à notre âme en tumulte
Les maux moins vifs et les plaisirs plus grands.

---

1. On élevait alors, dans le milieu de la cour du Louvre, le bâtiment que l'on y voit aujourd'hui (1752). — Ce bâtiment fut démoli en 1756. (ÉD.)
2. On avait projeté, dans le plan du Louvre, de placer au milieu de la cour une statue du roi.
3. Louis XV revenait alors à Paris, victorieux, triomphant et pacifique.

Il faut, le soir, un souper délectable,
Où l'on soit libre, où l'on goûte à propos
Les mets exquis, les bons vins, les bons mots,
Et sans être ivre il faut sortir de table.

Il faut, la nuit, tenir entre deux draps
Le tendre objet que votre cœur adore,
Le caresser, s'endormir dans ses bras,
Et le matin recommencer encore.

Mes chers amis, avouez que voilà
De quoi passer une assez douce vie :
Or, dès l'instant que j'aimai ma Sylvie,
Sans trop chercher j'ai trouvé tout cela.

XVI. — AU ROI DE PRUSSE.

La mère de la mort, la vieillesse pesante,
A de son bras d'airain courbé mon faible corps;
Et des maux qu'elle entraîne une suite effrayante
De mon âme immortelle attaque les ressorts.

Je brave tes assauts, redoutable vieillesse;
Je vis auprès d'un sage, et je ne te crains pas :
    Il te prêtera plus d'appas
Que le plaisir trompeur n'en donne à la jeunesse.

Coulez, mes derniers jours, sans trouble, sans terreur;
Coulez près d'un héros dont le mâle génie
Me fait goûter en paix le songe de la vie,
Et dépouille la mort de ce qu'elle a d'horreur.

Ma raison, qu'il éclaire, en est plus intrépide;
Mes pas par lui guidés en sont plus affermis :
Un mortel que Pallas couvre de son égide
    Ne craint point les dieux ennemis.

O philosophe-roi, que ma carrière est belle !
J'irai de Sans-Souci, par des chemins de fleurs,
Aux champs Élysiens parler à Marc Aurèle
    Du plus grand de ses successeurs.

A Salluste jaloux je lirai votre histoire;
A Lycurgue, vos lois; à Virgile, vos vers;
J'étonnerai les morts, ils ne pourront me croire :
Nul d'eux n'a rassemblé tant de talents divers.

Mais, lorsque j'aurai vu les ombres immortelles,
N'allez pas, après moi, confirmer mes récits.
Vivez, rendez heureux ceux qui vous sont soumis,
Et n'allez que fort tard auprès de vos modèles.

XVII. — AU MÊME.
(1751.)

Par le cerveau le souverain des dieux,
Selon ma Bible, accoucha d'une fille :
Vos six jumeaux[1] me sont plus précieux;
J'adorerai cette auguste famille.

On vous connaît à leur force, à leurs traits,
A leurs beautés, à leur noble harmonie;
Les élever, cultiver leur génie,
Qui le pourra? celui qui les a faits.

Ils sont tous nés pour instruire et pour plaire;
Ces six enfants sont frères des neuf sœurs;
Et nous dirons, comme chez nos docteurs :
« Le fils est Dieu, nous l'égalons au père. »

XVIII. — AU MÊME.
(1751.)

Jadis l'amant de Madeleine
Changea l'eau claire en mauvais vin
Vos eaux, par un art plus divin,
Deviennent les eaux d'Hippocrène.

J'en devrais boire un verre ou deux;
Car certaine humeur scorbutique,
Qui n'est point du tout poétique,
Rend mon esprit très-langoureux.

Roi, philosophe, auteur fameux,
Grand homme, et surtout homme aimable,
Buvez, soyez toujours heureux,
Et je serai moins misérable.

XIX. — AU MÊME.
(1751.)

Roi des beaux vers et des guerriers,
N'allez point à bride abattue;

---

1. *L'Art de la guerre*, poëme en six chants. (ÉD.)

Je crains qu'Apollon ne vous tue
En vous couronnant de lauriers.

Que votre Pégase s'arrête;
Souffrez de moi la vérité :
Votre estomac débilité
N'est pas digne de votre tête.

Les rois sont hommes comme nous.
L'homme-machine est bien fragile.
Grand roi, l'estomac est pour vous
Ce qu'est le talon pour Achille.

Hélas! chaque homme a son défaut :
J'en ai beaucoup, et je vous jure
Que je combats comme il le faut
Pour dompter en moi la nature.

Jusqu'ici j'ai mal profité :
Que le ciel, à qui je m'adresse,
Vous rende enfin votre santé,
Et m'accorde votre sagesse.

XX. — AU MÊME.

(1751.)

Vainqueur des préjugés, vainqueur dans les combats,
Enfant de Marc Aurèle, et rival de Lucrèce,
Quel étonnant génie a conduit tous vos pas
Du faîte de la gloire au sein de la sagesse!

C'est de vous que j'apprends à maîtriser le sort;
Par vos grandes leçons ma raison raffermie
Fait de mes derniers jours les beaux jours de ma vie,
Et brave, ainsi que vous, les horreurs de la mort.

Dieux justes (s'il en est)! quoi! cette âme si belle
N'est-il[1] qu'un composé de vos quatre éléments?
L'esprit de ce grand homme est-il une étincelle
    Qui s'évapore avec les sens?

Rentrez, esprits communs, dans la nuit éternelle;
Périssez tout entiers, soyez anéantis.
Ame de Frédéric, vous êtes immortelle.
Ainsi que ses vertus, sa gloire, et ses écrits.

[1]. Cette faute est dans le manuscrit. (*Note de M. Boissonade.*)

XXI. — AU MÊME.

(1751.)

Du bas de votre beau vallon,
Qui devient un bel hôpital,
Je renvoie à Mars-Apollon
Ses beaux vers en original.

Vous êtes le dieu d'Hélicon,
Le dieu de la société;
Et je vous dis pour oraison :
« Soyez le dieu de la santé. »

XXII. — AU MÊME,

QUI L'AVAIT INVITÉ A DÎNER.

(1752.)

A votre table divine
En vain je suis appelé,
Quand chez moi l'homme-machine
De tourments est accablé.

Que votre philosophie,
Que votre esprit courageux,
M'inspire et me fortifie
Dans ces combats douloureux!

Que vos lumières brillantes
M'éclairent malgré mes maux,
Comme ces lampes ardentes
Qui brûlaient dans les tombeaux!

Ici, sous les yeux d'un sage,
Que je vive sagement;
Que je souffre avec courage;
Que je meure en vous aimant!

XXIII. — A Mme DENIS.

Aux Délices, 1755

L'art n'y fait rien; les beaux noms, les beaux lieux,
Très-rarement nous donnent le bien-être.
Est-on heureux, hélas! pour le paraître,
Et suffit-il d'en imposer aux yeux?

J'ai vu jadis l'abbesse de la Joie,
Malgré ce titre, à la douleur en proie;
Dans Sans-Souci certain roi renommé
Fut de soucis quelquefois consumé.

Il n'en est pas ainsi de mes retraites;
Loin des chagrins, loin de l'ambition,
De mes plaisirs elles portent le nom :
Vous le savez, car c'est vous qui les faites.

XXIV. — LES TORTS.
(1757.

Non, je n'ai point tort d'oser dire
Ce que pensent les gens de bien;
Et le sage qui ne craint rien
A le beau droit de tout écrire.

J'ai, quarante ans, bravé l'empire
Des lâches tyrans, des esprits;
Et, dans votre petit pays,
J'aurais grand tort de me dédire.

Je sais que souvent le Malin
A caché sa queue et sa griffe
Sous la tiare d'un pontife,
Et sous le manteau d'un Calvin.

Je n'ai point tort quand je déteste
Ces assassins religieux,
Employant le fer et les feux
Pour servir le Père céleste.

Oui, jusqu'au dernier de mes jours,
Mon âme sera fière et tendre;
J'oserai gémir sur la cendre
Et des Servets et des Dubourgs [1].

De cette horrible frénésie
A la fin le temps est passé :
Le fanatisme est terrassé;
Mais il reste l'hypocrisie.

Farceurs à manteaux étriqués,
Mauvaise musique d'église,
Mauvais vers, et sermons croqués,
Ai-je tort si je vous méprise?

---

1. Dubourg, conseiller-clerc du parlement, pendu et brûlé à Paris, comme Servet à Genève.

XXV. — A M. LE CHEVALIER DE BOUFFLERS,

QUI LUI AVAIT ENVOYÉ UNE PIÈCE DE VERS INTITULÉE *Le Cœur*.

Certaine dame honnête[1], et savante, et profonde,
    Ayant lu le traité du cœur,
Disait en se pâmant : « Que j'aime cet auteur !
Ah ! je vois bien qu'il a le plus grand cœur du monde !

« De mon heureux printemps j'ai vu passer la fleur ;
    Le cœur pourtant me parle encore :
Du nom de *Petit-cœur* quand mon amant m'honore,
    Je sens qu'il me fait trop d'honneur. »

Hélas ! faibles humains, quels destins sont les nôtres !
    Qu'on a mal placé les grandeurs !
    Qu'on serait heureux si les cœurs
    Étaient faits les uns pour les autres !

Illustre chevalier, vous chantez vos combats,
    Vos victoires, et votre empire ;
Et dans vos vers heureux, comme vous pleins d'appas,
    C'est votre cœur qui vous inspire.

Quand Lisette vous dit : « Rodrigue, as-tu du cœur ? »
Sur l'heure elle l'éprouve, et dit avec franchise :
    « Il eut encor plus de valeur
    Quand il était homme d'Église. »

XXVI. — A M. DEODATI DE TOVAZZI.

A Ferney, le 1er février 1761.

Étalez moins votre abondance,
Votre origine, et vos honneurs ;
Il ne sied pas aux grands seigneurs
De se vanter de leur naissance.

L'Italie instruisit la France ;
Mais, par un reproche indiscret,
Nous serions forcés à regret
A manquer de reconnaissance.

Dès longtemps sortis de l'enfance,
Nous avons quitté les genoux
D'une nourrice en décadence
Dont le lait n'est plus fait pour nous.

---

1. Mme Cramer Dellon. (ÉD.)

Nous pourrions devenir jaloux
Quand vous parlez notre langage :
Puisqu'il est embelli par vous,
Cessez donc de lui faire outrage.

L'égalité contente un sage.
Terminons ainsi le procès :
Quand on est égal aux Français,
Ce n'est pas un mauvais partage.

XXVII. — A M. BLIN DE SAINMORE[1].

(1761.)

Mon amour-propre est vivement flatté
De votre écrit; mon goût l'est davantage.
On n'a jamais, par un plus doux langage,
Avec plus d'art blessé la vérité.

Pour Gabrielle, en son apoplexie,
D'autres diront qu'elle parle longtemps;
Mais ses discours sont si vrais, si touchants,
Elle aime tant, qu'on la croirait guérie.

Tout lecteur sage avec plaisir verra
Qu'en expirant la belle Gabrielle
Ne pense point que Dieu la damnera,
Pour aimer trop un amant digne d'elle.

Avoir du goût pour le roi très-chrétien,
C'est œuvre pie, on n'y peut rien reprendre :
Le paradis est fait pour un cœur tendre,
Et les damnés sont ceux qui n'aiment rien.

XXVIII. — A L'IMPÉRATRICE DE RUSSIE CATHERINE II,

A L'OCCASION DE LA PRISE DE CHOCZIM PAR LES RUSSES, EN 1769.

Fuyez, vizirs, bachas, spahis, et janissaires :
Si le nonce du pape, allié du mufti,
Se damnait en armant vos troupes sanguinaires,
Catherine a vaincu, le nonce est converti.

Il doit l'être du moins; il doit sans doute apprendre
A ne plus réunir la mitre et le turban.

---

1. Blin de Sainmore avait publié une héroïde intitulée *Lettre de Gabrielle d'Estrées à Henri IV*. (ED.)

Malheureux Polonais! le fer de l'Ottoman
Mettait donc par vos mains la république en cendre!

De vos vrais intérêts devenez plus jaloux.
Rome et Constantinople ont été trop fatales :
Il est temps de finir ces horribles scandales;
Vous serez désormais fortunés malgré vous.

Bientôt de Galitzin la vigilante audace
Ira dans son sérail éveiller Moustapha,
Mollement assoupi sur son large sofa,
Au lieu même où naquit le fier dieu de la Thrace.

O Minerve du Nord! ô toi, sœur d'Apollon!
Tu vengeras la Grèce en chassant ces infâmes,
Ces ennemis des arts, et ces geôliers des femmes.
Je pars; je vais t'attendre aux champs de Marathon.

XXIX. — A Mme LA DUCHESSE DE CHOISEUL,

SUR LA FONDATION DE VERSOY.

(1769.)

Madame, un héros destructeur,
S'il est grand, n'est qu'un grand coupable;
J'aime bien mieux un fondateur :
L'un est un dieu, l'autre est un diable.

Dites bien à votre mari
Que des neuf Filles de mémoire
Il sera le seul favori,
Si de fonder il a la gloire.

Didon, que j'aime tendrement,
Sera célèbre d'âge en âge;
Mais quand Didon fonda Carthage,
C'est qu'elle avait beaucoup d'argent.

Si le vainqueur de l'Assyrie
Avait eu pour surintendant
Un conseiller du parlement [1],
Nous n'aurions point Alexandrie.

Nos très-sots aïeux autrefois
Ont fondé de pieux asiles
Pour mes moines de saint François;
Mais ils n'ont point fondé de villes.

---

1. L'abbé Terray, contrôleur général, était conseiller au parlement (ED.)

Envoyez-nous des Amphions,
Sans quoi nos peines sont perdues ;
A Versoy nous avons des rues,
Et nous n'avons point de maisons.

Sur la raison, sur la justice,
Sur les grâces, sur la douceur,
Je fonde aujourd'hui mon bonheur ;
Et vous êtes ma fondatrice.

XXX. — A M. SAURIN, DE L'ACADÉMIE FRANÇAISE,

Sur ce que le général des capucins avait agrégé l'auteur à l'ordre de saint François, en reconnaissance de quelques services qu'il avait rendus à ces moines.

(1770.)

Il est vrai, je suis capucin ;
C'est sur quoi mon salut se fonde :
Je ne veux pas, dans mon déclin,
Finir comme les gens du monde.

Mon malheur est de n'avoir plus
Dans mes nuits ces bonnes fortunes,
Ces nobles grâces des élus,
Chez mes confrères si communes.

Je ne suis point frère Frapart,
Confessant sœur Luce ou sœur Nice ;
Je ne porte point le cilice
De saint Grisel, de saint Billard[1].

J'achève doucement ma vie ;
Je suis prêt à partir demain,
En communiant de la main
Du bon curé de *Mélanie*.

Dès que monsieur l'abbé Terray
A su ma capucinerie,
De mes biens il m'a délivré :
Que servent-ils dans l'autre vie ?

J'aime fort cet arrangement ;
Il est leste et plein de prudence.
Plût à Dieu qu'il en fît autant
A tous les moines de la France !

---

1. Billard, caissier général des postes, banqueroutier ; l'abbé Grisel, son directeur et son complice. (ED.)

XXXI. — A Mme NECKER.

Quelle étrange idée est venue
Dans votre esprit sage, éclairé?
Que vos bontés l'ont égaré!
Et que votre peine est perdue!

A moi chétif une statue!
Je serais d'orgueil enivré.
L'ami Jean-Jacque a déclaré
Que c'est à lui qu'elle était due.

Il la demande avec éclat.
L'univers, par reconnaissance,
Lui devait cette récompense :
Mais l'univers est un ingrat.

C'est vous que je figurerai
En beau marbre, d'après nature,
Lorsqu'à Paphos je reviendrai,
Et que j'aurai la main plus sûre.

Ah! si jamais de ma façon
De vos attraits on voit l'image,
On sait comment Pygmalion
Traitait autrefois son ouvrage.

XXXII. — A M. HOURCASTREMÉ.

(1770.)

L'amour, les plaisirs, et l'ivresse,
Respirent dans vos heureux chants;
C'est parmi la vive jeunesse
Qu'Apollon se plut en tout temps.

Les muses, ainsi que les belles,
Dédaignent les vœux d'un vieillard;
En vain j'irais même après elles,
Et vous les fixez d'un regard.

Elles cessent de me sourire;
Vos accords ont su les charmer.
Eh bien! je vous cède ma lyre;
Vos doigts sont faits pour l'animer.

XXXIII. — A M. DE ***.

En réponse à des vers que la Société de la Tolérance de Bordeaux lui avait envoyés.

Vous voulez donc édifier
Un beau temple à la Tolérance!
Je prétends y sacrifier :
C'est ma sainte de préférence.

A vos maçons j'ai pu fournir
Des pierres pour cette entreprise;
Les dévots s'en voulaient servir
Pour me lapider dans l'église.

Mais je sais ce qu'ont ordonné
Les maximes de l'Évangile :
En bon chrétien j'ai pardonné
Au méchant comme à l'imbécile.

XXXIV. — A Mme LULLIN, DE GENÈVE.

A Ferney, le 16 novembre 1773.

Hé quoi! vous êtes étonnée
Qu'au bout de quatre-vingts hivers
Ma muse faible et surannée
Puisse encor fredonner des vers?

Quelquefois un peu de verdure
Rit sous les glaçons de nos champs;
Elle console la nature,
Mais elle sèche en peu de temps.

Un oiseau peut se faire entendre
Après la saison des beaux jours;
Mais sa voix n'a plus rien de tendre,
Il ne chante plus ses amours.

Ainsi je touche encor ma lyre,
Qui n'obéit plus à mes doigts;
Ainsi j'essaye encor ma voix
Au moment même qu'elle expire.

« Je veux dans mes derniers adieux,
Disait Tibulle à son amante,
Attacher mes yeux sur tes yeux,
Te presser de ma main mourante. »

STANCES. 169

Mais quand on sent qu'on va passer,
Quand l'âme fuit avec la vie,
A-t-on des yeux pour voir Délie,
Et des mains pour la caresser ?

Dans ce moment chacun oublie
Tout ce qu'il a fait en santé.
Quel mortel s'est jamais flatté
D'un rendez-vous à l'agonie ?

Délie elle-même à son tour
S'en va dans la nuit éternelle,
En oubliant qu'elle fut belle,
Et qu'elle a vécu pour l'amour.

Nous naissons, nous vivons, bergère,
Nous mourons sans savoir comment.
Chacun est parti du néant :
Où va-t-il ?... Dieu le sait, ma chère.

XXXV. — LES DÉSAGRÉMENTS DE LA VIEILLESSE.

Oui, je sais qu'il est doux de voir dans ses jardins
Ces beaux fruits incarnats et de Perse et d'Épire,
De savourer en paix la séve de ses vins,
  Et de manger ce qu'on admire.
J'aime fort un faisan qu'à propos on rôtit;
De ces perdreaux maillés le fumet seul m'attire;
Mais je voudrais encore avoir de l'appétit.

Sur le penchant fleuri de ces fraîches cascades,
Sur ces prés émaillés, dans ces sombres forêts,
Je voudrais bien danser avec quelques dryades;
  Mais il faut avoir des jarrets.

J'aime leurs yeux, leur taille, et leurs couleurs vermeilles,
Leurs chants harmonieux, leur sourire enchanteur;
Mais il faudrait avoir des yeux et des oreilles :
On doit s'aller cacher quand on n'a que son cœur.

Vous serez comme moi quand vous aurez mon âge,
Archevêques, abbés, empourprés cardinaux,
  Princes, rois, fermiers généraux;
Chacun avec le temps devient tristement sage :
  Tous nos plaisirs n'ont qu'un moment.
Hélas ! quel est le cours et le but de la vie ?
  Des fadaises, et le néant.
 O Jupiter, tu fis en nous créant
  Une froide plaisanterie.

XXXVI. — AU ROI DE PRUSSE,

Sur un buste en porcelaine, fait à Berlin, représentant l'auteur,
et envoyé par Sa Majesté, en janvier 1775.

Épictète au bord du tombeau
A reçu ce présent des mains de Marc Aurèle.
    Il a dit : « Mon sort est trop beau :
J'aurai vécu pour lui; je lui mourrai fidèle.

« Nous avons cultivé tous deux les mêmes arts
    Et la même philosophie ;
Moi sujet, lui monarque et favori de Mars,
Et tous les deux parfois objets d'un peu d'envie.

« Il rendit plus d'un roi de ses exploits jaloux;
Moi, je fus harcelé des gredins du Parnasse.
Il eut des ennemis, il les dissipa tous;
Et la troupe des miens dans la fange coasse.

        « Les cagots m'ont persécuté;
Les cagots à ses pieds frémissaient en silence.
Lui sur le trône assis, moi dans l'obscurité,
        Nous prêchâmes la tolérance.

« Nous adorions tous deux le Dieu de l'univers;
        Car il en est un, quoi qu'on dise :
        Mais nous n'avions pas la sottise
De le déshonorer par des cultes pervers.

« Nous irons tous les deux dans la céleste sphère,
Lui fort tard, moi bientôt. Il obtiendra, je croi,
Un trône auprès d'Achille, et même auprès d'Homère;
Et j'y vais demander un tabouret pour moi. »

XXXVII. — STANCES

Sur l'alliance renouvelée entre la France et les cantons helvétiques,
jurée dans l'église de Soleure, le 15 auguste 1777.

Quelle est dans ces lieux saints cette solennité
        Des fiers enfants de la Victoire ?
Ils marchent aux autels de la Fidélité,
        De la Valeur, et de la Gloire.

Tels on vit ces héros qui, dans les champs d'Ivry,
Contre la Ligue et Rome, et l'enfer et sa rage,
        Vengeaient les droits du grand Henri,
        Et l'égalaient dans son courage

C'est un Dieu bienfaisant, c'est un ange de paix
Qui vient renouveler cette auguste alliance.
Je vois des jours nouveaux marqués par des bienfaits,
Par de plus douces mœurs, et la même vaillance.

On joint le caducée au bouclier de Mars,
    Sous les auspices de Vergenne.
O monts helvétiens ! vous êtes les remparts
    Des beaux lieux qu'arrose la Seine.

Les meilleurs citoyens sont les meilleurs guerriers.
Ainsi Philadelphie étonne l'Angleterre;
    Elle unit l'olive aux lauriers,
Et défend son pays en condamnant la guerre.

Si le ciel la permet, c'est pour la liberté.
Dieu forma l'homme libre alors qu'il le fit naître;
L'homme, émané des cieux pour l'immortalité,
    N'eut que Dieu pour père et pour maître.

On est libre en effet sous d'équitables lois;
Et la félicité, s'il en est dans ce monde,
Est d'être en sûreté, dans une paix profonde,
Avec de tels amis et le meilleur des rois.

XXXVIII. — STANCES OU QUATRAINS,

POUR TENIR LIEU DE CEUX DE PIBRAC, QUI ONT UN PEU VIEILLI

Tout annonce d'un Dieu l'éternelle existence;
On ne peut le comprendre, on ne peut l'ignorer.
La voix de l'univers annonce sa puissance,
Et la voix de nos cœurs dit qu'il faut l'adorer.

    Mortels, tout est pour votre usage;
    Dieu vous comble de ses présents.
    Ah! si vous êtes son image,
    Soyez comme lui bienfaisants.

Pères, de vos enfants guidez le premier âge;
Ne forcez point leur goût, mais dirigez leurs pas.
Étudiez leurs mœurs, leurs talents, leur courage :
On conduit la nature, on ne la change pas.

Enfant, crains d'être ingrat; sois soumis, doux, sincère :
Obéis, si tu veux qu'on t'obéisse un jour.
Vois ton Dieu dans ton père; un Dieu veut ton amour.
Que celui qui t'instruit te soit un nouveau père.

Qui s'élève trop s'avilit;
De la vanité naît la honte.
C'est par l'orgueil qu'on est petit :
On est grand quand on le surmonte.

Fuyez l'indolente Paresse;
C'est la rouille attachée aux plus brillants métaux.
L'Honneur, le Plaisir même, est le fils des Travaux;
Le Mépris et l'Ennui sont nés de la Mollesse.

Ayez de l'ordre en tout : la carrière est aisée
Quand la règle conduit Thémis, Phébus, et Mars;
La règle austère et sûre est le fil de Thésée
Qui dirige l'esprit au dédale des arts.

L'esprit fut en tout temps le fils de la Nature.
Il faut dans ses atours de la simplicité;
Ne lui donnez jamais de trop grande parure :
Quand on veut trop l'orner, on cache sa beauté.

Soyez vrai, mais discret; soyez ouvert, mais sage;
Et, sans la prodiguer, aimez la vérité :
Cachez-la sans duplicité;
Osez la dire avec courage.

Réprimez tout emportement;
On se nuit alors qu'on offense;
Et l'on hâte son châtiment,
Quand on croit hâter sa vengeance.

La politesse est à l'esprit
Ce que la grâce est au visage :
De la bonté du cœur elle est la douce image;
Et c'est la bonté qu'on chérit.

Le premier des plaisirs et la plus belle gloire,
C'est de prodiguer les bienfaits :
Si vous en répandez, perdez-en la mémoire;
Si vous en recevez, publiez-le à jamais.

La dispute est souvent funeste autant que vaine;
A ces combats d'esprit craignez de vous livrer.
Que le flambeau divin, qui doit vous éclairer,
Ne soit pas en vos mains le flambeau de la haine.

De l'émulation distinguez bien l'envie :
L'une mène à la gloire, et l'autre au déshonneur;
L'une est l'aliment du génie,
Et l'autre est le poison du cœur.

STANCES.

Par un humble maintien, qu'on estime et qu'on aime,
Adoucissez l'aigreur de vos rivaux jaloux.
    Devant eux rentrez en vous-même,
    Et ne parlez jamais de vous.

Toutes les passions s'éteignent avec l'âge;
    L'amour-propre ne meurt jamais.
Ce flatteur est tyran, redoutez ses attraits,
Et vivez avec lui sans être en esclavage.

FIN DES STANCES.

ÉPITRES

I. — A MONSEIGNEUR, FILS UNIQUE DE LOUIS XIV[1].

(1706 ou 1707.)

   Noble sang du plus grand des rois,
   Son amour et notre espérance,
   Vous qui, sans régner sur la France,
   Régnez sur le cœur des François,
   Pourrez-vous souffrir que ma veine,
   Par un effort ambitieux,
   Ose vous donner une étrenne,
Vous qui n'en recevez que de la main des dieux ?
   La nature en vous faisant naître
   Vous étrenna de ses plus doux attraits,
   Et fit voir dans vos premiers traits,
Que le fils de Louis était digne de l'être.
Tous les dieux à l'envi vous firent leurs présents :
   Mars vous donna la force et le courage ;
   Minerve, dès vos jeunes ans,
Ajouta la sagesse au feu bouillant de l'âge ;
L'immortel Apollon vous donna la beauté :
Mais un dieu plus puissant, que j'implore en mes peines
   Voulut aussi me donner mes étrennes,
   En vous donnant la libéralité.

II. — A Mme LA COMTESSE DE FONTAINES[2]

SUR SON ROMAN DE *la Comtesse de Savoie*.

(1713.)

La Fayette et Segrais, couple sublime et tendre,
Le modèle, avant vous, de nos galants écrits,
Des champs élysiens, sur les ailes des Ris,
   Vinrent depuis peu dans Paris :
D'où ne viendrait-on pas, Sapho, pour vous entendre ?
   A vos genoux tous deux humiliés,

---

1. Ces vers furent présentés à ce prince par un soldat des Invalides ; l'auteur avait douze ans lorsqu'il les fit. (ED.)
2. La comtesse de Givry était fille du marquis de Givry. Son roman de *la Comtesse de Savoie* n'a été imprimé qu'en 1726. Voltaire lui a emprunté le sujet d'*Artémire* et celui de *Tancrède*. (ED.)

Tous deux vaincus, et pourtant pleins de joie,
  Mirent leur Zaïde aux pieds
  De la Comtesse de Savoie.
Ils avaient bien raison : quel dieu, charmant auteur,
Quel dieu vous a donné ce langage enchanteur,
  La force et la délicatesse,
  La simplicité, la noblesse,
  Que Fénelon seul avait joint;
Ce naturel aisé dont l'art n'approche point?
Sapho, qui ne croirait que l'Amour vous inspire?
Mais vous vous contentez de vanter son empire;
De Mendoce amoureux vous peignez le beau feu,
  Et la vertueuse faiblesse
  D'une maîtresse
Qui lui fait, en fuyant, un si charmant aveu.
Ah! pouvez-vous donner ces leçons de tendresse,
  Vous qui les pratiquez si peu?
C'est ainsi que Marot, sur sa lyre incrédule,
Du dieu qu'il méconnut prôna la sainteté :
Vous avez pour l'Amour aussi peu de scrupule;
Vous ne le servez point, et vous l'avez chanté.

  Adieu; malgré mes épilogues,
  Puissiez-vous pourtant, tous les ans,
  Me lire deux ou trois romans,
  Et taxer quatre synagogues¹!

III. — A M. L'ABBÉ SERVIEN²,

PRISONNIER AU CHATEAU DE VINCENNES.

(1714.)

Aimable abbé, dans Paris autrefois
La Volupté de toi reçut des lois;
Les Ris badins, les Grâces enjouées,
A te servir dès longtemps dévouées,
Et dès longtemps fuyant les yeux du roi,
Marchaient souvent entre Philippe et toi,
Te prodiguaient leurs faveurs libérales,

---

1. M. de Givry, père de Mme de Fontaines, avait introduit les juifs à Metz, pendant qu'il y commandait. Ceux-ci, en reconnaissance, lui faisaient une pension réversible sur ses enfants. (Éd.)
2. L'abbé Servien, fils du surintendant Servien, ne fut jamais mêlé dans aucune affaire d'État ou d'Église : c'était un homme de plaisir; et vraisemblablement quelque aventure un peu trop bruyante avait été la cause de sa prison. Il mourut en 1716. (Éd.)

Et de leurs mains marquaient dans leurs annales,
En lettres d'or, mots et contes joyeux,
De ton esprit enfants capricieux.
　O doux plaisirs, amis de l'innocence,
Plaisirs goûtés au sein de l'indolence,
Et cependant des dévots inconnus !
O jours heureux ! qu'êtes-vous devenus ?
Hélas ! j'ai vu les Grâces éplorées,
Le sein meurtri, pâles, désespérées ;
J'ai vu les Ris tristes et consternés,
Jeter les fleurs dont ils étaient ornés ;
Les yeux en pleurs, et soupirant leurs peines,
Ils suivaient tous le chemin de Vincennes,
Et, regardant ce château malheureux,
Aux beaux-esprits, hélas ! si dangereux,
Redemandaient au destin en colère
Le tendre abbé qui leur servait de père.
　N'imite point leur sombre désespoir ;
Et, puisque enfin tu ne peux plus revoir
Le prince aimable à qui tu plais, qui t'aime,
Ose aujourd'hui te suffire à toi-même.
On ne vit pas au donjon comme ici :
Le destin change, il faut changer aussi.
Au sel attique, au riant badinage,
Il faut mêler la force et le courage ;
A son état mesurant ses désirs,
Selon les temps se faire des plaisirs,
Et suivre enfin, conduit par la nature,
Tantôt Socrate, et tantôt Épicure.
Tel dans son art un pilote assuré,
Maître des flots dont il est entouré,
Sous un ciel pur où brillent les étoiles,
Au vent propice abandonne ses voiles,
Et quand la mer a soulevé ses flots,
Dans la tempête il trouve le repos :
D'une ancre sûre il fend la molle arène,
Trompe des vents l'impétueuse haleine ;
Et, du trident bravant les rudes coups,
Tranquille et fier, rit des dieux en courroux.
　Tu peux, abbé, du sort jadis propice
Par ta vertu corriger l'injustice ;
Tu peux changer ce donjon détesté
En un palais par Minerve habité.
Le froid ennui, la sombre inquiétude,
Monstres affreux, nés dans la solitude,
De ta prison vont bientôt s'exiler.
Vois dans tes bras de toutes parts voler

L'oubli des maux, le sommeil désirable ;
L'indifférence, au cœur inaltérable,
Qui, dédaignant les outrages du sort,
Voit d'un même œil et la vie et la mort ;
La paix tranquille, et la constance altière,
Au front d'airain, à la démarche fière,
A qui jamais ni les rois ni les dieux,
La foudre en main, n'ont fait baisser les yeux.
   Divinités des sages adorées,
Que chez les grands vous êtes ignorées !
Le fol amour, l'orgueil présomptueux,
Des vains plaisirs l'essaim tumultueux,
Troupe volage à l'erreur consacrée,
De leurs palais vous défendent l'entrée.
Mais la retraite a pour vous des appas :
Dans nos malheurs vous nous tendez les bras ;
Des passions la troupe confondue
A votre aspect disparaît éperdue.
Par vous, heureux au milieu des revers,
Le philosophe est libre dans les fers.
Ainsi Fouquet, dont Thémis fut le guide,
Du vrai mérite appui ferme et solide,
Tant regretté, tant pleuré des neuf Sœurs,
Le grand Fouquet, au comble des malheurs,
Frappé des coups d'une main rigoureuse,
Fut plus content dans sa demeure affreuse,
Environné de sa seule vertu,
Que quand jadis, de splendeur revêtu,
D'adulateurs une cour importune
Venait en foule adorer sa fortune.
   Suis donc, abbé, ce héros malheureux ;
Mais ne va pas, tristement vertueux,
Sous le beau nom de la philosophie,
Sacrifier à la mélancolie,
Et par chagrin, plus que par fermeté,
T'accoutumer à la calamité.
   Ne passons point les bornes raisonnables.
Dans tes beaux jours, quand les dieux favorables
Prenaient plaisir à combler tes souhaits,
Nous t'avons vu, méritant leurs bienfaits,
Voluptueux avec délicatesse,
Dans tes plaisirs respecter la sagesse.
Par les destins aujourd'hui maltraité,
Dans ta sagesse aime la volupté.
D'un esprit sain, d'un cœur toujours tranquille,
Attends qu'un jour, de ton noir domicile,
On te rappelle au séjour bienheureux

Que les Plaisirs, les Grâces, et les Jeux,
Quand dans Paris ils te verront paraître,
Puissent sans peine encor te reconnaître.
Sois tel alors que tu fus autrefois :
Et cependant que Sully quelquefois
Dans ton château vienne, par sa présence,
Contre le sort affermir ta constance.
Rien n'est plus doux, après la liberté,
Qu'un tel ami dans la captivité.
Il est connu chez le dieu du Permesse :
Grand sans fierté, simple et doux sans bassesse,
Peu courtisan, partant homme de foi;
Et digne enfin d'un oncle tel que toi.

IV. — A MADAME DE MONTBRUN-VILLEFRANCHE.

(1714.)

Montbrun, par l'Amour adoptée,
Digne du cœur d'un demi-dieu,
Et, pour dire encor plus, digne d'être chantée
Ou par Ferrand, ou par Chaulieu;
Minerve et l'enfant de Cythère
Vous ornent à l'envi d'un charme séducteur;
Je vois briller en vous l'esprit de votre mère
Et la beauté de votre sœur :
C'est beaucoup pour une mortelle.
Je n'en dirai pas plus : songez bien seulement
A vivre, s'il se peut, heureuse autant que belle;
Libre des préjugés que la raison dément,
Aux plaisirs où le monde en foule vous appelle,
Abandonnez-vous prudemment.
Vous aurez des amants, vous aimerez sans doute :
Je vous verrai, soumise à la commune loi,
Des beautés de la cour suivre l'aimable route,
Donner, reprendre votre foi.
Pour moi, je vous louerai; ce sera mon emploi.
Je sais que c'est souvent un partage stérile,
Et que La Fontaine et Virgile
Recueillaient rarement le fruit de leurs chansons.
D'un inutile dieu malheureux nourrissons,
Nous semons pour autrui. J'ose bien vous le dire,
Mon cœur de la Duclos fut quelque temps charmé;
L'amour en sa faveur avait monté ma lyre :
Je chantais la Duclos; d'Uzès en fut aimé :
C'était bien la peine d'écrire !

Je vous louerai pourtant; il me sera trop doux
De vous chanter, et même sans vous plaire;
Mes chansons seront mon salaire :
N'est-ce rien de parler de vous?

V. — A M. LE PRINCE DE VENDÔME,

GRAND PRIEUR DE FRANCE.

(1716.)

Je voulais par quelque huitain,
Sonnet, ou lettre familière,
Réveiller l'enjouement badin
De votre altesse chansonnière;
Mais ce n'est pas petite affaire
A qui n'a plus l'abbé Courtin
Pour directeur et pour confrère.
Tout simplement donc je vous dis
Que dans ces jours, de Dieu bénis,
Où tout moine et tout cagot mange
Harengs saurets et salsifis,
Ma muse, qui toujours se range
Dans les bons et sages partis,
Fait avec faisans et perdrix
Son carême au château Saint-Ange.
Au reste, ce château divin,
Ce n'est pas celui du saint-père,
Mais bien celui de Caumartin,
Homme sage, esprit juste et fin,
Que de tout mon cœur je préfère
Au plus grand pontife romain,
Malgré son pouvoir souverain
Et son indulgence plénière.
Caumartin porte en son cerveau
De son temps l'histoire vivante;
Caumartin est toujours nouveau
A mon oreille qu'il enchante;
Car dans sa tête sont écrits
Et tous les faits et tous les dits
Des grands hommes, des beaux esprits;
Mille charmantes bagatelles,
Des chansons vieilles et nouvelles,
Et les annales immortelles
Des ridicules de Paris.
Château Saint-Ange, aimable asile,
Heureux qui dans ton sein tranquille

D'un carême passe le cours!
Château que jadis les Amours
Bâtirent d'une main habile
Pour un prince qui fut toujours
A leur voix un peu trop docile,
Et dont ils filèrent les jours!
Des courtisans fuyant la presse,
C'est chez toi que François premier
Entendait quelquefois la messe,
Et quelquefois par le grenier
Rendait visite à sa maîtresse.
 De ce pays les citadins
Disent tous que dans les jardins
On voit encor son ombre fière
Deviser sous des marronniers
Avec Diane de Poitiers,
Ou bien la belle Ferronière.
Moi chétif, cette nuit dernière,
Je l'ai vu couvert de lauriers;
Car les héros les plus insignes
Se laissent voir très-volontiers
A nous, faiseurs de vers indignes.
Il ne traînait point après lui
L'or et l'argent de cent provinces,
Superbe et tyrannique appui
De la vanité des grands princes;
Point de ces escadrons nombreux
De tambours et de hallebardes;
Point de capitaine des gardes,
Ni de courtisans ennuyeux;
Quelques lauriers sur sa personne,
Deux brins de myrte dans ses mains,
Étaient ses atours les plus vains;
Et de vérole quelques grains
Composaient toute sa couronne.
« Je sais que vous avez l'honneur,
Me dit-il, d'être des orgies
De certain aimable prieur,
Dont les chansons sont si jolies
Que Marot les retient par cœur,
Et que l'on m'en fait des copies.
Je suis bien aise, en vérité,
De cette honorable accointance;
Car avec lui, sans vanité,
J'ai quelque peu de ressemblance;
Ainsi que moi, Minerve et Mars
L'ont cultivé dès son enfance;

ÉPÎTRES.

Il aime comme moi les arts,
Et les beaux vers par préférence ;
Il sait de la dévote engeance,
Comme moi, faire peu de cas ;
Hors en amour, en tous les cas,
Il tient, comme moi, sa parole ;
Mais enfin, ce qu'il ne sait pas,
Il a, comme moi, la vérole.
J'étais encor dans mon été
Quand cette noire déité,
De l'Amour fille dangereuse,
Me fit du fleuve de Léthé
Passer la rive malheureuse.
Plaise aux dieux que votre héros
Pousse plus loin ses destinées,
Et qu'après quelque trente années
Il vienne goûter le repos
Parmi nos ombres fortunées !
En attendant, si de Caron
Il ne veut remplir la voiture,
Et s'il veut enfin tout de bon
Terminer la grande aventure,
Dites-lui de troquer Chambon
Contre quelque once de mercure. »

VI. — A M. L'ABBÉ DE ***,

QUI PLEURAIT LA MORT DE SA MAÎTRESSE.

(1715.)

Toi qui fus des plaisirs le délicat arbitre,
Tu languis, cher abbé ; je vois, malgré tes soins,
Que ton triple menton, l'honneur de ton chapitre,
  Aura bientôt deux étages de moins.
Esclave malheureux du chagrin qui te dompte,
   Tu fuis un repas qui t'attend !
   Tu jeûnes comme un pénitent ;
   Pour un chanoine quelle honte !
Quels maux si rigoureux peuvent donc t'accabler ?
Ta maîtresse n'est plus ; et, de ses yeux éprise,
Ton âme avec la sienne est prête à s'envoler !
Que l'amour est constant dans un homme d'Église
Et qu'un mondain saurait bien mieux se consoler
   Je sais que ta fidèle amie
   Te laissait prendre en liberté
  De ces plaisirs qui font qu'en cette v e

On désire assez peu ceux de l'éternité :
  Mais suivre au tombeau ce qu'on aime
   Ami, crois-moi, c'est un abus.
  Quoi ! pour quelques plaisirs perdus
   Voudrais-tu te perdre toi-même?
   Ce qu'on perd en ce monde-ci,
Le retrouvera-t-on dans une nuit profonde?
   Des mystères de l'autre monde
   On n'est que trop tôt éclairci.
Attends qu'à tes amis la mort te réunisse,
   Et vis par amitié pour toi :
Mais vivre dans l'ennui, ne chanter qu'à l'office,
   Ce n'est pas vivre, selon moi.
   Quelques femmes toujours badines,
   Quelques amis toujours joyeux,
   Peu de vêpres, point de matines,
   Une fille, en attendant mieux :
   Voilà comme l'on doit sans cesse
   Faire tête au sort irrité ;
   Et la véritable sagesse
   Est de savoir fuir la tristesse
   Dans les bras de la volupté.

VII. — A UNE DAME

UN PEU MONDAINE ET TROP DÉVOTE.

(1715.)

   Tu sortais des bras du Sommeil,
Et déjà l'œil du jour voyait briller tes charmes,
Lorsque le tendre Amour parut à ton réveil;
Il te baisait les mains, qu'il baignait de ses larmes.
« Ingrate, te dit-il, ne te souvient-il plus
Des bienfaits que sur toi l'Amour a répandus?
   J'avais une autre espérance
Lorsque je te donnai ces traits, cette beauté,
   Qui, malgré ta sévérité,
   Sont l'objet de ta complaisance.
Je t'inspirai toujours du goût pour les plaisirs,
Le soin de plaire au monde, et même des désirs;
Que dis-je! ces vertus qu'en toi la cour admire,
   Ingrate, tu les tiens de moi.
    Hélas ! je voulais par toi
    Ramener dans mon empire
    La candeur, la bonne foi,
    L'inébranlable constance,

Et surtout cette bienséance,
Qui met l'honneur en sûreté,
Que suivent le mystère et la délicatesse,
Qui rend la moins fière beauté
Respectable dans sa faiblesse.
Voudrais-tu mépriser tant de dons précieux?
N'occuperas-tu tes beaux yeux
Qu'à lire Massillon, Bourdaloue, et La Rue?
Ah! sur d'autres objets daigne arrêter ta vue :
Qu'une austère dévotion
De tes sens combattus ne soit plus la maîtresse;
Ton cœur est né pour la tendresse,
C'est ta seule vocation.
La nuit s'avance avec vitesse;
Profite de l'éclat du jour :
Les plaisirs ont leur temps, la sagesse a son tour.
Dans ta jeunesse fais l'amour,
Et ton salut dans ta vieillesse. »

Ainsi parlait ce dieu. Déjà même en secret
Peut-être de ton cœur il s'allait rendre maître;
Mais au bord de ton lit il vit soudain paraître
Le révérend père Quinquet.
L'Amour, à l'aspect terrible
De son rival théatin,
Te croyant incorrigible,
Las de te prêcher en vain,
Et de verser sur toi des larmes inutiles,
Retourna dans Paris, où tout vit sous sa loi,
Tenter des beautés plus faciles,
Mais bien moins aimables que toi.

VIII. — A M. LE DUC D'AREMBERG [1].

D'Aremberg, où vas-tu? penses-tu m'échapper?
Quoi! tandis qu'à Paris on t'attend pour souper,
Tu pars, et je te vois, loin de ce doux rivage,
Voler en un clin d'œil aux lieux de ton bailliage.
C'est ainsi que les dieux qu'Homère a tant prônés
Fendaient les vastes airs de leur course étonnés,
Et les fougueux chevaux du fier dieu de la guerre
Franchissaient en deux sauts la moitié de la terre.
Ces grands dieux toutefois, à ne déguiser rien,

[1]. Léopold duc d'Aremberg, blessé à la bataille de Malplaquet, en 1709. (ED.)

N'avaient point dans la Grèce un château comme Enghien,
Et leurs divins coursiers, regorgeant d'ambroisie,
Ma foi, ne valaient pas tes chevaux d'Italie.
Que fais-tu cependant dans ces climats amis
Qu'à tes soins vigilants l'empereur a commis?
Vas-tu, de tes désirs portant partout l'offrande,
Séduire la pudeur d'une jeune Flamande,
Qui, tout en rougissant, acceptera l'honneur
Des amours indiscrets de son cher gouverneur?
La paix offre un champ libre à tes exploits lubriques
Va remplir de cocus les campagnes belgiques,
Et fais-moi des bâtards où tes vaillantes mains
Dans nos derniers combats firent tant d'orphelins.
Mais quitte aussi bientôt, si la France te tente,
Des tetons du Brabant la chair flasque et tremblante,
Et, conduit par Momus et porté par les Ris,
Accours, vole, et reviens t'enivrer à Paris.
Ton salon est tout prêt, tes amis te demandent;
Du défunt Rothelin les pénates t'attendent.
Viens voir le doux La Faye aussi fin que courtois,
Le conteur Lasseré, Matignon le sournois,
Courcillon, qui toujours du théâtre dispose,
Courcillon, dont ma plume a fait l'apothéose,
Courcillon qui se gâte, et qui, si je m'en croi,
Pourrait bien quelque jour être indigne de toi.
Ah! s'il allait quitter la débauche et la table,
S'il était assez fou pour être raisonnable,
Il se perdrait, grands dieux! Ah! cher duc, aujourd'hui
Si tu ne viens pour toi, viens par pitié pour lui!
Viens le sauver : dis-lui qu'il s'égare et s'oublie,
Qu'il ne peut être bon qu'à force de folie,
Et, pour tout dire enfin, remets-le dans tes fers.
 Pour toi, près l'Auxerrois, pendant quarante hivers,
Bois, parmi les douceurs d'une agréable vie,
Un peu plus d'hypocras, un peu moins d'eau-de-vie.

IX. — A M. LE PRINCE EUGÈNE.

(1716.)

Grand prince, qui, dans cette cour
Où la justice était éteinte,
Sûtes inspirer de l'amour,
Même en nous donnant de la crainte;
Vous que Rousseau si dignement
A, dit-on, chanté sur sa lyre,
Eugène, je ne sais comment

Je m'y prendrai pour vous écrire.
Oh! que nos Français sont contents
De votre dernière victoire!
Et qu'ils chérissent votre gloire,
Quand ce n'est pas à leurs dépens!
   Poursuivez; des musulmans
   Rompez bientôt la barrière;
   Faites mordre la poussière
   Aux circoncis insolents;
   Et, plein d'une ardeur guerrière,
   Foulant aux pieds les turbans,
   Achevez cette carrière
   Au sérail des Ottomans :
   Des chrétiens et des amants
   Arborez-y la bannière.
Vénus et le dieu des combats
  Vont vous en ouvrir la porte;
Les Grâces vous servent d'escorte,
  Et l'Amour vous tend les bras.
   Voyez-vous déjà paraître
   Tout ce peuple de beautés,
   Esclaves des voluptés
   D'un amant qui parle en maître?
   Faites vite du mouchoir
   La faveur impérieuse
A la beauté la plus heureuse,
Qui saura délasser le soir
Votre Altesse victorieuse.
Du séminaire des Amours,
A la France votre patrie,
Daignez envoyer pour secours
Quelques belles de Circassie.
Le saint-père, de son côté,
Attend beaucoup de votre zèle,
Et prétend qu'avec charité
Sous le joug de la vérité
Vous rangiez ce peuple infidèle.
Par vous mis dans le bon chemin,
On verra bientôt ces infâmes,
Ainsi que vous boire du vin,
Et ne plus renfermer leurs femmes.
   Adieu, grand prince, heureux guerrier!
Paré de myrte et de laurier,
Allez asservir le Bosphore :
Déjà le Grand Turc est vaincu;
Mais vous n'avez rien fait encore,
Si vous ne le faites cocu.

X. — A Mme DE GONDRIN[1],
SUR LE PÉRIL QU'ELLE AVAIT COURU EN TRAVERSANT LA LOIRE.

(1716.)

Savez-vous, gentille douairière,
Ce que dans Sully l'on faisait
Lorsque Éole vous conduisait
D'une si terrible manière?
Le malin Périgny riait,
Et pour vous déjà préparait
Une épitaphe familière,
Disant qu'on vous repêcherait
Incessamment dans la rivière,
Et qu'alors il observerait
Ce que votre humeur un peu fière
Sans ce hasard lui cacherait.
Cependant L'Espar, La Vallière,
Guiche, Sully, tout soupirait;
Roussy parlait peu, mais jurait;
Et l'abbé Courtin, qui pleurait
En voyant votre heure dernière,
Adressait à Dieu sa prière,
Et pour vous tout bas murmurait
Quelque oraison de son bréviaire,
Qu'alors, contre son ordinaire,
Dévotement il fredonnait,
Dont à peine il se souvenait,
Et que même il n'entendait guère.
Chacun déjà vous regrettait.
Mais quel spectacle j'envisage!
Les Amours qui, de tous côtés,
Ministres de vos volontés,
S'opposent à l'affreuse rage
Des vents contre vous irrités,
Je les vois; ils sont à la nage,
Et plongés jusqu'au cou dans l'eau;
Ils conduisent votre bateau,
Et vous voilà sur le rivage.
Gondrin, songez à faire usage
Des jours qu'Amour a conservés;

---

1. Sophie de Noailles, marquise de Gondrin, et depuis femme du comte de Toulouse. (Éd.)

C'est pour lui qu'il les a sauvés :
Il a des droits sur son ouvrage[1].

XI. — A Mme DE***.

(1716.)

De cet agréable rivage
Où ces jours passés on vous vit
Faire, hélas! un trop court voyage,
Je vous envoie un manuscrit
Qui d'un écrivain bel esprit
N'est point assurément l'ouvrage,
Mais qui vous plaira davantage
Que le livre le mieux écrit :
C'est la recette d'un potage.

Je sais que le dieu que je sers,
Apollon, souvent vous demande
Votre avis sur ses nouveaux airs ;
Vous êtes connaisseuse en vers ;
Mais vous n'êtes pas moins gourmande.
Vous ne pouvez donc trop payer
Cette appétissante recette.

1. Après le dernier vers de cette pièce, on lit, dans une copie manuscrite, ceux qui suivent :

Daignez pour moi vous employer
Près de ce duc aimable et sage,
Qui fit avec vous ce voyage
Où vous pensâtes vous noyer ;
Et que votre bonté l'engage
A conjurer un peu l'orage
Qui sur moi gronde maintenant ;
Et qu'enfin au prince régent
Il tienne à peu près ce langage :
« Prince, dont la vertu va changer nos destins,
Toi qui par tes bienfaits signales ta puissance,
Toi qui fais ton plaisir du bonheur des humains,
Philippe, il est pourtant un malheureux en France.
Du dieu des vers un fils infortuné
Depuis un temps fut par toi condamné
A fuir loin de ces bords qu'embellit ta présence :
Songe que d'Apollon souvent les favoris
D'un prince assurent la mémoire ;
Philippe, quand tu les bannis,
Souviens-toi que tu te ravis
Autant de témoins de ta gloire.
Jadis le tendre Ovide eut un pareil destin ;
Auguste l'exila dans l'affreuse Scythie :
Auguste est un héros ; mais ce n'est pas enfin
« Le plus bel endroit de sa vie. »
Grand prince, puisses-tu devenir aujourd'hui
Et plus clément qu'Auguste, et plus heureux que lui! »

Que je viens de vous envoyer.
Ma muse timide et discrète
N'ose encor pour vous s'employer.
Je ne suis pas votre poëte;
Mais je suis votre cuisinier.
  Mais quoi! le destin, dont la haine
M'accable aujourd'hui de ses coups,
Sera-t-il jamais assez doux
Pour me rassembler avec vous
Entre Comus et Melpomène,
Et que cet hiver me ramène
Versifiant à vos genoux?
  O des soupers, charmante reine,
Fassent les dieux que les Guerbois
Vous donnent perdrix à douzaine,
Poules de Caux, chapons du Maine!
Et pensez à moi quelquefois,
Quand vous mangerez sur la Seine
Des potages à la Brunois.

XII. — A SAMUEL BERNARD,

AU NOM DE MADAME DE FONTAINE-MARTEL.

C'est mercredi que je soupai chez vous,
Et que, sortant des plaisirs de la table,
Bientôt couchée, un sommeil prompt et doux
Me fit présent d'un songe délectable.
Je rêvai donc qu'au manoir ténébreux
J'étais tombée, et que Pluton lui-même
Me menait voir les héros bienheureux,
Dans un séjour d'une beauté suprême.
Par escadrons ils étaient séparés :
L'un après l'autre il me les fit connaître.
Je vis d'abord modestement parés
Les opulents qui méritaient de l'être.
« Voilà, dit-il, les généreux amis;
En petit nombre ils viennent me surprendre :
Entre leurs mains les biens ne semblaient mis
Que pour avoir le soin de les répandre.
Ici sont ceux dont les puissants ressorts,
Crédit immense, et sagesse profonde,
Ont soutenu l'État par des efforts
Qui leur livraient tous les trésors du monde.
Un peu plus loin, sur ces riants gazons,
Sont les héros pleins d'un heureux délire,

Qu'Amour lui-même en toutes les saisons
Fit triompher dans son aimable empire.
Ce beau réduit, par préférence, est fait
Pour les vieillards dont l'humeur gaie et tendre
Paraît encore avoir ses dents de lait,
Dont l'enjouement ne saurait se comprendre.
 « D'un seul regard tu peux voir tout d'un coup
Le sort des bons, les vertus couronnées;
Mais un mortel m'embarrasse beaucoup;
Ainsi je veux redoubler ses années.
Chaque escadron le revendiquerait.
La jalousie au repos est funeste :
Venant ici, quel trouble il causerait!
Il est là-haut très-heureux; qu'il y reste. »

XIII. — A Mme DE G***.

(1716.)

Quel triomphe accablant, quelle indigne victoire
Cherchez-vous tristement à remporter sur vous?
Votre esprit éclairé pourra-t-il jamais croire
D'un double Testament la chimérique histoire,
Et les songes sacrés de ces mystiques fous,
Qui, dévots fainéants et pieux loups-garous,
Quittent de vrais plaisirs pour une fausse gloire?
Le plaisir est l'objet, le devoir et le but
   De tous les êtres raisonnables;
   L'amour est fait pour vos semblables;
   Les bégueules font leur salut.

Que sur la volupté tout votre espoir se fonde;
N'écoutez désormais que vos vrais sentiments :
   Songez qu'il était des amants
   Avant qu'il fût des chrétiens dans le monde.

Vous m'avez donc quitté pour votre directeur.
Ah! plus que moi cent fois Couët est séducteur.
Je vous abusai moins; il est le seul coupable :
   Chloé, s'il vous faut une erreur,
   Choisissez une erreur aimable.
Non, n'abandonnez point des cœurs où vous régnez
D'un triste préjugé victime déplorable,
Vous croyez servir Dieu; mais vous servez le diable,
   Et c'est lui seul que vous craignez.

La superstition, fille de la faiblesse,
Mère des vains remords, mère de la tristesse,

En vain veut de son souffle infecter vos beaux jours;
Allez, s'il est un Dieu, sa tranquille puissance
Ne s'abaissera point à troubler nos amours :
Vos baisers pourraient-ils déplaire à sa clémence?
La loi de la nature est sa première loi;
Elle seule autrefois conduisit nos ancêtres;
Elle parle plus haut que la voix de vos prêtres,
Pour vous, pour vos plaisirs, pour l'amour, et pour moi.

XIV. — A M. LE DUC D'ORLÉANS, RÉGENT.

(1716.)

Prince chéri des dieux, toi qui sers aujourd'hui
De père à ton monarque, à son peuple d'appui;
Toi qui, de tout l'État portant le poids immense,
Immoles ton repos à celui de la France;
Philippe, ne crois point, dans ces jours ténébreux,
Plaire à tous les Français que tu veux rendre heureux :
Aux princes les plus grands, comme aux plus beaux ouvrages,
Dans leur gloire naissante il manque des suffrages.
Eh! qui de sa vertu reçut toujours le prix?
Il est chez les Français de ces sombres esprits,
Censeurs extravagants d'un sage ministère,
Incapables de tout, à qui rien ne peut plaire.
Dans leurs caprices vains tristement affermis,
Toujours du nouveau maître ils sont les ennemis;
Et, n'ayant d'autre emploi que celui de médire,
L'objet le plus auguste irrite leur satire :
Ils voudraient de cet astre éteindre la clarté,
Et se venger sur lui de leur obscurité.
Ne crains point leur poison : quand tes soins politiques
Auront réglé le cours des affaires publiques,
Quand tu verras nos cœurs, justement enchantés,
Au-devant de tes pas volant de tous côtés,
Les cris de ces frondeurs, à leurs chagrins en proie,
Ne seront point ouïs parmi nos cris de joie.
Mais dédaigne ainsi qu'eux les serviles flatteurs,
De la gloire d'un prince infâmes corrupteurs;
Que ta mâle vertu méprise et désavoue
Le méchant qui te blâme et le fat qui te loue.
Toujours indépendant du reste des humains,
Un prince tient sa gloire ou sa honte en ses mains;
Et, quoiqu'on veuille enfin le servir ou lui nuire,
Lui seul peut s'élever, lui seul peut se détruire.
En vain contre Henri la France a vu longtemps

La calomnie affreuse exciter ses serpents;
En vain de ses rivaux les fureurs catholiques
Armèrent contre lui des mains apostoliques,
Et plus d'un monacal et servile écrivain
Vendit, pour l'outrager, sa haine et son venin,
La gloire de Henri par eux n'est point flétrie :
Leurs noms sont détestés, sa mémoire est chérie.
Nous admirons encor sa valeur, sa bonté;
Et longtemps dans la France il sera regretté.
 Cromwell, d'un joug terrible accablant sa patrie,
Vit bientôt à ses pieds ramper la flatterie ;
Ce monstre politique, au Parnasse adoré,
Teint du sang de son roi, fut aux dieux comparé :
Mais malgré les succès de sa prudente audace,
L'univers indigné démentait le Parnasse,
Et de Waller enfin[1] les écrits les plus beaux
D'un illustre tyran n'ont pu faire un héros.
 Louis fit sur son trône asseoir la flatterie;
Louis fut encensé jusqu'à l'idolâtrie.
En éloges enfin le Parnasse épuisé
Répète ses vertus sur un ton presque usé;
Et, l'encens à la main, la docte Académie
L'endormit cinquante ans par sa monotonie.
Rien ne nous a séduits : en vain en plus d'un lieu
Cent auteurs indiscrets l'ont traité comme un dieu:
De quelque nom sacré que l'Opéra le nomme,
L'équitable Français ne voit en lui qu'un homme,
Pour élever sa gloire on ne nous verra plus
Dégrader les Césars, abaisser les Titus;
Et, si d'un crayon vrai quelque main libre et sûre
Nous traçait de Louis la fidèle peinture,
Nos yeux trop dessillés pourraient dans ce héros
Avec bien des vertus trouver quelques défauts.
 Prince, ne crois donc point que ces hommes vulgaires
Qui prodiguent aux grands des écrits mercenaires,
Imposant par leurs vers à la postérité,
Soient les dispensateurs de l'immortalité.
Tu peux, sans qu'un auteur te critique ou t'encense,
Jeter les fondements du bonheur de la France,
Et nous verrons un jour l'équitable univers
Peser tes actions sans consulter nos vers.
Je dis plus; un grand prince, un héros, sans l'histoire,
Peut même à l'avenir transmettre sa mémoire.
 Taisez-vous, s'il se peut, illustres écrivains,
Inutiles appuis de ces honneurs certains;

---

1. Waller, poëte anglais, auteur d'un éloge funèbre de Cromwell. (Éd.)

Tombez, marbres vivants, que d'un ciseau fidèle
Anima sur ses traits la main d'un Praxitèle;
Que tous ces monuments soient partout renversés.
Il est grand, il est juste, on l'aime : c'est assez.
Mieux que dans nos écrits, et mieux que sur le cuivre,
Ce héros dans nos cœurs à jamais doit revivre.
    L'heureux vieillard, en paix dans son lit expirant,
De ce prince à son fils fait l'éloge en pleurant;
Le fils, encor tout plein de son règne adorable,
Le vante à ses neveux; et ce nom respectable,
Ce nom dont l'univers aime à s'entretenir,
Passe de bouche en bouche aux siècles à venir.
    C'est ainsi qu'on dira chez la race future :
« Philippe eut un cœur noble; ami de la droiture,
Politique et sincère, habile et généreux,
Constant quand il fallait rendre un mortel heureux;
Irrésolu, changeant, quand le bien de l'empire
Au malheur d'un sujet le forçait à souscrire;
Affable avec noblesse, et grand avec bonté,
Il sépara l'orgueil d'avec la majesté;
Et le dieu des combats, et la docte Minerve,
De leurs présents divins le comblaient sans réserve;
Capable également d'être avec dignité
Et dans l'éclat du trône et dans l'obscurité. »
Voilà ce que de toi mon esprit se présage.
    O toi de qui ma plume a crayonné l'image,
Toi de qui j'attendais ma gloire et mon appui,
Ne chanterai-je donc que le bonheur d'autrui?
En peignant ta vertu, plaindrai-je ma misère?
Bienfaisant envers tous, envers moi seul sévère,
D'un exil rigoureux tu m'imposes la loi;
Mais j'ose de toi-même en appeler à toi.
Devant toi je ne veux d'appui que l'innocence;
J'implore ta justice, et non point ta clémence.
Lis seulement ces vers, et juge de leur prix;
Vois ce que l'on m'impute, et vois ce que j'écris.
La libre vérité qui règne en mon ouvrage
D'une âme sans reproche est le noble partage;
Et de tes grands talents le sage estimateur
N'est point de ces couplets l'infâme et vil auteur.
    Philippe, quelquefois sur une toile antique
Si ton œil pénétrant jette un regard critique,
Par l'injure du temps le portrait effacé
Ne cachera jamais la main qui l'a tracé;
D'un choix judicieux dispensant la louange,
Tu ne confondras point Vignon et Michel-Ange.
Prince, il en est ainsi chez nous autres rimeurs;

Et si tu connaissais mon esprit et mes mœurs,
D'un peuple de rivaux l'adroite calomnie
Me chargerait en vain de leur ignominie ;
Tu les démentirais, et je ne verrais plus
Dans leurs crayons grossiers mes pinceaux confondus ;
Tu plaindrais par leurs cris ma jeunesse opprimée ;
A verser les bienfaits ta main accoutumée
Peut-être de mes maux voudrait me consoler,
Et me protégerait au lieu de m'accabler [1].

XV. — A S. A. S. Mgr LE PRINCE DE CONTI.

(1718.)

Conti, digne héritier des vertus de ton père,
Toi que l'honneur conduit, que la justice éclaire,
Qui sais être à la fois et prince et citoyen,
Et peux de ta patrie être un jour le soutien,
Reçois de ta vertu la juste récompense,
Entends mêler ton nom dans les vœux de la France.
Vois nos cœurs, aujourd'hui justement enchantés,
Au-devant de tes pas voler de tous côtés ;
Connais bien tout le prix d'un si rare avantage ;
Des princes vertueux c'est le plus beau partage ;
Mais c'est un bien fragile, et qu'il faut conserver :
Le moindre égarement peut souvent en priver.
Le public est sévère, et sa juste tendresse
Est semblable aux bontés d'une fière maîtresse,
Dont il faut par des soins solliciter l'amour ;
Et quand on la néglige, on la perd sans retour.
Alexandre, vainqueur des climats de l'aurore,
A de nouveaux exploits se préparait encore ;
Le bout de l'univers arrêta ses efforts,
Et l'Océan surpris l'admira sur ses bords.
Sais-tu bien quel était le but de tant de peines ?
Il voulait seulement être estimé d'Athènes ;
Il soumettait la terre, afin qu'un orateur
Fît aux Grecs assemblés admirer sa valeur.
Il est un prix plus noble, une gloire plus belle,
Que la vertu mérite, et qui marche après elle :
Un cœur juste et sincère est plus grand, à nos yeux,
Que tous ces conquérants que l'on prit pour des dieux.
Eh ! que sont en effet le rang et la naissance,

---

1. Voyez l'*Épître à l'abbé de Bussy*, qui se placerait ici par ordre de date (1716), dans la lettre XXI. (Ed.)

La gloire des lauriers, l'éclat de la puissance,
Sans le flatteur plaisir de se voir estimé,
De sentir qu'on est juste, et que l'on est aimé;
De se plaire à soi-même, en forçant nos suffrages;
D'être chéri des bons, d'être approuvé des sages?
Ce sont là les vrais biens, seuls dignes de ton choix,
Indépendants du sort, indépendants des rois.
　Un grand, bouffi d'orgueil, enivré de délices,
Croit que le monde entier doit honorer ses vices.
Parmi les vains plaisirs l'un à l'autre enchaînés,
Et d'un remords secret sans cesse empoisonnés,
Il voit d'adulateurs une foule empressée
Lui porter de leurs soins l'offrande intéressée.
Quelquefois au mérite amené devant lui,
Sa voix, par vanité, daigne offrir un appui;
De cette cour nombreuse il fait en vain parade;
Il ne voit point chez lui Villars ni La Feuillade,
Pour lui de Liancourt l'accès n'est point permis,
Sully ni Villeroy ne sont point ses amis.
C'est à de tels esprits qu'il importe de plaire,
Ce sont eux dont les yeux éclairent le vulgaire;
Quiconque a le cœur juste est par eux approuvé,
Et peut aux yeux de tous marcher le front levé;
Chacun dans leur vertu se propose un modèle;
Le vice la respecte et tremble devant elle.
La cour, toujours fertile en fourbes ténébreux,
Porte aussi dans son sein de ces cœurs généreux.
Tout n'est pas infecté de la rouille des vices :
Rome avait des Burrhus ainsi que des Narcisses;
Du temps des Concinis la France eut des De Thous.
Mais pourquoi vais-je ici, de ton honneur jaloux,
A tes yeux éclairés retracer la peinture
Des vertus qu'à ton cœur inspira la nature?
Elles vont chaque jour chez toi se dévoiler :
Plein de tes sentiments, c'est à toi d'en parler;
Ou plutôt c'est à toi, que tout Paris contemple,
A nous en parler moins qu'à nous donner l'exemple.

XVI. — A M. DE LA FALUÈRE DE GENONVILLE,

CONSEILLER AU PARLEMENT, ET INTIME AMI DE L'AUTEUR.

SUR UNE MALADIE.

(1719.)

Ne me soupçonne point de cette vanité
Qu'a notre ami Chaulieu, de parler de lui-même.

Et laisse-moi jouir de la douceur extrême
De t'ouvrir avec liberté
Un cœur qui te plaît et qui t'aime.
De ma muse, en mes premiers ans,
Tu vis les tendres fruits imprudemment éclore;
Tu vis la calomnie avec ses noirs serpents
Des plus beaux jours de mon printemps
Obscurcir la naissante aurore.
D'une injuste prison je subis la rigueur :
Mais au moins de mon malheur
Je sus tirer quelque avantage :
J'appris à m'endurcir contre l'adversité,
Et je me vis un courage
Que je n'attendais pas de la légèreté
Et des erreurs de mon jeune âge.
Dieux ! que n'ai-je eu depuis la même fermeté!
Mais à de moindres alarmes
Mon cœur n'a point résisté.
Tu sais combien l'amour m'a fait verser de larmes;
Fripon, tu le sais trop bien,
Toi dont l'amoureuse adresse
M'ôta mon unique bien;
Toi dont la délicatesse,
Par un sentiment fort humain,
Aima mieux ravir ma maîtresse [1],
Que de la tenir de ma main.
Tu me vis sans scrupule en proie à la tristesse :
Mais je t'aimai toujours tout ingrat et vaurien;
Je te pardonnai tout avec un cœur chrétien,
Et ma facilité fit grâce à ta faiblesse.
Hélas ! pourquoi parler encor de mes amours?
Quelquefois ils ont fait le charme de ma vie :
Aujourd'hui la maladie
En éteint le flambeau peut-être pour toujours.
De mes ans passagers la trame est raccourcie;
Mes organes lassés sont morts pour les plaisirs,
Mon cœur est étonné de se voir sans désirs.
Dans cet état il ne me reste
Qu'un assemblage vain de sentiments confus,
Un présent douloureux, un avenir funeste,
Et l'affreux souvenir d'un bonheur qui n'est plus.
Pour comble de malheur, je sens de ma pensée
Se déranger les ressorts;
Mon esprit m'abandonne, et mon âme éclipsée
Perd en moi de son être, et meurt avant mon corps.

1. Genonville avait supplanté Voltaire auprès de Mlle de Livry. (ÉD.)

Est-ce là ce rayon de l'essence suprême
Qu'on nous dépeint si lumineux ?
Est-ce là cet esprit survivant à nous-même ?
Il naît avec nos sens, croît, s'affaiblit comme eux :
Hélas ! périrait-il de même ?
Je ne sais ; mais j'ose espérer
Que, de la mort, du temps, et des destins le maître,
Dieu conserve pour lui le plus pur de notre être,
Et n'anéantit point ce qu'il daigne éclairer.

XVII. — AU ROI D'ANGLETERRE, GEORGE Iᵉʳ.
EN LUI ENVOYANT LA TRAGÉDIE D'OEDIPE.
(1719.)

Toi que la France admire autant que l'Angleterre,
Qui de l'Europe en feu balances les destins ;
Toi qui chéris la paix dans le sein de la guerre,
Et qui n'es armé du tonnerre
Que pour le bonheur des humains ;
Grand roi, des rives de la Seine
J'ose te présenter ces tragiques essais :
Rien ne t'est étranger ; les fils de Melpomène
Partout deviennent tes sujets.

Un véritable roi sait porter sa puissance
Plus loin que ses États renfermés par les mers :
Tu règnes sur l'Anglais par le droit de naissance ;
Par tes vertus, sur l'univers.

Daigne donc de ma muse accepter cet hommage
Parmi tant de tributs plus pompeux et plus grands ;
Ce n'est point au roi, c'est au sage,
C'est au héros que je le rends.

XVIII. — A Mᵐᵉ LA MARÉCHALE DE VILLARS.
(1719.)

Divinité que le ciel fit pour plaire,
Vous qu'il orna des charmes les plus doux,
Vous que l'Amour prend toujours pour sa mère,
Quoiqu'il sait bien que Mars est votre époux ;
Qu'avec regret je me vois loin de vous !
Et quand Sully quittera ce rivage,
Où je devrais, solitaire et sauvage,

Loin de vos yeux vivre jusqu'au cercueil,
Qu'avec plaisir, peut-être trop peu sage,
J'irai chez vous, sur les bords de l'Arcueil,
Vous adresser mes vœux et mon hommage !
C'est là que je dirai tout ce que vos beautés
Inspirent de tendresse à ma muse éperdue :
Les arbres de Villars en seront enchantés,
    Mais vous n'en serez point émue.
N'importe; c'est assez pour moi de votre vue,
Et je suis trop heureux si jamais l'univers
    Peut apprendre un jour dans mes vers
Combien pour vos amis vous êtes adorable,
Combien vous haïssez les manéges des cours,
Vos bontés, vos vertus, ce charme inexprimable
Qui, comme dans vos yeux, règne en tous vos discours.
L'avenir quelque jour, en lisant cet ouvrage,
Puisqu'il est fait pour vous, en chérira les traits :
« Cet auteur, dira-t-on, qui peignit tant d'attraits,
    N'eut jamais d'eux pour son partage
Que de petits soupers où l'on buvait très-frais;
    Mais il mérita davantage. »

XIX. — A M. LE DUC DE SULLY.

(1720.)

J'irai chez vous, duc adorable,
Vous dont le goût, la vérité,
L'esprit, la candeur, la bonté,
Et la douceur inaltérable,
Font respecter la volupté,
Et rendent la sagesse aimable.
Que dans ce champêtre séjour
Je me fais un plaisir extrême
De parler, sur la fin du jour,
De vers, de musique, et d'amour,
Et pas un seul mot du système[1],
De ce système tant vanté,
Par qui nos héros de finance
Emboursent l'argent de la France,
Et le tout par pure bonté !
Pareils à la vieille sibylle
Dont il est parlé dans Virgile,
Qui, possédant pour tout trésor

---

1. Le système de Law, qui bouleversa la France

Des recettes d'énergumène,
Prend du Troyen le rameau d'or,
Et lui rend des feuilles de chêne.
  Peut-être, les larmes aux yeux,
Je vous apprendrai pour nouvelle
Le trépas de ce vieux goutteux
Qu'anima l'esprit de Chapelle :
L'éternel abbé de Chaulieu
Paraîtra bientôt devant Dieu;
Et si d'une muse féconde
Les vers aimables et polis
Sauvent une âme en l'autre monde,
Il ira droit en paradis.
L'autre jour, à son agonie,
Son curé vint de grand matin
Lui donner en cérémonie,
Avec son huile et son latin,
Un passe-port pour l'autre vie.
Il vit tous ses péchés lavés
D'un petit mot de pénitence,
Et reçut ce que vous savez
Avec beaucoup de bienséance.
  Il fit même un très-beau sermon,
Qui satisfit tout l'auditoire.
Tout haut il demanda pardon
D'avoir eu trop de vaine gloire.
C'était là, dit-il, le péché
Dont il fut le plus entiché;
Car on sait qu'il était poëte,
Et que sur ce point tout auteur,
Ainsi que tout prédicateur,
N'a jamais eu l'âme bien nette.
Il sera pourtant regretté,
Comme s'il eût été modeste.
Sa perte au Parnasse est funeste :
Presque seul il était resté
D'un siècle plein de politesse.
On dit qu'aujourd'hui la jeunesse
A fait à la délicatesse
Succéder la grossièreté,
La débauche à la volupté,
Et la vaine et lâche paresse
A cette sage oisiveté
Que l'étude occupait sans cesse,
Loin de l'envieux irrité.
Pour notre petit Genonville,
Si digne du siècle passé,

Et des faiseurs de vaudeville,
Il me paraît très-empressé
D'abandonner pour vous la ville.
Le système n'a point gâté
Son esprit aimable et facile;
Il a toujours le même style,
Et toujours la même gaieté.
Je sais que, par déloyauté,
Le fripon naguère a tâté
De la maîtresse tant jolie
Dont j'étais si fort entêté.
Il rit de cette perfidie,
Et j'aurais pu m'en courroucer :
Mais je sais qu'il faut se passer
Des bagatelles dans la vie.

XX. — A M. LE MARÉCHAL DE VILLARS.

(1721.)

Je me flattais de l'espérance
D'aller goûter quelque repos
Dans votre maison de plaisance;
Mais Vinache[1] a ma confiance,
Et j'ai donné la préférence
Sur le plus grand de nos héros
Au plus grand charlatan de France.
Ce discours vous déplaira fort;
Et je confesse que j'ai tort
De parler du soin de ma vie
A celui qui n'eut d'autre envie
Que de chercher partout la mort.
Mais souffrez que je vous réponde,
Sans m'attirer votre courroux,
Que j'ai plus de raisons que vous
De vouloir rester dans ce monde;
Car si quelque coup de canon,
Dans vos beaux jours brillants de gloire,
Vous eût envoyé chez Pluton,
Voyez la consolation
Que vous auriez dans la nuit noire,
Lorsque vous sauriez la façon
Dont vous aurait traité l'histoire!
Paris vous eût premièrement

1. Médecin empirique.

Fait un service fort célèbre,
En présence du parlement ;
Et quelque prélat ignorant
Aurait prononcé hardiment
Une longue oraison funèbre,
Qu'il n'eût pas faite assurément.
Puis, en vertueux capitaine,
On vous aurait proprement mis
Dans l'église de Saint-Denys,
Entre Duguesclin et Turenne.
  Mais si quelque jour, moi chétif,
J'allais passer le noir esquif,
Je n'aurais qu'une vile bière ;
Deux prêtres s'en iraient gaiement
Porter ma figure légère,
Et la loger mesquinement
Dans un recoin du cimetière.
Mes nièces, au lieu de prière,
Et mon janséniste de frère [1],
Riraient à mon enterrement ;
Et j'aurais l'honneur seulement
Que quelque muse médisante
M'affublerait, pour monument,
D'une épitaphe impertinente.
Vous voyez donc très-clairement
Qu'il est bon que je me conserve,
Pour être encor témoin longtemps
De tous les exploits éclatants
Que le Seigneur Dieu vous réserve.

XXI. — AU CARDINAL DUBOIS.

(1721.)

Quand du sommet des Pyrénées,
S'élançant au milieu des airs,
La Renommée à l'univers
Annonça ces deux hyménées [2]
Par qui la Discorde est aux fers,
Et qui changent les destinées,
L'âme de Richelieu descendit à sa voix
Du haut de l'empyrée au sein de sa patrie.

---

1. L'auteur avait un frère, trésorier de la chambre des comptes, qui était en effet un janséniste outré, et qui se brouillait toujours avec son frère toutes les fois que celui-ci disait du bien des jésuites.
2. La double alliance entre les Bourbons de France et d'Espagne. (Éd.)

Ce redoutable génie
Qui faisait trembler les rois,
Celui qui donnait des lois
A l'Europe assujettie,
A vu le sage Dubois,
Et pour la première fois
A connu la jalousie.
Poursuis : de Richelieu mérite encor l'envie.
Par des chemins écartés,
Ta sublime intelligence,
A pas toujours concertés,
Conduit le sort de la France;
La fortune et la prudence
Sont sans cesse à tes côtés.
Alberon pour un temps nous éblouit la vue,
De ses vastes projets l'orgueilleuse étendue
Occupait l'univers saisi d'étonnement :
Ton génie et le sien disputaient la victoire.
Mais tu parus, et sa gloire
S'éclipsa dans un moment.
Telle, aux bords du firmament,
Dans sa course irrégulière,
Une comète affreuse éclate de lumière;
Ses feux portent la crainte au terrestre séjour :
Dans la nuit ils éblouissent,
Et soudain s'évanouissent
Aux premiers rayons du jour.

XXII. — A M. LE DUC DE LA FEUILLADE.

(1722.)

Conservez précieusement
L'imagination fleurie
Et la bonne plaisanterie
Dont vous possédez l'agrément,
Au défaut du tempérament
Dont vous vous vantez hardiment,
Et que tout le monde vous nie.
La dame qui depuis longtemps
Connaît à fond votre personne
A dit : « Hélas! je lui pardonne
D'en vouloir imposer aux gens;
Son esprit est dans son printemps,
Mais son corps est dans son automne. »
Adieu, monsieur le gouverneur,

Non plus de province frontière,
Mais d'une beauté singulière
Qui, par son esprit, par son cœur,
Et par son humeur libertine,
De jour en jour fait grand honneur
Au gouverneur qui l'endoctrine.
Priez le Seigneur seulement
Qu'il empêche que Cythérée
Ne substitue incessamment
Quelque jeune et frais lieutenant,
Qui ferait sans vous son entrée
Dans un si beau gouvernement.

XXIII. — A Mme DE***

Il est au monde une aveugle déesse[1]
Dont la police a brisé les autels;
C'est du Hocca la fille enchanteresse,
Qui, sous l'appât d'une feinte caresse,
Va séduisant tous les cœurs des mortels.
De cent couleurs bizarrement ornée,
L'argent en main, elle marche la nuit;
Au fond d'un sac elle a la destinée
De ses suivants, que l'intérêt séduit.
Guiche, en riant, par la main la conduit;
La froide Crainte et l'Espérance avide
A ses côtés marchent d'un pas timide;
Le Repentir à chaque instant la suit,
Mordant ses doigts et grondant la perfide.
Belle Philis, que votre aimable cour
A nos regards offre de différence!
Les vrais plaisirs brillent dans ce séjour;
Et, pour jamais bannissant l'espérance,
Toujours vos yeux y font régner l'amour.
Du biribi la déesse infidèle
Sur mon esprit n'aura plus de pouvoir;
J'aime encor mieux vous aimer sans espoir,
Que d'espérer jour et nuit avec elle.

1. La déesse du biribi. (Éd.)

XXIV. — A M. DE GERVASI, MÉDECIN.
(1723.)

Tu revenais couvert d'une gloire éternelle;
Le Gévaudan[1] surpris t'avait vu triompher
Des traits contagieux d'une peste cruelle,
    Et ta main venait d'étouffer
De cent poisons cachés la semence mortelle.
Dans Maisons cependant je voyais mes beaux jours
Vers leurs derniers moments précipiter leur cours.
Déjà près de mon lit la Mort inexorable
Avait levé sur moi sa faux épouvantable;
Le vieux nocher des morts à sa voix accourut.
C'en était fait; sa main tranchait ma destinée !
Mais tu lui dis : « Arrête !... » et la Mort étonnée
Reconnut son vainqueur, frémit et disparut.
Hélas ! si, comme moi, l'aimable Genonville
Avait de ta présence eu le secours utile,
Il vivrait, et sa vie eût rempli nos souhaits;
De son cher entretien je goûterais les charmes;
Mes jours, que je te dois, renaîtraient sans alarmes,
Et mes yeux, qui sans toi se fermaient pour jamais,
Ne se rouvriraient point pour répandre des larmes.
C'est toi du moins, c'est toi par qui, dans ma douleur,
    Je peux jouir de la douceur
    De plaire et d'être cher encore
Aux illustres amis dont mon destin m'honore.
Je reverrai Maisons, dont les soins bienfaisants
    Viennent d'adoucir ma souffrance;
Maisons, en qui l'esprit tient lieu d'expérience,
    Et dont j'admire la prudence
    Dans l'âge des égarements.
Je me flatte en secret que je pourrai peut-être
Charmer encor Sully, qui m'a trop oublié.
Mariamne à ses yeux ira bientôt paraître;
Il la verra pour elle implorer sa pitié,
Et ranimer en lui ce goût, cette amitié,
Que pour moi, dans son cœur, ma muse avait fait naître.
Beaux jardins de Villars, ombragés toujours frais,
    C'est sous vos feuillages épais
Que je retrouverai ce héros plein de gloire

---

1. M. de Gervasi, célèbre médecin de Paris, avait été envoyé dans le Gévaudan pour la peste, et à son retour il est venu guérir l'auteur de la petite vérole, dans le château de Maisons, à six lieues de Paris, en 1723.

Que nous a ramené la Paix
Sur les ailes de la Victoire.
C'est là que Richelieu, par son air enchanteur,
Par ses vivacités, son esprit, et ses grâces,
Dès qu'il reparaîtra, saura joindre mon cœur
A tant de cœurs soumis qui volent sur ses traces.
Et toi, cher Bolingbrok, héros qui d'Apollon
As reçu plus d'une couronne,
Qui réunis en ta personne
L'éloquence de Cicéron,
L'intrépidité de Caton,
L'esprit de Mécénas, l'agrément de Pétrone,
Enfin donc je respire, et respire pour toi ;
Je pourrai désormais te parler et t'entendre.
Mais, ciel ! quel souvenir vient ici me surprendre !
Cette aimable beauté qui m'a donné sa foi,
Qui m'a juré toujours une amitié si tendre,
Daignera-t-elle encor jeter les yeux sur moi ?
Hélas ! en descendant sur le sombre rivage,
Dans mon cœur expirant je portais son image ;
Son amour, ses vertus, ses grâces, ses appas,
Les plaisirs que cent fois j'ai goûtés dans ses bras,
A ces derniers moments flattaient encor mon âme ;
Je brûlais, en mourant, d'une immortelle flamme.
Grands dieux ! me faudra-t-il regretter le trépas ?
M'aurait-elle oublié ? serait-elle volage ?
Que dis-je ? malheureux ! où vais-je m'engager ?
Quand on porte sur le visage
D'un mal si redouté le fatal témoignage,
Est-ce à l'amour qu'il faut songer ?

XXV. — A LA REINE [1],

EN LUI ENVOYANT LA TRAGÉDIE DE MARIAMNE.

(1725.)

Fille de ce guerrier qu'une sage province
Éleva justement au comble des honneurs,
Qui sut vivre en héros, en philosophe, en prince,
Au-dessus des revers, au-dessus des grandeurs ;
Du ciel qui vous chérit la sagesse profonde
Vous amène aujourd'hui dans l'empire françois,
Pour y servir d'exemple et pour donner des lois.
La fortune souvent fait les maîtres du monde ;

[1] Marie Leczinska. (ÉD.)

Mais, dans votre maison, la vertu fait les rois.
Du trône redouté que vous rendez aimable,
Jetez sur cet écrit un coup d'œil favorable;
Daignez m'encourager d'un seul de vos regards;
Et songez que Pallas, cette auguste déesse
Dont vous avez le port, la bonté, la sagesse,
Est la divinité qui préside aux beaux-arts[1].

XXVI. — A M. PALLU, CONSEILLER D'ÉTAT.

Quoi ! le dieu de la poésie
Vous illumine de ses traits !
Malgré la robe, les procès,
Et le conseil, et ses arrêts,
Vous tâtez de notre ambroisie!
Ah ! bien fort je vous remercie
De vous livrer à ses attraits,
Et d'être de la confrérie.
Dans les beaux jours de votre vie,
Adoré de maintes beautés,
Vous aimiez Lubert et Sylvie;
Mais à présent vous les chantez,
Et votre gloire est accomplie.
La Fare, joufflu comme vous,
Comme vous rival de Tibulle,
Rima des vers polis et doux,
Aima longtemps sans ridicule,
Et fut sage au milieu des fous.
En vous c'est le même art qui brille;
Pallu comme La Fare écrit :
Vous recueillîtes son esprit
Dessus les lèvres de sa fille.
Aimez donc, rimez tour à tour :
Vous, La Fare, Apollon, l'Amour,
Vous êtes de même famille.

XXVII. — A Mlle LE COUVREUR.

L'heureux talent dont vous charmez la France
Avait en vous brillé dès votre enfance;
Il fut dès lors dangereux de vous voir,
Et vous plaisiez, même sans le savoir.
Sur le théâtre heureusement conduite

1. Ici se placerait par ordre de date (1725) l'épître à la marquise de Prie, qui sert de préface à *l'Indiscret*. (ÉD.)

Parmi les vœux de cent cœurs empressés,
Vous récitiez, par la nature instruite :
C'était beaucoup ; ce n'était point assez ;
Il vous fallait encore un plus grand maître.
Permettez-moi de faire ici connaître
Quel est ce dieu de qui l'art enchanteur
Vous a donné votre gloire suprême ;
Le tendre Amour me l'a conté lui-même.
On me dira que l'Amour est menteur.
Hélas ! je sais qu'il faut qu'on s'en défie :
Qui mieux que moi connaît sa perfidie ?
Qui souffre plus de sa déloyauté ?
Je ne croirai cet enfant de ma vie ;
Mais cette fois il a dit vérité.

  Ce même Amour, Vénus, et Melpomène,
Loin de Paris faisaient voyage un jour ;
Ces dieux charmants vinrent dans ce séjour
Où vos appas éclataient sur la scène :
Chacun des trois, avec étonnement,
Vit cette grâce et simple et naturelle,
Qui faisait lors votre unique ornement.
« Ah ! dirent-ils, cette jeune mortelle
Mérite bien que, sans retardement,
Nous répandions tous nos trésors sur elle. »
Ce qu'un dieu veut se fait dans le moment.
Tout aussitôt la tragique déesse
Vous inspira le goût, le sentiment,
Le pathétique, et la délicatesse.
« Moi, dit Vénus, je lui fais un présent
Plus précieux, et c'est le don de plaire :
Elle accroîtra l'empire de Cythère ;
A son aspect tout cœur sera troublé ;
Tous les esprits viendront lui rendre hommage. »
« Moi, dit l'Amour, je ferai davantage ;
Je veux qu'elle aime. » A peine eut-il parlé,
Que dans l'instant vous devîntes parfaite ;
Sans aucuns soins, sans étude, sans fard,
Des passions vous fûtes l'interprète.
  O de l'Amour adorable sujette,
N'oubliez point le secret de votre art.

XXVIII. — A M. PALLU.

A Plombières, auguste 1729

Du fond de cet antre pierreux,
Entre deux montagnes cornues,

Sous un ciel noir et pluvieux,
Où les tonnerres orageux
Sont portés sur d'épaisses nues,
Près d'un bain chaud toujours crotté,
Plein d'une eau qui fume et bouillonne,
Où tout malade empaqueté,
Et tout hypocondre entêté,
Qui sur son mal toujours raisonne,
Se baigne, s'enfume, et se donne
La question pour la santé;
Où l'espoir ne quitte personne :
   De cet antre où je vois venir
D'impotentes sempiternelles
Qui toutes pensent rajeunir,
Un petit nombre de pucelles,
Mais un beaucoup plus grand de celles
Qui voudraient le redevenir;
Où par le coche on nous amène
De vieux citadins de Nancy,
Et des moines de Commercy,
Avec l'attribut de Lorraine,
Que nous rapporterons d'ici :
   De ces lieux, où l'ennui foisonne,
J'ose encore écrire à Paris.
Malgré Phébus qui m'abandonne,
J'invoque l'Amour et les Ris;
Ils connaissent peu ma personne;
Mais c'est à Pallu que j'écris :
Alcibiade[1] me l'ordonne,
Alcibiade, qu'à la cour
Nous vîmes briller tour à tour
Par ses grâces, par son courage,
Gai, généreux, tendre, volage,
Et séducteur comme l'Amour,
Dont il fut la brillante image.
   L'Amour, ou le Temps, l'a défait
Du beau vice d'être infidèle;
Il prétend d'un amant parfait
Être devenu le modèle,
   J'ignore quel objet charmant
A produit ce grand changement,
Et fait sa conquête nouvelle;
Mais qui que vous soyez, la belle,
Je vous en fais mon compliment.
   On pourrait bien à l'aventure

---

1. Le maréchal de Richelieu. (Éd.)

Choisir un autre greluchon[1],
Plus Alcide pour la figure,
Et pour le cœur plus Céladon;
Mais quelqu'un plus aimable, non;
Il n'en est point dans la nature :
Car, madame, où trouvera-t-on
D'un ami la discrétion,
D'un vieux seigneur la politesse,
Avec l'imagination
Et les grâces de la jeunesse;
Un tour de conversation
Sans empressement, sans paresse,
Et l'esprit monté sur le ton
Qui plaît à gens de toute espèce?
Et n'est-ce rien d'avoir tâté
Trois ans de la formalité
Dont on assomme une ambassade,
Sans nous avoir rien rapporté
De la pesante gravité
Dont cent ministres font parade?
A ce portrait si peu flatté,
Qui ne voit mon Alcibiade?

XXIX. — AUX MANES DE M. DE GENONVILLE.

(1729.)

Toi que le ciel jaloux ravit dans son printemps;
Toi de qui je conserve un souvenir fidèle,
  Vainqueur de la mort et du temps;
  Toi dont la perte, après dix ans,
  M'est encore affreuse et nouvelle;
Si tout n'est pas détruit; si, sur les sombres bords,
Ce souffle si caché, cette faible étincelle,
Cet esprit, le moteur et l'esclave du corps,
Ce je ne sais quel sens qu'on nomme âme immortelle,
Reste inconnu de nous, est vivant chez les morts;
S'il est vrai que tu sois, et si tu peux m'entendre,
O mon cher Genonville! avec plaisir reçoi
Ces vers et ces soupirs que je donne à ta cendre,
Monument d'un amour immortel comme toi.
Il te souvient du temps où l'aimable Égérie,
  Dans les beaux jours de notre vie,
Écoutait nos chansons, partageait nos ardeurs.
Nous nous aimions tous trois. La raison, la folie,

---

1. Terme familier qui signifie un amant de passage. (Éd.)

ÉPÎTRES.

L'amour, l'enchantement des plus tendres erreurs,
 Tout réunissait nos trois cœurs.
Que nous étions heureux! même cette indigence,
 Triste compagne des beaux jours,
Ne put de notre joie empoisonner le cours.
Jeunes, gais, satisfaits, sans soins, sans prévoyance,
Aux douceurs du présent bornant tous nos désirs,
Quel besoin avions-nous d'une vaine abondance?
Nous possédions bien mieux, nous avions les plaisirs!
Ces plaisirs, ces beaux jours coulés dans la mollesse,
 Ces ris, enfants de l'allégresse,
Sont passés avec toi dans la nuit du trépas.
Le ciel, en récompense, accorde à ta maîtresse
 Des grandeurs et de la richesse,
Appuis de l'âge mûr, éclatant embarras,
Faible soulagement quand on perd sa jeunesse.
La fortune est chez elle, où fut jadis l'amour.
Les plaisirs ont leur temps, la sagesse a son tour.
L'amour s'est envolé sur l'aile du bel âge;
Mais jamais l'amitié ne fuit du cœur du sage.
Nous chantons quelquefois et tes vers et les miens;
De ton aimable esprit nous célébrons les charmes;
Ton nom se mêle encore à tous nos entretiens;
Nous lisons tes écrits, nous les baignons de larmes.
Loin de nous à jamais ces mortels endurcis,
Indignes du beau nom, du nom sacré d'amis,
Ou toujours remplis d'eux, ou toujours hors d'eux-même,
Au monde, à l'inconstance ardents à se livrer,
Malheureux, dont le cœur ne sait pas comme on aime,
Et qui n'ont point connu la douceur de pleurer!

XXX. — A M. DE FORMONT,

EN LUI ENVOYANT LES ŒUVRES DE DESCARTES ET DE MALEBRANCHE

Rimeur charmant, plein de raison,
Philosophe entouré des Grâces,
Épicure, avec Apollon,
S'empresse à marcher sur vos traces.
Je renonce au fatras obscur
Du grand rêveur de l'Oratoire [1],
Qui croit parler de l'esprit pur,
Ou qui veut nous le faire accroire,
Nous disant qu'on peut, à coup sûr,

1. Malebranche.

Entretenir Dieu dans sa gloire.
Ma raison n'a pas plus de foi
Pour René le visionnaire[1].
Songeur de la nouvelle loi,
Il éblouit plus qu'il n'éclaire;
Dans une épaisse obscurité
Il fait briller des étincelles.
Il a gravement débité
Un tas brillant d'erreurs nouvelles,
Pour mettre à la place de celles
De la bavarde antiquité.
Dans sa cervelle trop féconde
Il prend, d'un air fort important,
Des dés pour arranger le monde :
Bridoye[2] en aurait fait autant.
 Adieu; je vais chez ma Sylvie :
Un esprit fait comme le mien
Goûte bien mieux son entretien
Qu'un roman de philosophie.
De ses attraits toujours frappé,
Je ne la crois pas trop fidèle :
Mais puisqu'il faut être trompé,
Je ne veux l'être que par elle.

XXXI. — A M. DE CIDEVILLE.

(1731.)

Ceci te doit être remis
Par un abbé de mes amis,
Homme de bien, quoique d'Église.
Plein d'honneur, de foi, de franchise,
En lui les dieux n'ont rien omis
Pour en faire un abbé de mise :
Même Phébus le favorise.
Mais dans son cœur Vénus a mis
Un petit grain de gaillardise.
Or c'est un point qui scandalise
Son curé, plus gaillard que lui,
Qui dès longtemps le tyrannise,
Et nouvellement aujourd'hui
Dans un placard le tympanise.
Sur cela mon abbé prend feu.

---

1. Descartes.
2. Bridoye est un juge qui, dans Rabelais (*Pantagruel*, liv. III, chap. XXXVII et suiv.), *sententioyt les proces au sort des dez*. (ED.)

Lui fait un bon procès de Dieu,
Le gagne : appel; or c'est dans peu
Qu'on doit chez vous juger l'affaire.
Or, puissant est notre adversaire :
Le terrasser n'est pas un jeu.
Tu dois m'entendre, et moi me taire;
Car c'est trop longtemps tutoyer
Du parlement un conseiller :
Ma muse un peu trop familière
Pourrait à la fin l'ennuyer,
Peut-être même lui déplaire.
Qu'il sache pourtant qu'à Cythère
L'Amitié, l'Amour, et leur mère,
Parlent toujours sans compliment;
Qu'avec Hortense ma tendresse
N'en use jamais autrement,
Et j'estime autant ma maîtresse
Qu'un conseiller au parlement.

XXXII. — ÉPITRE CONNUE SOUS LES NOMS DES *VOUS* ET DES *TU*[1].

Philis, qu'est devenu ce temps
Où dans un fiacre promenée,
Sans laquais, sans ajustements,
De tes grâces seules ornée,
Contente d'un mauvais soupé
Que tu changeais en ambroisie,
Tu te livrais, dans ta folie,
A l'amant heureux et trompé
Qui t'avait consacré sa vie?
Le ciel ne te donnait alors,
Pour tout rang et pour tous trésors,
Que les agréments de ton âge,
Un cœur tendre, un esprit volage,
Un sein d'albâtre, et de beaux yeux.
Avec tant d'attraits précieux,
Hélas! qui n'eût été friponne?
Tu le fus, objet gracieux;
Et (que l'amour me le pardonne!)
Tu sais que je t'en aimais mieux.
 Ah, madame! que votre vie,
D'honneurs aujourd'hui si remplie,

---

1. La marquise de Gouvernet (autrefois Mlle de Livry) ayant refusé sa porte à Voltaire, il lui envoya cette épître. (ED.)

Diffère de ces doux instants!
Ce large suisse à cheveux blancs,
Qui ment sans cesse à votre porte,
Philis, est l'image du Temps :
On dirait qu'il chasse l'escorte
Des tendres Amours et des Ris;
Sous vos magnifiques lambris
Ces enfants tremblent de paraître.
Hélas! je les ai vus jadis
Entrer chez toi par la fenêtre,
Et se jouer dans ton taudis.
  Non, madame, tous ces tapis
Qu'a tissus la Savonnerie[1],
Ceux que les Persans ont ourdis,
Et toute votre orfévrerie,
Et ces plats si chers que Germain[2]
A gravés de sa main divine,
Et ces cabinets où Martin[3]
A surpassé l'art de la Chine;
Vos vases japonais et blancs,
Toutes ces fragiles merveilles;
Ces deux lustres de diamants
Qui pendent à vos deux oreilles;
Ces riches carcans, ces colliers,
Et cette pompe enchanteresse,
Ne valent pas un des baisers
Que tu donnais dans ta jeunesse.

XXXIII. — A M. LE COMTE DE TRESSAN.

Tressan, l'un des grands favoris
Du dieu qui fait qu'on est aimable,
Du fond des jardins de Cypris,
Sans peine, et par la main des Ris,
Vous cueillez ce laurier durable
Qu'à peine un auteur misérable,
A son dur travail attaché,
Sur le haut du Pinde perché,
Arrache en se donnant au diable.
  Vous rendez les amants jaloux;
Les auteurs vont être en alarmes;

---

1. La Savonnerie est une belle manufacture de tapis, établie par le grand Colbert.
2. Germain, excellent orfévre, dont il est parlé dans *le Mondain* et *le Pauvre diable*.
3. Martin, excellent vernisseur.

Car vos vers se sentent des charmes
Que l'Amour a versés sur vous.
  Tressan, comment pouvez-vous faire
Pour mettre si facilement
Les neuf pucelles dans Cythère,
Et leur donner votre enjouement?
Ah! prêtez-moi votre art charmant,
Prêtez-moi votre main légère.
Mais ce n'est pas petite affaire
De prétendre vous imiter :
Je peux tout au plus vous chanter;
Mais les dieux vous ont fait pour plaire.
  Je vous reconnais à ce ton
Si doux, si tendre, et si facile :
En vain vous cachez votre nom;
Enfant d'Amour et d'Apollon,
On vous devine à votre style.

XXXIV. — A Mlle DE LUBERT[1],
QU'ON APPELAIT MUSE ET GRACE.

(1732.)

Le curé qui vous baptisa
Du beau surnom de *Muse* et *Grâce*,
Sur vous un peu prophétisa,
Il prévit que sur votre trace
Croîtrait le laurier du Parnasse
Dont La Suze se couronna,
Et le myrte qu'elle porta,
Quand, d'amour suivant la déesse,
Ses tendres feux elle mêla
Aux froides ondes du Permesse.
Mais en un point il se trompa :
Car jamais il ne devina
Qu'étant si belle, elle sera
Ce que les sots appellent sage,
Et qu'à vingt ans, et par delà,
Muse et Grâce conservera
La tendre fleur du pucelage,
Fleur délicate qui tomba
Toujours au printemps du bel âge,
Et que le ciel fit pour cela.

---

1. Son père était alors exilé à Tours. Elle est auteur de plusieurs ouvrages anonymes, dont Barbier donne la nomenclature dans la seconde édition de son *Dictionnaire*. (ED.)

Quoi! vous en êtes encor là!
Muse et Grâce, que c'est dommage!
Vous me répondez doucement
Que les neuf bégueules savantes,
Toujours chantant, toujours rimant,
Toujours les yeux au firmament,
Avec leurs têtes de pédantes,
Avaient peu de tempérament,
Et que leurs bouches éloquentes
S'ouvraient pour brailler seulement,
Et non pour mettre tendrement
Deux lèvres fraîches et charmantes
Sur les lèvres appétissantes
De quelque vigoureux amant.
Je veux croire chrétiennement
Ces histoires impertinentes.
Mais, ma chère Lubert, en cas
Que ces filles sempiternelles
Conservent pour ces doux ébats
Des aversions si fidèles,
Si ces déesses sont cruelles,
Si jamais amant dans ses bras
N'a froissé leurs gauches appas,
Si les neuf Muses sont pucelles,
Les trois Grâces ne le sont pas.
Quittez donc votre faible excuse;
Vos jours languissent consumés
Dans l'abstinence qui les use :
Un faux préjugé vous abuse.
Chantez, et, s'il le faut, rimez;
Ayez tout l'esprit d'une Muse :
Mais, si vous êtes Grâce, aimez.

XXXV. — A UNE DAME, OU SOI-DISANT TELLE[1].

(1732.)

Tu commences par me louer,
Tu veux finir par me connaître :
Tu me loueras bien moins. Mais il faut t'avouer
Ce que je suis, ce que je voudrais être.

---

1. Mlle Malcrais de La Vigne, pseudonyme de Desforges-Maillard.
Cette épître commençait ainsi :

Toi dont la voix brillante a volé sur nos rives,
Toi qui tiens dans Paris nos muses attentives,
Qui sais si bien associer

J'aurai vu dans trois ans passer quarante hivers.
Apollon présidait au jour qui m'a vu naître.
Au sortir du berceau j'ai bégayé des vers.
Bientôt ce dieu puissant m'ouvrit son sanctuaire :
Mon cœur, vaincu par lui, se rangea sous sa loi.
D'autres ont fait des vers par le désir d'en faire;
   Je fus poëte malgré moi.
Tous les goûts à la fois sont entrés dans mon âme;
Tout art a mon hommage, et tout plaisir m'enflamme;
La peinture me charme : on me voit quelquefois
Au palais de Philippe, ou dans celui des rois,
Sous les efforts de l'art admirer la nature,
Du brillant Cagliari [1] saisir l'esprit divin,
Et dévorer des yeux la touche noble et sûre
   De Raphaël et du Poussin.
De ces appartements qu'anime la peinture,
Sur les pas du plaisir je vole à l'Opéra;
   J'applaudis tout ce qui me touche,
    La fertilité de Campra,
La gaieté de Mouret, les grâces de Destouche [2];
Pélissier par son art, Le Maure par sa voix [3];
Tour à tour ont mes vœux et suspendent mon choix.
Quelquefois, embrassant la science hardie
    Que la curiosité
    Honora par vanité
    Du nom de philosophie,
Je cours après Newton dans l'abîme des cieux;
Je veux voir si des nuits la courrière inégale,
Par le pouvoir changeant d'une force centrale,
En gravitant vers nous s'approche de nos yeux,
Et pèse d'autant plus qu'elle est près de ces lieux,
   Dans les limites d'un ovale.
J'en entends raisonner les plus profonds esprits,
Maupertuis et Clairaut, calculante cabale;

    Et la science et l'art de plaire,
    Et les talents de Deshoulière,
    Et les études de Dacier,
J'ose envoyer aux pieds de ta muse divine
Quelques faibles écrits, enfants de mon repos:
Charles fut seulement l'objet de mes travaux,
   Henri quatre fut mon héros,
   Et tu seras mon héroïne.
En te donnant mes vers je te veux avouer
   Ce que je suis, ce que je voudrais être;
Te peindre ici mon âme, et te faire connaître
   Celui que tu daignes louer.
J'aurai vu, dans trois ans, etc. (Éd.)

1. Paul Véronèse. — 2. Musiciens agréables.
3. Actrices de ce temps-là.

Je les vois qui des cieux franchissent l'intervalle,
Et je vois trop souvent que j'ai très-peu compris.
De ces obscurités je passe à la morale;
Je lis au cœur de l'homme, et souvent j'en rougis.
J'examine avec soin les informes écrits,
Les monuments épars, et le style énergique
De ce fameux Pascal, ce dévot satirique.
Je vois ce rare esprit trop prompt à s'enflammer;
  Je combats ses rigueurs extrêmes.
Il enseigne aux humains à se haïr eux-mêmes;
Je voudrais, malgré lui, leur apprendre à s'aimer.
Ainsi mes jours égaux, que les muses remplissent,
Sans soins, sans passions, sans préjugés fâcheux,
Commencent avec joie, et vivement finissent
  Par des soupers délicieux.
L'amour dans mes plaisirs ne mêle plus ses peines;
La tardive raison vient de briser mes chaînes;
J'ai quitté prudemment ce dieu qui m'a quitté;
J'ai passé l'heureux temps fait pour la volupté.
Est-il donc vrai, grands dieux! il ne faut plus que j'aime
La foule des beaux-arts, dont je veux tour à tour
  Remplir le vide de moi-même,
N'est pas encore assez pour remplacer l'amour.[1]

XXXVI. — A Mme DE FONTAINE-MARTEL[2].

(1732.)

O très-singulière Martel,
J'ai pour vous estime profonde :
C'est dans votre petit hôtel,
C'est sur vos soupers que je fonde
Mon plaisir, le seul bien réel
Qu'un honnête homme ait en ce monde
Il est vrai qu'un peu je vous gronde;
Mais, malgré cette liberté,

---

1. L'épître finissait par ces vers :

Je fais ce que je puis, hélas! pour être sage,
  Pour amuser ma liberté;
  Mais si quelque jeune beauté,
  Empruntant ta vivacité,
  Me parlait ton charmant langage,
Je rentrerais bientôt dans ma captivité.

2. La comtesse de Fontaine-Martel, fille du président Desbordeaux : elle était telle qu'elle est peinte ici. Sa maison était très-libre et très-aimable.

Mon cœur vous trouve, en vérité
Femme à peu de femmes seconde;
Car sous vos cornettes de nuit,
Sans préjugés et sans faiblesse,
Vous logez esprit qui séduit,
Et qui tient fort à la sagesse.
Or, votre sagesse n'est pas
Cette pointilleuse harpie
Qui raisonne sur tous les cas,
Et qui, triste sœur de l'Envie,
Ouvrant un gosier édenté,
Contre la tendre Volupté
Toujours prêche, argumente, et crie;
Mais celle qui si doucement,
Sans efforts et sans industrie,
Se bornant toute au sentiment,
Sait jusques au dernier moment
Répandre un charme sur la vie.
Voyez-vous pas de tous côtés
De très-décrépites beautés,
Pleurant de n'être plus aimables,
Dans leur besoin de passion
Ne pouvant rester raisonnables,
S'affoler de dévotion,
Et rechercher l'ambition
D'être bégueules respectables?
Bien loin de cette triste erreur,
Vous avez, au lieu de vigiles,
Des soupers longs, gais, et tranquilles;
Des vers aimables et faciles,
Au lieu des fatras inutiles
De Quesnel et de Letourneur;
Voltaire, au lieu d'un directeur;
Et, pour mieux chasser toute angoisse,
Au curé préférant Campra,
Vous avez loge à l'Opéra,
Au lieu de banc à la paroisse;
Et ce qui rend mon sort plus doux,
C'est que ma maîtresse chez vous,
La Liberté, se voit logée;
Cette Liberté mitigée,
A l'œil ouvert, au front serein,
A la démarche dégagée,
N'étant ni prude, ni catin,
Décente, et jamais arrangée,
Souriant d'un souris badin
A ces paroles chatouilleuses

Qui font baisser un œil malin
A mesdames les précieuses.
C'est là qu'on trouve la Gaieté,
Cette sœur de la Liberté,
Jamais aigre dans la satire,
Toujours vive dans les bons mots,
Se moquant quelquefois des sots,
Et très-souvent, mais à propos,
Permettant au sage de rire.
Que le ciel bénisse le cours
D'un sort aussi doux que le vôtre!
Martel, l'automne de vos jours
Vaut mieux que le printemps d'un autre.

XXXVII. — A Mlle GAUSSIN,

QUI A REPRÉSENTÉ LE RÔLE DE ZAÏRE AVEC BEAUCOUP DE SUCCÈS.

(1732.)

Jeune Gaussin, reçois mon tendre hommage,
Reçois mes vers au théâtre applaudis;
Protége-les: *Zaïre* est ton ouvrage;
Il est à toi, puisque tu l'embellis.
Ce sont tes yeux, ces yeux si pleins de charmes,
Ta voix touchante, et tes sons enchanteurs,
Qui du critique ont fait tomber les armes;
Ta seule vue adoucit les censeurs.
L'Illusion, cette reine des cœurs,
Marche à ta suite, inspire les alarmes,
Le sentiment, les regrets, les douleurs,
Et le plaisir de répandre des larmes.
 Le dieu des vers, qu'on allait dédaigner,
Est, par ta voix, aujourd'hui sûr de plaire;
Le dieu d'amour, à qui tu fus plus chère,
Est, par tes yeux, bien plus sûr de régner:
Entre ces dieux désormais tu vas vivre.
Hélas! longtemps je les servis tous deux:
Il en est un que je n'ose plus suivre.
Heureux cent fois le mortel amoureux
Qui, tous les jours, peut te voir et t'entendre;
Que tu reçois avec un souris tendre,
Qui voit son sort écrit dans tes beaux yeux,
Qui, pénétré de leur feu qu'il adore,
A tes genoux oubliant l'univers,
Parle d'amour, et t'en reparle encore!
Et malheureux qui n'en parle qu'en vers!

XXXVIII. — A Mme LA MARQUISE DU CHATELET,

SUR SA LIAISON AVEC MAUPERTUIS.

Ainsi donc cent beautés nouvelles
Vont fixer vos bouillants esprits ;
Vous renoncez aux étincelles,
Aux feux follets de mes écrits,
Pour des lumières immortelles ;
Et le sublime Maupertuis
Vient éclipser mes bagatelles.
Je n'en suis fâché, ni surpris ;
Un esprit vrai doit être épris
Pour des vérités éternelles.
Mais ces vérités, que sont-elles?
Quel est leur usage et leur prix ?
Du vrai savant que je chéris
La raison ferme et lumineuse
Vous montrera les cieux décrits,
Et d'une main audacieuse
Vous dévoilera les replis
De la nature ténébreuse :
Mais, sans le secret d'être heureuse,
Que vous aura-t-il donc appris?

XXXIX. — A M. CLÉMENT DE DREUX.

25 décembre 1732.

Que toujours de ses douces lois
Le dieu des vers vous endoctrine ;
Qu'à vos chants il joigne sa voix,
Tandis que de sa main divine
Il accordera sous vos doigts
La lyre agréable et badine
Dont vous vous servez quelquefois !
Que l'Amour, encor plus facile,
Préside à vos galants exploits,
Comme Phébus à votre style !
Et que Plutus, ce dieu sournois,
Mais aux autres dieux très-utile,
Rende, par maint écu tournois,
Les jours que la Parque vous file
Des jours plus heureux mille fois
Que ceux d'Horace et de Virgile !

XL. — A Mme LA MARQUISE DU CHATELET.

SUR LA CALOMNIE.

(1733.)

Écoutez-moi, respectable Émilie :
Vous êtes belle; ainsi donc la moitié
Du genre humain sera votre ennemie :
Vous possédez un sublime génie;
On vous craindra : votre tendre amitié
Est confiante, et vous serez trahie.
Votre vertu, dans sa démarche unie,
Simple et sans fard, n'a point sacrifié
A nos dévots; craignez la calomnie.
Attendez-vous, s'il vous plaît, dans la vie,
Aux traits malins que tout fat à la cour,
Par passe-temps, souffre, et rend tour à tour.
La Médisance est la fille immortelle
De l'Amour-propre et de l'Oisiveté.
Ce monstre ailé paraît mâle et femelle,
Toujours parlant, et toujours écouté.
Amusement et fléau de ce monde,
Elle y préside, et sa vertu féconde
Du plus stupide échauffe les propos;
Rebut du sage, elle est l'esprit des sots.
En ricanant, cette maigre furie
Va de sa langue épandre les venins
Sur tous états; mais trois sortes d'humains,
Plus que le reste, aliments de l'envie,
Sont exposés à sa dent de harpie :
Les beaux esprits, les belles et les grands,
Sont de ses traits les objets différents.
Quiconque en France avec éclat attire
L'œil du public, est sûr de la satire;
Un bon couplet, chez ce peuple falot,
De tout mérite est l'infaillible lot.
   La jeune Églé, de pompons couronnée,
Devant un prêtre à minuit amenée,
Va dire un *oui*, d'un air tout ingénu,
A son mari qu'elle n'a jamais vu.
Le lendemain en triomphe on la mène
Au cours, au bal, chez Bourbon, chez la reine:
Le lendemain, sans trop savoir comment,
Dans tout Paris on lui donne un amant :

ÉPÎTRES. 221

Roy la chansonne, et son nom par la ville
Court ajusté sur l'air d'un vaudeville.
Églé s'en meurt : ses cris sont superflus.
Consolez-vous, Églé, d'un tel outrage :
Vous pleurerez, hélas! bien davantage,
Lorsque de vous on ne parlera plus.
 Et nommez-moi la beauté, je vous prie,
De qui l'honneur fut toujours à couvert.
Lisez-moi Bayle, à l'article *Schomberg*,
Vous y verrez que la vierge Marie[2]
Des chansonniers, comme une autre, a souffert.
Jérusalem a connu la satire.
Persans, Chinois, baptisés, circoncis,
Prennent ses lois : la terre est son empire ;
Mais, croyez-moi, son trône est à Paris.
Là, tous les soirs, la troupe vagabonde
D'un peuple oisif, appelé le beau monde,
Va promener de réduit en réduit
L'inquiétude et l'ennui qui la suit ;
Là, sont en foule antiques mijaurées,
Jeunes oisons, et bégueules titrées,
Disant des riens d'un ton de perroquet,
Lorgnant des sots, et trichant au piquet ;
Blondins y sont, beaucoup plus femmes qu'elles,
Profondément remplis de bagatelles,
D'un air hautain, d'une bruyante voix,
Chantant, dansant, minaudant à la fois.
Si, par hasard, quelque personne honnête,
D'un sens plus droit et d'un goût plus heureux,
Des bons écrits ayant meublé sa tête,
Leur fait l'affront de penser à leurs yeux,
Tout aussitôt leur brillante cohue,
D'étonnement et de colère émue,
Bruyant essaim de frelons envieux,
Pique et poursuit cette abeille charmante,
Qui leur apporte, hélas! trop imprudente,
Ce miel si pur et si peu fait pour eux.
 Quant aux héros, aux princes, aux ministres,
Sujets usés de nos discours sinistres,

---

1. Poète connu en son temps par quelques opéras, et par quelques petites satires nommées *calottes*, qui sont tombées dans un profond oubli.
2. Cette calomnie, citée dans Bayle et dans l'abbé Houteville, est tirée d'un ancien livre hébreu, intitulé *Toldos Jescut*, dans lequel on donne pour époux à cette personne sacrée Jonathan ; et celui que Jonathan soupçonne s'appelle Joseph Panther. Ce livre, cité par les premiers Pères, est incontestablement du 1er siècle.

Qu'on m'en nomme un dans Rome et dans Paris,
Depuis César jusqu'au jeune Louis,
De Richelieu jusqu'à l'ami d'Auguste,
Dont un Pasquin n'ait barbouillé le buste.
Ce grand Colbert, dont les soins vigilants
Nous avaient plus enrichis en dix ans
Que les mignons, les catins et les prêtres,
N'ont, en mille ans, appauvri nos ancêtres,
Cet homme unique, et l'auteur, et l'appui
D'une grandeur où nous n'osons prétendre,
Vit tout l'État murmurer contre lui;
Et le Français osa troubler la cendre [1]
Du bienfaiteur qu'il révère aujourd'hui.

Lorsque Louis, qui, d'un esprit si ferme,
Brava la mort comme ses ennemis,
De ses grandeurs ayant subi le terme,
Vers sa chapelle allait à Saint-Denys,
J'ai vu son peuple, aux nouveautés en proie,
Ivre de vin, de folie et de joie,
De cent couplets égayant le convoi,
Jusqu'au tombeau maudire encor son roi.

Vous avez tous connu, comme je pense,
Ce bon régent qui gâta tout en France :
Il était né pour la société,
Pour les beaux-arts, et pour la volupté;
Grand, mais facile, ingénieux, affable,
Peu scrupuleux, mais de crime incapable.
Et cependant, ô mensonge ! ô noirceur !
Nous avons vu la ville et les provinces,
Au plus aimable, au plus clément des princes,
Donner les noms.... Quelle absurde fureur !
Chacun les lit, ces archives d'horreur,
Ces vers impurs, appelés *Philippiques* [2],
De l'imposture effroyables chroniques;
Et nul Français n'est assez généreux
Pour s'élever, pour déposer contre eux !

Que le mensonge un instant vous outrage,
Tout est en feu soudain pour l'appuyer :
La vérité perce enfin le nuage,
Tout est de glace à vous justifier.

Mais voulez-vous, après ce grand exemple,
Baisser les yeux sur de moindres objets ?
Des souverains descendons aux sujets;

---

1. Le peuple voulut déterrer M. Colbert à Saint-Eustache.
2. Libelle diffamatoire en vers contre M. le duc d'Orléans, régent du royaume, composé par La Grange-Chancel. On lui a pardonné. Bayle et Arnauld sont morts hors de leur patrie.

Des beaux esprits ouvrons ici le temple,
Temple autrefois l'objet de mes souhaits,
Que de si loin Desfontaines contemple,
Et que Gacon ne visita jamais.
Entrons : d'abord on voit la Jalousie,
Du dieu des vers la fille et l'ennemie,
Qui, sous les traits de l'Émulation,
Souffle l'orgueil, et porte sa furie
Chez tous ces fous courtisans d'Apollon.
Voyez leur troupe inquiète, affamée,
Se déchirant pour un peu de fumée,
Et l'un sur l'autre épanchant plus de fiel
Que l'implacable et mordant janséniste
N'en a lancé sur le fin moliniste,
Ou que Doucin, cet adroit casuiste,
N'en a versé dessus Pasquier-Quesnel.
 Ce vieux rimeur, couvert d'ignominies,
Organe impur de tant de calomnies,
Cet ennemi du public outragé,
Puni sans cesse, et jamais corrigé,
Ce vil Rufus[1], que jadis votre père
A, par pitié, tiré de la misère,
Et qui bientôt, serpent envenimé,
Piqua le sein qui l'avait ranimé;
Lui qui, mêlant la rage à l'impudence,
Devant Thémis accusa l'innocence[2];
L'affreux Rufus, loin de cacher en paix
Des jours tissus de honte et de forfaits,
Vient rallumer, aux marais de Bruxelles,
D'un feu mourant les pâles étincelles,
Et contre moi croit rejeter l'affront
De l'infamie écrite sur son front.
Mais que feront tous les traits satiriques
Que d'un bras faible il décoche aujourd'hui,
Et ces ramas de larcins marotiques,
Moitié français et moitié germaniques,
Pétris d'erreur, et de haine, et d'ennui ?
Quel est le but, l'effet, la récompense,

1. Rousseau avait été secrétaire du baron de Breteuil, et avait fait contre lui une satire intitulée *la Baronade*. Il la lut à quelques personnes qui vivent encore, entre autres à Mme la duchesse de Saint-Pierre. Mme la marquise du Châtelet, fille de M. de Breteuil, était parfaitement instruite de ce fait; et il y a encore des papiers originaux de Mme du Châtelet qui l'attestent. Le baron de Breteuil lui pardonna généreusement.
2. Il accusa M. Saurin, fameux géomètre, d'avoir fait des couplets infâmes, dont lui, Rousseau, était l'auteur, et fut condamné pour cette calomnie au bannissement perpétuel.

De ces recueils d'impure médisance ?
Le malheureux, délaissé des humains,
Meurt des poisons qu'ont préparés ses mains.
  Ne craignons rien de qui cherche à médire.
En vain Boileau, dans ses sévérités,
A de Quinault dénigré les beautés ;
L'heureux Quinault, vainqueur de la satire,
Rit de sa haine, et marche à ses côtés.
  Moi-même, enfin, qu'une cabale inique
Voulut noircir de son souffle caustique,
Je sais jouir, en dépit des cagots,
De quelque gloire, et même du repos.
  Voici le point sur lequel je me fonde.
On entre en guerre en entrant dans le monde.
Homme privé, vous avez vos jaloux,
Rampant dans l'ombre, inconnus comme vous,
Obscurément tourmentant votre vie :
Homme public, c'est la publique envie
Qui contre vous lève son front altier.
Le coq jaloux se bat sur son fumier,
L'aigle dans l'air, le taureau dans la plaine :
Tel est l'état de la nature humaine.
La Jalousie et tous ses noirs enfants
Sont au théâtre, au conclave, aux couvents.
Montez au ciel : trois déesses rivales
Troublent le ciel, qui vit de leurs scandales.
Que faire donc ? à quel saint recourir ?
Je n'en sais point : il faut savoir souffrir.

XLI. — A Mlle DE GUISE,

SUR SON MARIAGE AVEC LE DUC DE RICHELIEU.

Avril 1734

Un prêtre, un *oui*, trois mots latins,
A jamais fixent vos destins ;
Et le célébrant d'un village,
Dans la chapelle de Montjeu,
Très-chrétiennement vous engage
A coucher avec Richelieu,
Avec Richelieu, ce volage,
Qui va jurer par ce saint nœud
D'être toujours fidèle et sage.
Nous nous en défions un peu ;
Et vos grands yeux noirs, pleins de feu,
Nous rassurent bien davantage
Que les serments qu'il fait à Dieu.

Mais vous, madame la duchesse,
Quand vous reviendrez à Paris,
Songez-vous combien de maris
Viendront se plaindre à Votre Altesse?
Ces nombreux cocus qu'il a faits
Ont mis en vous leur espérance :
Ils diront, voyant vos attraits :
« Dieux! quel plaisir que la vengeance! »
Vous sentez bien qu'ils ont raison,
Et qu'il faut punir le coupable :
L'heureuse loi du talion
Est des lois la plus équitable.
Quoi! votre cœur n'est point rendu?
Votre sévérité me gronde!
Ah! quelle espèce de vertu
Qui fait enrager tout le monde!
Faut-il donc que de vos appas
Richelieu soit l'unique maître?
Est-il dit qu'il ne sera pas
Ce qu'il a tant mérité d'être?
Soyez donc sage, s'il le faut;
Que ce soit là votre chimère :
Avec tous les talents de plaire,
Il faut bien avoir un défaut.
Dans cet emploi noble et pénible
De garder ce qu'on nomme honneur,
Je vous souhaite un vrai bonheur :
Mais voilà la chose impossible.

XLII. — A M***.

Du camp de Philisbourg, le 3 juillet 1734

C'est ici que l'on dort sans lit,
Et qu'on prend ses repas par terre;
Je vois et j'entends l'atmosphère
Qui s'embrase et qui retentit
De cent décharges de tonnerre;
Et dans ces horreurs de la guerre
Le Français chante, boit, et rit.
Bellone va réduire en cendres
Les courtines de Philisbourg,
Par cinquante mille Alexandres
Payés à quatre sous par jour :
Je les vois, prodiguant leur vie,
Chercher ces combats meurtriers,
Couverts de fange et de lauriers,

Et pleins d'honneur et de folie.
Je vois briller au milieu d'eux
Ce fantôme nommé la Gloire,
A l'œil superbe, au front poudreux,
Portant au cou cravate noire,
Ayant sa trompette en sa main,
Sonnant la charge et la victoire,
Et chantant quelques airs à boire,
Dont ils répètent le refrain.
  O nation brillante et vaine!
Illustres fous, peuple charmant,
Que la Gloire à son char enchaîne,
Il est beau d'affronter gaiement
Le trépas et le prince Eugène.
Mais, hélas! quel sera le prix
De vos héroïques prouesses?
Vous serez cocus dans Paris
Par vos femmes et vos maîtresses[1].

XLIII. — A M. LE COMTE DE TRESSAN.
(1734.)

Hélas! que je me sens confondre
Par tes vers et par tes talents!
Pourrais-je encore à quarante ans
Les mériter, et leur répondre?
Le temps, la triste adversité
Détend les cordes de ma lyre.
Les Jeux, les Amours m'ont quitté;
C'est à toi qu'ils viennent sourire,
C'est toi qu'ils veulent inspirer.
Toi qui sais, dans ta double ivresse,
Chanter, adorer ta maîtresse,
En jouir, et la célébrer.
Adieu; quand mon bonheur s'envole,
Quand je n'ai plus que des désirs,
Ta félicité me console
De la perte de mes plaisirs.

1. Après ce vers, on lisait ceux-ci, qui étaient la fin de la pièce :
   Déjà le maréchal de Noaille,
   Qui suit ce fantôme au grand trot,
   Croyant qu'on va donner bataille,
   En paraît un peu moins dévot;
   Tous les saints au diable il envoie,
   Et vient de donner pour le mot :
   « Vive l'honneur! vive la joie! » (Éd.)

XLIV. — A URANIE [1].

(1734.)

Je vous adore, ô ma chère Uranie !
Pourquoi si tard m'avez-vous enflammé ?
Qu'ai-je donc fait des beaux jours de ma vie ?
Ils sont perdus ; je n'avais point aimé.
J'avais cherché dans l'erreur du bel âge
Ce dieu d'amour, ce dieu de mes désirs ;
Je n'en trouvai qu'une trompeuse image,
Je n'embrassai que l'ombre des plaisirs.
   Non, les baisers des plus tendres maîtresses ;
Non, ces moments comptés par cent caresses,
Moments si doux et si voluptueux,
Ne valent pas un regard de tes yeux.
Je n'ai vécu que du jour où ton âme
M'a pénétré de sa divine flamme ;
Que de ce jour où, livré tout à toi,
Le monde entier a disparu pour moi.
   Ah ! quel bonheur de te voir, de t'entendre !
Que ton esprit a de force et d'appas !
Dieux ! que ton cœur est adorable et tendre !
Et quels plaisirs je goûte dans tes bras !
Trop fortuné, j'aime ce que j'admire.
Du haut du ciel, du haut de ton empire,
Vers ton amant tu descends chaque jour,
Pour l'enivrer de bonheur et d'amour.
Belle Uranie, autrefois la Sagesse
En son chemin rencontra le Plaisir ;
Elle lui plut ; il en osa jouir ;
De leurs amours naquit une déesse,
Qui de sa mère a le discernement,
Et de son père a le tendre enjouement.
Cette déesse, ô ciel ! qui peut-elle être ?
Vous, Uranie, idole de mon cœur,
Vous que les dieux pour la gloire ont fait naître,
Vous qui vivez pour faire mon bonheur.

XLV. — A URANIE.

(1734.)

Qu'un autre vous enseigne, ô ma chère Uranie,
A mesurer la terre, à lire dans les cieux,

---

[1]. Mme du Châtelet. (Éd.)

Et soumettre à votre génie
Ce que l'amour soumet au pouvoir de vos yeux.
Pour moi, sans disputer ni du plein ni du vide,
Ce que j'aime est mon univers ;
Mon système est celui d'Ovide,
Et l'amour le sujet et l'âme de mes vers.
Écoutez ses leçons ; du pays des chimères
Souffrez qu'il vous conduise au pays des désirs :
Je vous apprendrai ses mystères ;
Heureux, si vous pouvez m'apprendre ses plaisirs.
Des Grâces vous avez la figure légère,
D'une muse l'esprit, le cœur d'une bergère,
Un visage charmant, où sans être empruntés
On voit briller les dons de Flore,
Que le doigt de l'Amour marque de tous côtés,
Quand par un doux souris il s'embellit encore.
Mais que vous servent tant d'appas ?
Quoi ! de si belles mains pour toucher un compas,
Ou pour pointer une lunette !
Quoi ! des yeux si charmants pour observer le cours
Ou les taches d'une planète ?
Non, la main de Vénus est faite
Pour toucher le luth des amours ;
Et deux beaux yeux doivent eux-mêmes
Être nos astres ici-bas.
Laissez donc là tous les systèmes,
Sources d'erreurs et de débats ;
Et, choisissant l'Amour pour maître,
Jouissez au lieu de connaître.

XLVI. — A Mme DU CHATELET.

(1734.)

Je voulais, de mon cœur éternisant l'hommage,
Emprunter la langue des dieux,
Et vous parler votre langage :
Je voulais dans mes vers peindre la vive image
De ce feu, de cette âme, et de ces dons des cieux,
Qu'on sent dans vos discours et qu'on voit dans vos yeux.
Le projet était grand, mais faible est mon génie :
Aussitôt j'invoquai les dieux de l'harmonie,
Les maîtres qui d'Auguste ont embelli la cour ;
Tous me devaient aider, et chanter à leur tour.
Le cœur les fit parler, leur muse est naturelle ;
Vous les connaissez tous, ils sont vos favoris ;

Des auteurs à jamais ils sont l'heureux modèle,
  Excepté de vos beaux esprits,
  Et de Bernard de Fontenelle.
J'eus l'art de les toucher, car je parlais de vous ;
A votre nom divin je les vis tous paraître.
Virgile le premier, mon idole et mon maître,
Virgile s'avança d'un air égal et doux ;
Les échos répondaient à sa muse champêtre,
L'air, la terre et les cieux en étaient embellis ;
Tandis que ce pasteur, assis au pied d'un hêtre,
Embrassait Corydon et caressait Phylis,
On voyait près de lui, mais non pas sur sa trace,
Cet adroit courtisan et délicat Horace,
Mêlant au dieu du vin l'une et l'autre Vénus,
D'un ton plus libertin caresser avec grâce
  Et Glycère et Ligurinus.
Celui qui fut puni de sa coquetterie,
Le maître en l'art d'aimer, qui rien ne nous apprit,
Prodiguait à Corinne avec galanterie
  Beaucoup d'amour et trop d'esprit.
Tibulle, caressé dans les bras de Délie,
Par des vers enchanteurs exhalait ses plaisirs ;
Et Catulle vantait, plus tendre en ses désirs,
Dans son style emporté, les baisers de Lesbie.
Vous parûtes alors, adorable Émilie :
Je vis soudain sur vous tous les yeux se tourner ;
  Votre aspect enlaidit les belles,
  Et de leurs amants enchantés
  Vous fîtes autant d'infidèles.
Je pensais qu'à l'instant ils allaient m'inspirer ;
Mais, jaloux de vous plaire et de vous célébrer,
Ils ont bien rabaissé ma téméraire audace.
Je vois qu'il n'appartient qu'aux maîtres du Parnasse
De vous offrir des vers, et de chanter pour vous ;
  C'est un honneur dont je serais jaloux,
  Si jamais j'étais à leur place.

XLVII. — A M. LE COMTE ALGAROTTI.

(1735.)

Lorsque ce grand courrier de la philosophie,
  Condamine l'observateur [1],
De l'Afrique au Pérou conduit par Uranie,

---

1. MM. Godin, Bouguer, et de La Condamine, étaient partis alors pour faire leurs observations en Amérique, dans des contrées voisines de

Par la gloire, et par la manie,
S'en va griller sous l'équateur,
Maupertuis et Clairaut, dans leur docte fureur,
Vont geler au pôle du monde.
Je les vois d'un degré mesurer la longueur,
Pour ôter au peuple rimeur
Ce beau nom de machine ronde,
Que nos flasques auteurs, en chevillant leurs vers,
Donnaient à l'aventure à ce plat univers.

Les astres étonnés, dans leur oblique course,
Le grand, le petit Chien, et le Cheval, et l'Ourse,
Se disent l'un à l'autre, en langage des cieux :
« Certes, ces gens sont fous, ou ces gens sont des dieux. »

Et vous, Algarotti [1], vous, cygne de Padoue,
Élève harmonieux du cygne de Mantoue,
Vous allez donc aussi, sous le ciel des frimas,
Porter, en grelottant, la lyre et le compas,
Et, sur des monts glacés traçant des parallèles,
Faire entendre aux Lapons vos chansons immortelles ?

Allez donc, et du pôle observé, mesuré,
Revenez aux Français apporter des nouvelles.
Cependant je vous attendrai,
Tranquille admirateur de votre astronomie,
Sous mon méridien, dans les champs de Cirey,
N'observant désormais que l'astre d'Émilie.
Échauffé par le feu de son puissant génie,
Et par sa lumière éclairé,
Sur ma lyre je chanterai
Son âme universelle autant qu'elle est unique,
Et j'atteste les cieux, mesurés par vos mains,
Que j'abandonnerais pour ses charmes divins
L'équateur et le pôle arctique [2].

XLVIII. — A M. DE SAINT-LAMBERT.

(1736.)

Mon esprit avec embarras
Poursuit des vérités arides;

---

l'équateur. MM. de Maupertuis, Clairaut, et Le Monnier, devaient, dans la même vue, partir pour le Nord, et M. Algarotti était du voyage. Il s'agissait de décider si la terre est un sphéroïde aplati ou allongé.

1. M. Algarotti faisait très-bien des vers en sa langue, et avait quelques connaissances en mathématiques.

2. Ici se placerait par ordre de date (1736) une *Épître à M. Berger*, qui fait partie de la lettre CDIII. (ÉD.)

J'ai quitté les brillants appas
Des muses, mes dieux et mes guides,
Pour l'astrolabe et le compas
Des Maupertuis et des Euclides.
Du vrai le pénible fatras
Détend les cordes de ma lyre ;
Vénus ne veut plus me sourire,
Les Grâces détournent leurs pas.
Ma muse, les yeux pleins de larmes,
Saint-Lambert, vole auprès de vous ;
Elle vous prodigue ses charmes.
Je lis vos vers, j'en suis jaloux.
Je voudrais en vain vous répondre ;
Son refus vient de me confondre :
Vous avez fixé ses amours,
Et vous les fixerez toujours.
Pour former un lien durable
Vous avez sans doute un secret ;
Je l'envisage avec regret,
Et ce secret, c'est d'être aimable.

XLIX. — A Mlle DE LUBERT.

Charmante Iris, qui, sans chercher à plaire,
Savez si bien le secret de charmer ;
Vous dont le cœur, généreux et sincère,
Pour son repos sût trop bien l'art d'aimer ;
Vous dont l'esprit, formé par la lecture,
Ne parle pas toujours mode et coiffure ;
Souffrez, Iris, que ma muse aujourd'hui
Cherche à tromper un moment votre ennui.
Auprès de vous on voit toujours les Grâces :
Pourquoi bannir les Plaisirs et les Jeux ?
L'Amour les veut rassembler sur vos traces :
Pourquoi chercher à vous éloigner d'eux ?
Du noir chagrin volontaire victime,
Vous seule, Iris, faites votre tourment,
Et votre cœur croirait commettre un crime
S'il se prêtait à la joie un moment.
De vos malheurs je sais toute l'histoire ;
L'Amour, l'Hymen, ont trahi vos désirs :
Oubliez-les ; ce n'est que des plaisirs
Dont nous devons conserver la mémoire.

1. Elle voulait épouser le président Rougeot, dont la mère fit opposition au mariage, pour ne pas avoir une bru bel esprit. (ED.)

Les maux passés ne sont plus de vrais maux;
Le présent seul est de notre apanage,
Et l'avenir peut consoler le sage,
Mais ne saurait altérer son repos.
Du cher objet que votre cœur adore
Ne craignez rien; comptez sur vos attraits :
Il vous aima; son cœur vous aime encore,
Et son amour ne finira jamais.
Pour son bonheur bien moins que pour le vôtre,
De la Fortune il brigue les faveurs;
Elle vous doit, après tant de rigueurs,
Pour son honneur rendre heureux l'un et l'autre.
D'un tendre ami, qui jamais ne rendit
A la Fortune un criminel hommage,
Ce sont les vœux. Goûtez, sur son présage,
Dès ce moment le sort qu'il vous prédit.

L. — A Mme LA MARQUISE DU CHATELET.

SUR LA PHILOSOPHIE DE NEWTON.

(1736.)

Tu m'appelles à toi, vaste et puissant génie,
Minerve de la France, immortelle Émilie;
Je m'éveille à ta voix, je marche à ta clarté,
Sur les pas des Vertus et de la Vérité.
Je quitte Melpomène et les jeux du théâtre,
Ces combats, ces lauriers, dont je fus idolâtre;
De ces triomphes vains mon cœur n'est plus touché.
Que le jaloux Rufus, à la terre attaché,
Traîne au bord du tombeau la fureur insensée
D'enfermer dans un vers une fausse pensée;
Qu'il arme contre moi ses languissantes mains
Des traits qu'il destinait au reste des humains;
Que quatre fois par mois un ignorant Zoïle
Élève, en frémissant, une voix imbécile :
Je n'entends point leurs cris, que la haine a formés;
Je ne vois point leurs pas, dans la fange imprimés.
Le charme tout-puissant de la philosophie
Élève un esprit sage au-dessus de l'envie.
Tranquille au haut des cieux que Newton s'est soumis,
Il ignore en effet s'il a des ennemis :
Je ne les connais plus. Déjà de la carrière
L'auguste Vérité vient m'ouvrir la barrière;
Déjà ces tourbillons, l'un par l'autre pressés,
Se mouvant sans espace, et sans règle entassés

ÉPÎTRES.

Ces fantômes savants à mes yeux disparaissent.
Un jour plus pur me luit; les mouvements renaissent.
L'espace, qui de Dieu contient l'immensité,
Voit rouler dans son sein l'univers limité,
Cet univers si vaste à notre faible vue,
Et qui n'est qu'un atome, un point dans l'étendue.
Dieu parle, et le chaos se dissipe à sa voix :
Vers un centre commun tout gravite à la fois.
Ce ressort si puissant, l'âme de la nature,
Était enseveli dans une nuit obscure;
Le compas de Newton, mesurant l'univers,
Lève enfin ce grand voile, et les cieux sont ouverts.
Il déploie à mes yeux, par une main savante,
De l'astre des saisons la robe étincelante :
L'émeraude, l'azur, le pourpre, le rubis,
Sont l'immortel tissu dont brillent ses habits.
Chacun de ses rayons, dans sa substance pure,
Porte en soi les couleurs dont se peint la nature;
Et, confondus ensemble, ils éclairent nos yeux,
Ils animent le monde, ils emplissent les cieux.

Confidents du Très-Haut, substances éternelles,
Qui brûlez de ses feux, qui couvrez de vos ailes
Le trône où votre maître est assis parmi vous,
Parlez : du grand Newton n'étiez-vous point jaloux?

La mer entend sa voix. Je vois l'humide empire
S'élever, s'avancer vers le ciel qui l'attire :
Mais un pouvoir central arrête ses efforts;
La mer tombe, s'affaisse, et roule vers ses bords.

Comètes, que l'on craint à l'égal du tonnerre,
Cessez d'épouvanter les peuples de la terre :
Dans une ellipse immense achevez votre cours;
Remontez, descendez près de l'astre des jours;
Lancez vos feux, volez, et, revenant sans cesse,
Des mondes épuisés ranimez la vieillesse.

Et toi, sœur du soleil, astre qui, dans les cieux,
Des sages éblouis trompais les faibles yeux,
Newton de ta carrière a marqué les limites;
Marche, éclaire les nuits, tes bornes sont prescrites.

Terre, change de forme; et que la pesanteur,
En abaissant le pôle, élève l'équateur :
Pôle immobile aux yeux, si lent dans votre course,
Fuyez le char glacé des sept astres de l'Ourse :
Embrassez, dans le cours de vos longs mouvements[1],
Deux cents siècles entiers par delà six mille ans.

[1]. C'est la période de la précession des équinoxes, laquelle s'accomplit en vingt-six mille neuf cents ans, ou environ.

Que ces objets sont beaux! que notre âme épurée
Vole à ces vérités dont elle est éclairée!
Oui, dans le sein de Dieu, loin de ce corps mortel,
L'esprit semble écouter la voix de l'Éternel.
  Vous à qui cette voix se fait si bien entendre,
Comment avez-vous pu, dans un âge encor tendre,
Malgré les vains plaisirs, ces écueils des beaux jours,
Prendre un vol si hardi, suivre un si vaste cours?
Marcher, après Newton, dans cette route obscure
Du labyrinthe immense où se perd la nature?
Puissé-je auprès de vous, dans ce temple écarté,
Aux regards des Français montrer la vérité!
Tandis qu'Algarotti[1], sûr d'instruire et de plaire,
Vers le Tibre étonné conduit cette étrangère,
Que de nouvelles fleurs il orne ses attraits,
Le compas à la main j'en tracerai les traits;
De mes crayons grossiers je peindrai l'immortelle.
Cherchant à l'embellir, je la rendrais moins belle :
Elle est, ainsi que vous, noble, simple, et sans fard,
Au-dessus de l'éloge, au-dessus de mon art.

LI. — AU PRINCE ROYAL, DEPUIS ROI DE PRUSSE.

DE L'USAGE DE LA SCIENCE DANS LES PRINCES.

                                    Octobre 1736.

Prince, il est peu de rois que les muses instruisent;
Peu savent éclairer les peuples qu'ils conduisent.
Le sang des Antonins sur la terre est tari;
Car, depuis ce héros de Rome si chéri,
Ce philosophe roi, ce divin Marc Aurèle,
Des princes, des guerriers, des savants le modèle,
Quel roi, sous un tel joug osant se captiver,
Dans les sources du vrai sut jamais s'abreuver?
Deux ou trois, tout au plus, prodiges dans l'histoire,
Du nom de philosophe ont mérité la gloire;
Le reste est à vos yeux le vulgaire des rois,
Esclaves des plaisirs, fiers oppresseurs des lois,
Fardeaux de la nature, ou fléaux de la terre,
Endormis sur le trône, ou lançant le tonnerre.
Le monde, aux pieds des rois, les voit sous un faux jour;
Qui sait régner sait tout, si l'on en croit la cour.

---

1. M. Algarotti, jeune Vénitien, faisait imprimer alors à Venise un traité sur la lumière, *Newtonianismo per le Dame*, dans lequel il expliquait l'attraction. M. de Voltaire fut le premier en France qui expliqua les découvertes de Newton.

Mais quel est en effet ce grand art politique,
Ce talent si vanté dans un roi despotique?
Tranquille sur le trône, il parle, on obéit;
S'il sourit, tout est gai; s'il est triste, on frémit.
Quoi! régir d'un coup d'œil une foule servile,
Est-ce un poids si pesant, un art si difficile?
Non : mais fouler aux pieds la coupe de l'erreur,
Dont veut vous enivrer un ennemi flatteur,
Des prélats courtisans confondre l'artifice,
Aux organes des lois enseigner la justice;
Du séjour doctoral chassant l'absurdité,
Dans son sein ténébreux placer la vérité,
Éclairer le savant, et soutenir le sage,
Voilà ce que j'admire, et c'est là votre ouvrage.
L'ignorance, en un mot, flétrit toute grandeur.
  Du dernier roi d'Espagne[1] un grave ambassadeur
De deux savants anglais reçut une prière;
Ils voulaient, dans l'école apportant la lumière,
De l'air qu'un long cristal enferme en sa hauteur,
Aller au haut d'un mont marquer la pesanteur[2].
Il pouvait les aider dans ce savant voyage;
Il les prit pour des fous : lui seul était peu sage.
Que dirai-je d'un pape et de sept cardinaux[3],
D'un zèle apostolique unissant les travaux,
Pour apprendre aux humains, dans leurs augustes codes,
Que c'était un péché de croire aux antipodes?
Combien de souverains, chrétiens et musulmans,
Ont tremblé d'une éclipse, ont craint des talismans!
Tout monarque indolent, dédaigneux de s'instruire,
Est le jouet honteux de qui veut le séduire.
Un astrologue, un moine, un chimiste effronté,
Se font un revenu de sa crédulité.
Il prodigue au dernier son or par avarice;
Il demande au premier si Saturne propice,

1. Cette aventure se passa à Londres, la première année du règne de Charles II, roi d'Espagne.
2. Il s'agissait de reconnaître la différence du poids de l'atmosphère au pied et au sommet de la montagne. Pour s'épargner l'embarras d'y transporter un baromètre, on se proposait d'employer un siphon, dont une des branches serait bouchée à l'extrémité supérieure; le bas étant rempli de mercure, qui doit être de niveau dans les deux branches au pied de la montagne. Au sommet le mercure se trouve plus haut dans la branche ouverte, et plus bas dans la branche fermée. La différence de niveau sert à connaître celle du poids de l'atmosphère. Plus la branche fermée (c'est-à-dire le tube qui renferme l'air de la montagne) est longue, plus l'expérience peut être exacte. Voilà pourquoi M. de Voltaire dit *un long cristal*. Depuis qu'on sait construire des baromètres portatifs, on a cessé d'employer toute autre espèce d'instrument pour ces expériences. (*Note de l'éd. de Kehl.*)
3. Le pape Zacharie, qui régna de 741 à 752. (ÉD.)

D'un aspect fortuné regardant le soleil,
L'appelle à table, au lit, à la chasse, au conseil;
Il est aux pieds de l'autre, et, d'une âme soumise,
Par la crainte du diable, il enrichit l'Église.
Un pareil souverain ressemble à ces faux dieux,
Vils marbres adorés, ayant en vain des yeux;
Et le prince éclairé, que la raison domine,
Est un vivant portrait de l'essence divine.
 Je sais que dans un roi l'étude, le savoir,
N'est pas le seul mérite et l'unique devoir;
Mais qu'on me nomme enfin, dans l'histoire sacrée,
Le roi dont la mémoire est le plus révérée :
C'est ce bon Salomon, que Dieu même éclaira,
Qu'on chérit dans Sion, que la terre admira,
Qui mérita des rois le volontaire hommage.
Son peuple était heureux, il vivait sous un sage :
L'Abondance, à sa voix, passant le sein des mers,
Volait pour l'enrichir des bouts de l'univers;
Comme à Londre, à Bordeaux, de cent voiles suivie,
Elle apporte, au printemps, les trésors de l'Asie.
Ce roi, que tant d'éclat ne pouvait éblouir,
Sut joindre à ses talents l'art heureux de jouir.
Ce sont là les leçons qu'un roi prudent doit suivre;
Le savoir, en effet, n'est rien sans l'art de vivre.
Qu'un roi n'aille donc point, épris d'un faux éclat,
Pâlissant sur un livre, oublier son État;
Que plus il est instruit, plus il aime la gloire.
 De ce monarque anglais vous connaissez l'histoire :
Dans un fatal exil Jacques laissa périr
Son gendre infortuné, qu'il eût pu secourir.
Ah! qu'il eût mieux valu, rassemblant ses armées,
Délivrer des Germains les villes opprimées,
Venger de tant d'États les désolations,
Et tenir la balance entre les nations,
Que d'aller, des docteurs briguant les vains suffrages,
Au doux enfant Jésus dédier ses ouvrages [1]!
Un monarque éclairé n'est pas un roi pédant :
Il combat en héros, il pense en vrai savant.
Tel fut ce Julien méconnu du vulgaire,
Philosophe et guerrier, terrible et populaire.
Ainsi ce grand César, soldat, prêtre, orateur,
Fut du peuple romain l'oracle et le vainqueur.
On sait qu'il fit encor bien pis dans sa jeunesse;
Mais tout sied au héros, excepté la faiblesse.

---

[1]. Le roi Jacques fit un petit traité de théologie, qu'il dédia à l'enfant Jésus.

LII. — A Mlle DE T...., DE ROUEN,

QUI AVAIT ÉCRIT A L'AUTEUR CONJOINTEMENT AVEC M. DE CIDEVILLE

(1738.)

Quoi ! celle qui n'a dû connaître
Que les Grâces, ses tendres sœurs,
De qui les mains cueillent des fleurs,
Et de qui les pas les font naître,
En philosophe ose paraître
Dans les profondeurs des détours
Où l'on voit les épines croître ;
Et la maîtresse des Amours
A choisi Newton pour son maître !
   Je vois cette jeune beauté,
Du palais de la Volupté,
Se promener d'un pas agile
Au temple de la Vérité.
La route en était difficile ;
Mais elle est avec Cideville,
Dans ces deux temples si fêté.
Jusqu'où n'a-t-elle point été
Avec ce conducteur habile ?
   Je vois que la nature a fait,
Parmi ses œuvres infinies,
Deux fois un ouvrage parfait :
Elle a formé deux Émilies.

LIII. — AU PRINCE ROYAL DE PRUSSE.

(1738.)

Vous ordonnez que je vous dise
Tout ce qu'à Cirey nous faisons :
Ne le voyez-vous pas sans qu'on vous en instruise ?
Vous êtes notre maître, et nous vous imitons :
Nous retenons de vous les plus belles leçons
   De la sagesse d'Épicure ;
   Comme vous, nous sacrifions
   A tous les arts, à la nature ;
   Mais de fort loin nous vous suivons.
   Ainsi, tandis qu'à l'aventure
   Le dieu du jour lance un rayon
   Au fond de quelque chambre obscure,
   De ses traits la lumière pure

Y peint du plus vaste horizon
La perspective en miniature.
Une telle comparaison
Se sent un peu de la lecture
Et de Kircher et de Newton.
Par ce ton si philosophique
Qu'ose prendre ma faible voix,
Peut-être je gâte à la fois
La poésie et la physique.
Mais cette nouveauté me pique;
Et du vieux code poétique
Je commence à braver les lois.
Qu'un autre, dans ses vers lyriques,
Depuis deux mille ans répétés,
Brode encor des fables antiques;
Je veux de neuves vérités.
Divinités des bergeries,
Naïades des rives fleuries,
Satyres, qui dansez toujours,
Vieux enfants que l'on nomme Amours,
Qui faites naître en nos prairies
De mauvais vers et de beaux jours,
Allez remplir les hémistiches
De ces vers pillés et postiches
Des rimailleurs suivant les cours.
D'une mesure cadencée
Je connais le charme enchanteur :
L'oreille est le chemin du cœur;
L'harmonie et son bruit flatteur
Sont l'ornement de la pensée :
Mais je préfère avec raison,
Les belles fautes du génie
A l'exacte et froide oraison
D'un puriste d'académie.
Jardins plantés en symétrie,
Arbres nains tirés au cordeau,
Celui qui vous mit au niveau
En vain s'applaudit, se récrie,
En voyant ce petit morceau :
Jardins, il faut que je vous fuie;
Trop d'art me révolte et m'ennuie.
J'aime mieux ces vastes forêts :
La nature, libre et hardie,
Irrégulière dans ses traits,
S'accorde avec ma fantaisie.
Mais dans ce discours familier
En vain je crois étudier

Cette nature simple et belle,
Je me sens plus irrégulier
Et beaucoup moins aimable qu'elle.
Accordez-moi votre pardon
Pour cette longue rapsodie;
Je l'écrivis avec saillie,
Mais peu maître de ma raison,
Car j'étais auprès d'Émilie.

LIV. — AU PRINCE ROYAL DE PRUSSE.

AU NOM DE MADAME LA MARQUISE DU CHATELET, A QUI IL AVAIT DEMANDÉ CE QU'ELLE FAISAIT A CIREY.

(1738.)

Un peu philosophe et bergère,
Dans le sein d'un riant séjour,
Loin des riens brillants de la cour,
Des intrigues du ministère,
Des inconstances de l'amour,
Des absurdités du vulgaire
Toujours sot et toujours trompé,
Et de la troupe mercenaire
Par qui ce vulgaire est dupé,
Je vis heureuse et solitaire;
Non pas que mon esprit sévère
Haïsse par son caractère
Tous les humains également :
Il faut les fuir, c'est chose claire,
Mais non pas tous, assurément.
Vivre seule dans sa tanière
Est un assez méchant parti;
Et ce n'est qu'avec un ami
Que la solitude doit plaire.
Pour ami j'ai choisi Voltaire;
Peut-être en feriez-vous ainsi.
Mes jours s'écoulent sans tristesse;
Et, dans mon loisir studieux,
Je ne demandais rien aux dieux
Que quelque dose de sagesse,
Quand le plus aimable d'entre eux,
A qui nous érigeons un temple,
A, par ses vers doux et nombreux,
De la sagesse que je veux
Donné les leçons et l'exemple.
Frédéric est le nom sacré

De ce dieu charmant qui m'éclaire :
Que ne puis-je aller à mon gré
Dans l'Olympe où l'on le révère!
Mais le chemin m'en est bouché.
Frédéric est un dieu caché,
Et c'est ce qui nous désespère.
Pour moi, nymphe de ces coteaux,
Et des prés si verts et si beaux,
Enrichis de l'eau qui les baise,
Soumise au fleuve de La Blaise,
Je reste parmi ses roseaux.
Mais vous, du séjour du tonnerre
Ne pourriez-vous descendre un peu?
C'est bien la peine d'être dieu
Quand on ne vient pas sur la terre!

LV. — A M. HELVÉTIUS.

(1738.)

Apprenti fermier général,
Très-savant maître en l'art de plaire,
Chez Plutus, ce gros dieu brutal,
Vous portâtes mine étrangère ;
Mais chez les Amours et leur mère,
Chez Minerve, chez Apollon,
Lorsque vous vîntes à paraître,
On vous prit d'abord pour le maître
Ou pour l'enfant de la maison.
Vainement sur votre menton
La main de l'aimable Jeunesse
N'a mis encor que son coton,
Toute la raisonneuse espèce
Croit voir en vous un vrai barbon ;
Et cependant votre maîtresse
Jamais ne s'y méprit, dit-on :
Car au langage de Platon,
Au savoir qui dans vous réside,
A ce minois de Céladon,
Vous joignez la force d'Alcide.

LVI. — AU ROI DE PRUSSE FRÉDÉRIC LE GRAND,

EN RÉPONSE A UNE LETTRE DONT IL HONORA L'AUTEUR,
A SON AVÉNEMENT A LA COURONNE.

(1740.)

Quoi! vous êtes monarque, et vous m'aimez encore!
Quoi! le premier moment de cette heureuse aurore
Qui promet à la terre un jour si lumineux,
Marqué par vos bontés, met le comble à mes vœux!
O cœur toujours sensible! âme toujours égale!
Vos mains du trône à moi remplissent l'intervalle.
Citoyen couronné, des préjugés vainqueur,
Vous m'écrivez en homme, et parlez à mon cœur.
Cet écrit vertueux, ces divins caractères,
Du bonheur des humains sont les gages sincères.
Ah! prince! ah! digne espoir de nos cœurs captivés!
Ah! régnez à jamais comme vous écrivez.
Poursuivez, remplissez des vœux si magnanimes :
Tout roi jure aux autels de réprimer les crimes;
Et vous, plus digne roi, vous jurez dans mes mains
De protéger les arts, et d'aimer les humains [1].

1. VAR. Vos mains du trône à moi franchissent l'intervalle:
Et, philosophe roi, méprisant la grandeur,
Vous m'écrivez en homme, et parlez à mon cœur.
Vous savez qu'Apollon, le dieu de la lumière,
N'a pas toujours du ciel éclairé la carrière :
Dans un champêtre asile il passa d'heureux jours;
Les arts qu'il y fit naître y furent ses amours :
Il chanta la vertu. Sa divine harmonie
Polit des Phrygiens le sauvage génie;
Solide en ses discours, sublime en ses chansons,
Du grand art de penser il donna des leçons.
Ce fut le siècle d'or; car, malgré l'ignorance,
L'âge d'or en effet est le siècle où l'on pense.
Un pasteur étranger, attiré vers ces bords,
Du dieu de l'harmonie entendit les accords;
A ses sons enchanteurs il accorda sa lyre;
Le dieu, qui l'approuva, prit le soin de l'instruire :
Mais le dieu se cachait, et le simple étranger
Ne connut, n'admira, n'aima que le berger.
Phébus quitta bientôt ces agréables plaines;
Du char de la lumière il prit en main les rênes;
Mais le jour que sa course éclaira l'univers,
Au lieu de se coucher dans le palais des mers,
Déposant ses rayons et sa grandeur suprême,
Il apparut encore à l'étranger qui l'aime,
Lui parla de son art, art peu connu des dieux,
Et ne l'oublia point en remontant aux cieux.
    Je suis cet étranger, ce pasteur solitaire;
Mais quel est l'Apollon qui m'échauffe et m'éclaire?
C'est à vous de le dire, ô vous qui l'admirez,

Et toi ¹ dont la vertu brilla persécutée,
Toi qui prouvas un Dieu, mais qu'on nommait athée,
Martyr de la raison, que l'envie en fureur
Chassa de son pays par les mains de l'erreur,
Reviens, il n'est plus rien qu'un philosophe craigne;
Socrate est sur le trône, et la Vérité règne.
    Cet or qu'on entassait, ce pur sang des États,
Qui leur donne la mort en ne circulant pas,
Répandu par ses mains, au gré de sa prudence,
Va ranimer la vie, et porter l'abondance.
La sanglante injustice expire sous ses pieds :
Déjà les rois voisins sont tous ses alliés;
Ses sujets sont ses fils, l'honnête homme est son frère;
Ses mains portent l'olive, et s'arment pour la guerre.
Il ne recherche point ces énormes soldats,
Ce superbe appareil, inutile aux combats,
Fardeaux embarrassants, colosses de la guerre,
Enlevés, à prix d'or², aux deux bouts de la terre;
Il veut dans ses guerriers le zèle et la valeur,
Et, sans les mesurer, juge d'eux par le cœur.
Ainsi pense le juste, ainsi règne le sage.
Mais il faut au grand homme un plus heureux partage :
Consulter la prudence, et suivre l'équité,
Ce n'est encor qu'un pas vers l'immortalité.
Qui n'est que juste est dur; qui n'est que sage est triste
Dans d'autres sentiments l'héroïsme consiste.
Le conquérant est craint, le sage est estimé :
Mais le bienfaisant charme, et lui seul est aimé;
Lui seul est vraiment roi; sa gloire est toujours pure;
Son nom parvient sans tache à la race future.
A qui se fait chérir faut-il d'autres exploits?
Trajan, non loin du Gange, enchaîna trente rois :
A peine a-t-il un nom fameux par la victoire :
Connu par ses bienfaits, sa bonté fait sa gloire.
Jérusalem conquise, et ses murs abattus,
N'ont point éternisé le grand nom de Titus;
Il fut aimé : voilà sa grandeur véritable.

    Peuples qu'il rend heureux, sujets qui l'adorez.
    A l'Europe étonnée annoncez votre maître.
    Les vertus, les talents, les plaisirs vont renaître;
    Les sages de la terre, appelés à sa voix,
    Accourent pour l'entendre, et reçoivent ses lois.
        Et toi, dont la vertu, etc. (Ed.)

1. Le professeur Wolf, persécuté comme athée par les théologiens de l'université de Hall, chassé par Frédéric II, sous peine d'être pendu, et fait chancelier de la même université, à l'avénement de Frédéric III.
2. Un de ces soldats, qu'on nommait Petit-Jean, avait été acheté vingt-quatre mille livres.

O vous qui l'imitez, vous, son rival aimable,
Effacez le héros dont vous suivez les pas :
Titus perdit un jour, et vous n'en perdrez pas.

LVII. — A UN MINISTRE D'ÉTAT[1]
SUR L'ENCOURAGEMENT DES ARTS.
(1740.)

Toi qui, mêlant toujours l'agréable à l'utile,
Des plaisirs aux travaux passes d'un vol agile;
Que j'aime à voir ton goût, par des soins bienfaisants,
Encourager les arts à ta voix renaissants!
Sans accorder jamais d'injuste préférence,
Entre tous ces rivaux tiens toujours la balance.
De Melpomène en pleurs anime les accents;
De sa riante sœur chéris les agréments;
Anime le pinceau, le ciseau, l'harmonie,
Et mets un compas d'or dans les mains d'Uranie.
Le véritable esprit sait se plier à tout :
On ne vit qu'à demi quand on n'a qu'un seul goût.
  Je plains tout être faible, aveugle en sa manie,
Qui dans un seul objet confina son génie,
Et qui, de son idole adorateur charmé,
Veut immoler le reste au dieu qu'il s'est formé.
Entends-tu murmurer ce sauvage algébriste,
A la démarche lente, au teint blême, à l'œil triste,
Qui, d'un calcul aride à peine encore instruit,
Sait que quatre est à deux comme seize est à huit?
Il méprise Racine, il insulte à Corneille;
Lulli n'a point de son pour sa pesante oreille;
Et Rubens vainement, sous ses pinceaux flatteurs,
De la belle nature assortit les couleurs.
Des xx redoublés admirant la puissance,
Il croit que Varignon fut seul utile en France,
Et s'étonne surtout qu'inspiré par l'amour,
Sans algèbre autrefois Quinault charmât la cour.
  Avec non moins d'orgueil et non moins de folie,
Un élève d'Euterpe, un enfant de Thalie,
Qui, dans ses vers pillés, nous répète aujourd'hui
Ce qu'on a dit cent fois et toujours mieux que lui,
De sa frivole muse admirateur unique,
Conçoit pour tout le reste un dégoût léthargique,
Prend pour des arpenteurs Archimède et Newton

---

1. Le comte de Maurepas. (ÉD.)

Et voudrait mettre en vers Aristote et Platon.
  Ce bœuf qui pesamment rumine ses problèmes,
Ce papillon folâtre, ennemi des systèmes,
Sont regardés tous deux avec un ris moqueur
Par un bavard en robe, apprenti chicaneur,
Qui, de papiers timbrés barbouilleur mercenaire,
Vous vend pour un écu sa plume et sa colère.
« Pauvres fous, vains esprits, s'écrie avec hauteur
Un ignorant fourré, fier du nom de docteur,
Venez à moi; laissez Massillon, Bourdaloue;
Je veux vous convertir; mais je veux qu'on me loue.
Je divise en trois points le plus simple des cas;
J'ai vingt ans, sans l'entendre, expliqué saint Thomas. »
Ainsi ces charlatans, de leur art idolâtres,
Attroupent un vain peuple au pied de leurs théâtres.
L'honnête homme est plus juste, il approuve en autrui
Les arts et les talents qu'il ne sent point en lui.
  Jadis avant que Dieu, consommant son ouvrage,
Eût d'un souffle de vie animé son image,
Il se plut à créer des animaux divers :
L'aigle au regard perçant, pour régner dans les airs,
Le paon, pour étaler l'iris de son plumage;
Le coursier, pour servir; le loup, pour le carnage;
Le chien, fidèle et prompt; l'âne, docile et lent;
Et le taureau farouche, et l'animal bêlant;
Le chantre des forêts; la douce tourterelle,
Qu'on a cru faussement des amants le modèle :
L'homme les nomma tous; et, par un heureux choix,
Discernant leurs instincts, assigna leurs emplois
On compte que l'époux de la célèbre Hortense [1]
Signala plaisamment sa sainte extravagance :
Craignant de faire un choix par sa faible raison,
Il tirait aux trois dés les rangs de sa maison.
Le sort, d'un postillon, faisait un secrétaire,
Son cocher étonné devint homme d'affaire;
Un docteur hibernois, son très-digne aumônier,
Rendit grâce au destin qui le fit cuisinier.
On a vu quelquefois des choix assez bizarres.
  Il est beaucoup d'emplois, mais les talents sont rares.
Si dans Rome avilie un empereur brutal
Des faisceaux d'un consul honora son cheval,
Il fut cent fois moins fou que ceux dont l'imprudence
Dans d'indignes mortels a mis sa confiance.

---

[1]. Le duc de Mazarin, mari d'Hortense Mancini, faisait tous les ans une loterie de plusieurs emplois de sa maison; et ce qu'on rapporte ici a un fondement véritable.

L'ignorant a porté la robe de Cujas;
La mitre a décoré des têtes de Midas;
Et tel au gouvernail a présidé sans peine,
Qui, la rame à la main, dut servir à la chaîne.
Le mérite est caché. Qui sait si de nos temps
Il n'est point, quoi qu'on dise, encor quelques talents?
Peut-être qu'un Virgile, un Cicéron sauvage,
Est chantre de paroisse, ou juge de village.
Le sort, aveugle roi des aveugles humains,
Contredit la nature, et détruit ses desseins;
Il affaiblit ses traits, les change ou les efface;
Tout s'arrange au hasard, et rien n'est à sa place.

LVIII. — AU ROI DE PRUSSE.

A Bruxelles, le 9 avril 1741

Non, il n'est point ingrat; c'est moi qui suis injuste;
Il fait des vers, il m'aime; et ce héros auguste,
En inspirant l'amour, en répandant l'effroi,
Caresse encor sa muse, et badine avec moi.
Du bouclier de Mars il s'est fait un pupitre;
De sa main triomphante il me trace une épître,
Une épître où son cœur a paru tout entier.
J'y vois le bel esprit, et l'homme, et le guerrier.
C'est le vrai coloris de son âme intrépide.
Son style, ainsi que lui, brillant, mâle, et rapide,
Sans languir un moment, ressemble à ses exploits.
Il dit tout en deux mots, et fait tout en deux mois.

O ciel! veillez sur lui, si vous aimez la terre:
Écartez loin de lui les foudres de la guerre;
Mais écartez surtout les poignards des dévots.
Que le fou Loyola défende à ses suppôts
D'imiter saintement, dans les champs germaniques,
Des Châtels, des Cléments, les forfaits catholiques.
Je connais trop l'Église et ses saintes fureurs.
Je ne crains point les rois; je crains les directeurs;
Je crains le front tondu d'un cuistre à robe noire,
Qui, du Vieux Testament lisant du nez l'histoire,
D'Aod et de Judith admirant les desseins,
Prêche le parricide, et fait des assassins.
Il sait d'un fanatique enhardir la faiblesse.
Un sot à deux genoux, qui marmotte à confesse
La liste des péchés dont il veut le pardon,
Instrument dangereux dans les mains d'un fripon,
Croit tout, est prêt à tout; et sa main frénétique
Respecte rarement un héros hérétique.

LIX. — AU MÊME.

Ce 20 avril 1741.

Eh bien ! mauvais plaisants, critiques obstinés,
Prétendus beaux esprits, à médire acharnés,
Qui, parlant sans penser, fiers avec ignorance,
Mettez légèrement les rois dans la balance,
Qui, d'un ton décisif, aussi hardi que faux,
Assurez qu'un savant ne peut être un héros;
Ennemis de la gloire et de la poésie,
Grands critiques des rois, allez en Silésie;
Voyez cent bataillons près de Neiss écrasés :
C'est là qu'est mon héros. Venez, si vous l'osez.
Le voilà ce savant que la gloire environne,
Qui préside aux combats, qui commande à Bellone,
Qui du fier Charles douze égalant le grand cœur,
Le surpasse en prudence, en esprit, en douceur.
C'est lui-même, c'est lui, dont l'âme universelle
Courut de tous les arts la carrière immortelle;
Lui qui de la nature a vu les profondeurs,
Des charlatans dévots confondit les erreurs;
Lui qui dans un repas, sans soins et sans affaire,
Passait les ignorants dans l'art heureux de plaire;
Qui sait tout, qui fait tout, qui s'élance à grands pas
Du Parnasse à l'Olympe, et des jeux aux combats.
Je sais que Charles douze, et Gustave, et Turenne,
N'ont point bu dans les eaux qu'épanche l'Hippocrène :
Mais enfin ces guerriers, illustres ignorants,
En étant moins polis, n'en étaient pas plus grands.
Mon prince est au-dessus de leur gloire vulgaire :
Quand il n'est point Achille, il sait être un Homère;
Tour à tour la terreur de l'Autriche et des sots;
Fertile en grands projets, aussi bien qu'en bons mots;
En riant à la fois de Genève et de Rome,
Il parle, agit, combat, écrit, règne, en grand homme
O vous qui prodiguez l'esprit et les vertus,
Reposez-vous, mon prince, et ne m'effrayez plus;
Et quoique vous sachiez tout penser et tout faire,
Songez que les boulets ne vous respectent guère,
Et qu'un plomb dans un tube entassé par des sots
Peut casser d'un seul coup la tête d'un héros,
Lorsque, multipliant son poids par sa vitesse,
Il fend l'air qui résiste, et pousse autant qu'il presse.
Alors privé de vie, et chargé d'un grand nom,
Sur un lit de parade étendu tout du long,
Vous iriez tristement revoir votre patrie.

O ciel ! que ferait-on dans votre académie ?
Un dur anatomiste, élève d'Atropos,
Viendrait, scalpel en main, disséquer mon héros.
« La voilà, dirait-il, cette cervelle unique,
Si belle, si féconde, et si philosophique. »
Il montrerait aux yeux les fibres de ce cœur
Généreux, bienfaisant, juste, plein de grandeur.
Il couperait.... mais non, ces horribles images
Ne doivent point souiller les lignes de nos pages.
Conservez, ô mes dieux ! l'aimable Frédéric,
Pour son bonheur, pour moi, pour le bien du public.
Vivez, prince, et passez dans la paix, dans la guerre,
Surtout dans les plaisirs, tous les *ic* de la terre,
Théodoric, Ulric, Genséric, Alaric,
Dont aucun ne vous vaut, selon mon pronostic.
Mais lorsque vous aurez, de victoire en victoire,
Augmenté vos États, ainsi que votre gloire,
Daignez vous souvenir que ma tremblante voix,
En chantant vos vertus, préságea vos exploits.
Songez bien qu'en dépit de la grandeur suprême,
Votre main mille fois m'écrivait : *Je vous aime.*
Adieu, grand politique, et rapide vainqueur !
Trente États subjugués ne valent point un cœur.

LX. — AU MÊME.

De Bruxelles, 1742.

Les vers et les galants écrits
Ne sont pas de cette province,
Et dans les lieux où tout est prince
Il est très-peu de beaux esprits.
Jean Rousseau[1], banni de Paris,
Vit émousser dans ce pays
Le tranchant aigu de sa pince ;
Et sa muse, qui toujours grince,
Et qui fuit les Jeux et les Ris,
Devint ici grossière et mince.
Comment vouliez-vous que je tinsse
Contre ces frimas épaissis ?
Vouliez-vous que je redevinsse
Ce que j'étais quand je suivis
Les traces du pasteur du Mince[2],
Et que je chantai les Henris ?
Apollon la tête me rince ;

1. J. B. Rousseau. (ÉD.) — 2. Virgile pasteur du Mincio. (ÉD.)

Il s'aperçoit que je vieillis.
Il voulut qu'en lisant Leibnitz
De plus rimailler je m'abstinsse ;
Il le voulut, et j'obéis :
Auriez-vous cru que j'y parvinsse ?

LXI. — RÉPONSE
AUX PREMIERS VERS DU MARQUIS DE XIMÉNÈS,
DU 31 DÉCEMBRE 1742.

1er janvier 1743

Vous flattez trop ma vanité :
Cet art si séduisant vous était inutile ;
L'art des vers suffisait ; et votre aimable style
M'a lui seul assez enchanté.

Votre âge quelquefois hasarde ses prémices.
En esprit, ainsi qu'en amour,
Le temps ouvre les yeux, et l'on condamne un jour
De ses goûts passagers les premiers sacrifices.

A la moins aimable beauté,
Dans son besoin d'aimer on prodigue son âme,
On prête des appas à l'objet de sa flamme ;
Et c'est ainsi que vous m'avez traité.

Ah ! ne me quittez point, séducteur que vous êtes !
Ma muse a reçu vos serments....
Je sens qu'elle est au rang de ces vieilles coquettes
Qui pensent fixer leurs amants.

LXII. — AU ROI DE PRUSSE.
(FRAGMENT.)

. . . .
Lorsque, pour tenir la balance,
L'Anglais vide son coffre-fort ;
Lorsque l'Espagnol sans puissance
Croit partout être le plus fort ;
Quand le Français vif et volage
Fait au plus vite un empereur ;
Quand Belle-Ile n'est pas sans peur
Pour l'ouvrier et pour l'ouvrage ;
Quand le Batave un peu tardif,
Rempli d'égards et de scrupule,
Avance un pas et deux recule
Pour se joindre à l'Anglais actif ;

ÉPÎTRES.   249

Quand le bonhomme de saint-père
Du haut de sa sainte Sion
Donne sa bénédiction
A plus d'une armée étrangère,
Que fait mon héros à Berlin?
Il réfléchit sur la folie
Des conducteurs du genre humain;
Il donne des lois au destin,
Et carrière à son grand génie;
Il fait des vers gais et plaisants;
Il rit en donnant des batailles;
On commence à craindre à Versailles
De le voir rire à nos dépens.
. . . .

LXIII. — AU MÊME.

(1744.)

Ceux qui sont nés sous un monarque¹
Font tous semblant de l'adorer;
Sa Majesté, qui le remarque,
Fait semblant de les honorer;

---

1. Le commencement de l'épître est différent dans quelques copies

Grand roi, la longue maladie
Qui va rongeant l'étui malsain
De mon âme assez engourdie,
Et de plus une comédie
Que je fais pour notre dauphin,
Et que j'ai peur qui ne l'ennuie,
Tout cela retenait ma main;
Et souvent je donnais en vain
Des secousses à mon génie,
Pour qu'il envoyât dans Berlin
Quelque nouvelle rapsodie,
Quelque rondeau, quelque huitain,
Au vainqueur de la Silésie,
A ce bel esprit souverain,
A ce grand homme un peu malin,
Chez qui j'aurais passé ma vie,
Si j'avais à ma fantaisie
Pu disposer de mon destin.
En vain vous m'appelez volage,
Toujours dans un noble esclavage
Votre muse retient mes pas :
Et je suis serviteur du sage,
Quoique mon cœur ne le soit pas.
Votre esprit sublime et facile,
Vos entretiens et votre style,
Ont pour moi des charmes plus doux
Que votre suprême puissance,
Vos grenadiers, votre opulence,

Et de cette fausse monnoie
Que le courtisan donne au roi,
Et que le prince lui renvoie,
Chacun vit, ne songeant qu'à soi.
Mais lorsque la philosophie,
La séduisante poésie,
Le goût, l'esprit, l'amour des arts,
Rejoignent sous leurs étendards,
A trois cents milles de distance,
Votre très-royale éloquence,
Et mon goût pour tous vos talents;
Quand, sans crainte et sans espérance,
Je sens en moi tous vos penchants;
Et lorsqu'un peu de confidence
Resserre encor ces nœuds charmants;
Enfin lorsque Berlin attire
Tous mes sens à Cirey séduits,
Alors ne pouvez-vous pas dire :
On m'aime, tout roi que je suis?
  Enfin l'océan germanique,
Qui toujours des bons Hambourgeois
Servit si bien la république,
Vers Embden sera sous vos lois,
Avec garnison batavique.
Un tel mélange me confond;
Je m'attendais peu, je vous jure,
De voir de l'or avec du plomb;
Mais votre creuset me rassure :
A votre feu, qui tout épure,
Bientôt le vil métal se fond,
Et l'or vous demeure en nature.
Partout que de prospérités!
Vous conquérez, vous héritez [1]
Des ports de mer et des provinces;
Vous mariez à de grands princes [2]
De très-adorables beautés;
Vous faites noce, et vous chantez

Et cent villes à vos genoux.
Dussé-je leur faire une offense,
Je ne puis rien aimer que vous.
Ceux qui sont nés, etc. (Ed.)

1. Le dernier duc d'Ost-Frise venait de mourir, et avait laissé à la couronne de Prusse une principauté riche et considérable. (Ed.)
2. Pendant son séjour à Pirmont, dans les premiers mois de l'année 1744, Frédéric avait fait demander en mariage la fille unique du landgrave de Cassel, Marie-Amélie, pour le margrave Charles de Brandebourg. Elle fut accordée; mais sa mort arriva le 19 novembre 1744, avant la célébration. (Ed.)

Sur votre lyre enchanteresse
Tantôt de Mars les cruautés,
Et tantôt la douce mollesse.
Vos sujets, au sein du loisir,
Goûtent les fruits de la victoire;
Vous avez et fortune et gloire;
Vous avez surtout du plaisir;
Et cependant le roi mon maître,
Si digne avec vous de paraître
Dans la liste des meilleurs rois,
S'amuse à faire dans la Flandre [1]
Ce que vous faisiez autrefois
Quand trente canons à la fois
Mettaient des bastions en cendre.
C'est lui qui, secouru du ciel,
Et surtout d'une armée entière,
A brisé la forte barrière
Qu'à notre nation guerrière
Mettait le bon greffier Fagel.
De Flandre il court en Allemagne
Défendre les rives du Rhin;
Sans quoi le pandoure inhumain
Viendrait s'enivrer de ce vin
Qu'on a cuvé dans la Champagne.
Grand roi, je vous l'avais bien dit
Que mon souverain magnanime
Dans l'Europe aurait du crédit,
Et de grands droits à votre estime.
Son beau feu, dont un vieux prélat
Avait caché les étincelles,
A de ses flammes immortelles
Tout d'un coup répandu l'éclat.
Ainsi la brillante fusée
Est tranquille jusqu'au moment
Où, par son amorce embrasée,
Elle éclaire le firmament,
Et, perçant dans les sombres voiles,
Semble se mêler aux étoiles,
Qu'elle efface par son brillant.
C'est ainsi que vous enflammâtes
Tout l'horizon d'un nouveau ciel,
Lorsqu'à Berlin vous commençâtes
A prendre ce vol immortel
Devers la gloire, où vous volâtes.

---

1. Voyez, dans le tome précédent, p. 551, le poëme sur les Événements de 1744, et ci-après l'épître LXX, p. 256. (ED.)

Tout du plus loin que je vous vis,
Je m'écriai, je vous prédis
A l'Europe tout incertaine.
Vous parûtes : vingt potentats
Se troublèrent dans leurs États,
En voyant ce grand phénomène.
Il brille, il donne de beaux jours :
J'admire, je bénis son cours;
Mais c'est de loin : voilà ma peine¹.

LXIV. — AU ROI DE PRUSSE.

A Paris, ce 1ᵉʳ novembre 1744

Du héros de la Germanie
Et du plus bel esprit des rois
Je n'ai reçu, depuis trois mois,
Ni beaux vers, ni prose polie;
Ma muse en est en léthargie.
Je me réveille aux fiers accents
De l'Allemagne ranimée,
Aux fanfares de votre armée,
A vos tonnerres menaçants;
Qui se mêlent aux cris perçants
Des cent voix de la Renommée.
Je vois de Berlin à Paris
Cette déesse vagabonde,
De Frédéric et de Louis
Porter les noms au bout du monde;
Ces noms, que la gloire a tracés
Dans un cartouche de lumière;
Ces noms, qui répondent assez
Du bonheur de l'Europe entière,
S'ils sont toujours entrelacés.
  Quels seront les heureux poëtes,
Les chantres boursouflés des rois,
Qui pourront élever leurs voix,
Et parler de ce que vous faites?
C'est à vous seul de vous chanter,
Vous qu'en vos mains j'ai vu porter
La lyre et la lance d'Achille;
Vous qui, rapide en votre style
Comme dans vos exploits divers,
Faites de la prose et des vers

---

1. Ici se placerait par ordre de date (1744) l'*Epître au président Hénault*, qui fait partie de la lettre MCCCI. (Ed.)

Comme vous prenez une ville.
D'Horace heureux imitateur,
Sa gaieté, son esprit, sa grâce,
Ornent votre style enchanteur;
Mais votre muse le surpasse
Dans un point cher à notre cœur :
L'empereur protégeait Horace,
Et vous protégez l'empereur.
 Fils de Mars et de Calliope,
Et digne de ces deux grands noms,
Faites le destin de l'Europe,
Et daignez faire des chansons;
Et quand Thémis avec Bellone
Par votre main raffermira
Des Césars le funeste trône;
Quand le Hongrois cultivera,
A l'abri d'une paix profonde,
Du Tokai la vigne féconde;
Quand partout son vin se boira,
Qu'en le buvant on chantera
Les pacificateurs du monde,
Mon prince à Berlin reviendra;
Mon prince à son peuple qui l'aime
Libéralement donnera
Un nouvel et bel opéra,
Qu'il aura composé lui-même.
Chaque auteur vous applaudira;
Car, tout envieux que nous sommes
Et du mérite et du grand nom,
Un poëte est toujours fort bon
A la tête de cent mille hommes.
Mais, croyez-moi, d'un tel secours
Vous n'avez pas besoin pour plaire;
Fussiez-vous pauvre comme Homère,
Comme lui vous vivrez toujours.
Pardon, si ma plume légère,
Que souvent la vôtre enhardit,
Écrit toujours au bel esprit
Beaucoup plus qu'au roi qu'on révère
Le Nord, à vos sanglants progrès,
Vit des rois le plus formidable :
Moi, qui vous approchai de près,
Je n'y vis que le plus aimable.

LXV. — AU ROI.

PRÉSENTÉE A SA MAJESTÉ, AU CAMP DEVANT FRIBOURG.

Novembre 1744.

Vous dont l'Europe entière aime ou craint la justice,
Brave et doux à la fois, prudent sans artifice,
Roi nécessaire au monde, où portez-vous vos pas?
De la fièvre échappé, vous courez aux combats!
Vous volez à Fribourg! En vain La Peyronie[1]
Vous disait : « Arrêtez, ménagez votre vie!
Il vous faut du régime, et non des soins guerriers :
Un héros peut dormir, couronné de lauriers. »
Le zèle a beau parler, vous n'avez pu le croire.
Rebelle aux médecins, et fidèle à la gloire,
Vous bravez l'ennemi, les assauts, les saisons,
Le poids de la fatigue, et le feu des canons.
Tout l'État en frémit, et craint votre courage.
Vos ennemis, grand roi, le craignent davantage.
Ah! n'effrayez que Vienne, et rassurez Paris!
Rendez, rendez la joie à vos peuples chéris;
Rendez-nous ce héros qu'on admire et qu'on aime.
   Un sage nous a dit que le seul bien suprême,
Le seul bien qui du moins ressemble au vrai bonheur,
Le seul digne de l'homme, est de toucher un cœur.
Si ce sage eut raison, si la philosophie
Plaça dans l'amitié le charme de la vie,
Quel est donc, justes dieux! le destin d'un bon roi,
Qui dit, sans se flatter : « Tous les cœurs sont à moi? »
A cet empire heureux qu'il est beau de prétendre!
Vous qui le possédez, venez, daignez entendre
Des bornes de l'Alsace aux remparts de Paris
Ce cri que l'amour seul forme de tant de cris.
Accourez, contemplez ce peuple dans la joie,
Bénissant le héros que le ciel lui renvoie.
Ne le voyez-vous pas, tout ce peuple à genoux,
Tous ces avides yeux qui ne cherchent que vous,
Tous nos cœurs enflammés volant sur notre bouche?
C'est là le vrai triomphe, et le seul qui vous touche.
   Cent rois au Capitole en esclaves traînés,
Leurs villes, leurs trésors, et leurs dieux enchaînés,
Ces chars étincelants, ces prêtres, cette armée,
Ce sénat insultant à la terre opprimée,
Ces vaincus envoyés du spectacle au cercueil,

---

[1]. Premier chirurgien du roi.

Ces triomphes de Rome étaient ceux de l'orgueil :
Le vôtre est de l'amour, et la gloire en est pure ;
Un jour les effaçait, le vôtre à jamais dure ;
Ils effrayaient le monde, et vous le rassurez.
Vous, l'image des dieux sur la terre adorés,
Vous que dans l'âge d'or elle eût choisi pour maître,
Goûtez les jours heureux que vos soins font renaître!
Que la paix florissante embellisse leur cours!
Mars fait des jours brillants, la paix fait les beaux jours.
Qu'elle vole à la voix du vainqueur qui l'appelle,
Et qui n'a combattu que pour nous et pour elle!

LXVI. — AU ROI DE PRUSSE.

(FRAGMENT.)

. . . .
. . . .

Ah! mon prince, c'est grand dommage
Que vous n'ayez point votre image,
Un fils par la gloire animé,
Un fils par vous accoutumé
A rogner ce grand héritage
Que l'Autriche s'était formé.
   Il est doux de se reconnaître
Dans sa noble postérité ;
Un grand homme en doit faire naître
Voyez comme le roi mon maître
De ce devoir s'est acquitté.
Son dauphin, comme vous, appelle
Auprès de lui les plus beaux arts
De Le Brun, de Lulli, d'Handelle[1],
Tout aussi bien que ceux de Mars.
Il apprit la langue espagnole ;
Il entend celle des Césars,
Mais des Césars du Capitole.
Vous me demanderez comment,
Dans le beau printemps de sa vie,
Un dauphin peut en savoir tant ;
Qui fut son maître? le génie :
Ce fut là votre précepteur.
Je sais bien qu'un peu de culture
Rend encor le terrain meilleur;
Mais l'art fait moins que la nature.

1. Haendel, l'illustre compositeur, mort en 1759. (ÉD.)

LXVII. — AU MÊME.

J'ai donc vu ce Potsdam, et je ne vous vois pas;
On dit qu'ainsi que moi vous prenez médecine.
Que de conformités m'attachent sur vos pas!
    Le dieu de la double colline,
L'amour de tous les arts, la haine des dévots;
Raisonner quelquefois sur l'essence divine;
    Peu hanter nos seigneurs les sots;
Au corps comme à l'esprit donner peu de repos;
    Mettre l'ennui toujours en fuite;
Manger trop quelquefois, et me purger ensuite;
Savourer les plaisirs, et me moquer des maux;
Sentir et réprimer ma vive impatience :
Voilà quel est mon lot, voilà ma ressemblance
    Avec mon aimable héros.
O vous, maîtres du monde! ô vous, rois que j'atteste,
Indolents dans la paix, ou de sang abreuvés....
    Ressemblez-lui dans tout le reste.

LXVIII. — AU MÊME,
QUI AVAIT ADRESSÉ DES VERS A L'AUTEUR SUR CES RIMES REDOUBLÉES.

Juin 1745.

Lorsque deux rois s'entendent bien,
Que chacun d'eux défend son bien,
Et du bien d'autrui fait ripaille;
Quand un des deux, roi très-chrétien,
L'autre, qui l'est vaille que vaille,
Prennent des murs, gagnent bataille,
Et font sur le bord stygien
Voler des pandours la canaille;
Quand Berlin rit avec Versaille
Aux dépens de l'Hanovrien,
Que dit monsieur l'Autrichien?
Tout honteux, il faut qu'il s'en aille
Loin du monarque prussien,
Qui le bat, le suit, et s'en raille.
Cela pourra gâter la taille
De ce gros monsieur Bartenstein,
Et rabaisser ce ton hautain
Qui toujours contre vous criaille.
C'est en vain que l'Anglais travaille
A combattre votre destin,
Vous aurez l'huître, et lui l'écaille;

Vous aurez le fruit et le grain,
Et lui l'écorce avec la paille.
Le Saxon voit que c'est en vain
Qu'un petit moment il ferraille ;
Contre un aussi mauvais voisin
Que peut-il faire? rien qui vaille.
Vous seriez empereur romain,
Et du pape première ouaille,
Si vous en aviez le dessein ;
Mais votre pouvoir souverain
Subsistera, pour le certain,
Sans cette belle pretintaille.
Soyez l'arbitre du Germain,
Soyez toujours vainqueur humain,
Et laissez là la rime en *aille*.

LXIX. — AU DUC DE RICHELIEU.

(1745.)

Généreux courtisan d'un roi brillant de gloire,
Vous, ministre et témoin de ses vaillants exploits,
    L'emploi d'écrire son histoire
    Devient le plus beau des emplois.
Plus il est glorieux, et plus il est facile ;
Le sujet seul fait tout, et l'art est inutile.
    Je n'ai pas besoin d'ornement,
Je n'ai rien à flatter, et je n'ai rien à taire :
    Je dois raconter simplement
Les grandes actions, ainsi qu'il les sait faire.
    Je dirai qu'il porte ses pas
Des jeux à la tranchée, et d'un siége aux combats ;
Que si Louis le Grand renversa des murailles,
    Le ciel réservait à son fils
    L'honneur de gagner des batailles,
Et de mettre le comble à la gloire des lis.
Je peindrai ce courage et tranquille et terrible,
Vainqueur du fier Anglais, qui se croit invincible ;
Le champ de Fontenoy de meurtre ensanglanté,
D'autant plus glorieux qu'il fut plus disputé.
Dans ce combat affreux, acharné, sanguinaire,
Le roi craint pour son fils, le fils craint pour son père ;
Nos soldats tout sanglants frémissent pour tous deux,
Seul mouvement d'effroi dans ces cœurs généreux.
  Grand roi, Londres gémit, Vienne pleure et t'admire :
Ton bras va décider des destins de l'empire.

La Sardaigne balance, et Munich se repent;
Le Batave indécis au remords est en proie;
Et la France s'écrie au milieu de sa joie :
« Le plus aimé des rois est aussi le plus grand. »

LXX. — A M. LE COMTE ALGAROTTI,

Qui était alors à la cour de Saxe, et que le roi de Pologne avait fait son conseiller de guerre.

A Paris, 21 février 1747.

Enfant du Pinde et de Cythère,
Brillant et sage Algarotti,
A qui le ciel a départi
L'art d'aimer, d'écrire, et de plaire,
Et que, pour comble de bienfaits,
Un des meilleurs rois de la terre
A fait son conseiller de guerre
Dès qu'il a voulu vivre en paix;
Dans vos palais de porcelaine,
Recevez ces frivoles sons,
Enfilés sans art et sans peine
Au charmant pays des pompons.
O Saxe! que nous vous aimons!
O Saxe! que nous vous devons
D'amour et de reconnaissance;
C'est de votre sein que sortit
Le héros qui venge la France,
Et la nymphe qui l'embellit[1].
    Apprenez que cette dauphine,
Par ses grâces, par son esprit,
Ici chaque jour accomplit
Ce que votre muse divine
Dans ses lettres m'avait prédit.
Vous penserez que je l'ai vue,
Quand je vous en dis tant de bien,
Et que je l'ai même entendue :
Je vous jure qu'il n'en est rien,
Et que ma muse peu connue,
En vous répétant dans ces vers
Cette vérité toute nue,
N'est que l'écho de l'univers.
    Une dauphine est entourée,
Et l'étiquette est son tourment.
J'ai laissé passer prudemment

1. Le maréchal de Saxe, et Marie-Josèphe, fille du roi de Pologne, électeur de Saxe, et femme du dauphin. (ED.)

Des paniers la foule titrée,
Qui remplit tout l'appartement
De sa bigarrure dorée.
Virgile était-il le premier
A la toilette de Livie?
Il laissait passer Cornélie,
Les ducs et pairs, le chancelier,
Et les cordons bleus d'Italie,
Et s'amusait sur l'escalier
Avec Tibulle et Polymnie.
Mais à la fin j'aurai mon tour :
Les dieux ne me refusent guère;
Je fais aux Grâces chaque jour
Une très-dévote prière.
Je leur dis : « Filles de l'Amour,
Daignez, à ma muse discrète
Accordant un peu de faveur,
Me présenter à votre sœur
Quand vous irez à sa toilette. »
　Que vous dirai-je maintenant
Du dauphin, et de cette affaire
De l'amour et du sacrement?
Les dames d'honneur de Cythère
En pourraient parler dignement.
Mais un profane doit se taire.
Sa cour dit qu'il s'occupe à faire
Une famille de héros,
Ainsi qu'ont fait très à propos
Son aïeul et son digne père.
　Daignez pour moi remercier
Votre ministre magnifique;
D'un fade éloge poétique
Je pourrais fort bien l'ennuyer :
Mais je n'aime pas à louer;
Et ces offrandes si chéries
Des belles et des potentats,
Gens tout nourris de flatteries,
Sont un bijou qui n'entre pas
Dans son baguier de pierreries.
　Adieu : faites bien au Saxon
Goûter les vers de l'Italie
Et les vérités de Newton;
Et que votre muse polie
Parle encor sur un nouveau ton
De notre immortelle Émilie[1].

1. Ici se placerait par ordre de date (1747) l'*Épître du roi de Prusse*, qui fait partie de la lettre MCDXXXVI. (ED.)

LXXI. — A S. A. S. Mme LA DUCHESSE DU MAINE,
SUR LA VICTOIRE REMPORTÉE PAR LE ROI, A LAWFELT.

(1747.)

Auguste fille et mère de héros,
Vous ranimez ma voix faible et cassée,
Et vous voulez que ma muse lassée
Comme Louis ignore le repos.
D'un crayon vrai vous m'ordonnez de peindre
Son cœur modeste et ses brillants exploits,
Et Cumberland, que l'on a vu deux fois
Chercher ce roi, l'admirer, et le craindre.
Mais des bons vers l'heureux temps est passé;
L'art des combats est l'art où l'on excelle.
Notre Alexandre en vain cherche un Apelle,
Louis s'élève, et le siècle est baissé.
De Fontenoy le nom plein d'harmonie
Pouvait au moins seconder le génie.
Boileau pâlit au seul nom de Voërden.
Que dirait-il si, non loin d'Helderen,
Il eût fallu suivre entre les deux Nèthes
Bathiani, si savant en retraites;
Avec d'Estrée à Rosmal s'avancer?
La Gloire parle, et Louis me réveille;
Le nom du roi charme toujours l'oreille·
Mais que Lawfelt est rude à prononcer!
Et quel besoin de nos panégyriques,
Discours en vers, épîtres héroïques,
Enregistrés, visés par Crébillon[1],
Signés Marville[2], et jamais Apollon?
 De votre fils je connais l'indulgence;
Il recevra sans courroux mon encens;
Car la Bonté, la sœur de la Vaillance,
De vos aïeux passa dans vos enfants.
Mais tout lecteur n'est pas si débonnaire;
Et si j'avais, peut-être téméraire,
Représenté vos fiers carabiniers
Donnant l'exemple aux plus braves guerriers;
Si je peignais ce soutien de nos armes,
Ce petit-fils, ce rival de Condé;
Du dieu des vers si j'étais secondé,

---

1. M. Crébillon, de l'Académie française, examinateur des écrits en une feuille présentés à la police.
2. M. Feydeau de Marville, alors lieutenant de police.

Comme il le fut par le dieu des alarmes,
Plus d'un censeur, encore avec dépit,
M'accuserait d'en avoir trop peu dit.
Très-peu de gré, mille traits de satire,
Sont le loyer de quiconque ose écrire :
Mais pour son prince il faut savoir souffrir;
Il est partout des risques à courir;
Et la censure, avec plus d'injustice,
Va tous les jours acharner sa malice
Sur des héros dont la fidélité
L'a mieux servi que je ne l'ai chanté.
 Allons, parlez, ma noble académie :
Sur vos lauriers êtes-vous endormie?
Représentez ce conquérant humain
Offrant la paix, le tonnerre à la main.
Ne louez point, auteurs, rendez justice;
Et, comparant aux siècles reculés
Le siècle heureux, les jours dont vous parlez,
Lisez César, vous connaîtrez Maurice [1].
 Si de l'État vous aimez les vengeurs,
Si la patrie est vivante en vos cœurs,
Voyez ce chef dont l'active prudence
Venge à la fois Gênes, Parme et la France.
Chantez Belle-Ile : élevez dans vos vers
Un monument au généreux Boufflers;
Il est du sang qui fut l'appui du trône :
Il eût pu l'être; et la faux du trépas
Tranche ses jours, échappés à Bellone,
Au sein des murs délivrés par son bras [2].
Mais quelle voix assez forte, assez tendre,
Saura gémir sur l'honorable cendre
De ces héros que Mars priva du jour,
Aux yeux d'un roi, leur père et leur amour?
O vous surtout, infortuné Bavière,
Jeune Froulay, si digne de nos pleurs,
Qui chantera votre vertu guerrière?
Sur vos tombeaux qui répandra des fleurs?
 Anges des cieux, puissances immortelles,
Qui présidez à nos jours passagers,
Sauvez Lautrec au milieu des dangers :
Mettez Ségur à l'ombre de vos ailes;
Déjà Rocoux vit déchirer son flanc.
Ayez pitié de cet âge si tendre;

---

1. Maurice, comte de Saxe.
2. Il mourut à Gênes, de la petite vérole, en 1747, à quarante-deux ans. (Éd.)

Ne versez pas le reste de ce sang
Que pour Louis il brûle de répandre[1].
De cent guerriers couronnez les beaux jours :
Ne frappez pas Bonac et d'Aubeterre,
Plus accablés sous de cruels secours
Que sous les coups des foudres de la guerre
  Mais, me dit-on, faut-il à tout propos
Donner en vers des listes de héros?
Sachez qu'en vain l'amour de la patrie
Dicte vos vers au vrai seul consacrés :
On flatte peu ceux qu'on a célébrés;
On déplaît fort à tous ceux qu'on oublie.
Ainsi toujours le danger suit mes pas;
Il faut livrer presque autant de combats
Qu'en a causé sur l'onde et sur la terre
Cette balance utile à l'Angleterre.
  Cessez, cessez, digne sang de Bourbon,
De ranimer mon timide Apollon,
Et laissez-moi tout entier à l'histoire;
C'est là qu'on peut, sans génie et sans art,
Suivre Louis de l'Escaut jusqu'au Jart.
Je dirai tout, car tout est à sa gloire.
Il fait la mienne, et je me garde bien
De ressembler à ce grand satirique[2],
De son héros discret historien,
Qui, pour écrire un beau panégyrique,
Fut bien payé, mais qui n'écrivit rien.

LXXII. — A M. LE DUC DE RICHELIEU

Dans vos projets étudiés
Joignant la force et l'artifice,
Vous devenez donc un Ulysse,
D'un Achille que vous étiez.
Les intérêts de deux couronnes
Sont soutenus par vos exploits,
Et des fiers tyrans du Génois
On vous a vu prendre à la fois
Et les postes et les personnes.
L'ennemi, par vous déposté,
Admire votre habileté.
En pareil cas, quelque Voiture

---

[1]. Le marquis de Ségur, depuis ministre de la guerre, avait été blessé à Rocoux, et perdit un bras à Lawfelt. (Ed.)
[2]. Boileau.

ÉPÎTRES.   263

Vous dirait qu'on vous vit toujour
Auprès de Mars et des Amours
Dans la plus brillante posture.
Ainsi jadis on s'exprimait
Dans la naissante académie
Que votre grand oncle formait ;
Mais la vieille dame, endormie
Dans le sein d'un triste repos,
Semble renoncer aux bons mots,
Et peut-être même au génie.
Mais quand vous viendrez à Paris,
Après plus d'un beau poste pris,
Il faudra bien qu'on vous harangue
Au nom du corps des beaux esprits,
Et des maîtres de notre langue.
Revenez bientôt essuyer
Ces fadeurs qu'on nomme éloquence,
Et donnez-moi la préférence
Quand il faudra vous ennuyer.

LXXIII. — A M. LE MARÉCHAL DE SAXE,

En lui envoyant les œuvres de M. le marquis de Rochemore, son ancien ami, mort depuis peu. (Ce dernier est supposé lui faire un envoi de l'autre monde.)

Je goûtais dans ma nuit profonde
Les froides douceurs du repos,
Et m'occupais peu des héros
Qui troublent le repos du monde ;
Mais dans nos champs Élysiens
Je vois une troupe en colère
De fiers Bretons, d'Autrichiens,
Qui vous maudit et vous révère ;
Je vois des Français éventés
Qui tous se flattent de vous plaire,
Et qui sont encore entêtés
De leurs plaisirs et de leur gloire,
Car ils sont morts à vos côtés
Entre les bras de la Victoire.
Enfin dans ces lieux tout m'apprend
Que celui que je vis à table
Gai, doux, facile, complaisant,
Et des humains le plus aimable,
Devient aujourd'hui le plus grand.
J'allais vous faire un compliment;
Mais, parmi les choses étranges

Qu'on dit à la cour de Pluton,
On prétend que ce fier Saxon
S'enfuit au seul bruit des louanges,
Comme l'Anglais fuit à son nom.
 Lisez seulement mes folies,
Mes vers, qui n'ont loué jamais
Que les trop dangereux attraits
Du dieu du vin et des Sylvies :
Ces sujets ont toujours tenté
Les héros de l'antiquité
Comme ceux du siècle où nous sommes :
Pour qui sera la volupté,
S'il en faut priver les grands hommes?

LXXIV. — A Mme DENIS, NIÈCE DE L'AUTEUR.

LA VIE DE PARIS ET DE VERSAILLES.

(1748.)

Vivons pour nous, ma chère Rosalie ;
Que l'amitié, que le sang qui nous lie
Nous tienne lieu du reste des humains :
Ils sont si sots, si dangereux, si vains!
Ce tourbillon qu'on appelle le monde
Est si frivole, en tant d'erreurs abonde,
Qu'il n'est permis d'en aimer le fracas
Qu'à l'étourdi qui ne le connaît pas.
 Après dîné, l'indolente Glycère
Sort pour sortir, sans avoir rien à faire :
On a conduit son insipidité
Au fond d'un char, où, montant de côté,
Son corps pressé gémit sous les barrières
D'un lourd panier qui flotte aux deux portières.
Chez son amie au grand trot elle va,
Monte avec joie, et s'en repent déjà,
L'embrasse, et bâille ; et puis lui dit : « Madame,
J'apporte ici tout l'ennui de mon âme
Joignez un peu votre inutilité
A ce fardeau de mon oisiveté. »
Si ce ne sont ses paroles expresses,
C'en est le sens. Quelques feintes caresses,
Quelques propos sur le jeu, sur le temps,
Sur un sermon, sur le prix des rubans,
Ont épuisé leurs âmes excédées :
Elles chantaient déjà, faute d'idées :
Dans le néant leur cœur est absorbé,

Quand dans la chambre entre monsieur l'abbé,
Fade plaisant, galant escroc, et prêtre,
Et du logis pour quelques mois le maître.
 Vient à la piste un fat en manteau noir,
Qui se rengorge et se lorgne au miroir.
Nos deux pédants sont tous deux sûrs de plaire;
Un officier arrive, et les fait taire,
Prend la parole, et conte longuement
Ce qu'à Plaisance eût fait son régiment,
Si par malheur on n'eût pas fait retraite.
Il vous le mène au col de la Bouquette;
A Nice, au Var, à Digne il le conduit;
Nul ne l'écoute, et le cruel poursuit.
Arrive Isis, dévote au maintien triste,
A l'air sournois : un petit janséniste,
Tout plein d'orgueil et de saint Augustin,
Entre avec elle, en lui serrant la main.
 D'autres oiseaux de différent plumage,
Divers de goût, d'instinct, et de ramage,
En sautillant font entendre à la fois
Le gazouillis de leurs confuses voix;
Et dans les cris de la folle cohue
La médisance est à peine entendue.
Ce chamaillis de cent propos croisés
Ressemble aux vents l'un à l'autre opposés.
Un profond calme, un stupide silence
Succède au bruit de leur impertinence;
Chacun redoute un honnête entretien :
On veut penser, et l'on ne pense rien.
O roi David! ô ressource assurée!
Viens ranimer leur langueur désœuvrée;
Grand roi David, c'est toi dont les sixains[1]
Fixent l'esprit et le goût des humains.
Sur un tapis dès qu'on te voit paraître,
Noble, bourgeois, clerc, prélat, petit-maître,
Femme surtout, chacun met son espoir
Dans tes cartons peints de rouge et de noir :
Leur âme vide est du moins amusée
Par l'avarice en plaisir déguisée.
 De ces exploits le beau monde occupé
Quitte à la fin le jeu pour le soupé;
Chaque convive en liberté déploie
A son voisin son insipide joie.
L'homme machine, esprit qui tient du corps,
En bien mangeant remonte ses ressorts :

---

1. Tous les jeux de cartes sont à l'enseigne du roi David

Avec le sang l'âme se renouvelle,
Et l'estomac gouverne la cervelle.
Ciel! quels propos! ce pédant du palais
Blâme la guerre, et se plaint de la paix.
Ce vieux Crésus, en sablant du champagne,
Gémit des maux que souffre la campagne;
Et, cousu d'or, dans le luxe plongé,
Plaint le pays de tailles surchargé.
Monsieur l'abbé vous entame une histoire
Qu'il ne croit point, et qu'il veut faire croire;
On l'interrompt par un propos du jour,
Qu'un autre conte interrompt à son tour.
De froids bons mots, des équivoques fades,
Des quolibets, et des turlupinades,
Un rire faux que l'on prend pour gaieté,
Font le brillant de la société.
 C'est donc ainsi, troupe absurde et frivole,
Que nous usons de ce temps qui s'envole;
C'est donc ainsi que nous perdons des jours
Longs pour les sots, pour qui pense si courts.
 Mais que ferai-je? où fuir loin de moi-même?
Il faut du monde; on le condamne, on l'aime.
On ne peut vivre avec lui ni sans lui.
Notre ennemi le plus grand, c'est l'ennui.
Tel qui chez soi se plaint d'un sort tranquille,
Vole à la cour, dégoûté de la ville.
Si dans Paris chacun parle au hasard,
Dans cette cour on se tait avec art,
Et de la joie, ou fausse ou passagère,
On n'a pas même une image légère.
Heureux qui peut de son maître approcher!
Il n'a plus rien désormais à chercher.
Mais Jupiter, au fond de l'empyrée,
Cache aux humains sa présence adorée :
Il n'est permis qu'à quelques demi-dieux
D'entrer le soir aux cabinets des cieux.
Faut-il aller, confondu dans la presse,
Prier les dieux de la seconde espèce,
Qui des mortels font le mal ou le bien?
Comment aimer des gens qui n'aiment rien,
Et qui, portés sur ces rapides sphères
Que la fortune agite en sens contraires,
L'esprit troublé de ce grand mouvement,
N'ont pas le temps d'avoir un sentiment?
A leur lever pressez-vous pour attendre,
Pour leur parler sans vous en faire entendre,
Pour obtenir, après trois ans d'oubli,

Dans l'antichambre un refus très-poli.
« Non, dites-vous, la cour ni le beau monde
Ne sont point faits pour celui qui les fronde.
Fuis pour jamais ces puissants dangereux;
Fuis les plaisirs, qui sont trompeurs comme eux,
Bon citoyen; travaille pour la France,
Et du public attends ta récompense. »
Qui? le public! ce fantôme inconstant,
Monstre à cent voix, Cerbère dévorant,
Qui flatte et mord, qui dresse par sottise
Une statue, et par dégoût la brise?
Tyran jaloux de quiconque le sert,
Il profana la cendre de Colbert;
Et, prodiguant l'insolence et l'injure,
Il a flétri la candeur la plus pure :
Il juge, il loue, il condamne au hasard
Toute vertu, tout mérite, et tout art.
C'est lui qu'on vit, de critiques avide,
Déshonorer le chef-d'œuvre d'*Armide*,
Et, pour *Judith*, *Pyrame* et *Régulus*[1],
Abandonner *Phèdre* et *Britannicus*;
Lui qui dix ans proscrivit *Athalie*,
Qui, protecteur d'une scène avilie,
Frappant des mains, bat à tort, à travers,
Au mauvais sens qui hurle en mauvais vers.

Mais il revient, il répare sa honte;
Le temps l'éclaire : oui, mais la mort plus prompte
Ferme mes yeux dans ce siècle pervers,
En attendant que les siens soient ouverts.
Chez nos neveux on me rendra justice;
Mais, moi vivant, il faut que je jouisse.
Quand dans la tombe un pauvre homme est inclus,
Qu'importe un bruit, un nom qu'on n'entend plus?
L'ombre de Pope avec les rois repose;
Un peuple entier fait son apothéose,
Et son nom vole à l'immortalité :
Quand il vivait, il fut persécuté.

Ah! cachons-nous; passons avec les sages
Le soir serein d'un jour mêlé d'orages;
Et dérobons à l'œil de l'envieux
Le peu de temps que me laissent les dieux.
Tendre amitié, don du ciel, beauté pure,
Porte un jour doux dans ma retraite obscure!
Puissé-je vivre et mourir dans tes bras,
Loin du méchant qui ne te connaît pas,

---

1. *Judith* est de Boyer; *Pyrame* et *Régulus* sont de Pradon. (Éd.)

Loin du bigot, dont la peur dangereuse
Corrompt la vie, et rend la mort affreuse!

LXXV. — A M. LE PRÉSIDENT HÉNAULT.
(Lunéville, novembre 1748.)

Vous qui de la chronologie [1]
Avez réformé les erreurs;
Vous dont la main cueillit les fleurs
De la plus belle poésie;
Vous qui de la philosophie
Avez sondé les profondeurs,
Malgré les plaisirs séducteurs
Qui partagèrent votre vie;
Hénault, dites-moi, je vous prie,
Par quel art, par quelle magie,
Parmi tant de succès flatteurs,
Vous avez désarmé l'Envie :
Tandis que moi, placé plus bas,
Qui devrais être inconnu d'elle,
Je vois chaque jour la cruelle
Verser ses poisons sur mes pas?
Il ne faut point s'en faire accroire;
J'eus l'air de me faire afficher
Aux murs du temple de Mémoire :
Aux sots vous sûtes vous cacher.
Je parus trop chercher la gloire,
Et la gloire vint vous chercher.
 Qu'un chêne, l'honneur d'un bocage,
Domine sur mille arbrisseaux,

---

1. Cette épître commençait ainsi :

> Hénault, fameux par vos soupés,
> Et par votre chronologie,
> Par des vers au bon coin frappés,
> Pleins de douceur et d'harmonie;
> Vous qui dans l'étude occupez
> L'heureux loisir de votre vie,
> Daignez m'apprendre, je vous prie
> Par quel secret vous échappez
> Aux malignités de l'Envie;
> Tandis que moi, placé plus bas
> Qui devrais être inconnu d'elle,
> Je vois que sa rage éternelle
> Répand son poison sur mes pas.
> Il ne faut point, etc.

Le président Hénault fut blessé de ce qu'on paraissait faire entrer ses soupers pour quelque chose dans sa réputation, et se fâcha sérieusement. M. de Voltaire changea sur-le-champ les premiers vers de sa pièce. (*Ed. de Kehl.*)

On respecte ses verts rameaux,
Et l'on danse sous son ombrage ;
Mais que du tapis d'un gazon
Quelque brin d'herbe ou de fougère
S'élève un peu sur l'horizon,
On l'en arrache avec colère.
Je plains le sort de tout auteur,
Que les autres ne plaignent guères ;
Si dans ses travaux littéraires
Il veut goûter quelque douceur,
Que, des beaux esprits serviteur,
Il évite ses chers confrères.
Montaigne, cet auteur charmant,
Tour à tour profond et frivole,
Dans son château paisiblement,
Loin de tout frondeur malévole,
Doutait de tout impunément,
Et se moquait très-librement
Des bavards fourrés de l'école ;
Mais quand son élève Charron,
Plus retenu, plus méthodique,
De sagesse donna leçon,
Il fut près de périr, dit-on,
Par la haine théologique.
Les lieux, le temps, l'occasion,
Font votre gloire ou votre chute :
Hier on aimait votre nom,
Aujourd'hui l'on vous persécute.
La Grèce à l'insensé Pyrrhon
Fait élever une statue :
Socrate prêche la raison,
Et Socrate boit la ciguë.
    Heureux qui dans d'obscurs travaux
A soi-même se rend utile !
Il faudrait, pour vivre tranquille,
Des amis, et point de rivaux.
La gloire est toujours inquiète ;
Le bel esprit est un tourment.
On est dupe de son talent :
C'est comme une épouse coquette,
Il lui faut toujours quelque amant.
Sa vanité, qui vous obsède,
S'expose à tout imprudemment ;
Elle est des autres l'agrément,
Et le mal de qui la possède.
    Mais finissons ce triste ton :
Est-il si malheureux de plaire ?

L'envie est un mal nécessaire;
C'est un petit coup d'aiguillon
Qui vous force encore à mieux faire.
Dans la carrière des vertus
L'âme noble en est excitée.
Virgile avait son Mævius,
Hercule avait son Eurysthée.
Que m'importent de vains discours
Qui s'envolent et qu'on oublie?
Je coule ici mes heureux jours
Dans la plus tranquille des cours,
Sans intrigue, sans jalousie,
Auprès d'un roi sans courtisans [1],
Près de Boufflers et d'Émilie;
Je les vois et je les entends,
Il faut bien que je fasse envie.

LXXVI. — A M. LE DUC DE RICHELIEU,

A QUI LE SÉNAT DE GÊNES AVAIT ÉRIGÉ UNE STATUE.

(A Lunéville, 18 novembre 1748.)

Je la verrai, cette statue
Que Gêne élève justement
Au héros qui l'a défendue.
Votre grand-oncle, moins brillant,
Vit sa gloire moins étendue;
Il serait jaloux, à la vue
De cet unique monument.
Dans l'âge frivole et charmant
Où le plaisir seul est d'usage,
Où vous reçûtes en partage
L'art de tromper si tendrement,
Pour modeler ce beau visage,
Qui de Vénus ornait la cour,
On eût pris celui de l'Amour,
Et surtout de l'Amour volage;
Et quelques traits moins enfantins
Auraient été la vive image
Du dieu qui préside aux jardins.
Ce double et charmant avantage
Peut diminuer à la fin;
Mais la gloire augmente avec l'âge.
Du sculpteur la modeste main
Vous fera l'air moins libertin;

---

1. Le roi Stanislas.

C'est de quoi mon héros enrage.
On ne peut filer tous ses jours
Sur le trône heureux des Amours ;
Tous les plaisirs sont de passage :
Mais vous saurez régner toujours
Par l'esprit et par le courage.
Les traits du Richelieu coquet,
De cette aimable créature,
Se trouveront en miniature
Dans mille boîtes à portrait
Où Macé[1] mit votre figure.
Mais ceux du Richelieu vainqueur,
Du héros soutien de nos armes,
Ceux du père, du défenseur
D'une république en alarmes,
Ceux de Richelieu son vengeur,
Ont pour moi cent fois plus de charmes.
   Pardon, je sens tous les travers
De la morale où je m'engage ;
Pardon, vous n'êtes pas si sage
Que je le prétends dans ces vers :
Je ne veux pas que l'univers
Vous croie un grave personnage.
Après ce jour de Fontenoy,
Où, couvert de sang et de poudre,
On vous vit ramener la foudre
Et la victoire à votre roi ;
Lorsque, prodiguant votre vie,
Vous eûtes fait pâlir d'effroi
Les Anglais, l'Autriche et l'Envie,
Vous revîntes vite à Paris
Mêler les myrtes de Cypris
A tant de palmes immortelles.
Pour vous seul, à ce que je vois,
Le Temps et l'Amour n'ont point d'ailes,
Et vous servez encor les belles,
Comme la France et les Génois.

LXXVII. — A M. DE SAINT-LAMBERT.

(1749.)

Tandis qu'au-dessus de la terre,
Des aquilons et du tonnerre,
La belle amante de Newton

---

1. Peintre, mort en 1767. (ÉD.)

Dans les routes de la lumière
Conduit le char de Phaéton,
Sans verser dans cette carrière,
Nous attendons paisiblement,
Près de l'onde castalienne,
Que notre héroïne revienne
De son voyage au firmament;
Et nous assemblons pour lui plaire,
Dans ces vallons et dans ces bois,
Les fleurs dont Horace autrefois
Faisait des bouquets pour Glycère.
Saint-Lambert, ce n'est que pour toi
Que ces belles fleurs sont écloses;
C'est ta main qui cueille les roses,
Et les épines sont pour moi.
Ce vieillard chenu qui s'avance,
Le Temps dont je subis les lois,
Sur ma lyre a glacé mes doigts,
Et des organes de ma voix
Fait trembler la sourde cadence.
Les Grâces dans ces beaux vallons,
Les dieux de l'amoureux délire,
Ceux de la flûte et de la lyre,
T'inspirent tes aimables sons,
Avec toi dansent aux chansons,
Et ne daignent plus me sourire.

   Dans l'heureux printemps de tes jours,
Des dieux du Pinde et des amours
Saisis la faveur passagère;
C'est le temps de l'illusion.
Je n'ai plus que de la raison :
Encore, hélas! n'en ai-je guère.

   Mais je vois venir sur le soir,
Du plus haut de son aphélie,
Notre astronomique Émilie [1]
Avec un vieux tablier noir,
Et la main d'encre encor salie.
Elle a laissé là son compas,
Et ses calculs, et sa lunette;
Elle reprend tous ses appas :
Porte-lui vite à sa toilette
Ces fleurs qui naissent sous tes pas,
Et chante-lui sur ta musette
Ces beaux airs que l'Amour répète,
Et que Newton ne connut pas.

1. Mme du Châtelet. (Éd.)

LXXVIII. — A M. DARGET.

(9 ou 10 auguste 1750.)

Ma foi, plus je lis, plus j'admire
Le philosophe de ces lieux;
Son sceptre peut briller aux yeux,
Mais mon oreille aime encor mieux
Les sons enchanteurs de sa lyre.
 Ce feu que dans les cieux vola
Le demi-dieu qui modela
Notre première mijaurée;
Ce feu, cette essence sacrée,
Dont ailleurs assez peu l'on a,
Est donc tout en cette contrée?
Ou bien du haut de l'empyrée
L'esprit d'Horace s'en alla
Sur les rivages de la Sprée,
Et sur le trône d'Attila.
Le feu roi, s'il voyait cela,
En aurait l'âme pénétrée.

LXXIX. — A M. DESMAHIS.

(1750.)

Vos jeunes mains cueillent des fleurs
Dont je n'ai plus que les épines;
Vous dormez dessous les courtines
Et des Grâces et des neuf Sœurs :
Je leur fais encor quelques mines,
Mais vous possédez leurs faveurs.
 Tout s'éteint, tout s'use, tout passe :
Je m'affaiblis, et vous croissez;
Mais je descendrai du Parnasse
Content, si vous m'y remplacez.
Je jouis peu, mais j'aime encore;
Je verrai du moins vos amours :
Le crépuscule de mes jours
S'embellira de votre aurore.
Je dirai : « Je fus comme vous : »
C'est beaucoup me vanter peut-être;
Mais je ne serai point jaloux :
Le plaisir permet-il de l'être?

LXXX. — A M. LE CARDINAL QUIRINI.

(Berlin, 1751.)

Quoi! vous voulez donc que je chante
Ce temple orné par vos bienfaits,
Dont aujourd'hui Berlin se vante!
Je vous admire, et je me tais.
Comment sur les bords de la Sprée,
Dans cette infidèle contrée
Où de Rome on brave les lois,
Pourrai-je élever une voix
A des cardinaux consacrée?
Éloigné des murs de Sion,
Je gémis en bon catholique.
Hélas! mon prince est hérétique,
Et n'a point de dévotion.
Je vois avec componction
Que dans l'infernale séquelle
Il sera près de Cicéron,
Et d'Aristide et de Platon,
Ou vis-à-vis de Marc Aurèle.
On sait que ces esprits fameux
Sont punis dans la nuit profonde;
Il faut qu'il soit damné comme eux,
Puisqu'il vit comme eux dans ce monde.
Mais surtout que je suis fâché
De le voir toujours entiché
De l'énorme et cruel péché
Que l'on nomme la tolérance!
Pour moi, je frémis quand je pense
Que le musulman, le païen,
Le quakre, et le luthérien,
L'enfant de Genève et de Rome,
Chez lui tout est reçu si bien,
Pourvu que l'on soit honnête homme.
Pour comble de méchanceté,
Il a su rendre ridicule
Cette sainte inhumanité,
Cette haine dont sans scrupule
S'arme le dévot entêté,
Et dont se raille l'incrédule.
Que ferai-je, grand cardinal,
Moi chambellan très-inutile
D'un prince endurci dans le mal,
Et proscrit dans notre Évangile?

Vous dont le front prédestiné
A nos yeux doublement éclate
Vous dont le chapeau d'écarlate
Des lauriers du Pinde est orné;
Qui, marchant sur les pas d'Horace
Et sur ceux de saint Augustin,
Suivez le raboteux chemin
Du paradis et du Parnasse,
Convertissez ce rare esprit :
C'est à vous d'instruire et de plaire;
Et la grâce de Jésus-Christ
Chez vous brille en plus d'un écrit,
Avec les trois Grâces d'Homère.

LXXXI. — A M. DARGET.
(9 mars 1751.)

Tout mon corps est en désarroi;
Cul, tête et ventre, sont chez moi
Fort indignes de notre maître.
Un cœur me reste : il est peut-être
Moins indigne de ce grand roi.
C'est un tribut que je lui doi;
Mais, hélas! il n'en a que faire.
Fatigué de vœux empressés,
Il peut croire que c'est assez
D'être bienfaisant et de plaire.
Né pour le grand art de charmer,
Pour la guerre et la politique,
Il est trop grand, trop héroïque,
Et trop aimable pour aimer.
Tant pis pour mes flammes secrètes :
J'ose aimer le premier des rois;
Je crains de vivre sous les lois
De la première des coquettes.
Du moins, pour prix de mes désirs,
J'entendrai sa docte harmonie,
Ces vers qui feraient mon envie,
S'ils ne faisaient pas mes plaisirs.
Adieu, monsieur son secrétaire;
Soyez toujours mon tendre appui :
Si Frédéric ne m'aimait guère,
Songez que vous paierez pour lui.

LXXXII. — AU ROI DE PRUSSE.
(9 avril 1751.)

Dans ce jour du saint vendredi,
Jour où l'on veut nous faire accroire
Qu'un Dieu pour le monde a pâti,
J'ose adresser ma voix à mon vrai roi de gloire.

De mon salut vrai créateur,
De d'Argens et de moi l'unique rédempteur,
Du salut éternel je ne suis pas en peine ;
Mais de ce vrai salut qu'on nomme la santé,
Mon esprit est inquiété.
Pardonnez, cher sauveur, à mon audace vaine.

O vous qui faites des heureux,
L'êtes-vous ? souffrez-vous ? êtes-vous à la gêne ?
Et les points de côté, la colique inhumaine,
Troubleraient-ils encor des jours si précieux ?

O philosophe roi, grand homme, heureux génie !
Vous dont le charmant entretien,
L'indulgente raison, l'aimable poésie,
Étonnent mon âme ravie,
Puissiez-vous goûter tout le bien
Que vous versez sur notre vie !

LXXXIII. — AU MÊME.
(1751.)

Est-il vrai que Voltaire aura
A Sans-Souci l'honneur de boire
Les eaux d'Hippocrène ou d'Égra,
Au lieu de l'onde sale et noire
Qu'en enfer il avalera ?
En ce cas il apportera
Son paquet et son écritoire,
Et près de vous il apprendra
Que sagesse vaut mieux que gloire.
Sur les arbres il écrira :
« Beaux lieux consacrés à la lyre,
Aux arts, aux douceurs du repos,
J'admirais ici mon héros,
Et me gardais de le lui dire. »

LXXXIV. — AU ROI DE PRUSSE.

Blaise Pascal a tort, il en faut convenir ;
Ce pieux misanthrope, Héraclite sublime,
Qui pense qu'ici-bas, tout est misère et crime,
Dans ses tristes accès ose nous maintenir
Qu'un roi que l'on amuse, et même un roi qu'on aime,
     Dès qu'il n'est plus environné,
     Dès qu'il est réduit à lui-même,
Est de tous les mortels le plus infortuné.
Il est le plus heureux s'il s'occupe et s'il pense.
Vous le prouvez très-bien : car, loin de votre cour,
En hibou fort souvent renfermé tout le jour,
Vous percez d'un œil d'aigle en cet abîme immense
Que la philosophie offre à nos faibles yeux ;
     Et votre esprit laborieux,
Qui sait tout observer, tout orner, tout connaître,
Qui se connaît lui-même, et qui n'en vaut que mieux,
Par ce mâle exercice augmente encor son être.
Travailler est le lot et l'honneur d'un mortel.
Le repos est, dit-on, le partage du ciel.
Je n'en crois rien du tout : quel bien imaginaire
D'être les bras croisés pendant l'éternité !
Est-ce dans le néant qu'est la félicité ?
Dieu serait malheureux s'il n'avait rien à faire ;
Il est d'autant plus Dieu qu'il est plus agissant.
Toujours, ainsi que vous, il produit quelque ouvrage :
On prétend qu'il fait plus, on dit qu'il se repent.
Il préside au scrutin qui, dans le Vatican,
Met sur un front ridé la coiffe à triple étage.
Du prisonnier Mahmoud il vous fait un sultan.
Il mûrit à Moka, dans le sable arabique,
Ce café nécessaire aux pays des frimas ;
     Il met la fièvre en nos climats,
     Et le remède en Amérique.
     Il a rendu l'humain séjour
De la variété le mobile théâtre ;
Il se plut à pétrir d'incarnat et d'albâtre
Les charmes arrondis du sein de Pompadour,
Tandis qu'il vous étend un noir luisant d'ébène
Sur le nez aplati d'une dame africaine,
Qui ressemble à la nuit comme l'autre au beau jour.
Dieu se joue à son gré de la race mortelle ;
Il fait vivre cent ans le Normand Fontenelle,
Et trousse à trente-neuf mon dévot de Pascal.

Il a deux gros tonneaux d'où le bien et le mal
   Descendent en pluie éternelle
Sur cent mondes divers et sur chaque animal.
Les sots, les gens d'esprit, et les fous, et les sages,
Chacun reçoit sa dose, et le tout est égal.
On prétend que de Dieu les rois sont les images.
   Les Anglais pensent autrement;
   Ils disent en plein parlement
Qu'un roi n'est pas plus dieu que le pape infaillible.
   Mais il est pourtant très-plausible
Que ces puissants du siècle un peu trop adorés,
A la faiblesse humaine ainsi que nous livrés,
Ressemblent en un point à notre commun maître :
C'est qu'ils font comme lui le mal et le bien-être;
Ils ont les deux tonneaux. Bouchez-moi pour jamais
Le tonneau des dégoûts, des chagrins, des caprices,
Dont on voit tant de cours s'abreuver à longs traits;
   Répandez de pures délices
Sur votre peu d'élus à vos banquets admis;
Que leurs fronts soient sereins, que leurs cœurs soient unis;
Au feu de votre esprit que notre esprit s'éclaire;
Que sans empressement nous cherchions à vous plaire;
   Qu'en dépit de la majesté
   Notre agréable Liberté,
Compagne du Plaisir, mère de la Saillie,
   Assaisonne avec volupté
   Les ragoûts de votre ambroisie.
Les honneurs rendent vains, le plaisir rend heureux.
   Versez les douceurs de la vie
   Sur votre Olympe sablonneux,
Et que le bon tonneau soit à jamais sans lie.

LXXXV. — L'AUTEUR ARRIVANT DANS SA TERRE

PRÈS DU LAC DE GENÈVE.

(Mars 1755.)

O maison d'Aristippe! ô jardins d'Épicure!
Vous qui me présentez, dans vos enclos divers,
   Ce qui souvent manque à mes vers,
Le mérite de l'art soumis à la nature,
Empire de Pomone et de Flore sa sœur,
   Recevez votre possesseur!
Qu'il soit, ainsi que vous, solitaire et tranquille!
Je ne me vante point d'avoir en cet asile
   Rencontré le parfait bonheur :

ÉPÎTRES.   279

Il n'est point retiré dans le fond d'un bocage;
  Il est encor moins chez les rois;
  Il n'est pas même chez le sage :
De cette courte vie il n'est point le partage.
Il faut y renoncer : mais on peut quelquefois
  Embrasser au moins son image.

Que tout plaît en ces lieux à mes sens étonnés!
D'un tranquille océan¹ l'eau pure et transparente
Baigne les bords fleuris de ces champs fortunés;
D'innombrables coteaux ces champs sont couronnés.
Bacchus les embellit; leur insensible pente
Vous conduit par degrés à ces monts sourcilleux²
Qui pressent les enfers et qui fendent les cieux.
Le voilà, ce théâtre de neige et de gloire,
Éternel boulevard qui n'a point garanti
  Des Lombards le beau territoire.
Voilà ces monts affreux célébrés dans l'histoire,
Ces monts qu'ont traversés, par un vol si hardi,
Les Charles, les Othon, Catinat, et Conti,
  Sur les ailes de la Victoire.
Au bord de cette mer où s'égarent mes yeux,
Ripailles³, je te vois. O bizarre Amédée⁴,
  Est-il vrai que dans ces beaux lieux,
Des soins et des grandeurs écartant toute idée,
Tu vécus en vrai sage, en vrai voluptueux,
Et que, lassé bientôt de ton doux ermitage,
Tu voulus être pape, et cessas d'être sage?
Lieux sacrés du repos, je n'en ferai pas tant,
Et, malgré les deux clefs dont la vertu nous frappe,
  Si j'étais ainsi pénitent,
  Je ne voudrais point être pape.

Que le chantre flatteur du tyran des Romains,
L'auteur harmonieux des douces *Géorgiques*,
Ne vante plus ces lacs et leurs bords magnifiques,
Ces lacs que la nature a creusés de ses mains
  Dans les campagnes italiques!
Mon lac est le premier : c'est sur ces bords heureux
Qu'habite des humains la déesse éternelle,
L'âme des grands travaux, l'objet des nobles vœux,
Que tout mortel embrasse, ou désire, ou rappelle,
Qui vit dans tous les cœurs, et dont le nom sacré

1. Le lac de Genève. — 2. Les Alpes.
3. Couvent d'Augustins où vécut le roi de Savoie après son abdication. (ÉD.)
4. Le premier duc de Savoie, Amédée, pape ou antipape, sous le nom de Félix.

Dans les cours des tyrans est tout bas adoré,
La Liberté. J'ai vu cette déesse altière,
Avec égalité répandant tous les biens,
Descendre de Morat en habit de guerrière,
Les mains teintes du sang des fiers Autrichiens
   Et de Charles le Téméraire.
Devant elle on portait ces piques et ces dards,
On traînait ces canons, ces échelles fatales
Qu'elle-même brisa, quand ses mains triomphales
De Genève en danger défendaient les remparts.
Un peuple entier la suit, sa naïve allégresse
Fait à tout l'Apennin répéter ses clameurs ;
Leurs fronts sont couronnés de ces fleurs que la Grèce
Aux champs de Marathon prodiguait aux vainqueurs.
C'est là leur diadème ; ils en font plus de compte
Que d'un cercle à fleurons de marquis et de comte
Et des larges mortiers à grands bords abattus,
Et de ces mitres d'or aux deux sommets pointus.
On ne voit point ici la grandeur insultante
  Portant de l'épaule au côté
  Un ruban que la Vanité
  A tissu de sa main brillante,
   Ni la fortune insolente
   Repoussant avec fierté
   La prière humble et tremblante
   De la triste pauvreté.
On n'y méprise point les travaux nécessaires :
Les états sont égaux, et les hommes sont frères.

Liberté ! liberté ! ton trône est en ces lieux :
La Grèce où tu naquis t'a pour jamais perdue,
  Avec ses sages et ses dieux.
Rome, depuis Brutus, ne t'a jamais revue.
Chez vingt peuples polis à peine es-tu connue.
Le Sarmate à cheval t'embrasse avec fureur ;
Mais le bourgeois à pied, rampant dans l'esclavage,
Te regarde, soupire, et meurt dans la douleur.
L'Anglais pour te garder signala son courage :
Mais on prétend qu'à Londre on te vend quelquefois.
Non, je ne le crois point : ce peuple fier et sage
Te paya de son sang, et soutiendra tes droits.
Au marais du Batave on dit que tu chancelles ;
Tu peux te rassurer : la race des Nassaux,
Qui dressa sept autels à tes lois immortelles [1],
  Maintiendra de ses mains fidèles

---

1. L'union des sept provinces

ÉPÎTRES. 281

   Et tes honneurs et tes faisceaux.
Venise te conserve, et Gênes t'a reprise.
Tout à côté du trône à Stockholm on t'a mise;
Un si beau voisinage est souvent dangereux.
Préside à tout État où la loi t'autorise,
   Et restes-y, si tu le peux.
Ne va plus, sous les noms et de Ligue et de Fronde,
Protectrice funeste en nouveautés féconde,
Troubler les jours brillants d'un peuple de vainqueurs
Gouverné par les lois, plus encor par les mœurs;
   Il chérit la grandeur suprême :
   Qu'a-t-il besoin de tes faveurs,
Quand son joug est si doux qu'on le prend pour toi-même?
Dans le vaste Orient ton sort n'est pas si beau.
Aux murs de Constantin, tremblante et consternée,
Sous les pieds d'un vizir tu languis enchaînée
   Entre le sabre et le cordeau.
Chez tous les Levantins tu perdis ton chapeau.
Que celui du grand Tell[1] orne en ces lieux ta tête!
Descends dans mes foyers en tes beaux jours de fête,
   Viens m'y faire un destin nouveau.
Embellis ma retraite, où l'Amitié t'appelle;
Sur de simples gazons viens t'asseoir avec elle.
Elle fuit comme toi les vanités des cours,
Les cabales du monde et son règne frivole.
O deux divinités! vous êtes mon recours.
L'une élève mon âme, et l'autre la console :
   Présidez à mes derniers jours[2]!

LXXXVI.—A L'EMPEREUR FRANÇOIS Ier, ET L'IMPÉRATRICE,
REINE DE HONGRIE,

SUR L'INAUGURATION DE L'UNIVERSITÉ DE VIENNE.

(1756.)

Quand un roi bienfaisant que ses peuples bénissent
   Les a comblés de ses bienfaits,
Les autres nations à sa gloire applaudissent;
Les étrangers charmés deviennent ses sujets;
Tous les rois à l'envi vont suivre ses exemples :
Il est le bienfaiteur du reste des mortels;
Et, tandis qu'aux beaux-arts il élève des temples,

---

1. L'auteur de la liberté helvétique.
2. Ici se placerait par ordre de date (1756) l'*Épître à M. Desmahis*
qui fait partie de la lettre 2387. (ED.)

Dans nos cœurs il a des autels.
Dans Vienne à l'indigence on donne des asiles,
Aux guerriers des leçons, des honneurs aux beaux-arts,
Et des secours aux arts utiles.
Connaissez à ces traits la fille des Césars.
Du Danube embelli les rives fortunées
Font retentir la voix des premiers des Germains;
Leurs chants sont parvenus aux Alpes étonnées,
Et l'écho les redit aux rivages romains.
Le Rhône impétueux et la Tamise altière
Répètent les mêmes accents.
Thérèse et son époux ont dans l'Europe entière
Un concert d'applaudissements.
Couple auguste et chéri, recevez cet hommage
Que cent nations ont dicté;
Pardonnez cet éloge, et souffrez ce langage
En faveur de la vérité.

LXXXVII. — A M. LE DUC DE RICHELIEU,

SUR LA CONQUÊTE DE MAHON.

(Mai 1756.)

Depuis plus de quarante années
Vous avez été mon héros;
J'ai présagé vos destinées.
Ainsi quand Achille à Scyros
Paraissait se livrer en proie
Aux jeux, aux amours, au repos,
Il devait un jour sur les flots
Porter la flamme devant Troie :
Ainsi quand Phryné dans ses bras
Tenait le jeune Alcibiade,
Phryné ne le possédait pas,
Et son nom fut dans les combats
Égal au nom de Miltiade.
Jadis les amants, les époux,
Tremblaient en vous voyant paraître.
Près des belles et près du maître
Vous avez fait plus d'un jaloux;
Enfin c'est aux héros à l'être.
C'est rarement que dans Paris,
Parmi les festins et les ris,
On démêle un grand caractère;
Le préjugé ne conçoit pas
Que celui qui sait l'art de plaire
Sache aussi sauver les États :

Le grand homme échappe au vulgaire :
Mais lorsqu'aux champs de Fontenoy
Il sert sa patrie et son roi;
Quand sa main des peuples de Gênes
Défend les jours et rompt les chaînes;
Lorsque aussi prompt que les éclairs
Il chasse les tyrans des mers
Des murs de Minorque opprimée,
Alors ceux qui l'ont méconnu
En parlent comme son armée.
Chacun dit : « Je l'avais prévu. »
Le succès fait la renommée.
Homme aimable, illustre guerrier,
En tout temps l'honneur de la France,
Triomphez de l'Anglais altier,
De l'envie, et de l'ignorance.
Je ne sais si dans Port-Mahon
Vous trouverez un sanctuaire;
Mais vous n'en avez plus affaire :
Vous allez graver votre nom
Sur les débris de l'Angleterre;
Il sera béni chez l'Ibère,
Et chéri dans ma nation.
Des deux Richelieu sur la terre
Les exploits seront admirés;
Déjà tous deux sont comparés,
Et l'on ne sait qui l'on préfère.
  Le cardinal affermissait
Et partageait le rang suprême
D'un maître qui le haïssait :
Vous vengez un roi qui vous aime.
Le cardinal fut plus puissant,
Et même un peu trop redoutable ;
Vous me paraissez bien plus grand,
Puisque vous êtes plus aimable.

LXXXVIII. — A M. L'ABBÉ DE LAPORTE.

(1759.)

Tu pousses trop loin l'amitié,
Abbé, quand tu prends ma défense;
Le vil objet de ta vengeance
Sous ta verge me fait pitié.
Il ne faut point tant de courage
Pour se battre contre un poltron,

Ni pour écraser un Fréron,
Dont le nom seul est un outrage.
Un passant donne au polisson
Un coup de fouet sur le visage :
Ce n'est que de cette façon
Qu'on corrige un tel personnage,
S'il pouvait être corrigé.
Mais on le hue, on le bafoue,
On l'a mille fois fustigé :
Il se carre encor dans la boue;
Dans le mépris il est plongé;
Sur chaque théâtre on le joue :
Ne suis-je pas assez vengé?

LXXXIX. — A UNE JEUNE VEUVE.

Jeune et charmant objet à qui pour son partage
Le ciel a prodigué les trésors les plus doux,
Les grâces, la beauté, l'esprit et le veuvage,
    Jouissez du rare avantage
D'être sans préjugés ainsi que sans époux!
    Libre de ce double esclavage,
Joignez à tous ces dons celui d'en faire usage;
Faites de votre lit le trône de l'Amour;
Qu'il ramène les Ris bannis de votre cour
    Par la puissance maritale.
Ah! ce n'est pas au lit qu'un mari se signale :
Il dort toute la nuit et gronde tout le jour;
    Ou s'il arrive par merveille
Que chez lui la nature éveille le désir,
Attend-il qu'à son tour chez sa femme il s'éveille?
Non : sans aucun prélude il brusque le plaisir;
Il ne connaît point l'art d'animer ce qu'on aime,
D'amener par degrés la volupté suprême;
Le traître jouit seul.... si pourtant c'est jouir.
Loin de vous tous liens, fût-ce avec Plutus même!
L'Amour se chargera du soin de vous pourvoir.
Vous n'avez jusqu'ici connu que le devoir,
    Le plaisir vous reste à connaître.
Quel fortuné mortel y sera votre maître?
    Ah! lorsque, d'amour enivré,
Dans le sein du plaisir il vous fera renaître,
Lui-même trouvera qu'il l'avait ignoré.

XC. — A M. LE PRÉSIDENT HÉNAULT.

SUR SON BALLET DU TEMPLE DES CHIMÈRES,

mis en musique par M. le duc de Nivernais, et représenté chez M. le maréchal de Belle-Isle, en 1760.

Votre amusement lyrique
M'a paru du meilleur ton.
Si Linus fit la musique,
Les vers sont d'Anacréon.
L'Anacréon de la Grèce
Vaut-il celui de Paris?
Il chanta la double ivresse
De Silène et de Cypris;
Mais fit-il avec sagesse
L'histoire de son pays?
Après des travaux austères,
Dans vos doux délassements
Vous célébrez les chimères.
Elles sont de tous les temps;
Elles nous sont nécessaires.
Nous sommes de vieux enfants;
Nos erreurs sont nos lisières,
Et les vanités légères
Nous bercent en cheveux blancs.

XCI. — A DAPHNÉ, CÉLÈBRE ACTRICE [1].

TRADUITE DE L'ANGLAIS.

(1ᵉʳ janvier 1761.)

Belle Daphné, peintre de la nature,
Vous l'imitez, et vous l'embellissez.
La voix, l'esprit, la grâce, la figure,
Le sentiment, n'est point encore assez;
Vous nous rendez ces prodiges d'Athène
Que le génie étalait sur la scène.
Quand dans les arts de l'esprit et du goût
On est sublime, on est égal à tout.
Que dis-je? on règne, et d'un peuple fidèle
On est chéri, surtout si l'on est belle.
O ma Daphné! qu'un destin si flatteur,
Est différent du destin d'un auteur!
Je crois vous voir sur ce brillant théâtre
Où tout Paris [2], de votre art idolâtre,

---

1. Cette pièce est souvent citée par Voltaire sous le nom de *Pantao-dai*, épître à Mlle Clairon. (ED.)
2. Le traducteur a mis *Paris* au lieu de *Londres*.

Porte en tribut son esprit et son cœur.
Vous récitez des vers plats et sans grâce,
Vous leur donnez la force et la douceur ;
D'un froid récit vous réchauffez la glace :
Les contre-sens deviennent des raisons.
Vous exprimez par vos sublimes sons,
Par vos beaux yeux, ce que l'auteur veut dire ;
Vous lui donnez tout ce qu'il croit avoir ;
Vous exercez un magique pouvoir
Qui fait aimer ce qu'on ne saurait lire.
On bat des mains, et l'auteur ébaudi
Se remercie, et pense être applaudi.
    La toile tombe, alors le charme cesse.
Le spectateur apportait des présents
Assez communs de sifflets et d'encens ;
Il fait deux lots quand il sort de l'ivresse,
L'un pour l'auteur, l'autre pour son appui :
L'encens pour vous, et les sifflets pour lui.
    Vous cependant, au doux bruit des éloges
Qui vont pleuvant de l'orchestre et des loges,
Marchant en reine, et traînant après vous,
Vingt courtisans l'un de l'autre jaloux,
Vous admettez près de votre toilette
Du noble essaim la cohue indiscrète.
L'un dans la main vous glisse un billet doux ;
L'autre à Passy[1] vous propose une fête ;
Josse avec vous veut souper tête à tête ;
Candale y soupe, et rit tout haut d'eux tous.
On vous entoure, on vous presse, on vous lasse.
Le pauvre auteur est tapi dans un coin,
Se fait petit, tient à peine une place.
Certain marquis, l'apercevant de loin,
Dit : « Ah ! c'est vous ; bonjour, monsieur Pancrace,
Bonjour : vraiment votre pièce a du bon. »
Pancrace fait révérence profonde,
Bégaye un mot, à quoi nul ne répond,
Puis se retire, et se croit du beau monde.
    Un intendant des plaisirs dits menus,
Chez qui les arts sont toujours bienvenus,
Grand connaisseur, et pour vous plein de zèle,
Vous avertit que la pièce nouvelle
Aura l'honneur de paraître à la cour.
    Vous arrivez, conduite par l'Amour :
On vous présente à la reine, aux princesses,
Aux vieux seigneurs, qui, dans leurs vieux propos,

---

1. Le traducteur a mis *Passy*, au lieu de *Kinsington*.

Vont regrettant le chant de la Duclos.
Vous recevez compliments et caresses;
Chacun accourt, chacun dit : « La voilà ! »
De tous les yeux vous êtes remarquée;
De mille mains on vous verrait claquée
Dans le salon, si le roi n'était là.
Pancrace suit : un gros huissier lui ferme
La porte au nez; il reste comme un terme,
La bouche ouverte et le front interdit :
Tel que Le Franc, qui, tout brillant de gloire,
Ayant en cour présenté son mémoire,
Crève à la fois d'orgueil et de dépit.
   Il gratte, il gratte; il se présente, il dit :
« Je suis l'auteur.... » Hélas ! mon pauvre hère,
C'est pour cela que vous n'entrerez pas.
Le malheureux, honteux de sa misère,
S'esquive en hâte, et, murmurant tout bas
De voir en lui les neuf muses bannies,
Du temps passé regrettant les beaux jours,
Il rime encore, et s'étonne toujours
Du peu de cas qu'on fait des grands génies.
   Pour l'achever, quelque compilateur,
Froid gazetier, jaloux d'un froid auteur,
Quelque Fréron, dans *l'Ane littéraire*,
Vient l'entamer de sa dent mercenaire;
A l'aboyeur il reste abandonné,
Comme un esclave aux bêtes condamné.
Voilà son sort; et puis cherchez à plaire.
   Mais c'est bien pis, hélas ! s'il réussit.
L'Envie alors, Euménide implacable,
Chez les vivants harpie insatiable,
Que la mort seule à grand'peine adoucit,
L'affreuse Envie, active, impatiente,
Versant le fiel de sa bouche écumante,
Court à Paris, par de longs sifflements,
Dans leurs greniers réveiller ses enfants.
A cette voix, les voilà qui descendent,
Qui dans le monde à grands flots se répandent,
En manteau court, en soutane, en rabat,
En petit-maître, en petit magistrat.
Écoutez-les : « Cette œuvre dramatique
Est dangereuse, et l'auteur hérétique. »
Maître Abraham va sur lui distillant
L'acide impur qu'il vendait sur la Loire[1];
Maître Crevier, dans sa pesante histoire

---

1. Le traducteur a substitué la *Loire* à la *Tamise*.

Qu'on ne lit point, condamne son talent.
Un petit singe, à face de Thersite,
Au sourcil noir, à l'œil noir, au teint gris,
Bel esprit faux [1] qui hait les bons esprits,
Fou sérieux que le bon sens irrite,
Écho des sots, trompette des pervers,
En prose dure insulte les beaux vers,
Poursuit le sage, et noircit le mérite.
Mais écoutez ces pieux loups-garous,
Persécuteurs de l'art des Euripides,
Qui vont hurlant en phrases insipides
Contre la scène, et même contre vous.
Quand vos talents entraînent au théâtre
Un peuple entier, de votre art idolâtre,
Et font valoir quelque ouvrage nouveau,
Un possédé, dans le fond d'un tonneau [2]
Qu'on coupe en deux, et qu'un vieux dais surmonte,
Crie au scandale, à l'horreur, à la honte,
Et vous dépeint au public abusé
Comme un démon en fille déguisé.
Ainsi toujours, unissant les contraires,
Nos chers Français, dans leurs têtes légères [3],
Que tous les vents font tourner à leur gré,
Vont diffamer ce qu'ils ont admiré.
O mes amis ! raisonnez, je vous prie;
Un mot suffit. Si cet art est impie,
Sans répugnance il le faut abjurer;
S'il ne l'est pas, il le faut honorer.

XCII. — A Mme DENIS.

SUR L'AGRICULTURE.

(14 mars 1761.)

Qu'il est doux d'employer le déclin de son âge
Comme le grand Virgile occupa son printemps !
Du beau lac de Mantoue il aimait le rivage;
Il cultivait la terre, et chantait ses présents.
Mais bientôt, ennuyé des plaisirs du village,
D'Alexis et d'Aminte il quitta le séjour,
Et, malgré Mævius, il parut à la cour.
C'est la cour qu'on doit fuir, c'est aux champs qu'il faut vivre
Dieu du jour, dieu des vers, j'ai ton exemple à suivre.

---

1. L'abbé Guyon et ses semblables.
2. L'auteur anglais a sans doute en vue les chaires des presbytériens
3. Le traducteur transporte toujours la scène à Paris.

Tu gardas les troupeaux, mais c'étaient ceux d'un roi :
Je n'aime les moutons que quand ils sont à moi.
L'arbre qu'on a planté rit plus à notre vue
Que le parc de Versaille et sa vaste étendue.
Le Normand Fontenelle, au milieu de Paris [1],
Prêta des agréments au chalumeau champêtre;
Mais il vantait des soins qu'il craignait de connaître,
Et de ses faux bergers il fit de beaux esprits.
Je veux que le cœur parle, ou que l'auteur se taise;
Ne célébrons jamais que ce que nous aimons
En fait de sentiment l'art n'a rien qui nous plaise :
Ou chantez vos plaisirs, ou quittez vos chansons;
Ce sont des faussetés, et non des fictions.

« Mais quoi! loin de Paris se peut-il qu'on respire? »
Me dit un petit-maître, amoureux du fracas.
Les Plaisirs dans Paris voltigent sur nos pas :
On oublie, on espère, on jouit, on désire;
Il nous faut du tumulte, et je sens que mon cœur,
S'il n'est pas enivré, va tomber en langueur. »

Attends, bel étourdi, que les rides de l'âge
Mûrissent ta raison, sillonnent ton visage;
Que Gaussin t'ait quitté, qu'un ingrat t'ait trahi,
Qu'un Bernard t'ait volé, qu'un jaloux hypocrite
T'ait noirci des poisons de sa langue maudite;
Qu'un opulent fripon, de ses pareils haï,
Ait ravi des honneurs qu'on enlève au mérite :
Tu verras qu'il est bon de vivre enfin pour soi,
Et de savoir quitter le monde qui nous quitte.

« Mais vivre sans plaisir, sans faste, sans emploi!
Succomber sous le poids d'un ennui volontaire! »

De l'ennui! Penses-tu que, retiré chez toi,
Pour les tiens, pour l'État, tu n'as plus rien à faire?
La Nature t'appelle, apprends à l'observer;
La France a des déserts, ose les cultiver;
Elle a des malheureux : un travail nécessaire,
Ce partage de l'homme, et son consolateur,
En chassant l'indigence amène le bonheur :
Change en épis dorés, change en gras pâturages
Ces ronces, ces roseaux, ces affreux marécages.
Tes vassaux languissants, qui pleuraient d'être nés,
Qui redoutaient surtout de former leurs semblables,
Et de donner le jour à des infortunés,

---

[1]. Théocrite et Virgile étaient à la campagne, ou en venaient, quand ils firent des églogues. Ils chantèrent les moissons qu'ils avaient fait naître, et les troupeaux qu'ils avaient conduits. Cela donnait à leurs bergers un air de vérité qu'ils ne peuvent guère avoir dans les rues de Paris. Aussi les églogues de Fontenelle furent des madrigaux galants.

Vont se lier gaiement par des nœuds désirables;
D'un canton désolé l'habitant s'enrichit;
Turbilli¹, dans l'Anjou, t'imite et t'applaudit;
Bertin², qui dans son roi voit toujours sa patrie,
Prête un bras secourable à ta noble industrie;
Trudaine³ sait assez que le cultivateur
Des ressorts de l'État est le premier moteur,
Et qu'on ne doit pas moins, pour le soutien du trône,
A la faux de Cérès qu'au sabre de Bellone.
  J'aime assez saint Benoît : il prétendit du moins⁴
Que ses enfants tondus, chargés d'utiles soins,
Méritassent de vivre en guidant la charrue,
En creusant des canaux, en défrichant des bois.
Mais je suis peu content du bonhomme François⁵;
Il crut qu'un vrai chrétien doit gueuser dans la rue,
Et voulut que ses fils, robustes fainéants,
Fissent serment à Dieu de vivre à nos dépens.
Dieu veut que l'on travaille et que l'on s'évertue;
Et le sot mari d'Ève, au paradis d'Éden,
Reçut un ordre exprès d'arranger son jardin⁶.
C'est la première loi donnée au premier homme,
Avant qu'il eût mangé la moitié de sa pomme.
Mais ne détournons point nos mains et nos regards
Ni des autres emplois, ni surtout des beaux-arts.
Il est des temps pour tout; et lorsqu'en mes vallées,
Qu'entoure un long amas de montagnes pelées,
De quelques malheureux ma main sèche les pleurs,
Sur la scène, à Paris, j'en fais verser peut-être;
Dans Versaille étonné j'attendris de grands cœurs;
Et, sans croire approcher de Racine, mon maître,
Quelquefois je peux plaire, à l'aide de Clairon.

1. Le marquis de Turbilli, auteur d'un ouvrage sur les défrichements. (Éd.)
2. Contrôleur général. (Éd.) — 3. Intendant des finances. (Éd.)
4. Bénédict ou Benoît voulut que les mains de ses moines cultivassent la terre. Elles ont été employées à d'autres travaux, à donner des éditions des Pères, à les commenter, à copier d'anciens titres, et à en faire. Plusieurs de leurs abbés réguliers sont devenus évêques; plusieurs ont eu des richesses immenses.
5. François d'Assise, en instituant les mendiants, fit un mal beaucoup plus grand. Ce fut un impôt exorbitant mis sur le pauvre peuple, qui n'osa refuser son tribut d'aumône à des moines qui disaient la messe et qui confessaient : de sorte qu'encore aujourd'hui, dans les pays catholiques romains, le paysan, après avoir payé le roi, son seigneur, et son curé, est encore forcé de donner le pain de ses enfants à des cordeliers et à des capucins.
6. Cet ordre exprès, que la Genèse dit avoir été donné de Dieu à l'homme, de cultiver son jardin, fait bien voir quel est le ridicule de dire que l'homme fut condamné au travail. L'Arabe Job est bien plus raisonnable : il dit que l'homme est né pour travailler, comme l'oiseau pour voler.

Au fond de son bourbier je fais rentrer Fréron.
L'archidiacre Trublet prétend que je l'ennuie;
La représaille est juste; et je sais à propos
Confondre les pervers, et me moquer des sots.
En vain sur son crédit un délateur s'appuie;
Sous son bonnet carré, que ma main jette à bas,
Je découvre, en riant, la tête de Midas[1].
J'honore Diderot, malgré la calomnie;
Ma voix parle plus haut que les cris de l'envie:
Les échos des rochers qui ceignent mon désert
Répètent après moi le nom de d'Alembert.
Un philosophe est ferme, et n'a point d'artifice;
Sans espoir et sans crainte il sait rendre justice:
Jamais adulateur, et toujours citoyen,
A son prince attaché sans lui demander rien;
Fuyant des factions les brigues ennemies
Qui se glissent parfois dans nos académies,
Sans aimer Loyola, condamnant saint Médard[2],
Des billets qu'on exige il se rit à l'écart,
Et laisse aux parlements à réprimer l'Église;
Il s'élève à son Dieu, quand il foule à ses pieds
Un fatras dégoûtant d'arguments décriés;
Et son âme inflexible au vrai seul est soumise.
C'est ainsi qu'on peut vivre à l'ombre de ses bois,
En guerre avec les sots, en paix avec soi-même,
Gouvernant d'une main le soc de Triptolème,
Et de l'autre essayant d'accorder sous ses doigts
La lyre de Racine et le luth de Chapelle.
 O vous, à l'amitié dans tous les temps fidèle,
Vous qui, sans préjugés, sans vices, sans travers,
Embellissez mes jours ainsi que mes déserts,
Soutenez mes travaux et ma philosophie;
Vous cultivez les arts, les arts vous ont suivie.
Le sang du grand Corneille[3], élevé sous vos yeux,
Apprend, par vos leçons, à mériter d'en être.
Le père de Cinna vient m'instruire en ces lieux:
Son ombre entre nous trois aime encore à paraître;
Son ombre nous console, et nous dit qu'à Paris
Il faut abandonner la place aux Scudérys.

1. L'avocat général Omer Joly de Fleury. (ÉD.)
2. Voyez les notes sur les convulsions et sur les billets de confession, deux ridicules et opprobres de la France, dans la pièce intitulée *le Pauvre Diable*, ci-dessous, p. 425 et suiv.
3. Mlle Corneille, mariée à M. Dupuits, officier de l'état-major.

XCIII. — A Mme ÉLIE DE BEAUMONT,

EN RÉPONSE A UNE ÉPÎTRE EN VERS AU SUJET DE MADEMOISELLE CORNEILLE.

(20 mai 1761.)

S'il est au monde une beauté
Qui de Corneille ait hérité,
Vous possédez cet apanage.
L'enfant dont je me suis chargé[1]
N'a point l'art des vers en partage ;
Vous l'avez : c'est un avantage
Qui m'a quelquefois affligé,
Et que doit fuir tout homme sage.
Ce dangereux et beau talent
Est pour vous un simple ornement,
Un pompon de plus à votre âge ;
Mais quand un homme a le malheur
D'avoir fait en forme un ouvrage,
Et quand il est monsieur l'auteur,
C'est un métier dont il enrage.
   Les vers, la musique, l'amour,
Sont les charmes de notre vie ;
Le sage en a la fantaisie,
Et sait les goûter tour à tour :
S'y livrer toujours, c'est folie.

XCIV. — AU DUC DE LA VALLIÈRE,

GRAND FAUCONNIER DE FRANCE.

(1761.)

Illustre protecteur des perdrix de Montrouge,
Des faucons, des auteurs, et surtout des catins ;
Vous dont l'auguste sceptre au cuir blanc, au bout rouge,
Est l'effroi des cocus et l'amour des putains,
Vous daignez vous servir de votre aimable plume
   Pour dire à la postérité
Que vous avez aimé certain Suisse effronté,
Très-indiscret auteur de plus d'un gros volume,
Mais dont l'esprit encor conserve sa gaieté.
   Il pense comme monsieur Hume,
   Il rit de la sotte âpreté
   De tout dévot plein d'amertume ;

. Mlle Corneille. (ÉD.)

Tranquillement il s'accoutume
A l'humaine méchanceté;
Le flambeau de la Vérité
Quelquefois dans ses mains s'allume;
Il doit être bientôt compté
Dans le rang d'un auteur posthume :
Mais quand le temps qui tout consume
Au néant l'aura rapporté,
Son nom, comme je le présume,
Ira, par votre grâce, à l'immortalité.

XCV. — A Mlle CLAIRON.

(1765.)

Le sublime en tout genre est le don le plus rare;
C'est là le vrai phénix; et, sagement avare,
La nature a prévu qu'en nos faibles esprits
Le beau, s'il est commun, doit perdre de son prix.
La médiocrité couvre la terre entière;
Les mortels ont à peine une faible lumière,
Quelques vertus sans force, et des talents bornés.
S'il est quelques esprits par le ciel destinés
A s'ouvrir des chemins inconnus au vulgaire,
A franchir des beaux-arts la limite ordinaire,
La nature est alors prodigue en ses présents;
Elle égale dans eux les vertus aux talents.
Le souffle du génie et ses fécondes flammes
N'ont jamais descendu que dans de nobles âmes;
Il faut qu'on en soit digne, et le cœur épuré
Est le seul aliment de ce flambeau sacré.
Un esprit corrompu ne fut jamais sublime.
   Toi que forma Vénus, et que Minerve anime,
Toi qui ressuscitas sous mes rustiques toits
L'*Électre* de Sophocle aux accents de ta voix
(Non l'*Électre* française, à la mode soumise,
Pour le galant Itys si galamment éprise);
Toi qui peins la nature en osant l'embellir,
Souveraine d'un art que tu sus ennoblir,
Toi dont un geste, un mot, m'attendrit et m'enflamme,
Si j'aime tes talents, je respecte ton âme.
L'amitié, la grandeur, la fermeté, la foi[1],
Les vertus que tu peins, je les retrouve en toi;
Elles sont dans ton cœur. La vertu que j'encense

---

1. La foi, en poésie, signifie la bonne foi.

N'est pas des voluptés la sévère abstinence.
L'amour, ce don du ciel, digne de son auteur,
Des malheureux humains est le consolateur.
Lui-même il fut un dieu dans les siècles antiques;
On en fait un démon chez nos vils fanatiques :
Très-désintéressé sur ce péché charmant,
J'en parle en philosophe, et non pas en amant.
Une femme sensible, et que l'amour engage,
Quand elle est honnête homme, à mes yeux est un sage.
    Que ce conteur heureux qui plaisamment chanta [1]
Le démon Belphégor et madame Honesta,
L'Ésope des Français, le maître de la fable,
Ait de la Champmêlé vanté la voix aimable,
Ses accents amoureux et ses sons affétés,
Écho des fades airs que Lambert [2] a notés;
Tu n'étais pas alors; on ne pouvait connaître
Cet art qui n'est qu'à toi, cet art que tu fais naître.
    Corneille, des Romains peintre majestueux,
T'aurait vue aussi noble, aussi Romaine qu'eux.
Le ciel, pour échauffer les glaces de mon âge,
Le ciel me réservait ce flatteur avantage :
Je ne suis point surpris qu'un sort capricieux
Ait pu mêler quelque ombre à tes jours glorieux.
L'âme qui sait penser n'en est point étonnée;
Elle s'en affermit, loin d'être consternée;
C'est le creuset du sage; et son or altéré
En renaît plus brillant, en sort plus épuré.
En tout temps, en tout lieu, le public est injuste;
Horace s'en plaignait sous l'empire d'Auguste.
La malice, l'orgueil, un indigne désir
D'abaisser des talents qui font notre plaisir,
De flétrir les beaux-arts qui consolent la vie,
Voilà le cœur de l'homme; il est né pour l'envie.
A l'église, au barreau, dans les camps, dans les cours,
Il est, il fut ingrat, et le sera toujours.
    Du siècle que j'ai vu tu sais quelle est la gloire :
Ce siècle des talents vivra dans la mémoire.

---

1. La Fontaine, dans son prologue de *Belphégor*, dédié à Mlle Champmêlé, fameuse actrice pour son temps. La déclamation était alors une espèce de chant. La Motte a fait des stances pour Mlle Duclos, dans lesquelles il la loue d'imiter la Champmêlé : et ni l'une ni l'autre ne devaient être imitées. On est tombé depuis dans un autre défaut beaucoup plus grand : c'est un familier excessif et ridicule, qui donne à un héros le ton d'un bourgeois. Le naturel dans la tragédie doit toujours se ressentir de la grandeur du sujet, et ne s'avilir jamais par la familiarité. Baron, qui avait un jeu si naturel et si vrai, ne tomba jamais dans cette bassesse.

2. Lambert, auteur de quelques airs insipides, très-célèbre avant Lulli.

Mais vois à quels dégoûts le sort abandonna
L'auteur d'*Iphigénie* et celui de *Cinna*,
Ce qu'essuya Quinault; ce que souffrit Molière,
Fénelon dans l'exil terminait sa carrière;
Arnauld, qui dut jouir du destin le plus beau,
Arnauld manquant d'asile, et même de tombeau.
De l'âge où nous vivons que pouvons-nous attendre?
La lumière, il est vrai, commence à se répandre;
Avec moins de talents on est plus éclairé :
Mais le goût s'est perdu, l'esprit s'est égaré.
Ce siècle ridicule est celui des brochures,
Des chansons, des extraits, et surtout des injures.
La barbarie approche : Apollon indigné
Quitte les bords heureux où ses lois ont régné;
Et, fuyant à regret son parterre et ses loges,
Melpomène avec toi fuit chez les Allobroges [1].

XCVI. — A HENRI IV.

Sur ce qu'on avait écrit à l'auteur que plusieurs citoyens de Paris s'étaient mis à genoux devant la statue équestre de ce prince pendan la maladie du dauphin [2].

(1766.)

Intrépide soldat, vrai chevalier, grand homme,
Bon roi, fidèle ami, tendre et loyal amant,
Toi que l'Europe a plaint d'avoir fléchi sous Rome,
Sans qu'on osât blâmer ce triste abaissement,
Henri, tous les Français adorent ta mémoire :
Ton nom devient plus cher et plus grand chaque jour;
Et peut-être autrefois quand j'ai chanté ta gloire,
Je n'ai point dans les cœurs affaibli tant d'amour.
  Un des beaux rejetons de ta race chérie,
Des marches de ton trône au tombeau descendu,
Te porte, en expirant, les vœux de ta patrie,
Et les gémissements de ton peuple éperdu.
  Lorsque la mort sur lui levait sa faux tranchante,
On vit de citoyens une foule tremblante
Entourer ta statue et la baigner de pleurs;
C'était là leur autel, et, dans tous nos malheurs,
On t'implore aujourd'hui comme un dieu tutélaire.
La fille qui naquit aux chaumes de Nanterre,
Pieusement célèbre en des temps ténébreux,
N'entend point nos regrets, n'exauce point nos vœux,

1. Mlle Clairon venait de quitter le théâtre, et avait été passer quelque temps à Ferney. (ED.)
2. Père de Louis XVI. (ED.)

De l'empire français n'est point la protectrice.
C'est toi, c'est ta valeur, ta bonté, ta justice,
Qui préside à l'État raffermi par tes mains.
Ce n'est qu'en t'imitant qu'on a des jours prospères ;
C'est l'encens qu'on te doit : les Grecs et les Romains
Invoquaient des héros, et non pas des bergères.
  Oh ! si de mes déserts, où j'achève mes jours,
Je m'étais fait entendre au fond du sombre empire !
Si, comme au temps d'Orphée, un enfant de la lyre
De l'ordre des destins interrompait le cours !
Si ma voix...! Mais tout cède à leur arrêt suprême :
Ni nos chants, ni nos cris, ni l'art et ses secours,
Les offrandes, les vœux, les autels, ni toi-même,
Rien ne suspend la mort. Ce monde illimité
Est l'esclave éternel de la fatalité.
A d'immuables lois Dieu soumit la nature.
  Sur ces monts entassés, séjour de la froidure,
Au creux de ces rochers, dans ces gouffres affreux,
Je vois des animaux maigres, pâles, hideux,
Demi-nus, affamés, courbés sous l'infortune ;
Ils sont hommes pourtant : notre mère commune
A daigné prodiguer des soins aussi puissants
A pétrir de ses mains leur substance mortelle,
Et le grossier instinct qui dirige leurs sens,
Qu'à former les vainqueurs de Pharsale et d'Arbelle.
Au livre des destins tous les jours sont comptés ;
Les tiens l'étaient aussi. Ces dures vérités
Epouvantent le lâche et consolent le sage.
Tout est égal au monde : un mourant n'a point d'âge
Le dauphin le disait au sein de la grandeur,
Au printemps de sa vie, au comble du bonheur ;
Il l'a dit en mourant, de sa voix affaiblie,
A son fils, à son père, à la cour attendrie.
O toi ! triste témoin de son dernier moment,
Qui lis de sa vertu ce faible monument,
Ne me demande point ce qui fonda sa gloire,
Quels funestes exploits assurent sa mémoire,
Quels peuples malheureux on le vit conquérir,
Ce qu'il fit sur la terre.... il t'apprit à mourir !

XCVII. — A M. LE CHEVALIER DE BOUFFLERS.

(1766.)

Croyez qu'un vieillard cacochyme,
Chargé de soixante et douze ans,
Doit mettre, s'il a quelque sens,

Son âme et son corps au régime.
 Dieu fit la douce Illusion
Pour les heureux fous du bel âge;
Pour les vieux fous l'ambition,
Et la retraite pour le sage.
 Vous me direz qu'Anacréon,
Que Chaulieu même, et Saint-Aulaire,
Tiraient encor quelque chanson
De leur cervelle octogénaire.
 Mais ces exemples sont trompeurs;
Et quand les derniers jours d'automne
Laissent éclore quelques fleurs,
On ne leur voit point les couleurs
Et l'éclat que le printemps donne :
Les bergères et les pasteurs
N'en forment point une couronne.
La Parque, de ses vilains doigts,
Marquait d'un sept avec un trois
La tête froide et peu pensante
De Fleury, qui donna des lois
A notre France languissante.
Il porta le sceptre des rois,
Et le garda jusqu'à nonante.
 Régner est un amusement
Pour un vieillard triste et pesant,
De toute autre chose incapable;
Mais vieux bel esprit, vieux amant,
Vieux chanteur, est insupportable.
 C'est à vous, ô jeune Boufflers,
A vous, dont notre Suisse admire
Le crayon, la prose, et les vers,
Et les petits contes pour rire;
C'est à vous de chanter Thémire,
Et de briller dans un festin,
Animé du triple délire
Des vers, de l'amour et du vin.

XCVIII. — A M. FRANÇOIS DE NEUFCHATEAU.

(1766.)

Si vous brillez à votre aurore,
Quand je m'éteins à mon couchant;
Si dans votre fertile champ
Tant de fleurs s'empressent d'éclore,
Lorsque mon terrain languissant

Est dégarni des dons de Flore ;
Si votre voix jeune et sonore
Prélude d'un ton si touchant,
Quand je fredonne à peine encore
Les restes d'un lugubre chant ;
Si des Grâces qu'en vain j'implore,
Vous devenez l'heureux amant ;
Et si ma vieillesse déplore
La perte de cet art charmant
Dont le dieu des vers vous honore ;
Tout cela peut m'humilier :
Mais je n'y vois point de remède ;
Il faut bien que l'on me succède,
Et j'aime en vous mon héritier.

XCIX. — A M. DE CHABANON,

QUI DANS UNE PIÈCE DE VERS EXHORTAIT L'AUTEUR A QUITTER L'ÉTUDE DE LA MÉTAPHYSIQUE POUR LA POÉSIE.

(27 auguste 1766.)

Aimable amant de Polymnie,
Jouissez de cet âge heureux
Des voluptés et du génie ;
Abandonnez-vous à leurs feux :
Ceux de mon âme appesantie
Ne sont qu'une cendre amortie,
Et je renonce à tous vos jeux.
La fleur de la saison passée
Par d'autres fleurs est remplacée.
  Une sultane avec dépit,
Dans le vieux sérail délaissée,
Voit la jeune entrer dans le lit
Dont le Grand Seigneur l'a chassée.
  Lorsque Élie était décrépit,
Il s'enfuit, laissant son esprit
A son jeune élève Élisée.
Ma muse est de moi trop lassée ;
Elle me quitte, et vous chérit :
Elle sera mieux caressée.

C. — A Mme DE SAINT-JULIEN,

NÉE COMTESSE DE LA TOUR DU PIN.

Fille de ces dauphins de qui l'extravagance
S'ennuya de régner pour obéir en France ;

ÉPÎTRES.

Femme aimable, honnête homme, esprit libre et hardi,
Qui, n'aimant que le vrai, ne suis que la nature;
Qui méprisas toujours le vulgaire engourdi
    Sous l'empire de l'imposture;
Qui ne conçus jamais la moindre vanité
    Ni de l'éclat de la naissance,
    Ni de celui de la beauté,
    Ni du faste de l'opulence;
Tu quittes le fracas des villes et des cours,
Les spectacles, les jeux, tous les riens du grand monde,
    Pour consoler mes derniers jours
    Dans ma solitude profonde.
En habit d'amazone, au fond de mes déserts,
Je te vois arriver plus belle et plus brillante
Que la divinité qui naquit sur les mers.
D'un flambeau dans tes mains la flamme étincelante
Apporte un jour nouveau dans mon obscurité;
Ce n'est point de l'Amour le flambeau redoutable,
    C'est celui de la Vérité:
C'est elle qui t'instruit, et tu la rends aimable.
    C'est ainsi qu'auprès de Platon,
    Auprès du vieux Anacréon,
    Les belles nymphes de la Grèce
    Accouraient pour donner leçon
    Et de plaisir et de sagesse.

    La légende nous a conté
Que l'on vit sainte Thècle, au public exposée,
Suivant partout saint Paul, en homme déguisée,
Braver tous les brocards de la malignité.
    Cet exemple de piété
    En tout pays fut imité
    Chez la révérende prêtrise:
    Chacun des Pères de l'Église
    Eut une femme à son côté.
    Il n'est point de François de Sale
    Sans une dame de Chantal:
    Un dévot peut penser à mal,
    Mais ne donne point de scandale.

    Bravez donc les discours malins,
    Demeurez dans mon ermitage,
    Et craignez plus les jeunes saints
    Que les fleurettes d'un vieux sage.

CI. — A Mme DE SAINT-JULIEN.

(1768.)

Des contraires bel assemblage,
Vous qui, sous l'air d'un papillon,
Cachez les sentiments d'un sage,
Revolez de mon ermitage
A votre brillant tourbillon;
Allez chercher l'Illusion,
Compagne heureuse du bel âge;
Que votre imagination,
Toujours forte, toujours légère,
Entre Boufflers et Voisenon
Répande cent traits de lumière;
Que Diane[1], que les Amours,
Partagent vos nuits et vos jours.
S'il vous reste en ce train de vie,
Dans un temps si bien employé,
Quelques moments pour l'amitié,
Ne m'oubliez pas, je vous prie;
J'aurais encor la fantaisie
D'être au nombre de vos amants :
Je cède ces honneurs charmants
Aux doyens de l'Académie[2].
Mais quand j'aurai quatre-vingts ans,
Je prétends de ces jeunes gens
Surpasser la galanterie,
S'ils me passent en beaux talents.
   Ces petits vers froids et coulants
Sentent un peu la décadence :
On m'assure qu'en plus d'un sens
Il en est tout de même en France.
Le bon temps reviendra, je pense;
Et j'ai la plus ferme espérance
Dans un de messieurs vos parents[3].

1. Mme de Saint-Julien aimait beaucoup la chasse. (ÉD.)
2. Les doyens de l'Académie française, en 1768, étaient le maréchal de Richelieu, reçu en 1720, et MM. d'Olivet et Hénault reçus en 1723. (ÉD.)
3. Le duc de Choiseul. (ÉD.)

CII. — A MON VAISSEAU [1].

(1768.)

O vaisseau qui portes mon nom,
Puisses-tu comme moi résister aux orages!
L'empire de Neptune a vu moins de naufrages
　　　Que le Permesse d'Apollon.
Tu vogueras peut-être à ces climats sauvages
Que Jean-Jacque a vantés dans son nouveau jargon.
　　　　Va débarquer sur ces rivages
　　　　Patouillet, Nonnotte et Fréron;
　　　A moins qu'aux chantiers de Toulon
Ils ne servent le roi noblement et sans gages.
Mais non, ton sort t'appelle aux dunes d'Albion.
Tu verras, dans les champs qu'arrose la Tamise,
La Liberté superbe auprès du trône assise:
Le chapeau qui la couvre est orné de lauriers;
Et, malgré ses partis, sa fougue et sa licence,
Elle tient dans ses mains la corne d'abondance
　　　　Et les étendards des guerriers.

Sois certain que Paris ne s'informera guère
Si tu vogues vers Smyrne où l'on vit naître Homère,
　　　Ou si ton breton nautonier
Te conduit près de Naple, en ce séjour fertile
Qui fait bien plus de cas du sang de saint Janvier
　　　　Que de la cendre de Virgile.
Ne va point sur le Tibre: il n'est plus de talents,
　　　Plus de héros, plus de grand homme;
　　　Chez ce peuple de conquérants
　　　Il est un pape, et plus de Rome.

Va plutôt vers ces monts qu'autrefois sépara
　　　　Le redoutable fils d'Alcmène,
Qui dompta les lions, sous qui l'hydre expira,
Et qui des dieux jaloux brava toujours la haine.
Tu verras en Espagne un Alcide nouveau [2],
　　　　Vainqueur d'une hydre plus fatale,
Des superstitions déchirant le bandeau,

---

1. Une compagnie de Nantes venait de mettre en mer un beau vaisseau qu'elle a nommé *le Voltaire*.
— Piron dit, en apprenant cette nouvelle:

　　　Si j'avais un vaisseau qui s'appelât *Voltaire*,
　　　Sous cet auspice heureux j'en ferais un corsaire. (Éd.)

2. M. le comte d'Aranda.

Plongeant dans la nuit du tombeau
De l'inquisition la puissance infernale.
Dis-lui qu'il est en France un mortel qui l'égale ;
Car tu parles, sans doute, ainsi que le vaisseau
  Qui transporta dans la Colchide
Les deux jumeaux divins, Jason, Orphée, Alcide.
Baptisé sous mon nom, tu parles hardiment :
Que ne diras-tu point des énormes sottises
  Que mes chers Français ont commises
  Sur l'un et sur l'autre élément !

Tu brûles de partir : attends, demeure, arrête ;
Je prétends m'embarquer, attends-moi, je te joins.
Libre de passions, et d'erreurs, et de soins,
J'ai su de mon asile écarter la tempête :
Mais dans mes prés fleuris, dans mes sombres forêts,
  Dans l'abondance, et dans la paix,
  Mon âme est encore inquiète ;
Des méchants et des sots je suis encor trop près :
Les cris des malheureux percent dans ma retraite.
Enfin le mauvais goût qui domine aujourd'hui
  Déshonore trop ma patrie.
Hier on m'apporta, pour combler mon ennui,
  Le *Tacite* de La Blétrie. —
Je n'y tiens point, je pars, et j'ai trop différé.

Ainsi je m'occupais, sans suite et sans méthode,
De ces pensers divers où j'étais égaré,
Comme tout solitaire à lui-même livré,
  Ou comme un fou qui fait une ode,
Quand Minerve, tirant les rideaux de mon lit,
Avec l'aube du jour m'apparut, et me dit :
« Tu trouveras partout la même impertinence ;
  Les ennuyeux et les pervers
  Composent ce vaste univers :
  Le monde est fait comme la France. »
  Je me rendis à la raison ;
Et, sans plus m'affliger des sottises du monde,
Je laissai mon vaisseau fendre le sein de l'onde,
  Et je restai dans ma maison.

CIII. — A BOILEAU, OU MON TESTAMENT.
(1769.)

Boileau, correct auteur de quelques bons écrits,
Zoïle de Quinault, et flatteur de Louis,
Mais oracle du goût dans cet art difficile

ÉPÎTRES. 303

Où s'égayait Horace, où travaillait Virgile,
Dans la cour du palais je naquis ton voisin;
De ton siècle brillant mes yeux virent la fin;
Siècle de grands talents bien plus que de lumière,
Dont Corneille, en bronchant, sut ouvrir la carrière.
Je vis le jardinier de ta maison d'Auteuil,
Qui chez toi, pour rimer, planta le chèvrefeuil [1].
Chez ton neveu Dongois [2] je passai mon enfance;
Bon bourgeois qui se crut un homme d'importance
Je veux t'écrire un mot sur tes sots ennemis,
A l'hôtel Rambouillet [3] contre toi réunis,
Qui voulaient, pour loyer de tes rimes sincères,
Couronné de lauriers t'envoyer aux galères.
Ces petits beaux esprits craignaient la vérité,
Et du sel de tes vers la piquante âcreté.
Louis avait du goût, Louis aimait la gloire :
Il voulut que ta muse assurât sa mémoire;
Et, satirique heureux, par ton prince avoué,
Tu pus censurer tout, pourvu qu'il fût loué.

Bientôt les courtisans, ces singes de leur maître,
Surent tes vers par cœur, et crurent s'y connaître.
On admira dans toi jusqu'au style un peu dur
Dont tu défiguras le vainqueur de Namur,
Et sur l'amour de Dieu ta triste psalmodie,
Du haineux janséniste en son temps applaudie;
Et l'Équivoque même, enfant plus ténébreux,
D'un père sans vigueur avorton malheureux.
Des muses dans ce temps, au pied du trône assises,
On aimait les talents, on passait les sottises.
Un maudit Écossais, chassé de son pays,
Vint changer tout en France, et gâta nos esprits.
L'Espoir trompeur et vain, l'Avarice au teint blême,
Sous l'abbé Terrasson [4] calculant son système,

---

1. Antoine, gouverneur de mon jardin d'Auteuil,
    Qui diriges chez moi l'if et le chèvrefeuil.

La maison était fort vilaine, et le jardin aussi.
2. Boileau a dit quelque part : *M. Dongois, mon illustre neveu.* C'était un greffier du parlement, qui demeurait dans la cour du Palais avec toute la famille de Boileau.
3. L'hôtel Rambouillet se déchaîna longtemps contre Boileau, qui avait accablé, dans ses satires, Chapelain, très-estimé et recherché dans cette maison, mauvais poëte, à la vérité, mais homme fort savant, et, ce qui est étonnant, bon critique; Cotin, non moins plat poëte, et de plus plat prédicateur, mais homme de lettres et aimable dans la société; d'autres encore, dont aucun ne lui avait donné le moindre sujet de plainte. Il n'en est pas de même de notre auteur : il n'a jamais rendu ridicules que ceux qui l'ont attaqué ; et en cela il a très-bien fait, et nous l'exhortons à continuer.
4. L'abbé Terrasson, traducteur de Diodore de Sicile, philosophe et

Répandaient à grands flots leurs papiers imposteurs,
Vidaient nos coffres-forts, et corrompaient nos mœurs;
Plus de goût, plus d'esprit : la sombre arithmétique
Succéda dans Paris à ton art poétique.
Le duc et le prélat, le guerrier, le docteur,
Lisaient pour tous écrits des billets au porteur.
On passa du Permesse au rivage du Gange,
Et le sacré vallon fut la place du change.
  Le ciel nous envoya, dans ces temps corrompus,
Le sage et doux pasteur des brebis de Fréjus;
Économe sensé, renfermé dans lui-même,
Et qui n'affecta rien que le pouvoir suprême.
La France était blessée : il laissa ce grand corps
Reprendre un nouveau sang, raffermir ses ressorts,
Se rétablir lui-même en vivant de régime.
Mais si Fleury fut sage, il n'eut rien de sublime;
Il fut loin d'imiter la grandeur des Colberts :
Il négligeait les arts, il aimait peu les vers.
Pardon si contre moi son ombre s'en irrite,
Mais il fut en secret jaloux de tout mérite.
Je l'ai vu refuser, poliment inhumain,
Une place à Racine[1], à Crébillon du pain.
Tout empira depuis. Deux partis fanatiques,
De la droite raison rivaux évangéliques,
Et des dons de l'esprit dévots persécuteurs,
S'acharnaient à l'envi sur les pauvres auteurs.
Du faubourg Saint-Médard les dogues aboyèrent,
Et les renards d'Ignace avec eux se glissèrent.
J'ai vu ces factions, semblables aux brigands
Rassemblés dans un bois pour voler les passants;
Et, combattant entre eux pour diviser leur proie,
De leur guerre intestine ils m'ont donné la joie.
J'ai vu l'un des partis de mon pays chassé,
Maudit comme les Juifs, et comme eux dispersé;
L'autre, plus méprisé, tombant dans la poussière
Avec Guyon[2], Fréron, Nonnotte, et Sorinière.

savant, mais entêté du système de Law. Il fit imprimer, le 21 juin 1720, une brochure dans laquelle il démontrait que les billets de banque étaient fort préférables à l'argent, parce que le billet avait un prix invariable. Les colporteurs qui débitaient sa brochure criaient en même temps un arrêt qui réduisait les billets à moitié. Il fut ruiné par ce système même qu'il avait tant prêché. Ce fut lui qui, dans le temps où l'on remboursait en papier toutes les rentes, proposa à Law de rembourser la religion catholique. Law lui répondit que l'Église n'était pas si sotte, et qu'il lui fallait de l'argent comptant.

1. Louis Racine, fils du grand Racine.
2. Guyon, auteur de plusieurs livres, comme de *l'Oracle des philosophes*. Fréron est connu; Nonnotte est, ainsi que Fréron, un ex-jésuite et un folliculaire; Sorinière, nous ne savons quel est cet auteur.

Mais parmi ces faquins l'un sur l'autre expirants,
Au milieu des billets exigés des mourants,
Dans cet amas confus d'opprobre et de misère,
Qui distingue mon siècle et fait son caractère,
Quels chants pouvaient former les enfants des neuf sœurs ?
Sous un ciel orageux, dans ces temps destructeurs,
Des chantres de nos lois les voix sont étouffées :
Au siècle des Midas on ne voit point d'Orphées.
Tel qui dans l'art d'écrire eût pu te défier,
Va compter dix pour cent chez Rabot le banquier :
De dépit et de honte il a brisé sa lyre.
  Ce temps est, réponds-tu, très-bon pour la satire.
Mais quoi ! puis-je en mes vers, aiguisant un bon mot,
Affliger sans raison l'amour-propre d'un sot ?
Des Cotins de mon temps poursuivre la racaille,
Et railler un Coger dont tout Paris se raille ?
Non, ma muse m'appelle à de plus hauts emplois.
A chanter la vertu j'ai consacré ma voix.
Vainqueur des préjugés que l'imbécile encense,
J'ose aux persécuteurs prêcher la tolérance ;
Je dis au riche avare : « Assiste l'indigent ; »
Au ministre des lois : « Protége l'innocent ; »
Au docteur tonsuré : « Sois humble et charitable,
Et garde-toi surtout de damner ton semblable. »
Malgré soixante hivers, escortés de seize ans [1],
Je fais au monde encore entendre mes accents.
Du fond de mes déserts, aux malheureux propice,
Pour Sirven [2] opprimé je demande justice :
Je l'obtiendrai, sans doute ; et cette même main,
Qui ranima la veuve et vengea l'orphelin,
Soutiendra jusqu'au bout la famille éplorée
Qu'un vil juge a proscrite, et non déshonorée.
Ainsi je fais trembler, dans mes derniers moments,
Et les pédants jaloux, et les petits tyrans.
J'ose agir sans rien craindre, ainsi que j'ose écrire.
Je fais le bien que j'aime, et voilà ma satire.
Je vous ai confondus, vils calomniateurs,
Détestables cagots, infâmes délateurs ;

1. L'auteur aurait dû dire dix-sept, mais apparemment dix-sept aurait gâté le vers.
2. Sirven est cet homme si innocent et si connu dont M. de Voltaire prit la défense. Les juges l'avaient condamné lui et sa femme au dernier supplice. Le procureur fiscal de cette juridiction, nommé Trinquet, donna les conclusions suivantes : « Je requiers que l'accusé, dûment atteint et convaincu de parricide, soit banni pour dix ans. » Ce Trinquet était ivre sans doute quand il conclut ainsi ; mais les juges ! Et c'est de pareils imbéciles barbares que dépend la vie des hommes ! A la fin M. de Voltaire est venu à bout de faire rendre justice à cette famille.

Je vais mourir content. Le siècle qui doit naître
De vos traits empestés me vengera peut-être.
Oui, déjà Saint-Lambert¹, en bravant vos clameurs,
Sur ma tombe qui s'ouvre a répandu des fleurs ;
Aux sons harmonieux de son luth noble et tendre,
Mes mânes consolés chez les morts vont descendre.
Nous nous verrons, Boileau : tu me présenteras
Chapelain, Scudéry, Perrin, Pradon, Coras.
Je pourrais t'amener, enchaînés sur mes traces,
Nos Zoïles honteux, successeurs des Garasses².
Minos entre eux et moi va bientôt prononcer :
Des serpents d'Alecton nous les verrons fesser :
Mais je veux avec toi baiser dans l'Élysée
La main qui nous peignit l'épouse de Thésée.
J'embrasserai Quinault, en dusses-tu crever ;
Et si ton goût sévère a pu désapprouver
Du brillant Torquato le séduisant ouvrage,
Entre Homère et Virgile il aura mon hommage.
Tandis que j'ai vécu, l'on m'a vu hautement
Aux badauds effarés dire mon sentiment ;
Je veux le dire encor dans ces royaumes sombres :
S'ils ont des préjugés, j'en guérirai les ombres.
A table avec Vendôme, et Chapelle, et Chaulieu,
M'enivrant du nectar qu'on boit en ce beau lieu,
Secondé de Ninon, dont je fus légataire,
J'adoucirai les traits de ton humeur austère.
Partons : dépêche-toi, curé de mon hameau,
Viens de ton eau bénite asperger mon caveau.

CIV. — A L'AUTEUR DU LIVRE DES TROIS IMPOSTEURS³.

(1769.)

Insipide écrivain, qui crois à tes lecteurs
Crayonner les portraits de tes Trois Imposteurs,
D'où vient que, sans esprit, tu fais le quatrième ?
Pourquoi, pauvre ennemi de l'essence suprême,
Confonds-tu Mahomet avec le Créateur,
Et les œuvres de l'homme avec Dieu, son auteur ?...
Corrige le valet, mais respecte le maître.

1. M. de Saint-Lambert, dans son excellent poëme des *Quatre Saisons*.
2. Garasse, jésuite fameux par l'excès de ses bêtises et de ses fureurs. Il fut le délateur et le calomniateur de Théophile, auquel il pensa en coûter la vie, dans un temps où il y avait beaucoup de juges aussi absurdes que Garasse.
3. Ce livre *Des Trois Imposteurs* est un très-mauvais ouvrage, plein d'un athéisme grossier, sans esprit, et sans philosophie.

Dieu ne doit point pâtir des sottises du prêtre :
Reconnaissons ce Dieu, quoique très-mal servi.
 De lézards et de rats mon logis est rempli;
Mais l'architecte existe, et quiconque le nie
Sous le manteau du sage est atteint de manie.
Consulte Zoroastre, et Minos, et Solon,
Et le martyr Socrate, et le grand Cicéron :
Ils ont adoré tous un maître, un juge, un père.
Ce système sublime à l'homme est nécessaire.
C'est le sacré lien de la société,
Le premier fondement de la sainte équité,
Le frein du scélérat, l'espérance du juste.
 Si les cieux, dépouillés de son empreinte auguste,
Pouvaient cesser jamais de le manifester,
Si Dieu n'existait pas, il faudrait l'inventer.
Que le sage l'annonce, et que les rois le craignent.
Rois, si vous m'opprimez, si vos grandeurs dédaignent
Les pleurs de l'innocent que vous faites couler,
Mon vengeur est au ciel : apprenez à trembler.
Tel est au moins le fruit d'une utile croyance.
 Mais toi, raisonneur faux, dont la triste imprudence
Dans le chemin du crime ose les rassurer,
De tes beaux arguments quel fruit peux-tu tirer?
Tes enfants à ta voix seront-ils plus dociles?
Tes amis, au besoin, plus sûrs et plus utiles?
Ta femme plus honnête? et ton nouveau fermier,
Pour ne pas croire en Dieu, va-t-il mieux te payer?...
Ah! laissons aux humains la crainte et l'espérance.
 Tu m'objectes en vain l'hypocrite insolence
De ces fiers charlatans aux honneurs élevés,
Nourris de nos travaux, de nos pleurs abreuvés;
Des Césars avilis la grandeur usurpée;
Un prêtre au Capitole où triompha Pompée;
Des faquins en sandale, excrément des humains,
Trempant dans notre sang leurs détestables mains;
Cent villes à leur voix couvertes de ruines,
Et de Paris sanglant les horribles matines :
Je connais mieux que toi ces affreux monuments;
Je les ai sous ma plume exposés cinquante ans.
Mais, de ce fanatisme ennemi formidable,
J'ai fait adorer Dieu quand j'ai vaincu le diable.
Je distinguai toujours de la religion
Les malheurs qu'apporta la superstition.
L'Europe m'en sut gré; vingt têtes couronnées
Daignèrent applaudir mes veilles fortunées,
Tandis que Patouillet m'injuriait en vain.
J'ai fait plus en mon temps que Luther et Calvin.

On les vit opposer, par une erreur fatale,
Les abus aux abus, le scandale au scandale.
Parmi les factions ardents à se jeter,
Ils condamnaient le pape, et voulaient l'imiter.
L'Europe par eux tous fut longtemps désolée ;
Ils ont troublé la terre, et je l'ai consolée.
J'ai dit aux disputants l'un sur l'autre acharnés :
« Cessez, impertinents ; cessez, infortunés ;
Très-sots enfants de Dieu, chérissez-vous en frères,
Et ne vous mordez plus pour d'absurdes chimères. »
Les gens de bien m'ont cru : les fripons écrasés
En ont poussé des cris du sage méprisés ;
Et dans l'Europe enfin l'heureux tolérantisme
De tout esprit bien fait devient le catéchisme.

   Je vois venir de loin ces temps, ces jours sereins,
Où la philosophie, éclairant les humains,
Doit les conduire en paix au pied du commun maître ;
Le fanatisme affreux tremblera d'y paraître :
On aura moins de dogme avec plus de vertu.

   Si quelqu'un d'un emploi veut être revêtu,
Il n'amènera plus deux témoins à sa suite[1]
Jurer quelle est sa foi, mais quelle est sa conduite.

   A l'attrayante sœur d'un gros bénéficier
Un amant huguenot pourra se marier ;
Des trésors de Lorette, amassés pour Marie,
On verra l'indigence habillée et nourrie ;
Les enfants de Sara, que nous traitons de chiens,
Mangeront du jambon fumé par des chrétiens.
Le Turc, sans s'informer si l'iman lui pardonne,
Chez l'abbé Tamponnet ira boire en Sorbonne[2].
Mes neveux souperont sans rancune et gaiement
Avec les héritiers des frères Pompignan ;
Ils pourront pardonner à ce dur La Blétrie[3]
D'avoir coupé trop tôt la trame de ma vie.
Entre les beaux esprits on verra l'union.
Mais qui pourra jamais souper avec Fréron ?

---

1. En France, pour être reçu procureur, notaire, greffier, il faut deux témoins qui déposent de la catholicité du récipiendaire.
2. Tamponnet était en effet docteur de Sorbonne.
3. La Blétrie, à ce qu'on m'a rapporté, a imprimé que j'avais oublié de me faire enterrer.

CV. — A M. DE SAINT-LAMBERT.
(1769.)

Chantre des vrais plaisirs, harmonieux émule
Du pasteur de Mantoue et du tendre Tibulle,
Qui peignez la nature, et qui l'embellissez,
Que vos *Saisons* m'ont plu! que mes sens émoussés
A votre aimable voix se sentirent renaître!
Que j'aime, en vous lisant, ma retraite champêtre!
Je fais, depuis quinze ans, tout ce que vous chantez.
  Dans ces temps malheureux, si longtemps désertés,
Sur les pas du Travail j'ai conduit l'Abondance;
J'ai fait fleurir la Paix et régner l'Innocence.
Ces vignobles, ces bois, ma main les a plantés;
Ces granges, ces hameaux désormais habités,
Ces landes, ces marais changés en pâturages,
Ces colons rassemblés, ce sont là mes ouvrages :
Ouvrages fortunés, dont le succès constant
De la mode et du goût n'est jamais dépendant;
Ouvrages plus chéris que *Mérope* et *Zaïre*,
Et que n'atteindront point les traits de la satire!
  Heureux qui peut chanter les jardins et les bois,
Les charmes de l'amour, l'honneur des grands exploits,
Et, parcourant des arts la flatteuse carrière,
Aux mortels aveuglés rendre un peu de lumière!
Mais encor plus heureux qui peut, loin de la cour,
Embellir sagement son champêtre séjour,
Entendre autour de lui cent voix qui le bénissent!
De ses heureux succès quelques fripons gémissent;
Un vil cagot mitré [1], tyran des gens de bien,
Va l'accuser en cour de n'être pas chrétien :
Le sage ministère écoute avec surprise;
Il reconnaît Tartuffe, et rit de sa sottise.
  Cependant le vieillard achève ses moissons;
Le pauvre en est nourri : ses chanvres, ses toisons,
Habillent décemment le berger, la bergère.
Il unit par l'hymen Mœris avec Glycère;
Il donne une chasuble au bon curé du lieu,
Qui, buvant avec lui, voit bien qu'il croit en Dieu.
Ainsi dans l'allégresse il achève sa vie.
Ce n'est qu'au successeur du chantre d'Ausonie

---

1. On ne sait quel est le misérable brouillon dont l'auteur parle ici; dès que nous en serons informés, nous lui rendrons toute la justice qu'il mérite. — C'était l'évêque d'Annecy, Biord, qui proposa au duc de Choiseul de faire enlever Voltaire de son château. (Éd.)

De peindre ces tableaux ignorés dans Paris,
D'en ranimer les traits par son beau coloris,
D'inspirer aux humains le goût de la retraite.
Mais de nos chers Français la noblesse inquiète,
Pouvant régner chez soi, va ramper dans les cours;
Les folles vanités consument ses beaux jours :
Le vrai séjour de l'homme est un exil pour elle.
   Plutus est dans Paris, et c'est là qu'il appelle
Les voisins de l'Adour, et du Rhône, et du Var :
Tous viennent à genoux environner son char;
Les uns montent dessus, les autres dans la boue
Baisent, en soupirant, les rayons de sa roue.
Le fils de mon manœuvre, en ma ferme élevé,
A d'utiles travaux à quinze ans enlevé,
Des laquais de Paris s'en va grossir l'armée.
Il sert d'un vieux traitant la maîtresse affamée,
De sergent des impôts il obtient un emploi ;
Il vient dans son hameau, tout fier; *De par le roi*,
Fait des procès-verbaux, tyrannise, emprisonne,
Ravit aux citoyens le pain que je leur donne,
Et traîne en des cachots le père et les enfants.
   Vous le savez, grand Dieu! j'ai vu des innocents,
Sur le faux exposé de ces loups mercenaires,
Pour cinq sous[1] de tabac envoyés aux galères.
   Chers enfants de Cérès, ô chers agriculteurs!
Vertueux nourriciers de vos persécuteurs,
Jusqu'à quand serez-vous, vers ces tristes frontières,
Écrasés sans pitié sous ces mains meurtrières?
Ne vous ai-je assemblés que pour vous voir périr
En maudissant les champs que vos mains font fleurir?

---

1. AVIS AUX IMPRIMEURS. On avait imprimé *cinq sols*, au lieu de *cinq sous*. Ce n'est que dans l'ancien jargon du barreau qu'on prononce *sol*, et encore ce n'est que dans un seul cas, *au sol la livre*. En toute occasion on dit et on écrit *sou*.

    . . . . Mais aussi, quand il n'a pas un *sou*,
    Tu m'avoueras qu'il est amoureux comme un *fou*.
              (Comédie du *Joueur*.)

L'auteur ne dit pas

    Quand il n'a pas un *sol*,
    Tu m'avoueras qu'il est amoureux comme un *fol*.

Le cardinal de Retz, dans ses *Mémoires*, parle souvent du conseiller *Quatre-Sous*, et jamais du conseiller *Quatre-Sols*.

La plupart des libraires font aussi la faute d'imprimer Westphalie, Wirtemberg, Wirtzbourg, etc. Ils ne savent pas que c'est comme s'ils imprimaient Wienne au lieu de Vienne, et Wétéravie pour Vétéravie. Ils ne savent pas que ce double W des Allemands est leur V consonne. Nous prononçons comme eux Vestphalie, Virtemberg. Nous ne servons jamais du double W pour écrire Ouest, Ouate, Oui, Ouais! Nous n'avons adopté le double W que pour écrire quelques noms pro

Un temps viendra sans doute où des lois plus humaines
De vos bras opprimés relâcheront les chaînes :
Dans un monde nouveau vous aurez un soutien;
Car pour ce monde-ci je n'en n'espère rien.
   Extremum.... quod te alloquor, hoc est.
          Le 31 mars 1769.

CVI. — A M. DE LA HARPE.
(1769.)

Des dames de Paris Boileau fit la satire.
De la moitié du monde, hélas! faut-il médire?
Jean-Jacque, assez connu par ses témérités,
En nouveau Diogène aboie à nos beautés.
Il leur a préféré l'innocente faiblesse,
Les faciles appas de sa grosse Suissesse,
Qui, contre son amant ayant peu combattu,
Se défait d'un faux germe, et garde sa vertu.
« Mais nos dames, dit-il, sont fausses et galantes,
Sans esprit, sans pudeur, et fort impertinentes;
Elles ont l'air hautain, mais l'accueil familier;
Le ton d'un petit-maître, et l'œil d'un grenadier. »
O le méchant esprit! gardez-vous bien de lire
De ce grave insensé l'insipide délire.
 Auteurs mieux élevés, fêtez dans vos écrits
Les dames de Versaille et celles de Paris.
Étudiez leur goût; vous trouverez chez elles
De l'esprit sans effort, des grâces naturelles,
De l'art de converser les naïves douceurs,
L'honnête liberté qui réforma nos mœurs,
Et tous ces agréments que souvent Polymnie
Dédaigna d'accorder aux hommes de génie.
 Ne connaissez-vous point une femme de bien,
Aimable en ses propos, décente en son maintien,
Belle sans être vaine, instruite, et pourtant sage?

pres anglais ; le tyran Cromwell, l'insolent Warburton, le savant Wiston, le téméraire Wolston, etc.
 On fait aussi la faute d'imprimer *je crois d'aller, je crois de faire.* Il faut mettre *je crois aller, je crois faire.*
 On imprime encore : *qu'il aie fait, qu'il aie voyagé*, etc. Il faut *qu'il ait fait, qu'il ait voyagé.*
 On ne manque jamais de dire et d'imprimer *intimément, unanimément*; il faut ôter l'accent, et dire *unanimement, intimement*, parce que ces adverbes viennent d'*unanime, intime,* et non d'*unanimé, intimé.*
 Presque tous les livres imprimés en ce pays sont remplis de pareilles fautes. Les éditeurs doivent avoir une grande attention, afin qu'on ne dise pas
   In quâ scribebat barbara terra fuit.

Elle n'est pas pour vous; mais briguez son suffrage.
Après un tel portrait cherchez-vous encor plus?
Avec tous les attraits vous faut-il des vertus?
Faites-vous présenter par certain secrétaire
Chez certaine beauté dont le nom doit se taire;
C'est Vénus-Uranie, épouse du dieu Mars[1].
C'est elle dont l'esprit anime les beaux-arts;
Non celle qu'on voyait, sous le fils de Cynire,
De son fripon d'enfant suivant l'injuste empire,
Entre Adonis et Mars partager ses faveurs.
Il est vrai qu'en sa cour il est très-peu d'auteurs.
Dans les palais des dieux elle vit retirée.
Vénus est philosophe au sein de l'empyrée :
Mais sa philosophie est de faire du bien;
Elle exige surtout que je n'en dise rien.
Sur mille infortunés que sa bonté console
J'ai promis le secret, et je lui tiens parole.
Toi qui peignis si bien, dans un style épuré,
Une tendre novice, un honnête curé[2];
Toi dont le goût formé voudrait encor s'instruire,
Entre Mars et Vénus tâche de t'introduire.
Déjà de leurs bienfaits tu connais le pouvoir :
Il est un plus grand bien, c'est celui de les voir.
Mais ce bonheur est rare; et le dieu de la guerre
Garde son cabinet, dont on n'approche guère.
Je sais plus d'un brave homme, à sa porte assidu,
Qui lui doit sa fortune, et ne l'a jamais vu.
Il faut entrer pourtant; il faut que les Apelles
Puissent à leur plaisir contempler leurs modèles,
Et, pleins de leurs vertus ainsi que de leurs traits,
En transmettre à nos yeux de fidèles portraits.
Tes vers seront plus beaux, et ta muse plus fière
D'un pas plus assuré va fournir sa carrière.
Courtin jadis en vers à Sonning dit : « Adieu,
Faites mes compliments à l'abbé de Chaulieu. »
Moi, je te dis en prose : « Enfant de l'Harmonie,
Présente mon hommage à Vénus-Uranie. »

CVII. — A M. PIGAL.

(1770.)

Cher Phidias, votre statue
Me fait mille fois trop d'honneur;

---

1. Mme de Choiseul, femme du ministre de la guerre. (Éd.)
2. Le curé du drame de *Mélanie*, de La Harpe. (Éd.)

Mais quand votre main s'évertue
A sculpter votre serviteur,
Vous agacez l'esprit railleur
De certain peuple rimailleur,
Qui depuis si longtemps me hue.
L'ami Fréron, ce barbouilleur
D'écrits qu'on jette dans la rue,
Sourdement de sa main crochue
Mutilera votre labeur.
　Attendez que le destructeur
Qui nous consume et qui nous tue,
Le Temps, aidé de mon pasteur,
Ait d'un bras exterminateur
Enterré ma tête chenue.
Que ferez-vous d'un pauvre auteur
Dont la taille et le cou de grue,
Et la mine très-peu joufflue,
Feront rire le connaisseur?
　Sculptez-nous quelque beauté nue,
De qui la chair blanche et dodue
Séduise l'œil du spectateur,
Et qui dans son âme insinue
Ces doux désirs et cette ardeur
Dont Pygmalion le sculpteur,
Votre digne prédécesseur,
Brûla, si la fable en est crue.
　Au marbre il sut donner un cœur,
Cinq sens, instruments du bonheur,
Une âme en ces sens répandue;
Et, soudain fille devenue,
Cette fille resta pourvue
De doux appas que sa pudeur
Ne dérobait point à la vue :
Même elle fut plus dissolue
Que son père et son créateur.
Que cet exemple si flatteur
Par vos beaux soins se perpétue!

CVIII. — AU ROI DE LA CHINE,

SUR SON RECUEIL DE VERS QU'IL A FAIT IMPRIMER.

(1771.)

Reçois mes compliments, charmant roi de la Chine[1].
Ton trône est donc placé sur la double colline?

1. Kien-Long, roi ou empereur de la Chine, actuellement régnant,

On sait dans l'Occident que, malgré mes travers,
J'ai toujours fort aimé les rois qui font des vers.
David même me plut, quoique, à parler sans feinte,
Il prône trop souvent sa triste cité sainte,
Et que d'un même ton sa muse à tout propos
Fasse danser les monts et reculer les flots.
Frédéric a plus d'art, et connaît mieux son monde;
Il est plus varié, sa veine est plus féconde;
Il a lu son Horace, il l'imite; et vraiment
Ta majesté chinoise en devrait faire autant.
Je vois avec plaisir que sur notre hémisphère
L'art de la poésie à l'homme est nécessaire.
Qui n'aime point les vers a l'esprit sec et lourd;
Je ne veux point chanter aux oreilles d'un sourd:
Les vers sont en effet la musique de l'âme.

composé, vers l'an 174? de notre ère vulgaire, un poëme en vers chinois et en vers tartares. Ce n'est pas à beaucoup près son seul ouvrage. On vient de publier la traduction française de son poëme.

Les Chinois et les Tartares ont le malheur de n'avoir pas, comme presque tous les autres peuples, un alphabet qui, à l'aide d'environ vingt-quatre caractères, puisse suffire à tout exprimer. Au lieu de lettres, les Chinois ont trois mille trois cent quatre-vingt-dix caractères primitifs, dont chacun exprime une idée. Ce caractère forme un mot; et ce mot, avec une petite marque additionnelle, en forme un autre. J'aime, *gnao*, se peint par une figure. J'ai aimé, j'aurais aimé, j'aimerai, demandent des figures un peu différentes, dont le caractère qui peint *gnao* est la racine.

Cette méthode a produit plus de quatre-vingt mille figures qui composent la langue; et à mesure qu'on fait de nouvelles découvertes dans la nature et dans les arts, elles exigent de nouveaux caractères pour les exprimer. Toute la vie d'un Chinois lettré se consume donc dans le soin pénible d'apprendre à lire et à écrire.

Rien ne marque mieux la prodigieuse antiquité de cette nation, qui, ayant d'abord exprimé, comme toutes les autres, le petit nombre d'idées absolument nécessaire, par des lignes et par des figures symboliques pour chaque mot, a persévéré dans cette méthode antique, lors même qu'elle est devenue insupportable.

Ce n'est pas tout: les caractères ont un peu changé avec le temps, et il y en a trente-deux espèces différentes. Les Tartares Mantchoux se sont trouvés accablés du même embarras; mais ils n'étaient point encore parvenus à la gloire d'être surchargés de trente-deux façons d'écrire. L'empereur Kien-Long, qui est, comme on sait, de race tartare, a voulu que ses compatriotes jouissent du même honneur que les Chinois. Il a inventé lui-même des caractères nouveaux, aidé dans l'art de multiplier les difficultés par les princes de son sang, par un de ses frères, un de ses oncles, et les principaux colao de l'empire.

On s'est donné une peine incroyable, et il a fallu des années, pour faire imprimer de soixante-quatre manières différentes son poëme de *Moukden*, qui aurait été facilement imprimé en deux jours, si les Chinois avaient voulu se réduire à l'alphabet des autres nations.

Le respect pour l'antique et pour le difficile se montre ici dans tout son faste et dans toute sa misère. On voit pourquoi les Chinois, qui sont peut-être le premier des peuples policés pour la morale, sont le dernier dans les sciences, et que leur ignorance est égale à leur fierté.

Le poëme de l'empereur Kien-Long a plus d'un mérite, soit dans le sujet, qui est l'éloge de ses ancêtres, et où la piété filiale semble natu-

ÉPÎTRES

O toi que sur le trône un feu céleste enflamme,
Dis-moi si ce grand art dont nous sommes épris
Est aussi difficile à Pékin qu'à Paris.
Ton peuple est-il soumis à cette loi si dure
Qui veut qu'avec six pieds d'une égale mesure,
De deux alexandrins côte à côte marchants,
L'un serve pour la rime et l'autre pour le sens?
Si bien que sans rien perdre, en bravant cet usage,
On pourrait retrancher la moitié d'un ouvrage.
Je me flatte, grand roi, que tes sujets heureux
Ne sont point opprimés sous ce joug onéreux,
Plus importun cent fois que les aides, gabelles,
Contrôle, édits nouveaux, remontrances nouvelles,
Bulle *Unigenitus*, billets aux confessés[1],
Et le refus d'un gîte aux chrétiens trépassés.
Parmi nous le sentier qui mène aux deux collines

relle; soit dans les descriptions, instructives pour nous, de la ville de Moukden, et des animaux, des plantes de cette vaste province; soit dans la clarté du style, perfection si rare parmi nous. Il est encore à croire que l'auteur parle purement : c'est un avantage qui manque à plus d'un de nos poëtes.

Ce qui est surtout très-remarquable, c'est le respect dont cet empereur paraît être pénétré pour l'Être suprême. On doit peser ces paroles à la page 103 de la traduction : « Un tel pays, de tels hommes ne pouvaient manquer d'attirer sur eux des regards de prédilection de la part du souverain maître qui règne dans le plus haut des cieux. » Voilà bien de quoi confondre à jamais tous ceux qui ont imprimé dans tant de livres que le gouvernement chinois est athée. Comment nos théologiens détracteurs ont-ils pu accorder les sacrifices solennels avec l'athéisme? N'était-ce pas assez de se contredire continuellement dans leurs opinions? fallait-il se contredire encore pour calomnier d'autres hommes au bout de l'hémisphère?

Il est triste que l'empereur Kien-Long, auteur d'ailleurs fort modeste, dise qu'il descend d'une vierge qui devint grosse par la faveur du ciel, après avoir mangé d'un fruit rouge. Cela fait un peu de tort à la sagesse de l'empereur et à celle de son ouvrage. Il est vrai que c'est une ancienne tradition de sa famille; il est encore vrai qu'on en avait dit autant de la mère de Gengis.

Une chose qui fait plus d'honneur à Kien-Long, c'est l'extrême considération qu'il montre pour l'agriculture, et son amour pour la frugalité.

N'oublions pas que, tout originaire qu'il est de la Tartarie, il rend hommage à l'antiquité incontestable de la nation chinoise. Il est bien loin de rêver que les Chinois sont une colonie d'Égypte : les Égyptiens, dans le temps même de leurs hiéroglyphes, eurent un alphabet, et les Chinois n'en ont jamais eu; les Égyptiens eurent douze signes du zodiaque empruntés mal à propos des Chaldéens, et les Chinois en eurent toujours vingt-huit; tout est différent entre ces deux peuples. Le P. Parennin réfuta pleinement cette imagination, il y a quelques années, dans ses Lettres à M. de Mairan.

1. Ce passage n'a guère besoin de commentaire. On sait assez quelle peine la sagesse du roi très-chrétien et du ministère a eue à calmer toutes ces querelles, aussi odieuses que ridicules. Elles ont été poussées jusqu'à refuser la sépulture aux morts. Ces horribles extravagances sont certainement inconnues à la Chine, où nous avons pourtant eu la hardiesse d'envoyer des missionnaires.

Ainsi que tout le reste est parsemé d'épines.
A la Chine sans doute il n'en est pas ainsi.
Les biens sont loin de nous, et les maux sont ici :
C'est de l'esprit français la devise éternelle.

Je veux m'y conformer, et, d'un crayon fidèle,
Peindre notre Parnasse à tes regards chinois.
Écoute : mon partage est d'ennuyer les rois.
Tu sais (car l'univers est plein de nos querelles)
Quels débats inhumains, quelles guerres cruelles
Occupent tous les mois l'infatigable main
Des sales héritiers d'Estienne et de Plantin [1].
Cent rames de journaux, des rats fatale proie,
Sont le champ de bataille où le sort se déploie.
C'est là qu'on vit briller ce grave magistrat [2]
Qui vint de Montauban pour gouverner l'État.
Il donna des leçons à notre Académie,
Et fut très-mal payé de tant de prud'homie.
Du jansénisme obscur le fougueux gazetier [3]
Aux beaux esprits du temps ne fait aucun quartier;
Hayer [4] poursuit de loin les encyclopédistes;
Linguet fond en courroux sur les économistes [5];

1. Probablement l'auteur donne l'épithète de *sales* aux imprimeurs, parce que leurs mains sont toujours noircies d'encre. Les Estienne et les Plantin étaient des imprimeurs très savants et très-corrects, tels qu'il s'en trouve aujourd'hui rarement.

2. L'auteur fait allusion, sans doute, à un principal magistrat de la ville de Montauban, qui, dans son discours de réception à l'Académie française, sembla insulter plusieurs gens de lettres, qui lui répondirent par un déluge de plaisanteries. Mais ces facéties ne portent point sur l'essentiel, et laissent subsister le mérite de l'homme de lettres et celui du galant homme.

3. On ne peut méconnaître à ce portrait l'auteur du libelle hebdomadaire qu'on débite clandestinement et régulièrement sous le nom de *Nouvelles ecclésiastiques*, depuis plusieurs années. Rien ne ressemble moins à l'*Ecclésiastique* ou à l'*Ecclésiaste* que ce libelle dans lequel on déchire tous les écrivains qui ne sont pas du parti, et où l'on accable des plus fades louanges ceux qui en sont encore. Je ne suis pas étonné que l'auteur de l'Epître au roi de la Chine donne le nom d'obscur au jansénisme. Il ne l'était pas du temps de Pascal, d'Arnaud, et de la duchesse de Longueville; mais depuis qu'il est devenu une caverne de convulsionnaires, il est tombé dans un assez grand mépris. Au reste, il ne faut pas confondre avec les jansénistes convulsionnaires les gens de bien éclairés qui soutiennent les droits de l'Eglise gallicane et de toute Eglise, contre les usurpations de la cour de Rome. Ce sont de bons citoyens, et non des jansénistes : ils méritent les remerciments de l'Europe.

4. On croit que cet Hayer était un moine récollet qui avait part à un journal dans lequel on disait des injures au *Dictionnaire encyclopédique*. On appelait ce journal *chrétien*; comme si les autres journaux de l'Europe avaient été païens. Les injures n'étaient pas chrétiennes. Bien des gens doutent que ce journal ait existé; cependant il est certain qu'il a été imprimé plusieurs années de suite.

5. Les économistes sont une société qui a donné d'excellents morceaux sur l'agriculture, sur l'économie champêtre, et sur plusieurs

ÉPÎTRES. 317

A brûler les païens Ribalier se morfond [1];
Beaumont pousse à Jean-Jacque, et Jean-Jacque à Beaumont [2];

objets qui intéressent le genre humain. M. Linguet est un avocat de beaucoup d'esprit, auteur de plusieurs ouvrages dans lesquels on a trouvé des vues philosophiques et des paradoxes. Il a eu des querelles assez vives avec les économistes, auteurs des *Ephémérides du citoyen*, et s'est tiré avec un succès plus brillant de celles que l'abbé La Blétrie lui a suscitées.

1. Ceci est une allusion visible à la grande querelle de M. Ribalier, principal du collége Mazarin, avec M. Marmontel de l'Académie française, auteur du célèbre ouvrage moral intitulé *Bélisaire*. Il s'agissait de savoir si tous les grands hommes de l'antiquité qui avaient pratiqué la justice et les bonnes œuvres, sans pouvoir connaître notre sainte religion, étaient plongés dans un gouffre de flammes éternelles. L'académicien soupçonnait que le père de tous les hommes, en mettant la vertu dans leurs cœurs, leur avait fait miséricorde. Le principal du collége, membre de la Sorbonne, affirmait qu'ils étaient en enfer, comme ayant invinciblement ignoré la science du salut.

L'Europe fut pour M. Marmontel, et la Sorbonne pour M. Ribalier. M. de Beaumont, archevêque de Paris, prit aussi le parti de la Faculté. Ce procédé déplut beaucoup à l'empereur Kien-Long, qui en fut informé par le P. Amyot, l'un des jésuites conservés à la Chine pour leur savoir et pour leurs services; mais ce n'est pas le seul roi qui a eu de petits démêlés avec M. de Beaumont. L'empereur Kien-Long n'en gouverna pas moins bien ses Etats, et continua à faire des vers.

2. Jean-Jacques Rousseau, natif de la ville de Genève, était un original qui avait voulu à toute force qu'on parlât de lui. Pour y parvenir, il composa des romans, et écrivit contre les romans ; il fit des comédies, et publia que la comédie est une œuvre du malin. Jean-Jacques, dans ses livres, disait : *O mon ami!* avec effusion de cœur, et se brouillait avec tous ses amis. Jean-Jacques s'écriait dans les préfaces de ses brochures : *O ma patrie! ma chere patrie!* et il renonçait à sa patrie. Il écrivait de gros livres en faveur de la liberté, et il présentait requête au conseil de Berne pour le prier de le faire enfermer, afin d'avoir ses coudées franches. Il écrivait que les prédicants de Genève étaient orthodoxes, et puis il écrivait que ces prédicants étaient des fripons et des hérétiques. « *O mon cher pasteur de Boveresse! a bovibus,* s'écriait-il encore dans ses brochures, que je vous aime, et que vous êtes un pasteur selon le cœur de Dieu et selon le mien! et que vous m'avez fait verser de larmes de joie!* » Mais le lendemain il imprimait que le pasteur de Boveresse était un coquin qui avait voulu le faire lapider par tous les petits garçons du village.

De là, Jean-Jacques, vêtu en Arménien, s'en allait en Angleterre avec un ami intime qu'il n'avait jamais vu ; et comme la nation anglaise faisait usage de sa liberté en se moquant outrageusement de lui, il imprima que son ami intime, qui lui rendait des services inouïs, était le cœur le plus noir et le plus perfide qu'il y eût dans les trois royaumes.

M. de Beaumont, archevêque de Paris, qui était d'un caractère tout différent, et qui écrivait dans un goût tout opposé, prit Jean-Jacques sérieusement, et donna un gros mandement, non pas un mandement sur ses fermiers, pour fournir à Jean-Jacques quelques rétributions par la main des diacres, selon les règles de la primitive Eglise, mais un mandement pour lui dire qu'il était un hérétique, coupable d'expressions malsonnantes, téméraires, offensives des oreilles pieuses, tendantes à insinuer qu'on ne peut être en même temps à Rome et à Pékin, et qu'il y a du vrai dans les premières règles de l'arithmétique.

Jean-Jacques, de son côté, répondit sérieusement à M. l'archevêque de Paris. Il intitula sa lettre: *Jean-Jacques à Christophe de Beaumont,* comme César écrivait à Cicéron, *Cæsar imperator Ciceroni imperatori.* Il faut avouer encore que c'était aussi le style des premiers siècles de

318 ÉPÎTRES.

Palissot contre eux tous puissamment s'évertue[1];
Que de fiel s'évapore, et que d'encre est perdue!
Parmi les combattants vient un rimeur gascon[2],
Prédicant petit-maître, ami d'Aliboron,
Qui, pour se signaler, refait *la Henriade;*
Et tandis qu'en secret chacun se persuade
De voler en vainqueur au haut du mont sacré,
On vit dans l'amertume, et l'on meurt ignoré.
La Discorde est partout, et le public s'en raille.
On se hait au Parnasse encor plus qu'à Versaille.
Grand roi, de qui les vers et l'esprit sont si doux,

l'Eglise. Saint Jérôme, qui n'était qu'un pauvre savant prêtre, retiré à Bethléem pour apprendre l'idiome hébraïque, écrivait ainsi à Jean, évêque de Jérusalem, son ennemi capital.

Jean-Jacques, dans sa lettre à Christophe, dit, page 2 : « Je devins homme de lettres par mon mépris même pour cet état. » Cela parut fier et grand. On remarqua dans un journal que Jean-Jacques, fils d'un mauvais ouvrier de Genève, nourri de l'hôpital, méprisait le titre d'homme de lettres, dont l'empereur de la Chine et le roi de Prusse s'honorent. Il ne doute pas dans cette lettre que *l'univers entier n'ait sur lui les yeux*. Il prie, page 12, l'archevêque de lire son roman d'*Héloïse*, dans lequel le héros gagne un mal vénérien au b...., et l'héroïne fait un enfant avec le héros avant de se marier à un ivrogne. Après quoi Jean-Jacques parle de Jésus-Christ, de la grâce prévenante, du péché originel, et de la Trinité. Et il conclut par déclarer positivement, page 127, que tous les gouvernements de l'Europe *lui devaient élever des statues à frais communs.*

Enfin, après avoir traité à fond avec Christophe tous les points abstrus de la théologie, il finit par faire un petit opéra en prose.

De son côté, Christophe commence par avertir les fidèles, page 4, que « Jean-Jacques est amateur de lui-même, fier, et même superbe, même enflé d'orgueil, impie, blasphémateur et calomniateur, et *qui pis est*, amateur des voluptés plutôt que de Dieu; enfin, d'un esprit corrompu et perverti dans la foi. »

On demandera peut-être à la Chine ce que le public de Paris a pensé de ces traits d'éloquence. Il a ri.

1. M. Palissot est l'auteur de la comédie des *Philosophes*, dans laquelle on représenta Jean-Jacques marchant à quatre pattes, et des savants volant dans la poche. Il est aussi l'auteur d'un poëme intitulé *la Dunciade*, d'après *la Dunciade* de Pope. Ce poëme est rempli de traits contre MM. Marmontel, abbé Coyer, abbé Raynal, abbé Le Blanc, Mailhol, Baculard d'Arnaud, Le Mierre, du Belloy, Sedaine, Dorat, La Morlière, Rochon, Boistel, Taconnet, Poinsinet, du Rosoy, Blin, Colardeau, Bastide, Mouhi, Portelance, Sauvigny, Robbé, Lattaignant, Jonval, Açarq, Bergier; Mmes Graffigni, Riccoboni, Unci, Curé, etc.

Ce poëme est en trois chants aujourd'hui dix chants. ÉD.). Fréron y est installé chancelier de la Sottise. Sa souveraine le change en âne. Fréron, qui ne peut courir, la prie de vouloir bien lui faire présent d'une paire d'ailes; elle lui en donne, mais elle les lui ajuste à contre-sens : de sorte que Fréron, quand il veut voler en haut, tombe toujours en bas avec la Sottise, qu'il porte sur son dos. Cette imagination a été regardée comme la meilleure de tout l'ouvrage. On apprend, dans les notes ajoutées à ce poëme par l'auteur, « que Fréron était ci-devant jésuite chassé du collège pour ses mœurs, qu'il fut ensuite abbé, puis sous-lieutenant, et se déguisa en comtesse. » (Page 62, chant III.) Le grand nombre de gens de mérite attaqués dans ce poëme nuisit à son succès; mais la métamorphose de Fréron en âne réunit tous les suffrages.

2. Voyez la note 1 sur l'épître cx à d'Alembert, page 330.

Crois-moi, reste à Pékin, ne viens jamais chez nous.
   Au bord du fleuve Jaune un peuple entier t'admire;
Tes vers seront toujours très-bons dans ton empire :
Mais gare que Paris ne flétrît tes lauriers!
Les Français sont malins et sont grands chansonniers.
Les trois rois d'Orient, que l'on voit chaque année [1],
Sur les pas d'une étoile à marcher obstinée,
Combler l'enfant Jésus des plus rares présents,
N'emportent de Paris, pour tous remerciments,
Que des couplets fort gais qu'on chante sans scrupule.
Collé dans ses refrains les tourne en ridicule.
Les voilà bien payés d'apporter un trésor!
Tout mon étonnement est de les voir encor.
   Le roi, me diras-tu, de la zone cimbrique [2],
Accompagné partout de l'estime publique,
Vit Paris sans rien craindre, et régna sur les cœurs,
On respecta son nom comme on chérit ses mœurs.
Oui; mais cet heureux roi, qu'on aime et qu'on révère,
Se connaît en bons vers, et se garde d'en faire.
Nous ne les aimons plus; notre goût s'est usé :
Boileau, craint de son siècle, au nôtre est méprisé.
Le tragique, étonné de sa métamorphose,
Fatigué de rimer, va ne pleurer qu'en prose.
De Molière oublié le sel s'est affadi.
   En vain, pour ranimer le Parnasse engourdi,
Du peintre des *Saisons* [3] la main féconde et pure,
Des plus brillantes fleurs a paré la nature ;
Vainement, de Virgile élégant traducteur,
Delille a quelquefois égalé son auteur [4] :
D'un siècle dégoûté la démence imbécile
Préfère les remparts et Vauxhall à Virgile.
On verrait Cicéron sifflé dans le Palais.
   Le léger vaudeville et les petits couplets
Maintiennent notre gloire à l'Opéra-Comique;
Tout le reste est passé, le sublime est gothique.
   N'expose point ta muse à ce peuple inconstant.

1. Voyez l'article ÉPIPHANIE, dans les *Questions sur l'Encyclopédie*. On a été dans l'habitude à Paris de faire presque tous les ans des couplets sur le voyage des trois mages ou des trois rois qui vinrent, conduits par une étoile, à Bethléem, et qui reconnurent l'enfant Jésus pour leur suzerain dans son étable, en lui offrant de l'encens, de la myrrhe, et de l'or. On appelle ces chansons des noëls, parce que c'est aux fêtes de Noël qu'on les chante. On en a fait des recueils dans lesquels on trouve des couplets extrêmement plaisants.
2. Le roi de Danemark, glorieusement régnant.
3. M. de Saint-Lambert, mestre de camp, auteur du charmant poëme des *Saisons*.
4. M. Delille, auteur d'une traduction des *Géorgiques*, très-estimée des gens de lettres.

Les Frérons te loueraient pour quelque argent comptant;
Mais tu serais peu lu, malgré tout ton génie,
Des gens qu'on nomme ici la bonne compagnie.
Pour réussir en France il faut prendre son temps.
Tu seras bien reçu de quelques grands savants,
Qui pensent qu'à Pékin tout monarque est athée [1],
Et que la compagnie autrefois tant vantée,
En disant à la Chine un éternel adieu,
Vous a permis à tous de renoncer à Dieu.
Mais, sans approfondir ce qu'un Chinois doit croire,
Séguier [2] t'affublerait d'un beau réquisitoire;
La cour pourrait te faire un fort mauvais parti,
Et blâmer, par arrêt, tes vers et ton *Changti*.
   La Sorbonne, en latin, mais non sans solécismes,
Soutiendra que ta muse a besoin d'exorcismes :
Qu'il n'est de gens de bien que nous et nos amis;
Que l'enfer, grâce à Dieu, t'est pour jamais promis.
Dispensateurs fourrés de la vie éternelle,
Ils ont rôti Trajan et bouilli Marc Aurèle.
Ils t'en feront autant, et, partout condamné,
Tu ne seras venu que pour être damné.
   Le monde en factions dès longtemps se partage;
Tout peuple a sa folie ainsi que son usage :
Ici les Ottomans, bien sûrs que l'Éternel
Jadis à Mahomet députa Gabriel,
Vont se laver le coude aux bassins des mosquées [3];
Plus loin du grand lama les reliques musquées [4]
Passent de son derrière au cou des plus grands rois.
   Quand la troupe écarlate à Rome a fait un choix,
L'élu, fût-il un sot, est dès lors infaillible.
Dans l'Inde le *Veidam*, et dans Londres la *Bible* [5],
A l'hôpital des fous ont logé plus d'esprits

---

1. Une faction dans Paris a soutenu pendant trente ans que le gouvernement de la Chine est athée. L'empereur de la Chine, qui ne sait rien des sottises de Paris, a bien confondu cette horrible impertinence dans son poëme, où il parle de la Divinité avec autant de sentiment que de respect.

2. Avocat général qui a fait trop d'honneur au livre du *Système de la nature*, livre d'un déclamateur qui se répète sans cesse, et d'un très-grand ignorant en physique, qui a la sottise de croire aux anguilles de Needham. Il vaut mieux croire en Dieu avec Epictète et Marc Aurèle. C'est une grande consolation pour la France que ce réquisitoire n'attaque que des livres anglais.

3. Il est ordonné aux musulmans de commencer l'ablution par le coude. Les prêtres catholiques ne se lavent que les trois doigts.

4. Il est très-vrai que le grand lama distribue quelquefois sa chaise percée à ses adorateurs.

5. Il n'y a point de pays où il y ait eu plus de disputes sur la *Bible* qu'à Londres, et où les théologiens aient débité plus de rêveries, depuis Prinn jusqu'à Warburton.

ÉPÎTRES.

Que Grisel[1] n'a trouvé de dupes à Paris.

Monarque, au nez camus, des fertiles rivages
Peuplés, à ce qu'on dit, de fripons et de sages,
Règne en paix, fais des vers, et goûte de beaux jours;
Tandis que, sans argent, sans amis, sans secours,
Le Mogol est errant dans l'Inde ensanglantée,
Que d'orages nouveaux la Perse est agitée,
Qu'une pipe à la main, sur un large sofa
Mollement étendu, le pesant Moustapha
Voit le Russe entasser des victoires nouvelles
Des rives de l'Araxe au bord des Dardanelles,
Et qu'un bacha du Caire à sa place est assis
Sur le trône où les chats régnaient avec Isis.
Nous autres, cependant, au bout de l'hémisphère,
Nous, des Welches grossiers postérité légère,
Livrons-nous en riant, dans le sein des loisirs,
A nos frivolités que nous nommons plaisirs;
Et puisse, en corrigeant trente ans d'extravagances[2],
Monsieur l'abbé Terray rajuster nos finances[3]!

CIX. — AU ROI DE DANEMARK, CHRISTIAN VII,
SUR LA LIBERTÉ DE LA PRESSE ACCORDÉE DANS TOUS SES ÉTATS.

(Janvier 1771.)

Monarque vertueux, quoique né despotique,
Crois-tu régner sur moi de ton golfe Baltique?
Suis-je un de tes sujets pour me traiter comme eux,
Pour consoler ma vie, et pour me rendre heureux?
Peu de rois, comme toi, transgressent les limites
Qu'à leur pouvoir sacré la nature a prescrites
L'empereur de la Chine, à qui j'écris souvent,
Ne m'a pas jusqu'ici fait un seul compliment.
Je suis plus satisfait de l'auguste amazone[4],
Qui du gros Moustapha vient d'ébranler le trône;
Et Stanislas le Sage[5], et Frédéric le Grand
(Avec qui j'eus jadis un petit différend),
Font passer quelquefois dans mes humbles retraites
Des bontés dont la Suisse embellit ses gazettes.
Avec Ganganelli je ne suis pas si bien :

---

1. Grisel, fameux dans le métier de directeur.
2. L'auteur devait dire *depuis cinquante-deux ans*; car le système de Law est de cette date. Mais on prétend en France que *cinquante-deux* ne peut pas entrer dans un vers.
3. C'est ce que nous attendons avec concupiscence. S'il en vient à bout, il sera couvert de gloire, et nous le chanterons.
4. Catherine II. (Éd.) — 5. Le roi de Pologne. (Éd.)

Sur mon voyage en Prusse, il m'a cru peu chrétien.
Ce pape s'est trompé, bien qu'il soit infaillible.
 Mais sans examiner ce qu'on doit à la *Bible*,
S'il vaut mieux dans ce monde être pape que roi,
S'il est encor plus doux d'être obscur comme moi,
Des déserts du Jura ma tranquille vieillesse
Ose se faire entendre à ta sage jeunesse;
Et libre avec respect, hardi sans être vain,
Je me jette à tes pieds, au nom du genre humain.
Il parle par ma voix, il bénit ta clémence;
Tu rends ses droits à l'homme, et tu permets qu'on pense
Sermons, romans, physique, ode, histoire, opéra,
Chacun peut tout écrire; et siffle qui voudra.
 Ailleurs on a coupé les ailes à Pégase.
Dans Paris quelquefois un commis à la phrase
Me dit : « A mon bureau venez vous adresser;
Sans l'agrément du roi vous ne pouvez penser.
Pour avoir de l'esprit, allez à la police;
Les filles y vont bien, sans qu'aucune en rougisse :
Leur métier vaut le vôtre, il est cent fois plus doux;
Et le public sensé leur doit bien plus qu'à vous. »
 C'est donc ainsi, grand roi, qu'on traite le Parnasse,
Et les suivants honnis de Plutarque et d'Horace!
Bélisaire à Paris ne peut rien publier [1],
S'il n'est pas de l'avis de monsieur Ribalier.
 Hélas! dans un État l'art de l'imprimerie
Ne fut en aucun temps fatal à la patrie.
Les pointes de Voiture [2], et l'orgueil des grands mots
Que prodigua Balzac assez mal à propos,
Les romans de Scarron n'ont point troublé le monde
Chapelain ne fit point la guerre de la Fronde.

---

1. Le chapitre quinzième du roman moral de *Bélisaire* passe en général pour un des meilleurs morceaux de littérature, de philosophie, et de vraie piété, qui aient jamais été écrits dans la langue française. Son succès universel irrita un principal de collége, docteur de Sorbonne, nommé Ribalier, qui, avec un autre régent de collége, nommé Coger, souleva une grande partie de la Sorbonne contre M. Marmontel, auteur de cet ouvrage. Les docteurs cherchèrent pendant six mois entiers des propositions malsonnantes, téméraires, sentant l'hérésie. Il fallut bien qu'ils en trouvassent. On en trouverait dans le *Pater noster*, en transposant un mot, et en abusant d'un autre.
La Faculté fit enfin imprimer sa censure en latin comme en français, et elle commençait par un solécisme. Le public en rit, et bientôt on n'en parla plus.
2. Voiture, qui fut frivole, et qui ne chercha que le bel esprit; Balzac, qui fut toujours ampoulé, et qui ne dit presque jamais rien d'utile, eurent une très-grande réputation dans leur temps; Chapelain en eut encore davantage; ils étaient les rois de la littérature. Les querelles dont ils furent l'objet ne servirent qu'à faire naître enfin le bon goût, et ne causèrent d'ailleurs aucun mal.

ÉPÎTRES.

Chez le Sarmate altier, la Discorde en fureur[1],
Sous un roi sage et doux, semant partout l'horreur;
De l'empire ottoman la splendeur éclipsée,
Sous l'aigle de Moscou sa force terrassée,
Tous ces grands mouvements seraient-ils donc l'effet
D'un obscur commentaire ou d'un méchant sonnet?
Non, lorsqu'aux factions un peuple entier se livre,
Quand nous nous égorgeons, ce n'est pas pour un livre.
  Hé! quel mal après tout peut faire un pauvre auteur?
Ruiner son libraire, excéder son lecteur,
Faire siffler partout sa charlatanerie,
Ses creuses visions, sa folle théorie.
Un livre est-il mauvais, rien ne peut l'excuser;
Est-il bon, tous les rois ne peuvent l'écraser.
On le supprime à Rome, et dans Londre on l'admire;
Le pape le proscrit, l'Europe le veut lire.
  Un certain charlatan, qui s'est mis en crédit,
Prétend qu'à son exemple on n'ait jamais d'esprit.
Tu n'y parviendras pas, apostat d'Hippocrate;
Tu guériras plutôt les vapeurs de ma rate.
Va, cesse de vexer les vivants et les morts.
Tyran de ma pensée, assassin de mon corps,
Tu peux bien empêcher tes malades de vivre,
Tu peux les tuer tous, mais non pas un bon livre.
Tu les brûles, Jérôme[2]; et de ces condamnés
La flamme, en m'éclairant, noircit ton vilain nez.
  Mais voilà, me dis-tu, des phrases malsonnantes,
Sentant son philosophe, au vrai même tendantes.
Eh bien! réfute-les; n'est-ce pas ton métier?
Ne peux-tu comme moi barbouiller du papier?
Le public à profit met toutes nos querelles;
De nos cailloux frottés il sort des étincelles:
La lumière en peut naître; et nos grands érudits
Ne nous ont éclairés qu'en étant contredits.
Sifflez-moi librement, je vous le rends, mes frères.
Sans le droit d'examen, et sans les adversaires,
Tout languit comme à Rome, où depuis huit cents ans[3]

---

1. Ce sera aux yeux de la postérité un événement unique, même en Pologne, qu'une guerre civile si acharnée et si cruelle, sous un roi auquel la faction opposée n'a jamais pu reprocher la moindre action qui pût déplaire dans un particulier. C'est pour la première fois qu'on a vu un roi se borner à plaindre ceux qui se rendaient malheureux eux-mêmes en ravageant leur patrie. Il ne leur a donné que l'exemple de la modération.
2. Van Swieten, premier médecin de l'impératrice-reine et censeur de livres. (Éd.)
3. On ne voit pas en effet depuis ce temps un seul livre, écrit à Rome, qui soit un ouvrage de génie, et qui entre dans la bibliothèque des na-

Le tranquille esclavage écrasa les talents.
   Tu ne veux pas, grand roi, dans ta juste indulgence,
Que cette liberté dégénère en licence;
Et c'est aussi le vœu de tous les gens sensés :
A conserver les mœurs ils sont intéressés;
D'un écrivain pervers ils font toujours justice.
   Tous ces libelles vains dictés par l'Avarice,
Enfants de l'Impudence, élevés chez Marteau ¹,
Y trouvent en naissant un éternel tombeau.
   Que dans l'Europe entière on me montre un libelle
Qui ne soit pas couvert d'une honte éternelle,
Ou qu'un oubli profond ne retienne englouti
Dans le fond du bourbier dont il était sorti.
   On punit quelquefois et la plume et la langue,
D'un ligueur turbulent la dévote harangue,
D'un Guignard, d'un Bourgoin ², les horribles sermons,
Au nom de Jésus-Christ prêchés par des démons.
   Mais quoi! si quelque main dans le sang s'est trempée,
Vous est-il défendu de porter une épée?
En coupables propos si l'on peut s'exhaler,
Doit-on faire une loi de ne jamais parler?
Un cuistre en son taudis compose une satire,
En ai-je moins le droit de penser et d'écrire?
Qu'on punisse l'abus; mais l'usage est permis
   De l'auguste raison les sombres ennemis
Se plaignent quelquefois de l'inventeur utile
Qui fondit en métal un alphabet mobile,
L'arrangea sous la presse, et sut multiplier
Tout ce que notre esprit peut transmettre au papier.
« Cet art, disait Boyer ³, a troublé des familles;
Il a trop raffiné les garçons et les filles. »
Je le veux; mais aussi quels biens n'a-t-il pas faits?
Tout peuple, excepté Rome, a senti ses bienfaits.
Avant qu'un Allemand trouvât l'imprimerie,
Dans quel cloaque affreux barbotait ma patrie!
Quel opprobre, grand Dieu! quand un peuple indigent
Courait à Rome, à pied, porter son peu d'argent,

tions. Les Dante, les Pétrarque, les Boccace, les Machiavel, les Guichardin, les Boiardo, les Tasse, les Arioste, ne furent point Romains.
   1. Célèbre imprimeur de sottises. Tous les libelles contre Louis XIV étaient imprimés à Cologne chez Pierre Marteau.
   2. C'étaient des écrivains, des prédicateurs de la Ligue. Guignard était un jésuite qui fut pendu, et Bourgoin un jacobin qui fut roué. Il est vrai qu'ils étaient des fanatiques imbéciles; mais avec leur imbécillité ils mettaient le couteau dans les mains des parricides.
   3. Boyer, théatin, évêque de Mirepoix, disait toujours que l'imprimerie avait fait un mal effroyable, et que, depuis qu'il y avait des livres, les filles savaient plus de sottises à dix ans qu'elles n'en avaient su auparavant à vingt.

Et revenait, content de la sainte Madone,
Chantant sa litanie, et demandant l'aumône!
Du temple au lit d'hymen un jeune époux conduit[1]
Payait au sacristain pour sa première nuit.
Un testateur[2], mourant sans léguer à saint Pierre,
Ne pouvait obtenir l'honneur du cimetière.
Enfin tout un royaume, interdit et damné[3],
Au premier occupant restait abandonné,
Quand du pape et de Dieu s'attirant la colère,
Le roi, sans payer Rome, épousait sa commère[4].
  Rois! qui brisa les fers dont vous étiez chargés?
Qui put vous affranchir de vos vieux préjugés?
Quelle main, favorable à vos grandeurs suprêmes,
A du triple bandeau vengé cent diadèmes?
Qui, du fond de son puits tirant la Vérité,
A su donner une âme au public hébété?
Les livres ont tout fait; et, quoi qu'on puisse dire,
Rois, vous n'avez régné que lorsqu'on a su lire.
Soyez reconnaissants, aimez les bons auteurs :
Il ne faut pas du moins vexer vos bienfaiteurs.
Et comptez-vous pour rien les plaisirs qu'ils vous donnent,
Plaisirs purs que jamais les remords n'empoisonnent?
Les pleurs de Melpomène et les ris de sa sœur
Nont-ils jamais guéri votre mauvaise humeur?
Souvent un roi s'ennuie; il se fait lire à table
De Charle ou de Louis l'histoire véritable.
Si l'auteur fut gêné par un censeur bigot,

1. Jusqu'au XVIe siècle il n'était pas permis, chez les catholiques, à un nouveau marié de coucher avec sa femme sans avoir fait bénir le lit nuptial, et cette bénédiction était taxée.
2. Quiconque ne faisait pas un legs à l'Église par son testament était déclaré déconfez, on lui refusait la sépulture; et, par accommodement, l'official, ou le curé, ou le prieur le plus voisin, faisait un testament au nom du mort, et léguait pour lui à l'Eglise en conscience ce que le testateur aurait dû raisonnablement donner.
3. Le commun des lecteurs ignore la manière dont on interdisait un royaume. On croit que celui qui se disait le père commun des chrétiens se bornait à priver une nation de toutes les fonctions du christianisme, afin qu'elle méritât sa grâce en se révoltant contre le souverain; mais on observait dans cette sentence des cérémonies qui doivent passer à la postérité. D'abord on défendait à tout laïque d'entendre la messe, et on n'en célébrait plus au maître autel. On déclarait l'air impur; on ôtait tous les corps saints de leurs châsses, et on les étendait par terre dans l'église, couverts d'un voile : on dépendait les cloches, et on les enterrait dans des caveaux. Quiconque mourait dans le temps de l'interdit était jeté à la voirie. Il était défendu de manger de la chair, de se raser, de se saluer; enfin le royaume appartenait de droit au premier occupant; mais le pape prenait le soin d'annoncer ce droit par une bulle particulière, dans laquelle il désignait le prince qu'il gratifiait de la couronne vacante.
4. Robert, roi de France, épousa sa cousine qui avait d'un premier mariage des enfants dont il était le parrain. (ÉD.)

Ne décidez-vous pas que l'auteur est un sot?
Il faut qu'il soit à l'aise; il faut que l'aigle altière
Des airs à son plaisir franchisse la carrière.
Je ne plains point un bœuf au joug accoutumé;
C'est pour baisser son cou que le ciel l'a formé.
Au cheval qui vous porte un mors est nécessaire.
Un moine est de ses fers esclave volontaire.
Mais au mortel qui pense on doit la liberté.
Des neuf savantes sœurs le Parnasse habité
Serait-il un couvent sous une mère abbesse,
Qu'un évêque bénit, et qu'un Grisel confesse?
   On ne leur dit jamais : « Gardez-vous bien, ma sœur,
De vous mettre à penser sans votre directeur;
Et quand vous écrirez sur l'Almanach de Liége,
Ne parlez des saisons qu'avec un privilége. »
Que dirait Uranie à ces plaisants propos?
Le Parnasse ne veut ni tyrans ni bigots :
C'est une république éternelle et suprême,
Qui n'admet d'autre loi que la loi de Thélème [1];
Elle est plus libre encor que le vaillant Bernois,
Le noble de Venise, et l'esprit génevois;
Du bout du monde à l'autre elle étend son empire;
Parmi ses citoyens chacun voudrait s'inscrire.
Chez nos sœurs, ô grand roi! le droit d'égalité,
Ridicule à la cour, est toujours respecté.
Mais leur gouvernement, à tant d'autres contraire,
Ressemble encore au tien, puisqu'à tous il sait plaire.

CX. — A M. D'ALEMBERT.

(1771.)

Esprit juste et profond, parfait ami, vrai sage,
D'Alembert, que dis-tu de mon dernier ouvrage?
Le roi danois et toi, mes juges souverains,
Vous donnez carte blanche à tous les écrivains.
Le privilége est beau; mais que faut-il écrire?
Me permettriez-vous quelques grains de satire?
Virgile a-t-il bien fait de pincer Mævius?
Horace a-t-il raison contre Nomentanus?
Oui, si ces deux Latins, montés sur le Parnasse,
S'égayaient aux dépens de Virgile et d'Horace,
La défense est de droit; et d'un coup d'aiguillon
L'abeille en tous les temps repoussa le frelon.

---

1. Abbaye de la fondation de Rabelais (*Gargant.*, liv. I c. LVII). On avait gravé sur la porte : *Fay ce que vouldras.*

La guerre est au Parnasse, au conseil, en Sorbonne :
Allons, défendons-nous, mais n'attaquons personne.
  « Vous m'avez endormi, » disait ce bon Trublet[1] ;
Je réveillai mon homme à grands coups de sifflet.
Je fis bien : chacun rit, et j'en ris même encore.
La critique a du bon ; je l'aime et je l'honore.
Le parterre éclairé juge les combattants,
Et la saine raison triomphe avec le temps.
Lorsque dans son grenier certain Larcher réclame[2]
La loi qui prostitue et sa fille et sa femme,
Qu'il veut dans Notre-Dame établir son sérail,
On lui dit qu'à Paris plus d'un gentil bercail
Est ouvert aux travaux d'un savant antiquaire,
Mais que jamais la loi n'ordonna l'adultère.
Alors on examine ; et le public instruit
Se moque de Larcher, qui jure en son réduit.
L'abbé François[3] écrit ; le Léthé sur ses rives
Reçoit avec plaisir ses feuilles fugitives.
Tancrède en vers croisés fait-il bâiller Paris ?
On m'ennuie à mon tour des plus pesants écrits ;
A Danchet, à Brunet[4], le Pont-Neuf me compare ;
On préfère à mes vers Crébillon le barbare[5].

1. Voyez la pièce intitulée *le Pauvre Diable*.
2. Larcher, répétiteur au collége Mazarin. Il soutint opiniâtrément que dans la grande ville de Babylone toutes les femmes et les filles de la cour étaient obligées par la loi de se prostituer une fois dans leur vie au premier venu, pour de l'argent ; et cela dans le temple de Vénus, quoique Vénus fût inconnue à Babylone. Il trouvait fort mauvais qu'on ne crût pas à cette impertinence, puisque Hérodote l'avait dite expressément. Le même Larcher disputa fortement sur le grand serpent Ophionée, sur le bouc de Mendès qui couchait avec des dames hébraïques : il traita notre auteur de vilain athée pour avoir dit que la *Providence envoie la peste et la famine sur la terre*. Il y a encore dans la poussière des colléges de ces cuistres qui semblent être du XVe siècle. Notre auteur ne fit que se moquer de ce Larcher, et il fut secondé de tout Paris, à qui il le fit connaître.
3. Il y a en effet un abbé nommé François, des ouvrages duquel le fleuve Léthé s'est chargé entièrement. C'est un pauvre imbécile qui a fait un livre en deux volumes contre les philosophes, livre que personne ne connaît ni ne connaîtra.
4. Danchet est un de ces poëtes médiocres qu'on ne connaît plus ; il a fait quelques tragédies et quelques opéras. Pour Brunet, nous ne savons qui c'est, à moins que ce ne soit un nommé M. Le Brun, qui avait fait autrefois une ode pour engager notre auteur à prendre chez lui Mlle Corneille. Quelqu'un lui dit méchamment qu'on avait voulu recevoir Mlle Corneille, mais point son ode, qui ne valait rien. Alors M. Le Brun écrivit contre le même homme auquel il venait de donner tant de louanges. Cela est dans l'ordre ; mais il paraît dans l'ordre aussi qu'on se moque de lui.
5. Nous ne savons si par *barbare* on entend ici la barbarie d'Atrée, ou la barbarie du style, qu'on a reprochée à Crébillon ; c'est peut-être l'un et l'autre. Mais ce n'est pas parce qu'Atrée est trop cruel qu'on ne joue point cette pièce, et qu'elle passe pour mauvaise chez tous les gens de goût ; car dans *Rodogune*, Cléopâtre est plus cruelle encore, et cette atro-

Cette longue dispute échauffe les esprits.
Alors du plus beau feu vingt poëtes épris,
De chefs-d'œuvre sans nombre enrichissant la scène,
Sur de sublimes tons font ronfler Melpomène.

cité même semblerait devoir être plus révoltante dans une femme que dans un homme; cependant cette fin de la tragédie de *Rodogune* est un chef-d'œuvre du théâtre et réussira toujours.

Nous trouvons dans *le Mercure* de novembre 1770, page 83, les réflexions les plus judicieuses qu'on ait encore faites sur *Atrée*; les voici :

« En général, les vengeances, pour être intéressantes au théâtre, doivent être promptes, subites, violentes; il faut toujours frapper de grands coups sur la scène : les horreurs longues et détaillées ne sont que rebutantes. M. de Crébillon, malgré ce précepte, a risqué la coupe d'Atrée; mais elle n'a pu réussir, à beaucoup près. Quelques esprits faux, quelques jeunes têtes qui n'ont pas réfléchi, croient que les atrocités sont le plus grand effort de l'esprit humain, et que l'horreur est ce qu'il y a de plus tragique. Elles se trompent beaucoup; c'est tout ce qu'il y a de plus facile à trouver. Nous avons des romans inconnus et fort au-dessous du médiocre, où l'on a rassemblé assez d'horreurs pour faire cinquante tragédies détestables. »

Il y a bien d'autres raisons qui font voir qu'*Atrée* est une fort mauvaise pièce.

1° C'est qu'elle est extrêmement mal écrite. D'abord « Atrée voit enfin renaître l'espoir et la douceur de se venger d'un traître. Les vents, qu'un dieu contraire enchaînait loin de lui, semblent exciter son courroux avec les flots; le calme, si longtemps fatal à sa vengeance, n'est plus d'intelligence avec ses ennemis; le soldat ne craint plus qu'un indigne repos avilisse l'honneur de ses derniers travaux. »

Aussitôt après Atrée commande *que la flotte d'Atrée se prépare à voguer loin de l'île d'Eubée*; il ordonne qu'on porte à tous ses chefs ses ordres absolus; et il dit *que ce jour tant souhaité ranime dans son cœur l'espoir et la fierté.*

Cet énorme galimatias, cet assemblage de paroles vagues, oiseuses, incohérentes, qui ne disent rien, qui n'apprennent ni où l'on est, ni l'acteur qui parle, ni de qui on parle, sont insupportables à quiconque a la plus légère connaissance du théâtre et de la langue.

Les maximes qu'Atrée débite, dès cette première scène, sont d'une extravagance qui va jusqu'au ridicule. Atrée dit :

Je voudrais me venger, fût-ce même des dieux;
Du plus puissant de tous j'ai reçu la naissance;
Je le sens au plaisir que me fait la vengeance.

Cette plaisanterie monstrueuse n'est-elle pas bien placée! La Fontaine a dit en riant :

. . . . Je sais que la vengeance
Est un morceau de roi, car vous vivez en dieux.

Mais mettre une telle raillerie sérieusement dans une tragédie, cela est bien déplacé; et exprimer de tels sentiments sans avoir dit encore de quoi il veut se venger, cela est contre les principes du théâtre et du sens commun.

2° Il y a bien plus, c'est que cette fureur de vengeance, au bout de vingt ans, est nécessairement de la plus grande froideur, et ne peut intéresser personne.

3° Un homme qui jure à la première scène qu'il se vengera, et qui exécute son projet à la dernière sans aucun obstacle, ne peut jamais faire aucun effet. Il n'y a ni intrigue ni péripétie, rien qui vous tienne en suspens, rien qui vous surprenne, rien qui vous émeuve; ce n'est qu'une atrocité longue et plate.

4° La pièce pèche encore par un défaut plus grand, s'il est possible

Qu'importe que mon nom s'efface dans l'oubli ?
L'esprit, le goût s'épure, et l'art est embelli.
Mais ne pardonnons pas à ces folliculaires,
De libelles affreux écrivains téméraires,
Aux stances de La Grange, aux couplets de Rousseau[1],

c'est un amour insipide et inutile entre un fils d'Atrée, nommé Plisthène, et Théodamie, fille de Thyeste; amour postiche qui ne sert qu'à remplir le vide de la pièce.

5° Le style est digne de cette conduite : ce sont des répétitions continuelles du plaisir de la vengeance :

> *Un ennemi ne peut pardonner une offense:*
> Il faut un terme au crime, et non à la vengeance.
> Rien ne peut *arrêter mes transports* furieux.
> Tout est prêt, *et déjà dans mon cœur* furieux
> Je goûte le plaisir *le plus parfait* des dieux;
> Je vais être vengé, *Thyeste; quelle joie!*

La plupart des vers sont obscurs, et ne sont pas français.

> Ah! si je vous suis cher, que mon respect extrême
> M'acquitte bien, seigneur, de mon bonheur suprême !
> Mon amitié pour vous, par vos maux consacrée,
> A semblé redoubler par les rigueurs d'Atrée.
> En bravant, sans respect, et les dieux et son père,
> Son cœur pour eux et lui n'a qu'une foi légère :
> Mais dût tomber sur moi le plus affreux courroux,
> Je ne saurais trahir ce que je sens pour vous.
> Que pour mieux m'obliger à lui percer le flanc,
> De sa fille, au refus, il doit verser le sang.
> Et je vais, s'il le faut, aux dépens de ma foi,
> Prouver à vos beaux yeux ce qu'ils peuvent sur moi.
> D'une indigne frayeur je vois ton âme atteinte,
> Thyeste; chasses-en les soupçons et la crainte.

Une pièce écrite ainsi d'un bout à l'autre pourrait-elle réussir ? Pour comble d'impertinence, la pièce finit par ce vers abominable :

> Et je jouis enfin du fruit de mes forfaits.

Un tel vers est d'un scélérat ivre. Et remarquez qu'Atrée a ci-devant regardé la vengeance comme une vertu, dans un autre vers non moins extravagant :

> Il faut un terme au crime, et non à la vengeance.

Nous avouons que la *Sémiramis* du même auteur, son *Xerxès*, son *Catilina*, son *Triumvirat*, sont des pièces encore plus mauvaises, et que tout cela pouvait bien lui mériter le nom de barbare; mais nous ne convenons pas que son *Electre*, et surtout son *Rhadamiste*, méritent le mépris profond que Boileau avait pour ces deux tragédies. Le public a décidé qu'il y a de très-belles choses, particulièrement dans *Rhadamiste*; et quand le public a décidé constamment pendant soixante ans, il ne faut pas en appeler. Si les défauts subsistent, les beautés l'emportent. Boileau fut trop rebuté des défauts. *Rhadamiste* sera toujours jouée avec un grand succès; et même on verra *Electre* avec plaisir, malgré l'amour qui défigure cette pièce. Il y a dans ces deux ouvrages un fond de tragique qui attache le spectateur.

L'abbé de Chaulieu disait que la pièce de *Rhadamiste* aurait été très claire, n'eût été l'exposition. Mais quoique le premier acte soit un peu obscur, il me semble qu'il y a dans les autres de très-grandes beautés.

1. Les *Philippiques* de La Grange et les *Couplets* de Rousseau passèrent assez longtemps pour être écrits avec force et enthousiasme; mais

330   ÉPÎTRES.

> Que Mégère en courroux tira de son cerveau.
> Pour gagner vingt écus, ce fou de La Beaumelle ¹
> Insulte de Louis la mémoire immortelle.
> Il croit déshonorer, dans ses obscurs écrits,
> Princes, ducs, maréchaux, qui n'en ont rien appris.

les esprits bien faits et les gens de bon goût ne s'y sont jamais laissé tromper. En effet, ôtez les injures, il ne reste rien. Le succès ne fut dû qu'à la malignité humaine. Mais quel succès qui conduisit La Grange en prison, et le portrait de Rousseau à la Grève !

La Grange était le plus coupable des deux, sans contredit ; mais le duc d'Orléans régent eut encore plus de clémence que La Grange n'avait eu de folie.

1. On ne peut mieux connaître cet homme que par la lettre que nous allons copier. N'ayant ni le génie de La Grange ni celui de Rousseau, il s'est rendu aussi criminel qu'eux, mais infiniment plus méprisable. Il est né dans un village des Cévennes, auprès de Castres. Il a passé quelques années à Genève, et il a été répétiteur des enfants de M. de Budé de Boisy. Il y fut proposant pour être ministre, en 1745.

Voici la lettre qui le fera connaître :

Lettre à M. de la Condamine, de l'Académie française et de l'Académie des sciences, etc.

A Ferney, 8 mars 1771.

Monsieur,

M. l'envoyé de Parme m'a fait parvenir votre lettre. J'ai l'honneur d'être votre confrère dans plus d'une académie : je suis votre ami depuis plus de quarante ans. Vous me parlez avec candeur, je vais vous répondre de même.

Le sieur de La Beaumelle, en 1752, vendit, à Francfort, au libraire Eslinger, pour dix-sept louis, *le Siècle de Louis XIV*, que j'avais composé (autant qu'il avait été en moi) à l'honneur de la France et de ce monarque.

Il plut à cet écrivain de tourner cet éloge véridique en libelle diffamatoire. Il le chargea de notes, dans lesquelles il dit qu'il soupçonne Louis XIV d'avoir fait empoisonner le marquis de Louvois, son ministre, dont il était excédé ; et qu'en effet ce ministre craignait que le roi ne l'empoisonnât. (T. III, p. 269 et 271.)

Que Louis XIV ayant promis à Mme de Maintenon de la déclarer reine, Mme la duchesse de Bourgogne irritée engagea le prince son époux, père de Louis XV, à ne point secourir Lille, assiégée alors par le prince Eugène, et à trahir son roi, son aïeul, et sa patrie.

Il ajoute que l'armée des assiégeants jetait dans Lille des billets dans lesquels il était écrit : « Rassurez-vous, Français ! la Maintenon ne sera « pas reine, nous ne lèverons pas le siége. »

La Beaumelle rapporte la même anecdote dans les Mémoires qu'il a fait imprimer sous le nom de Mme de Maintenon. (T. IV, p. 109.)

Qu'on trouva l'acte de célébration du mariage de Louis XIV avec Mme de Maintenon dans de vieilles culottes de l'archevêque de Paris, mais qu'un « tel mariage n'est pas extraordinaire, attendu que Cléopâtre déjà vieille enchaîna Auguste. » (T. III, p. 75.)

Que le duc de Bourbon, étant premier ministre, fit assassiner Vergier, ancien commissaire de marine, par un officier, auquel il donna la croix de Saint-Louis pour récompense. T. III du *Siècle*, p. 323.)

Que le grand-père de l'empereur, aujourd'hui régnant, avait, ainsi que sa maison, des empoisonneurs à gages. T. II, p. 345.)

Les calomnies absurdes contre le duc d'Orléans, régent du royaume, sont encore plus exécrables · on ne veut pas en souiller le papier. Les enfants de la Voisin, de Cartouche, et de Damiens n'auraient jamais

Contre le vil croquant tout honnête homme éclate,
Avant que sur sa joue ou sur son omoplate
Des rois et des héros les grands noms soient vengés
Par l'empreinte des lis qu'il a tant outragés.

osé écrire ainsi, s'ils avaient su écrire. L'ignorance de ce malheureux égalait sa détestable impudence.

Cette ignorance est poussée jusqu'à dire que la loi qui veut que le premier prince du sang hérite de la couronne, au défaut d'un fils du roi, *n'exista jamais*.

Il assure hardiment que le jour que le duc d'Orléans se fit reconnaître à la cour des pairs régent du royaume, le parlement suivit constamment l'instabilité de ses pensées; que le premier président de Maisons était prêt à former un parti pour le duc du Maine, quoiqu'il n'y ait jamais eu de premier président de ce nom.

Toutes ces inepties, écrites du style d'un laquais qui veut faire le bel esprit et l'homme important, furent reçues comme elles le méritaient : on n'y prit pas garde; mais on rechercha le malheureux qui pour un peu d'argent avait tant vomi de calomnies atroces contre toute la famille royale, contre les ministres, les généraux, et les plus honnêtes gens du royaume. Le gouvernement fut assez indulgent pour se contenter de le faire enfermer dans un cachot, le 24 avril 1753. Vous m'apprenez dans votre lettre qu'il fut enfermé deux fois, c'est ce que j'ignorais.

Après avoir publié ces horreurs, il se signala par un autre libelle intitulé *Mes pensées*, dans lequel il insulta nommément MM. d'Erlach, de Watteville, de Diesbach, de Sinner, et d'autres membres du conseil souverain de Berne, qu'il n'avait jamais vus. Il voulut ensuite en faire une nouvelle édition; M. le comte d'Erlach en écrivit en France, où La Beaumelle était pour lors; on l'exila dans le pays des Cévennes, dont il est natif. Je ne vous parle, monsieur, que papiers sur table et preuves en main.

Il avait outragé la maison de Saxe dans le même libelle (p. 108), et s'était enfui de Gotha avec une femme de chambre qui venait de voler sa maîtresse.

Lorsqu'il fut en France, il demanda un certificat de Mme la duchesse de Gotha. Cette princesse lui fit expédier celui-ci :

« On se rappelle très-bien que vous partîtes d'ici avec la gouvernante des enfants d'une dame de Gotha, qui s'éclipsa furtivement avec vous, après avoir volé sa maîtresse; ce dont tout le public est pleinement instruit ici. Mais nous ne disons pas que vous ayez part à ce vol. A Gotha, 24 juillet 1767. *Signé* ROUSSEAU, conseiller aulique de Son Altesse Sérénissime. »

Son Altesse eut la bonté de m'envoyer la copie de cette attestation, et m'écrivit ensuite ces propres mots, le 15 auguste 1767 : « Que vous êtes aimable d'entrer si bien dans mes vues au sujet de ce misérable La Beaumelle! Croyez-moi, nous ne pouvons rien faire de plus sage que de l'abandonner lui et son aventurière, etc. » Je garde les originaux de ces lettres, écrites de la main de Mme la duchesse de Gotha. Je pourrais alléguer des choses beaucoup plus graves; mais comme elles pourraient être trop funestes à cet homme, je m'arrête par pitié.

Voilà une petite partie du procès bien constatée. Je vous en fais juge, monsieur, et je m'en rapporte à votre équité.

Dans ce cloaque d'infamies, sur lequel j'ai été forcé de jeter les yeux un moment, j'ai été bien consolé par votre souvenir. Je vous souhaite du fond de mon cœur une vieillesse plus heureuse que la mienne, sous laquelle je succombe dans des souffrances continuelles.

J'ai l'honneur d'être, etc.

Nous n'ajouterons rien à une lettre aussi authentique et aussi décisive. Nous nous contenterons de féliciter notre auteur philosophe d'avoir pour ennemis de tels misérables.

Ces serpents odieux de la littérature,
Abreuvés de poisons et rampant dans l'ordure,
Sont toujours écrasés sous les pieds des passants.
Vive le cygne heureux qui, par ses doux accents,
Célébra les saisons, leurs dons, et leurs usages,
Les travaux, les vertus, et les plaisirs des sages !
Vainement de Dijon l'impudent écolier [1]
Coassa contre lui du fond de son bourbier.
Nous laissons le champ libre à ces petits critiques,
De l'ivrogne Fréron disciples faméliques,
Qui, ne pouvant apprendre un honnête métier,
Devers Saint-Innocent vont salir du papier,
Et sur les dons des dieux porter leurs mains impies ;
Animaux malfaisants, semblables aux harpies,
De leurs ongles crochus et de leur souffle affreux
Gâtant un bon dîner qui n'était pas pour eux.

CXI. — A L'IMPÉRATRICE DE RUSSIE, CATHERINE II.

(1771.)

Élève d'Apollon, de Thémis, et de Mars,
Qui sur ton trône auguste as placé les beaux-arts,
Qui penses en grand homme, et qui permets qu'on pense ;

---

1. Un nommé Clément, jeune homme, fils d'un procureur de Dijon, et ci-devant maître de quartier dans une pension, a fait un livre entier contre M. de Saint-Lambert, M. Delille, M. Dorat, M. Wattelet, et M. Lemierre. Ce jeune homme s'est avisé de dicter des arrêts du haut d'un tribunal qu'il s'est érigé. Il commence par prononcer qu'il ne faut point traduire Virgile en vers ; et ensuite il décide que M. Delille a fort mal traduit les *Géorgiques*. Sa traduction est pourtant, de l'aveu de tous les connaisseurs, la meilleure qui ait été faite dans aucune langue, et il y en a eu quatre éditions en deux ans. Ce Clément, sans respect pour le public, décide d'un ton de maître que tel vers est ridicule, tel autre plat, tel autre grossier, sans alléguer la plus faible raison. Il ressemble à ces juges qui ne motivent jamais leurs arrêts.
Nous ne connaissons point ce critique, nous ne connaissons point M. Delille ; mais nous remercions M. Delille du plaisir qu'il nous a fait. Nous avouons qu'il a égalé Virgile en plusieurs endroits, et qu'il a vaincu les plus grandes difficultés. Nous osons dire qu'il a rendu un signalé service à la langue française, et Clément n'en a rendu qu'à l'envie.
Il attaque avec plus d'orgueil encore l'estimable poëme des *Saisons*, de M. de Saint-Lambert. Mais quel chef-d'œuvre avait fait ce Clément, pour être en droit de condamner si fièrement ? à quels bons ouvrages avait-il donné la vie, pour être en droit de porter ainsi des arrêts de mort ? Il avait lu une tragédie de sa façon aux comédiens de Paris, qui ne purent en écouter que deux actes. Le *pauvre diable*, mourant de honte et de faim, se fit satirique pour avoir du pain. Vous trouverez dans l'histoire du *Pauvre Diable* la véritable histoire de tous ces petits écoliers qui, ne pouvant rien faire, se mettent à juger ce que les autres font.

Toi qu'on voit triompher du tyran de Byzance,
Et des sots préjugés, tyrans plus odieux,
Prête à ma faible voix des sons mélodieux;
A mon feu qui s'éteint rends sa clarté première
C'est du Nord aujourd'hui que nous vient la lumière.
  On m'a trop accusé d'aimer peu Moustapha,
Ses vizirs, ses divans, son mufti, ses fetfa.
Fetfa! ce mot arabe est bien dur à l'oreille;
On ne le trouve point chez Racine et Corneille :
Du dieu de l'harmonie il fait frémir l'archet.
On l'exprime en français par *lettres de cachet*.
  Oui, je les hais, madame, il faut que je l'avoue.
Je ne veux point qu'un Turc à son plaisir se joue
Des droits de la nature et des jours des humains;
Qu'un bacha dans mon sang trempe à son gré ses mains;
Que, prenant pour sa loi sa pure fantaisie,
Le vizir au bacha puisse arracher la vie,
Et qu'un heureux sultan, dans le sein du loisir,
Ait le droit de serrer le cou de son vizir
Ce code en mon esprit fait naître des scrupules.
Je ne saurais souffrir les affronts ridicules
Que d'un faquin châtré [1] les grossières hauteurs
Font subir gravement à nos ambassadeurs.
Tu venges l'univers en vengeant la Russie.
Je suis homme, je pense; et je te remercie.
  Puissent les dieux surtout, si ces dieux éternels
Entrent dans les débats des malheureux mortels,
Puissent ces purs esprits émanés du grand Être,
Ces moteurs des destins, ces confidents du maître,
Que jadis dans la Grèce imagina Platon,
Conduire tes guerriers aux champs de Marathon [2],

1. Le chiaoux-bacha, qui est d'ordinaire un eunuque blanc, veut toujours prendre la main sur l'ambassadeur, quand il vient le complimenter. Quand le grand eunuque noir marche, il faut, si un ambassadeur se trouve sur son passage, qu'il s'arrête jusqu'à ce que tout le cortége de l'eunuque soit passé. Il en est à plus forte raison de même avec le grand vizir, les deux cadileskers, et le mufti; mais l'excès de l'insolence barbare est de faire enfermer au château des Sept-Tours les ambassadeurs des puissances auxquelles ils veulent faire la guerre. Le sultan Moustapha, avant de déclarer la guerre à la Russie, a commencé par mettre en prison le président Obreskow, au mépris du droit des gens.
2. On connaît assez les batailles de Marathon, de Platée, et de Salamine. La victoire de Marathon fut remportée par Miltiade et neuf autres chefs ses collègues, qui n'avaient que dix mille Athéniens contre cent mille hommes de pied et dix mille cavaliers, commandés par les généraux du roi de Perse, Darius. Cet événement ressemble à la bataille de Poitiers; mais ce qui rend la victoire des Grecs plus étonnante, c'est qu'ils n'étaient point retranchés comme les Anglais l'étaient auprès de Poitiers, et qu'ils attaquèrent les ennemis. Au reste, il n'est pas bien

Aux remparts de Platée, aux murs de Salamine!
Que, sortant des débris qui couvrent sa ruine,
Athènes ressuscite à ta puissante voix.
 Rends-lui son nom, ses dieux, ses talents, et ses lois.
Les descendants d'Hercule et la race d'Homère,
Sans cœur et sans esprit couchés dans la poussière,
A leurs divins aïeux craignant de ressembler,
Sont des fripons rampants ¹ qu'un aga fait trembler.
Ainsi, dans la cité d'Horace et de Scévole,
On voit des récollets aux murs du Capitole;
Ainsi, cette Circé, qui savait dans son temps
Disposer de la lune et des quatre éléments,
Gourmandant la nature au gré de son caprice,
Changeait en chiens barbets les compagnons d'Ulysse.
Tu changeras les Grecs en guerriers généreux;
Ton esprit à la fin se répandra sur eux.
Ce n'est point le climat qui fait ce que nous sommes.
 Pierre était créateur, il a formé des hommes.
Tu formes des héros.... Ce sont les souverains
Qui font le caractère et les mœurs des humains.
Un grand homme du temps a dit dans un beau livre :
« Quand Auguste buvait, la Pologne était ivre ². »

sûr que les Perses fussent au nombre de cent dix mille; il faut toujours rabattre de ces exagérations.

La bataille de Salamine est un combat naval dans lequel Thémistocle défit la flotte de Xerxès, après que ce monarque eut réduit en cendres la ville d'Athènes. Cette journée est encore plus surprenante; les Athéniens, avant cette guerre, n'avaient jamais combattu en mer.

C'est à peu près ainsi que la petite flotte de l'impératrice Catherine II, sous le commandement du comte Alexis Orlof, a détruit entièrement la flotte ottomane, le 6 juin 1770. Le nom d'Orlof n'est pas si harmonieux que celui de Miltiade, mais doit aller de même à la postérité.

La journée de Platée est semblable à celle de Marathon. Aristide et Pausanias, avec environ soixante mille Grecs, défirent entièrement une armée de cinq cent mille Perses, selon Diodore de Sicile : suppposé qu'une armée de cinq cent mille hommes ait pu se mettre en ordre de bataille dans les défilés dont la Grèce est coupée. Mardonius, chef de l'armée persane, y fut tué; supposé qu'un Perse se soit jamais appelé Mardonius, ce qui est aussi ridicule que si on l'avait appelé Villars ou Turenne.

Xerxès possédait les mêmes pays que Moustapha. Le comte de Romanzow a battu le grand vizir turc, comme Pausanias et Aristide battirent celui de Xerxès; mais il n'a pas eu affaire à cinq cent mille Turcs : nous sommes plus modestes aujourd'hui.

1. Ceci ne doit pas s'entendre de tous les Grecs, mais de ceux qui n'ont pas secondé les Russes comme ils devaient.

2. Ce vers cité est du roi de Prusse : il est dans une épître à son frère.

 Lorsque Auguste buvait, la Pologne était ivre;
 Lorsque le grand Louis brûlait d'un tendre amour,
 Paris devint Cythère, et tout suivit la cour :..
 Quand il se fit dévot, ardent à la prière,
 Le lâche courtisan marmotta son bréviaire.

Ce grand homme a raison : les exemples d'un roi
Feraient oublier Dieu, la nature, et la loi.
Si le prince est un sot, le peuple est sans génie
 Qu'un vieux sultan s'endorme avec ignominie
Dans les bras de l'orgueil et d'un repos fatal,
Ses bachas assoupis le serviront fort mal.
Mais Catherine veille au milieu des conquêtes;
Tous ses jours sont marqués de combats et de fêtes.
Elle donne le bal, elle dicte des lois,
De ses braves soldats dirige les exploits,
Par les mains des beaux-arts enrichit son empire,
Travaille jour et nuit, et daigne encor m'écrire;
Tandis que Moustapha, caché dans son palais,
Bâille, n'a rien à faire, et ne m'écrit jamais.
 Si quelque chiaoux lui dit que Sa Hautesse
A perdu cent vaisseaux dans les mers de la Grèce,
Que son vizir battu s'enfuit très à propos,
Qu'on lui prend la Dacie, et Nimphée, et Colchos,
Colchos, où Mithridate expira sous Pompée[1];
De tous ces vains propos son âme est peu frappée;
Jamais de Mithridate il n'entendit parler.
Il prend sa pipe, il fume; et, pour se consoler,
Il va dans son harem, où languit sa maîtresse,
Fatiguer ses appas de sa molle faiblesse.
Son vieil eunuque noir, témoin de son transport,
Lui dit qu'il est Hercule; il le croit, il s'endort.
O sagesse des dieux! je te crois très-profonde :
Mais à quels plats tyrans as-tu livré le monde!
Achève, Catherine, et rends tes ennemis,
Le Grand Turc, et les sots, éclairés et soumis.

CXII. — AU ROI DE SUÈDE, GUSTAVE III.

(1771.)

Gustave, jeune roi, digne de ton grand nom,
Je n'ai donc pu goûter le plaisir et la gloire
De voir dans mes déserts, en mon humble maison,
Le fils de ce héros que célébra l'histoire!
J'aurais cru ressembler à ce vieux Philémon,
Qui recevait les dieux dans son pauvre ermitage.
Je les aurais connus à leur noble langage,
A leurs mœurs, à leurs traits, surtout à leur bonté[2];

---

1. Pompée défit Mithridate sur la route de l'Ibérie à la Colchide; mais Mithridate se donna la mort à Panticapée.
2. Le prince son frère était avec lui.

Ils n'auraient point rougi de ma simplicité;
Et Gustave surtout, pour le prix de mon zèle,
N'aurait jamais changé mon logis en chapelle.
Je serais peu content que le pouvoir divin
En un dortoir béni transformât mon jardin,
De ma salle à manger fît une sacristie :
La grand'messe pour moi n'a que peu d'harmonie;
En vain mes chers vassaux me croiraient honoré
Si le seigneur du lieu devenait leur curé.
J'ai le cœur très-profane, et je sais me connaître;
Je ne me flatte pas de me voir jamais prêtre;
Si Philémon le fut pour un mauvais souper,
L'éclat de ce haut rang ne saurait me frapper.
 Le grand roi des Bretons, qu'à Saint-Pierre on condamne,
Est le premier prélat de l'Église anglicane.
Sur les bords du Volga Catherine tient lieu
D'un grave patriarche, ou, si l'on veut, de Dieu
De cette ambition je n'ai point l'âme éprise,
Et je suis tout au plus serviteur de l'Église.
J'aurais mis mon bonheur à te faire ma cour,
A contempler de près tout l'esprit de ta mère,
Qui forma tes beaux ans dans le grand art de plaire,
A revoir Sans-Souci, ce fortuné séjour
Où règnent la Victoire et la Philosophie,
Où l'on voit le Pouvoir avec la Modestie.
Jeune héros du Nord, entouré de héros,
A ces nobles plaisirs je ne puis plus prétendre;
Il ne m'est plus permis de te voir, de t'entendre.
Je reste en ma chaumière, attendant qu'Atropos
Tranche le fil usé de ma vie inutile;
Et je crie aux Destins, du fond de mon asile :
« Destins, qui faites tout, et qui trompez nos vœux,
Ne trompez pas les miens, rendez Gustave heureux.

CXIII. — BENALDAKI A CARAMOUFTÉE,

FEMME DE GIAFAR LE BARMÉCIDE [1].

(1771.)

De Barmécide épouse généreuse,
Toujours aimable, et toujours vertueuse,
Quand vous sortez des rêves de Bagdat,
Quand vous quittez leur faux et triste éclat,

1. Cette épître fut écrite à Mme de Choiseul, à l'occasion de la disgrâce de son mari. (ED.)

Et que, tranquille aux champs de la Syrie,
Vous retrouvez votre belle patrie;
Quand tous les cœurs en ces climats heureux
Sont sur la route et vous suivent tous deux,
Votre départ est un triomphe auguste;
Chacun bénit Barmécide le juste,
Et la retraite est pour vous une cour.
Nul intérêt; vous régnez par l'amour :
Un tel empire est le seul qui vous flatte.
  Je vis hier, sur les bords de l'Euphrate,
Gens de tout âge et de tous les pays;
Je leur disais : « Qui vous a réunis?
— C'est Barmécide. — Et toi, quel dieu propice
T'a relevé du fond du précipice?
— C'est Barmécide. — Et qui t'a décoré
De ce cordon dont je te vois paré?
Toi, mon ami, de qui tiens-tu ta place,
Ta pension? Qui t'a fait cette grâce?
— C'est Barmécide. Il répandait le bien
De son calife, et prodiguait le sien. »
Et les enfants répétaient : « Barmécide! »
Ce nom sacré sur nos lèvres réside
Comme en nos cœurs. Le calife à ce bruit
Qui redoublait encor pendant la nuit,
Nous défendit de crier davantage.
Chacun se tut, ainsi qu'il est d'usage;
Mais les échos répétaient mille fois :
« C'est Barmécide! » et leur bruyante voix
Du doux sommeil priva, pour son dommage,
Le commandeur des croyants de notre âge.
Au point du jour, alors qu'il s'endormit,
Tout en rêvant, le calife redit :
« C'est Barmécide! » et bientôt sa sagesse
A rappelé sa première tendresse.

CXIV. — A HORACE.

(1772.)

Toujours ami des vers, et du diable poussé,
Au rigoureux Boileau j'écrivis l'an passé.
Je ne sais si ma lettre aurait pu lui déplaire;
Mais il me répondit par un plat secrétaire[1]
Dont l'écrit froid et long, déjà mis en oubli,

---

1. Clément, de Dijon. (ÉD.)

Ne fut jamais connu que de l'abbé Mably.
Je t'écris aujourd'hui, voluptueux Horace,
A toi qui respiras la mollesse et la grâce,
Qui, facile en tes vers, et gai dans tes discours,
Chantas les doux loisirs, les vins, et les amours,
Et qui connus si bien cette sagesse aimable
Que n'eut point de Quinault le rival intraitable.
Je suis un peu fâché pour Virgile et pour toi,
Que tous deux nés Romains vous flattiez tant un roi.
Mon Frédéric du moins, né roi très-légitime,
Ne doit point ses grandeurs aux bassesses du crime.
Ton maître était un fourbe, un tranquille assassin;
Pour voler son tuteur, il lui perça le sein;
Il trahit Cicéron, père de la patrie;
Amant incestueux de sa fille Julie,
De son rival Ovide il proscrivit les vers,
Et fit transir sa muse au milieu des déserts.
Je sais que prudemment ce politique Octave
Payait l'heureux encens d'un plus adroit esclave.
Frédéric exigeait des soins moins complaisants :
Nous soupions avec lui sans lui donner d'encens;
De son goût délicat la finesse agréable
Faisait, sans nous gêner, les honneurs de sa table :
Nul roi ne fut jamais plus fertile en bons mots
Contre les préjugés, les fripons, et les sots.
Maupertuis gâta tout : l'orgueil philosophique
Aigrit de nos beaux jours la douceur pacifique.
Le Plaisir s'envola; je partis avec lui.
Je cherchai la retraite. On disait que l'Ennui
De ce repos trompeur est l'insipide frère;
Oui, la retraite pèse à qui ne sait rien faire;
Mais l'esprit qui s'occupe y goûte un vrai bonheur.
Tibur était pour toi la cour de l'empereur;
Tibur, dont tu nous fais l'agréable peinture,
Surpassa les jardins vantés par Épicure.
Je crois Ferney plus beau. Les regards étonnés,
Sur cent vallons fleuris doucement promenés,
De la mer de Genève admirent l'étendue;
Et les Alpes de loin, s'élevant dans la nue,
D'un long amphithéâtre enferment ces coteaux
Où le pampre en festons rit parmi les ormeaux.
Là quatre états divers arrêtent ma pensée :
Je vois de ma terrasse, à l'équerre tracée,
L'indigent Savoyard, utile en ses travaux,
Qui vient couper mes blés pour payer ses impôts;
Des riches Génevois les campagnes brillantes;
Des Bernois valeureux les cités florissantes;

Enfin cette Comté, franche aujourd'hui de nom,
Qu'avec l'or de Louis conquit le grand Bourbon :
Et du bord de mon lac à tes rives du Tibre,
Je te dis, mais tout bas : « Heureux un peuple libre ! »
　Je le suis en secret dans mon obscurité;
Ma retraite et mon âge ont fait ma sûreté.
D'un pédant d'Annecy j'ai confondu la rage [1];
J'ai ri de sa sottise : et quand mon ermitage
Voyait dans son enceinte arriver à grands flots
De cent divers pays les belles, les héros,
Des rimeurs, des savants, des têtes couronnées,
Je laissais du vilain les fureurs acharnées
Hurler d'une voix rauque au bruit de mes plaisirs.
Mes sages voluptés n'ont point de repentirs.
J'ai fait un peu de bien; c'est mon meilleur ouvrage.
Mon séjour est charmant, mais il était sauvage;
Depuis le grand édit [2], inculte, inhabité,
Ignoré des humains, dans sa triste beauté,
La nature y mourait : je lui portai la vie;
J'osai ranimer tout. Ma pénible industrie
Rassembla des colons par la misère épars;
J'appelai les métiers, qui précèdent les arts;
Et, pour mieux cimenter mon utile entreprise,
J'unis le protestant avec ma sainte Église.
　Toi qui vois d'un même œil frère Ignace et Calvin,
Dieu tolérant, Dieu bon, tu bénis mon dessein !
André Ganganelli, ton sage et doux vicaire,
Sait m'approuver en roi, s'il me blâme en saint-père.
L'ignorance en frémit, et Nonnotte hébété
S'indigne en son taudis de ma félicité.
　Ne me demande pas ce que c'est qu'un Nonnotte,
Un Ignace, un Calvin, leur cabale bigote,
Un prêtre, roi de Rome, un pape, un vice-dieu,
Qui, deux clefs à la main, commande au même lieu
Où tu vis le sénat aux genoux de Pompée,
Et la terre en tremblant par César usurpée.
Aux champs élysiens tu dois en être instruit.
Vingt siècles descendus dans l'éternelle nuit
T'ont dit comme tout change, et par quel sort bizarre

---

1. L'évêque Biord. (ÉD.)
2. A la révocation de l'édit de Nantes, tous les principaux habitants du petit pays de Gex passèrent à Genève et dans les terres helvétiques. Cette langue de terre, qui est dans la plus belle situation de l'Europe, fut déserte; elle se couvrit de marais; il y eut quatre-vingts charrues de moins; plus d'un village fut réduit à une ou deux maisons; tandis que Genève par sa seule industrie, et presque sans territoire, a su acquérir plus de quatre millions de rentes en contrats sur la France, sans compter ses manufactures et son commerce.

Le laurier des Trajans fît place à la tiare;
Comment ce fou d'Ignace, étrillé dans Paris,
Fut mis au rang des saints, même des beaux esprits;
Comment il en déchut, et par quelle aventure
Nous vint l'abbé Nonnotte après l'abbé de Pure.
Ce monde, tu le sais, est un mouvant tableau
Tantôt gai, tantôt triste, éternel, et nouveau.
L'empire des Romains finit par Augustule;
Aux horreurs de la fronde a succédé la bulle :
Tout passe, tout périt, hors ta gloire et ton nom.
C'est là le sort heureux des vrais fils d'Apollon :
Tes vers en tout pays sont cités d'âge en âge.
 Hélas! je n'aurai point un pareil avantage.
Notre langue un peu sèche, et sans inversions,
Peut-elle subjuguer les autres nations?
Nous avons la clarté, l'agrément, la justesse;
Mais égalerons-nous l'Italie et la Grèce?
Est-ce assez en effet d'une heureuse clarté,
Et ne péchons-nous pas par l'uniformité?
Sur vingt tons différents tu sus monter ta lyre :
J'entends ta Lalagé, je vois son doux sourire;
Je n'ose te parler de ton Ligurinus,
Mais j'aime ton Mécène, et ris de Catius.
 Je vois de tes rivaux l'importune phalange :
Sous tes traits redoublés enterrés dans la fange,
Que pouvaient contre toi ces serpents ténébreux?
Mécène et Pollion te défendaient contre eux.
Il n'en est pas ainsi chez nos Welches modernes.
 Un vil tas de grimauds, de rimeurs subalternes,
A la cour quelquefois a trouvé des prôneurs;
Ils font dans l'antichambre entendre leurs clameurs.
Souvent, en balayant dans une sacristie,
Ils traitent un grand roi d'hérétique et d'impie.
L'un dit que mes écrits, à Cramer bien vendus,
Ont fait dans mon épargne entrer cent mille écus[1];
L'autre, que j'ai traité la *Genèse* de fable,
Que je n'aime point Dieu, mais que je crains le diable.
Soudain Fréron l'imprime; et l'avocat Marchand[2]
Prétend que je suis mort, et fait mon testament.
Un autre moins plaisant, mais plus hardi faussaire,

---

1. Parmi les calomnies dont on a régalé l'auteur, selon l'usage établi, on a imprimé dans vingt libelles qu'il avait gagné quatre ou cinq cent mille francs à vendre ses ouvrages. C'est beaucoup; mais aussi d'autres écrivains ont assuré qu'après sa mort ses écrits n'auraient plus de débit, et cela les console.

2. Marchand, avocat de Paris, s'est amusé à faire le prétendu testament de l'auteur, et plusieurs personnes y ont été trompées.

ÉPÎTRES.   341

Avec deux faux témoins s'en va chez un notaire,
Au mépris de la langue, au mépris de la hart,
Rédiger mon symbole en patois savoyard [1].

Ainsi lorsqu'un pauvre homme, au fond de sa chaumière
En dépit de Tissot [2] finissait sa carrière,
On vit avec surprise une troupe de rats
Pour lui ronger les pieds se glisser dans ses draps.

Chassons loin de chez moi tous ces rats du Parnasse;
Jouissons, écrivons, vivons, mon cher Horace.
J'ai déjà passé l'âge où ton grand protecteur,
Ayant joué son rôle en excellent acteur,
Et sentant que la mort assiégeait sa vieillesse,
Voulut qu'on l'applaudît lorsqu'il finit sa pièce.
J'ai vécu plus que toi; mes vers dureront moins.
Mais au bord du tombeau je mettrai tous mes soins
A suivre les leçons de ta philosophie,
A mépriser la mort en savourant la vie,
A lire tes écrits pleins de grâce et de sens,
Comme on boit d'un vin vieux qui rajeunit les sens.

Avec toi l'on apprend à souffrir l'indigence,
A jouir sagement d'une honnête opulence,
A vivre avec soi-même, à servir ses amis,
A se moquer un peu de ses sots ennemis,
A sortir d'une vie ou triste ou fortunée,
En rendant grâce aux dieux de nous l'avoir donnée.
Aussi lorsque mon pouls, inégal et pressé,
Faisait peur à Tronchin, près de mon lit placé;
Quand la vieille Atropos, aux humains si sévère,
Approchait ses ciseaux de ma trame légère,
Il a vu de quel air je prenais mon congé;
Il sait si mon esprit, mon cœur était changé.
Huber [3] me faisait rire avec ses pasquinades,
Et j'entrais dans la tombe au son de ses aubades.

Tu dus finir ainsi. Tes maximes, tes vers,
Ton esprit juste et vrai, ton mépris des enfers [4],
Tout m'assure qu'Horace est mort en honnête homme.

1. Il y eut en effet, le 15 avril 1768, une déclaration faite par devant notaire, d'une prétendue profession de foi que des polissons inconnus disaient avoir entendu prononcer. Les faussaires qui rédigèrent cette pièce, écrite d'un style ridicule, ne poussèrent pas leur insolence jusqu'à prétendre qu'elle fût signée par l'auteur.
2. Célèbre médecin de Lausanne, capitale du pays roman.
3. Neveu de la célèbre Mlle Huber, auteur de *la Religion essentielle à l'homme*, livre très-profond. M. Huber avait le talent de faire des portraits en caricature, et même de les faire en papier avec des ciseaux.
4. On devait sans doute mépriser les enfers des païens, qui n'étaient que des fables ridicules; mais l'auteur ne méprise pas les enfers des chrétiens, qui sont la vérité même constatée par l'Eglise.

Le moindre citoyen mourait ainsi dans Rome.
Là, jamais on ne vit monsieur l'abbé Grisel
Ennuyer un malade au nom de l'Éternel
Et, fatiguant en vain ses oreilles lassées,
Troubler d'un sot effroi ses dernières pensées.
 Voulant réformer tout, nous avons tout perdu.
Quoi donc! un vil mortel, un ignorant tondu,
Au chevet de mon lit viendra, sans me connaître,
Gourmander ma faiblesse, et me parler en maître!
Ne suis-je pas en droit de rabaisser son ton,
En lui faisant moi-même un plus sage sermon?
A qui se porte bien qu'on prêche la morale :
Mais il est ridicule en notre heure fatale
D'ordonner l'abstinence à qui ne peut manger.
Un mort dans son tombeau ne peut se corriger.
Profitons bien du temps; ce sont là tes maximes.
 Cher Horace, plains-moi de les tracer en rimes;
La rime est nécessaire à nos jargons nouveaux,
Enfants demi-polis des Normands et des Goths.
Elle flatte l'oreille; et souvent la césure
Plaît, je ne sais comment, en rompant la mesure.
Des beaux vers pleins de sens le lecteur est charmé.
Corneille, Despréaux, et Racine, ont rimé.
Mais j'apprends qu'aujourd'hui Melpomène propose
D'abaisser son cothurne, et de parler en prose.

CXV. — AU ROI DE SUÈDE, GUSTAVE III.

(1772.)

Jeune et digne héritier du grand nom de Gustave,
Sauveur d'un peuple libre, et roi d'un peuple brave,
Tu viens d'exécuter tout ce qu'on a prévu :
Gustave a triomphé sitôt qu'il a paru.
On t'admire aujourd'hui, cher prince, autant qu'on t'aime.
Tu viens de ressaisir les droits du diadème.
Et quels sont en effet ses véritables droits?
De faire des heureux en protégeant les lois;
De rendre à son pays cette gloire passée
Que la Discorde obscure a longtemps éclipsée;
De ne plus distinguer ni bonnets ni chapeaux,
Dans un trouble éternel infortunés rivaux;
De couvrir de lauriers ces têtes égarées
Qu'à leurs dissensions la haine avait livrées,
Et de les réunir sous un roi généreux :
Un État divisé fut toujours malheureux.

De sa liberté vaine il vante le prestige ;
Dans son illusion sa misère l'afflige :
Sans force, sans projets pour la gloire entrepris,
De l'Europe étonnée il devient le mépris.
Qu'un roi ferme et prudent prenne en ses mains les rênes,
Le peuple avec plaisir reçoit ses douces chaînes ;
Tout change, tout renaît, tout s'anime à sa voix :
On marche alors sans crainte aux pénibles exploits.
On soutient les travaux, on prend un nouvel être,
Et les sujets enfin sont dignes de leur maître.

CXVI. — A M. MARMONTEL.
(1773.)

Mon très-aimable successeur,
De la France historiographe,
Votre indigne prédécesseur
Attend de vous son épitaphe.
  Au bout de quatre-vingts hivers,
Dans mon obscurité profonde,
Enseveli dans mes déserts,
Je me tiens déjà mort au monde.
  Mais sur le point d'être jeté
Au fond de la nuit éternelle,
Comme tant d'autres l'ont été,
Tout ce que je vois me rappelle
A ce monde que j'ai quitté.
  Si vers le soir un triste orage
Vient ternir l'éclat d'un beau jour,
Je me souviens qu'à votre cour
Le temps change encor davantage.
  Si mes paons de leur beau plumage
Me font admirer les couleurs,
Je crois voir nos jeunes seigneurs
Avec leur brillant étalage ;
Et mes coqs d'Inde sont l'image
De leurs pesants imitateurs.
  De vos courtisans hypocrites
Mes chats me rappellent les tours ;
Les renards, autres chattemittes,
Se glissant dans mes basses cours,
Me font penser à des jésuites.
Puis-je voir mes troupeaux bêlants
Qu'un loup impunément dévoré,
Sans songer à des conquérants

Qui sont beaucoup plus loups encore?
Lorsque les chantres du printemps
Réjouissent de leurs accents
Mes jardins et mon toit rustique,
Lorsque mes sens en sont ravis,
On me soutient que leur musique
Cède aux bémols des Monsignys,
Qu'on chante à l'Opéra-Comique.
Quel bruit chez le peuple helvétique!
Brionne arrive; on est surpris,
On croit voir Pallas ou Cypris,
Ou la reine des immortelles :
Mais chacun m'apprend qu'à Paris
Il en est cent presque aussi belles.
Je lis cet éloge éloquent
Que Thomas a fait savamment
Des dames de Rome et d'Athène.
On me dit : « Partez promptement;
Venez sur les bords de la Seine,
Et vous en direz tout autant,
Avec moins d'esprit et de peine. »
Ainsi, du monde détrompé,
Tout m'en parle, tout m'y ramène;
Serais-je un esclave échappé
Que tient encore un bout de chaîne?
Non, je ne suis point faible assez
Pour regretter des jours stériles,
Perdus bien plutôt que passés
Parmi tant d'erreurs inutiles.
Adieu, faites de jolis riens,
Vous encor dans l'âge de plaire,
Vous que les Amours et leur mère
Tiennent toujours dans leurs liens.
Nos solides historiens
Sont des auteurs bien respectables;
Mais à vos chers concitoyens
Que faut-il, mon ami? des fables.

CXVII. — A M. GUYS[1].

(1776.)

Le bon vieillard très-inutile
Que vous nommez Anacréon,
Mais qui n'eut jamais de Bathyle,

[1]. Auteur d'un *Voyage littéraire de la Grèce*. (ÉD.)

Et qui ne fit point de chanson,
Loin de Marseille et d'Hélicon
Achève sa pénible vie
Auprès d'un poêle et d'un glaçon,
Sur les montagnes d'Helvétie.
Il ne connaissait que le nom
De cette Grèce si polie.
La bigote Inquisition
S'opposait à sa passion
De faire un tour en Italie.
Il disait aux Treize-Cantons :
« Hélas ! il faut donc que je meure
Sans avoir connu la demeure
Des Virgiles et des Platons ! »
Enfin il se croit au rivage
Consacré par ces demi-dieux :
Il les reconnaît beaucoup mieux
Que s'il avait fait le voyage,
Car il les a vus par vos yeux.

CXVIII. — A UN HOMME[1].

(1776.)

Philosophe indulgent, ministre citoyen,
Qui ne cherchas le vrai que pour faire le bien;
Qui d'un peuple léger, et trop ingrat peut-être,
Préparais le bonheur et celui de son maître,
Ce qu'on nomme disgrâce a payé tes bienfaits.
Le vrai prix du travail n'est que de vivre en paix.
Ainsi que Lamoignon[2], délivré des orages,
A toi-même rendu, tu n'instruis que les sages;
Tu n'as plus à répondre aux discours de Paris.
Je crois voir à la fois Athène et Sybaris
Transportés dans les murs embellis par la Seine :
Un peuple aimable et vain, que son plaisir entraîne,
Impétueux, léger, et surtout inconstant,
Qui vole au moindre bruit, et qui tourne à tout vent.
Y juge les guerriers, les ministres, les princes,
Rit des calamités dont pleurent les provinces,
Clabaude le matin contre un édit du roi,
Le soir s'en va siffler quelque moderne, ou moi.
Et regrette à souper, dans ses turlupinades,
Les divertissements du jour des barricades.
Voilà donc ce Paris! voilà ces connaisseurs

1. A Turgot. (ÉD.) — 2. Malesherbes. (ÉD.)

Dont on veut captiver les suffrages trompeurs!
Hélas! au bord de l'Inde autrefois Alexandre
Disait, sur les débris de cent villes en cendre :
« Ah! qu'il m'en a coûté, quand j'étais si jaloux,
Railleurs Athéniens, d'être loué par vous! »
   Ton esprit, je le sais, ta profonde sagesse,
Ta mâle probité n'a point cette faiblesse.
A d'éternels travaux tu t'étais dévoué
Pour servir ton pays, non pour être loué.
Caton, dans tous les temps gardant son caractère,
Mourut pour les Romains sans prétendre à leur plaire.
La sublime vertu n'a point de vanité.
   C'est dans l'art dangereux par Phébus inventé,
Dans le grand art des vers et dans celui d'Orphée,
Que du désir de plaire une muse échauffée
Du vent de la louange excite son ardeur.
Le plus plat écrivain croit plaire à son lecteur.
L'amour-propre a dicté sermons et comédies.
L'éloquent Montazet [1], gourmandant les impies,
N'a point été fâché d'être applaudi par eux :
Nul mortel, en un mot, ne veut être ennuyeux.
Mais où sont les héros dignes de la mémoire,
Qui sachent mériter et mépriser la gloire?

CXIX. — A Mme NECKER.

(1776.)

J'étais nonchalamment tapi
Dans le creux de cette statue
Contre laquelle a tant glapi
Des méchants l'énorme cohue
Je voulais d'un écrit galant
Cajoler la belle héroïne
Qui me fit un si beau présent
Du haut de la double colline.
Mais on m'apprend que votre époux,
Qui sur la croupe du Parnasse
S'était mis à côté de vous,
A changé tout à coup de place;
Qu'il va de la cour de Phébus,
Petite cour assez brillante,
A la grosse cour de Plutus,
Plus solide et plus importante.

---

1. Archevêque de Lyon. (ÉD.)

ÉPÎTRES. 347

Je l'aimai lorsque dans Paris
De Colbert il prit la défense,
Et qu'au Louvre il obtint le prix
Que le goût donne à l'éloquence.
A monsieur Turgot j'applaudis,
Quoiqu'il parût d'un autre avis
Sur le commerce et la finance.
Il faut qu'entre les beaux esprits
Il soit un peu de différence;
Qu'à son gré chaque mortel pense;
Qu'on soit honnêtement en France
Libre et sans fard dans ses écrits.
On peut tout dire, on peut tout croire :
Plus d'un chemin mène à la gloire,
Et quelquefois au paradis.

CXX. — A M. LE MARQUIS DE VILLETTE[1].

(1777.)

Mon Dieu! que vos rimes en *ine*
M'ont fait passer de doux moments!
Je reconnais les agréments
Et la légèreté badine
De tous ces contes amusants
Qui faisaient les doux passe-temps
De ma nièce et de ma voisine.
Je suis sorcier, car je devine
Ce que seront les jeunes gens;
Et je prévis bien dès ce temps
Que votre muse libertine
Serait philosophe à trente ans :
Alcibiade en son printemps
Était Socrate à la sourdine.
   Plus je relis et j'examine
Vos vers sensés et très-plaisants,
Plus j'y trouve un fond de doctrine
Tout propre à messieurs les savants,
Non pas à messieurs les pédants
De qui la science chagrine
Est l'éteignoir des sentiments.
   Adieu, réunissez longtemps

---

1. Voltaire ayant envoyé au marquis de Villette une montre à répétition à quantième, à secondes, et garnie de son portrait, Villette l'en avait remercié par une épître dont la première moitié est sur les rimes *ine* et *ents*. (ED.)

La gaieté, la grâce si fine
De vos folâtres enjouements,
Avec ces grands traits de bon sens
Dont la clarté nous illumine.
Je ne crains point qu'une coquine
Vous fasse oublier les absents :
C'est pourquoi je me détermine
A vous ennuyer de mes *ents*,
Entrelacés avec des *ine*.

CXXI. — A M. LE MARQUIS DE VILLETTE,

SUR SON MARIAGE.

Traduction d'une épître de Properce à Tibulle, qui se mariait avec Délie [1].

(Décembre 1777.)

Fleuve heureux du Léthé, j'allais passer ton onde,
Dont j'ai vu si souvent les bords :
Lassé de ma souffrance, et du jour et du monde,
Je descendais en paix dans l'empire des morts,
  Lorsque Tibulle et Délie
  Avec l'Hymen et l'Amour
  Ont embelli mon séjour,
  Et m'ont fait aimer la vie.
Les glaces de mon cœur ont ressenti leurs feux ;
La Parque a renoué ma trame désunie ;
  Leur bonheur me rend heureux.

Enfin vous renoncez, mon aimable Tibulle,
A ce fracas de Rome, au luxe, aux vanités,
A tous ces faux plaisirs célébrés par Catulle ;
  Et vous osez dans ma cellule
  Goûter de pures voluptés !
  Des petits-maîtres emportés,
  Gens sans pudeur et sans scrupule,
  Dans leurs indécentes gaietés
  Voudront tourner en ridicule
  La réforme où vous vous jetez.

Sans doute ils vous diront que Vénus la friponne,
La Vénus des soupers, la Vénus d'un moment,
  La Vénus qui n'aime personne,
Qui séduit tant de monde, et qui n'a point d'amant,
Vaut mieux que la Vénus et tendre et raisonnable,

---

1. Ce n'est point une traduction. (Ép.)

Que tout homme de bien doit servir constamment.
Ne croyez pas imprudemment
Cette doctrine abominable.
Aimez toujours Délie : heureux entre ses bras,
Osez chanter sur votre lyre
Ses vertus comme ses appas;
Du véritable amour établissez l'empire;
Les beaux esprits romains ne le connaissent pas.

CXXII. — A M. LE PRINCE DE LIGNE,

SUR LE FAUX BRUIT DE LA MORT DE L'AUTEUR, ANNONCÉE DANS LA GAZETTE DE BRUXELLES, AU MOIS DE FÉVRIER 1778.

Prince dont le charmant esprit
Avec tant de grâce m'attire,
Si j'étais mort, comme on l'a dit,
N'auriez-vous pas eu le crédit
De m'arracher du sombre empire?
Car je sais très-bien qu'il suffit
De quelques sons de votre lyre.
C'est ainsi qu'Orphée en usait
Dans l'antiquité révérée;
Et c'est une chose avérée
Que plus d'un mort ressuscitait.
Croyez que dans votre gazette,
Lorsqu'on parlait de mon trépas,
Ce n'était pas chose indiscrète;
Ces messieurs ne se trompaient pas.
En effet, qu'est-ce que la vie
C'est un jour : tel est son destin.
Qu'importe qu'elle soit finie
Vers le soir ou vers le matin?

CXXIII. — A M. LE MARQUIS DE VILLETTE.

LES ADIEUX DU VIEILLARD.

(A Paris, 1778.)

Adieu, mon cher Tibulle, autrefois si volage
Mais toujours chéri d'Apollon,
Au Parnasse fêté comme aux bords du Lignon,
Et dont l'amour a fait un sage.

Des champs élysiens, adieu, pompeux rivage,
De palais, de jardins, de prodiges bordé,
Qu'ont encore embelli, pour l'honneur de notre âge,

Les enfants d'Henri quatre, et ceux du grand Condé
Combien vous m'enchantiez, Muses, Grâces nouvelles,
  Dont les talents et les écrits
  Seraient de tous nos beaux esprits
  Ou la censure ou les modèles!
Que Paris est changé! les Welches n'y sont plus;
Je n'entends plus siffler ces ténébreux reptiles,
Les Tartuffes affreux, les insolents Zoïles.
J'ai passé; de la terre ils étaient disparus.
Mes yeux, après trente ans, n'ont vu qu'un peuple aimable
Instruit, mais indulgent, doux, vif, et sociable.
Il est né pour aimer : l'élite des Français
Est l'exemple du monde, et vaut tous les Anglais.
De la société les douceurs désirées
Dans vingt États puissants sont encore ignorées :
On les goûte à Paris; c'est le premier des arts :
Peuple heureux, il naquit, il règne en vos remparts.
Je m'arrache en pleurant à son charmant empire:
Je retourne à ces monts qui menacent les cieux,
A ces antres glacés où la nature expire :
Je vous regretterais à la table des dieux.

FIN DES ÉPITRES.

CONTES EN VERS.

AVERTISSEMENT DES ÉDITEURS DE KEHL.

On trouve dans les Contes de M. de Voltaire une poésie plus brillante, une philosophie aussi vraie, moins naïve, mais plus relevée et plus profonde que dans ceux de La Fontaine. L'auteur de *Joconde* est un voluptueux rempli d'esprit et de gaieté, auquel il échappe, comme malgré lui, quelques traits de philosophie; celui de *l'Éducation d'un prince* est un philosophe qui, pour faire passer des leçons utiles, a pris un masque qu'il savait devoir plaire au grand nombre des lecteurs. Dans un moindre nombre d'ouvrages, les sujets sont plus variés; ce n'est pas toujours, comme dans La Fontaine, une femme séduite, ou un mari trompé; la véritable morale y est plus respectée; la fourberie, la violation des serments, n'y sont point traitées si légèrement. La volupté y est plus décente; et à l'exception d'un petit nombre de pièces échappées à sa première jeunesse, le ton du libertinage en est absolument banni.

M. de Voltaire a fait des *satires* comme Boileau; et comme Boileau il a peut-être parlé trop souvent de ses ennemis personnels. Mais les ennemis de Boileau n'étaient que ceux du bon goût, et les ennemis de Voltaire furent ceux du genre humain. L'un fut injuste à l'égard de Quinault, auquel il ne pardonna jamais ni la mollesse aimable de sa versification, ni cette galanterie qui blessait l'austérité et la justesse de son goût. L'autre fut injuste envers J. J. Rousseau, mais Rousseau s'était déclaré l'ennemi des lumières et de la philosophie. Il paraissait vouloir attirer la persécution sur les mêmes hommes qui avaient pris sa défense, lorsque lui-même en avait été l'objet. Mais M. de Voltaire fut de bonne foi ainsi que Boileau. Ils n'ont méconnu, l'un dans Quinault, l'autre dans Rousseau, que des talents pour lesquels leur caractère et leur esprit ne leur donnaient aucun attrait naturel.

Si M. de Voltaire a pris quelquefois le ton violent et presque cynique de Juvénal, c'est qu'il avait à punir, comme lui, le vice et l'hypocrisie.

Dans le recueil des *Poésies mêlées*, on a évité d'en multiplier trop le nombre, et d'en insérer qui fussent d'une autre main. Souvent ce choix a été assez difficile. Dans le cours d'un long ouvrage en vers, il eût été presque impossible d'imiter la grâce piquante, le coloris brillant, la philosophie douce et libre qui caractérisent toutes les poésies de cet homme illustre : son cachet ne pouvait être aussi reconnaissable dans quinze ou vingt vers presque toujours impromptus. Il était plus aisé, en s'appropriant quelques-unes de ses idées et de ses tournures, d'atteindre à une imitation presque parfaite. D'ailleurs il n'a jamais voulu ni recueillir ces pièces, ni en avouer aucune collection. Celles qu'on en a publiées de son vivant, sous ses yeux, toute-

naient des pièces qu'il n'avait pu faire, et dont il connaissait les
auteurs. C'était un moyen qu'il se réservait pour se défendre
contre la persécution que chaque édition nouvelle de ses ouvrages
réveillait. Il attachait très-peu de prix à ces bagatelles, qui nous
paraissent si ingénieuses et si piquantes. L'à-propos du moment
les faisait naître, et l'instant d'après il les avait oubliées. L'habitude de donner à tout une tournure galante, ou spirituelle, ou
plaisante, était devenue si forte, qu'il lui eût été presque impossible de s'exprimer d'une manière commune. Le travail de parler en rimes avait cessé d'en être un pour lui dans tous les genres
où la familiarité n'est point un défaut. Il ne faut donc pas s'étonner qu'il estimât peu ce qui ne lui coûtait rien, et que cette
modestie ait été sincère.

L'ANTIGITON.

A Mlle LECOUVREUR.

(1714.)

O du théâtre aimable souveraine,
Belle Chloé, fille de Melpomène,
Puissent ces vers de vous être goûtés !
Amour le veut, Amour les a dictés.
Ce petit dieu de son aile légère,
Un arc en main, parcourait l'autre jour
Tous les recoins de votre sanctuaire ;
Car le théâtre appartient à l'Amour ;
Tous ses héros sont enfants de Cythère.
Hélas ! Amour, que tu fus consterné
Lorsque tu vis ce temple profané,
Et ton rival, de son culte hérétique
Établissant l'usage antiphysique,
Accompagné de ses mignons fleuris,
Fouler aux pieds les myrtes de Cypris !
Cet ennemi jadis eut dans Gomorrhe
Plus d'un autel, et les aurait encore,
Si par le feu son pays consumé
En lac un jour n'eût été transformé.
Ce conte n'est de la métamorphose,
Car gens de bien m'ont expliqué la chose
Très-doctement ; et partant ne veux pas
Mécroire en rien la vérité du cas.
Ainsi que Loth, chassé de son asile,
Ce pauvre dieu courut de ville en ville :
Il vint en Grèce ; il y donna leçon
Plus d'une fois à Socrate, à Platon ;
Chez des héros il fit sa résidence,

L'ANTIGITON.

Tantôt à Rome, et tantôt à Florence;
Cherchant toujours, si bien vous l'observez,
Peuples polis et par art cultivés.
Maintenant donc le voici dans Lutèce,
Séjour fameux des effrénés désirs,
Et qui vaut bien l'Italie et la Grèce,
Quoi qu'on en dise, au moins pour les plaisirs
Là, pour tenter notre faible nature,
Ce dieu paraît sous humaine figure,
Et n'a point pris bourdon de pèlerin,
Comme autrefois l'a pratiqué Jupin,
Qui, voyageant au pays où nous sommes,
Quittait les cieux pour éprouver les hommes.
Il n'a point l'air de ce pesant abbé
Brutalement dans le vice absorbé,
Qui, tourmentant en tout sens son espèce,
Mord son prochain, et corrompt la jeunesse;
Lui, dont l'œil louche et le mufle effronté
Font frissonner la tendre Volupté,
Et qu'on prendrait, dans ses fureurs étranges,
Pour un démon qui viole des anges.
Ce dieu sait trop qu'en un pédant crasseux
Le plaisir même est un objet hideux.
   D'un beau marquis il a pris le visage[1],
Le doux maintien, l'air fin, l'adroit langage;
Trente mignons le suivent en riant;
Philis le lorgne, et soupire en fuyant.
Ce faux Amour se pavane à toute heure
Sur le théâtre aux muses destiné,
Où, par Racine en triomphe amené,
L'Amour galant choisissait sa demeure.
Que dis-je? hélas! l'Amour n'habite plus
Dans ce réduit : désespéré, confus
Des fiers succès du dieu qu'on lui préfère,
L'Amour honnête est allé chez sa mère,
D'où rarement il descend ici-bas.
Belle Chloé, ce n'est que sur vos pas
Qu'il vient encor. Chloé, pour vous entendre,
Du haut des cieux j'ai vu ce dieu descendre
Sur le théâtre; il vole parmi nous
Quand, sous le nom de Phèdre ou de Monime,
Vous partagez entre Racine et vous
De notre encens le tribut légitime.

1. L'homme dont il est question avait eu une cuisse emportée à Ramillies. — Voltaire se trompe. Le marquis de Courcillon, dont il s'agit, avait perdu une jambe à Malplaquet. (Éd.)

Si vous voulez que cet enfant jaloux
De ces beaux lieux désormais ne s'envole,
Convertissez ceux qui devant l'idole
De son rival ont fléchi les genoux.
Il vous créa la prêtresse du temple :
A l'hérétique il faut prêcher d'exemple.
Prêchez donc vite, et venez dès ce jour
Sacrifier au véritable Amour.

LE CADENAS,

ENVOYÉ EN 1716 A MADAME DE B [1].

Je triomphais; l'Amour était le maître,
Et je touchais à ces moments trop courts
De mon bonheur et du vôtre peut-être :
Mais un tyran veut troubler nos beaux jours.
C'est votre époux : geôlier sexagénaire,
Il a fermé le libre sanctuaire
De vos appas; et, trompant nos désirs,
Il tient la clef du séjour des plaisirs.
Pour éclaircir ce douloureux mystère,
D'un peu plus haut reprenons cette affaire.
    Vous connaissez la déesse Cérès :
Or en son temps Cérès eut une fille
Semblable à vous, à vos scrupules près,

---

1. L'auteur avait environ vingt ans quand il fit cette pièce, adressée à une dame contre laquelle son mari avait pris cette étrange précaution; elle fut imprimée en 1724 pour la première fois.
  La pièce, dans cette édition, commençait par les vers suivants :

  Jeune beauté, qui ne savez que plaire,
  A vos genoux, comme bien vous savez,
  En qualité de prêtre de Cythère,
  J'ai débité, non morale sévère,
  Mais bien sermons par Vénus approuvés,
  Gentils propos, et toutes les sornettes
  Dont Rochebrune orne ses chansonnettes.
  De ces sermons votre cœur fut touché;
  Jurâtes lors de quitter le péché
  Que parmi nous on nomme indifférence :
  Même un baiser m'en donna l'assurance;
  Mais votre époux, Iris, a tout gâté.
  Il craint l'Amour : époux sexagénaire
  Contre ce dieu fut toujours en colère;
  C'est bien raison : Amour de son côté
  Assez souvent ne les épargne guère.
  Celui-ci donc tient de court vos appas.
  Plus ne venez sur les bords de la Seine,
  Dans ces jardins où Sylvains à centaine
  Et le dieu Pan vont prendre leurs ébats;
  Où tous les soirs nymphes jeunes et blanches

LE CADENAS

Brune piquante, honneur de sa famille,
Tendre surtout, et menant à sa cour
L'aveugle enfant que l'on appelle Amour.
Un autre aveugle, hélas! bien moins aimable,
Le triste Hymen, la traita comme vous.
Le vieux Pluton, riche autant qu'haïssable,
Dans les enfers fut son indigne époux.
Il était dieu, mais avare et jaloux ;
Il fut cocu, car c'était la justice.
Pirithoüs, son fortuné rival,
Beau, jeune, adroit, complaisant, libéral,
Au dieu Pluton donna le bénéfice
De cocuage. Or ne demandez pas
Comment un homme, avant sa dernière heure,
Put pénétrer dans la sombre demeure :
Cet homme aimait; l'Amour guida ses pas.
Mais aux enfers, comme aux lieux où vous êtes
Voyez qu'il est peu d'intrigues secrètes !
De sa chaudière un traître d'espion
Vit le grand cas, et dit tout à Pluton.
Il ajouta que même, à la sourdine,
Plus d'un damné festoyait Proserpine.
Le dieu cornu dans son noir tribunal
Fit convoquer le sénat infernal.
Il assembla les détestables âmes
De tous ces saints dévolus aux enfers,

> Les Courcillons, Polignacs, Villefranches,
> Près du bassin, devant plus d'un Pâris,
> De la beauté vont disputer le prix.
> Plus ne venez au palais des Francines[1],
> Dans ce pays où tout est fiction,
> Où l'Amour seul fait mouvoir cent machines,
> Plaindre Thésée et siffler Arion.
> Trop bien, hélas! à votre époux soumise,
> On ne vous voit tout au plus qu'à l'église ;
> Le scélérat a de plus attenté
> Par cas nouveau sur votre liberté.
> Pour éclaircir pleinement ce mystère,
> D'un peu plus loin reprenons cette affaire.
>   Vous connaissez la déesse Cérès ;
> Or en son temps Cérès eut une fille
> Semblable à vous, à vos scrupules près,
> Belle, sensible, honneur de sa famille,
> Brune surtout, partant pleine d'attraits.
> Ainsi que vous par le dieu d'hyménée
> La pauvre enfant fut assez malmenée.
> Le dieu des morts fut son barbare époux :
> Il était louche, avare, hargneux, jaloux ;
> Il fut cocu : c'était bien la justice
> Pirithoüs, etc.

[1] Ancien directeur de l'Opéra. (ED.)

Qui, dès longtemps en cocuage experts,
Pendant leur vie ont tourmenté leurs femmes.
Un Florentin lui dit : « Frère et seigneur,
Pour détourner la maligne influence
Dont Votre Altesse a fait l'expérience,
Tuer sa dame est toujours le meilleur :
Mais, las! seigneur, la vôtre est immortelle.
Je voudrais donc, pour votre sûreté,
Qu'un cadenas, de structure nouvelle,
Fût le garant de sa fidélité.
A la vertu par la force asservie,
Lors vos plaisirs borneront son envie;
Plus ne sera d'amant favorisé.
Et plût aux dieux que, quand j'étais en vie,
D'un tel secret je me fusse avisé! »
 A ce discours les damnés applaudirent,
Et sur l'airain les Parques l'écrivirent.
En un moment, fers, enclumes, fourneaux,
Sont préparés aux gouffres infernaux;
Tisiphoné, de ces lieux serrurière,
Au cadenas met la main la première;
Elle l'achève, et des mains de Pluton
Proserpina reçut ce triste don.
On m'a conté qu'essayant son ouvrage,
Le cruel dieu fut ému de pitié.
Qu'avec tendresse il dit à sa moitié :
« Que je vous plains! vous allez être sage. »
 Or ce secret, aux enfers inventé,
Chez les humains tôt après fut porté;
Et depuis ce, dans Venise et dans Rome,
Il n'est pédant, bourgeois, ni gentilhomme,
Qui, pour garder l'honneur de sa maison,
De cadenas n'ait sa provision.
Là, tout jaloux, sans craindre qu'on le blâme,
Tient sous la clef la vertu de sa femme.
Or votre époux dans Rome a fréquenté;
Chez les méchants on se gâte sans peine,
Et le galant vit fort à la romaine;
Mais son trésor est-il en sûreté?
A ses projets l'Amour sera funeste :
Ce dieu charmant sera notre vengeur :
Car vous m'aimez; et quand on a le cœur
De femme honnête, on a bientôt le reste.

LE COCUAGE.
(1716.)

Jadis Jupin, de sa femme jaloux,
Par cas plaisant fait père de famille,
De son cerveau fit sortir une fille,
Et dit : « Du moins celle-ci vient de nous. »
Le bon Vulcain, que la cour éthérée
Fit pour ses maux époux de Cythérée,
Voulait avoir aussi quelque poupon
Dont il fût sûr, et dont seul il fût père;
Car de penser que le beau Cupidon,
Que les Amours, ornements de Cythère,
Qui, quoique enfants, enseignent l'art de plaire,
Fussent les fils d'un simple forgeron,
Pas ne croyait avoir fait telle affaire.
De son vacarme il remplit la maison,
Soins et soucis son esprit tenaillèrent;
Soupçons jaloux son cerveau martelèrent.
A sa moitié vingt fois il reprocha
Son trop d'appas, dangereux avantage.
Le pauvre dieu fit tant, qu'il accoucha
Par le cerveau : de quoi? de Cocuage.
C'est là ce dieu révéré dans Paris,
Dieu malfaisant, le fléau des maris.
Dès qu'il fut né, sur le chef de son père
Il essaya sa naissante colère :
Sa main novice imprima sur son front
Les premiers traits d'un éternel affront.
A peine encore eut-il plume nouvelle,
Qu'au bon Hymen il fit guerre immortelle :
Vous l'eussiez vu, l'obsédant en tous lieux,
Et de son bien s'emparant à ses yeux,
Se promener de ménage en ménage,
Tantôt porter la flamme et le ravage,
Et des brandons allumés dans ses mains
Aux yeux de tous éclairer ses larcins:
Tantôt, rampant dans l'ombre et le silence,
Le front couvert d'un voile d'innocence,
Chez un époux le matois introduit
Faisait son coup sans scandale et sans bruit.
La Jalousie, au teint pâle et livide,
Et la Malice, à l'œil faux et perfide,
Guident ses pas où l'Amour le conduit;
Nonchalamment la Volupté le suit.

Pour mettre à bout les maris et les belles,
De traits divers ses carquois sont remplis :
Flèches y sont pour le cœur des cruelles;
Cornes y sont pour le front des maris.
Or ce dieu-là, malfaisant ou propice,
Mérite bien qu'on chante son office;
Et, par besoin ou par précaution,
On doit avoir à lui dévotion,
Et lui donner encens et luminaire.
Soit qu'on épouse ou qu'on n'épouse pas,
Soit que l'on fasse ou qu'on craigne le cas,
De sa faveur on a toujours affaire.
O vous, Iris, que j'aimerai toujours,
Quand de vos vœux vous étiez la maîtresse,
Et qu'un contrat, trafiquant la tendresse,
N'avait encore asservi vos beaux jours,
Je n'invoquais que le dieu des amours.
Mais à présent, père de la Tristesse,
L'Hymen, hélas! vous a mis sous sa loi :
A Cocuage il faut que je m'adresse;
C'est le seul dieu dans qui j'ai de la foi.

LA MULE DU PAPE.

(1783.)

Frères très-chers, on lit dans saint Matthieu
Qu'un jour le diable emporta le bon Dieu[1]
Sur la montagne, et puis lui dit : « Beau sire,
Vois-tu ces mers, vois-tu ce vaste empire,
L'État romain de l'un à l'autre bout? »
L'autre reprit : « Je ne vois rien du tout,
Votre montagne en vain serait plus haute. »
Le diable dit : « Mon ami, c'est ta faute.
Mais avec moi veux-tu faire un marché?
— Oui-da, dit Dieu, pourvu que sans péché
Honnêtement nous arrangions la chose.
— Or voici donc ce que je te propose,
Reprit Satan. Tout le monde est à moi;
Depuis Adam j'en ai la jouissance;

---

1. Le jésuite Bouhours se servit de cette expression : *Jésus-Christ fut emporté par le diable sur la montagne*; c'est ce qui donna lieu à ce noël qui finit ainsi :

    Car sans lui saurait-on, don, don,
  Que le diable emporta, la, la,
      Jésus notre bon maître?

Je me démets, et tout sera pour toi,
Si tu me veux faire la révérence. »
 Notre-Seigneur, ayant un peu rêvé,
Dit au démon que, quoique en apparence
Avantageux le marché fût trouvé,
Il ne pouvait le faire en conscience ;
Car il avait appris dans son enfance
Qu'étant si riche, on fait mal son salut.
 Un temps après, notre ami Belzébut
Alla dans Rome : or c'était l'heureux âge
Où Rome avait fourmilière d'élus ;
Le pape était un pauvre personnage,
Pasteur de gens, évêque, et rien de plus.
L'esprit malin s'en va droit au saint-père,
Dans son taudis l'aborde, et lui dit : « Frère,
Je te ferai, si tu veux, grand seigneur. »
A ce seul mot l'ultramontain pontife
Tombe à ses pieds, et lui baise la griffe.
Le farfadet, d'un air de sénateur,
Lui met au chef une triple couronne :
« Prenez, dit-il, ce que Satan vous donne ;
Servez-le bien, vous aurez sa faveur. »
 Ô papegots, voilà la belle source
De tous vos biens, comme savez. Et pour ce
Que le saint-père avait en ce tracas
Baisé l'ergot de messer Satanas,
Ce fut depuis chose à Rome ordinaire
Que l'on baisât la mule du saint-père.
Ainsi l'ont dit les malins huguenots
Qui du papisme ont blasonné l'histoire :
Mais ces gens-là sentent bien les fagots ;
Et, grâce au ciel, je suis loin de les croire.
Que s'il advient que ces petits vers-ci
Tombent ès mains de quelque galant homme,
C'est bien raison qu'il ait quelque souci
De les cacher, s'il fait voyage à Rome.

LES CONTES DE GUILLAUME VADÉ.

PRÉFACE DE CATHERINE VADÉ,
POUR LES CONTES DE GUILLAUME VADÉ[1].

Je pleure encore la mort de mon cousin Guillaume Vadé, qui décéda, comme le sait *tout l'univers*, il y a quelques années : il était attaqué de la petite vérole. Je le gardais, et lui disais en pleurant : « Ah! mon cousin, voilà ce que c'est que de ne pas vous être fait inoculer! Il en a coûté la vie à votre frère Antoine, qui était, comme vous, une des lumières du siècle. — Que voulez-vous que je vous dise? me répondit Guillaume; j'attendais la permission de la Sorbonne, et je vois bien qu'il faut que je meure pour avoir été trop scrupuleux. — L'État va faire une furieuse perte, lui répondis-je. — Ah! s'écria Guillaume, Alexandre et frère Berthier[2] sont morts; Sémiramis et la Fillon, Sophocle et Danchet, sont en poussière. — Oui, mon cher cousin; mais leurs grands noms demeurent à jamais : ne voulez-vous pas revivre dans la plus noble partie de vous-même? Ne m'accordez-vous pas la permission de donner au public, pour le consoler, les contes à dormir debout dont vous nous régalâtes l'année passée? Ils faisaient les délices de notre famille; et Jérôme Carré, votre cousin issu de germain, faisait presque autant de cas de vos ouvrages que des siens : ils plairont sans doute à *tout l'univers*, c'est-à-dire à une trentaine de lecteurs qui n'auront rien à faire. »

Guillaume n'avait pas de si hautes prétentions; il me dit avec une humilité convenable à un auteur, mais bien rare : « Ah! ma cousine, pensez-vous que, dans les quatre-vingt-dix mille brochures imprimées à Paris depuis dix ans, mes opuscules puissent trouver place, et que je puisse surnager sur le fleuve de l'Oubli, qui engloutit tous les jours tant de belles choses? — Quand vous ne vivriez que quinze jours après votre mort, lui dis-je, ce serait toujours beaucoup; il y a très-peu de personnes qui jouissent de cet avantage. Le destin de la plupart des hommes est de vivre ignorés; et ceux qui ont fait le plus de bruit sont quelquefois oubliés le lendemain de leur mort. Vous serez distingué de la foule; et peut-être même le nom de Guillaume Vadé, ayant l'honneur d'être imprimé dans un ou deux journaux, pourra passer à la dernière postérité. Sous quel titre voulez-vous que j'imprime vos *Opuscules*? — Ma cousine, me dit-il, je crois que le nom de *fadaises* est le plus convenable; la plupart des

---

1. Jean-Joseph Vadé, et non pas Guillaume, auteur de poésies poissardes, né en 1720, mort en 1757. (Éd.)
2. Le P. Berthier ne mourut qu'en 1782. Voltaire, qui le tue déjà une fois dans cette préface, publia en 1759 une *Relation de sa mort*. (Éd.)

choses qu'on fait, qu'on dit, et qu'on imprime, méritent assez ce titre. »

J'admirai la modestie de mon cousin, et j'en fus extrêmement attendrie. Jérôme Carré arriva alors dans la chambre. Guillaume fit son testament, par lequel il me laissait maîtresse absolue de ses manuscrits. Jérôme et moi lui demandâmes où il voulait être enterré ; et voici la réponse de Guillaume, qui ne sortira jamais de ma mémoire :

« Je sens bien que n'ayant été élevé dans ce monde à aucune des dignités qui nourrissent les grands sentiments, et qui élèvent l'homme au-dessus de lui-même ; n'ayant été ni conseiller du roi, ni échevin, ni marguillier, on me traitera après ma mort avec très-peu de cérémonie. On me jettera dans les charniers Saint-Innocent, et on ne mettra sur ma fosse qu'une croix de bois qui aura déjà servi à d'autres ; mais j'ai toujours aimé si tendrement ma patrie, que j'ai beaucoup de répugnance à être enterré dans un cimetière. Il est certain qu'étant mort de la maladie qui m'attaque, je puerai horriblement. Cette corruption de tant de corps qu'on ensevelit à Paris dans les églises, ou auprès des églises, infecte nécessairement l'air ; et, comme dit très à propos le jeune Ptolémée, en délibérant s'il recevra Pompée chez lui :

.... Ces troncs pourris exhalent dans les vents
De quoi faire la guerre au reste des vivants.

« Cette ridicule et odieuse coutume de paver les églises de morts cause dans Paris tous les ans des maladies épidémiques, et il n'y a point de défunt qui ne contribue plus ou moins à empester sa patrie. Les Grecs et les Romains étaient bien plus sages que nous : leur sépulture était hors les villes ; et il y a même aujourd'hui plusieurs pays en Europe où cette salutaire coutume est établie. Quel plaisir ne serait-ce pas pour un bon citoyen d'aller engraisser, par exemple, la stérile plaine des Sablons, et de contribuer à faire naître des moissons abondantes ! Les générations deviendraient utiles les unes aux autres par ce prudent établissement ; les villes seraient plus saines, les terres plus fécondes. En vérité, je ne puis m'empêcher de dire qu'on manque de police pour les vivants et pour les morts. »

Guillaume parla longtemps sur ce ton. Il avait de grandes vues pour le bien public, et il mourut en parlant, ce qui est une preuve évidente de génie.

Dès qu'il fut passé, je résolus de lui faire des obsèques magnifiques, dignes du grand nom qu'il avait acquis dans le monde. Je courus chez les plus fameux libraires de Paris ; je leur proposai d'acheter les œuvres posthumes de mon cousin Guillaume ; j'y joignis même quelques belles dissertations de son frère Antoine, et quelques morceaux de son cousin issu de germain Jérôme Carré. J'obtins trois louis d'or comptant, somme que jamais Guillaume n'avait possédée dans aucun temps de sa vie. Je fis imprimer des billets d'enterrement ; je priai tous les beaux esprits de Paris d'honorer de leur présence le service que je commandai pour le repos de l'âme de Guillaume : aucun ne vint. Je ne pus assister au convoi, et Guillaume fut inhumé sans que personne en sût rien. C'est ainsi qu'il avait vécu : car encore qu'il eût enrichi la foire de plusieurs opéras-comiques qui firent l'admiration de tout Paris, on jouissait des fruits de son génie, et on négligeait l'auteur. C'est ainsi (comme dit le divin Platon[1]) qu'on suce l'orange, et qu'on jette l'écorce; qu'on cueille les fruits de l'arbre, et qu'on l'abat ensuite. J'ai toujours été frappée de cette ingratitude.

Quelque temps après le décès de Guillaume Vadé, nous perdîmes notre bon parent et ami Jérôme Carré, si connu en son temps par la comédie de *l'Écossaise*, qu'il disait avoir traduite pour l'avancement de la littérature honnête. Je crois qu'il est de mon devoir d'instruire le public de la détresse où se trouvait Jérôme dans les derniers jours de sa vie. Voici comme il s'en ouvrit en ma présence à frère Giroflée, son confesseur :

« Vous savez, dit-il, qu'à mon baptême on me donna pour patrons saint Jérôme, saint Thomas, et saint Raimond de Pennafort, et que, quand j'eus le bonheur de recevoir la confirmation, on ajouta à mes trois patrons saint Ignace de Loyola, saint François-Xavier, saint François de Borgia, et saint Régis, tous jésuites; de sorte que je m'appelle Jérôme-Thomas-Raimond-Ignace-Xavier-François-Régis Carré. J'ai cru longtemps qu'avec tant de noms je ne pouvais manquer de rien sur terre. Ah! frère Giroflée, que je me suis trompé! Il faut qu'il en soit des patrons comme des valets : plus on en a, plus on est mal servi. Mais voyez, s'il vous plaît, quelle est ma *déconvenue* (car ce terme est très-bon, quoi qu'en dise un polisson. Montaigne, Marot, et plusieurs auteurs très-facétieux, en font souvent usage; il est même dans le Dictionnaire de l'Académie). Voici donc mon aventure :

« On chasse les révérends pères jésuistes ou jésuites, pour ce que leur institut est pernicieux, contraire à tous les droits des rois et de la société humaine, etc., etc. Or Ignace de Loyola ayant créé cet institut appelé *Régime*, après s'être fait fesser au collége de Sainte-Barbe, Xavier, François Borgia, Régis, ayant vécu dans ce régime, il est clair qu'ils sont tous également répréhensibles, et que voilà quatre saints qu'il faut nécessairement que je donne à tous les diables.

« Cela m'a fait naître quelques scrupules sur saint Thomas et saint Raimond de Pennafort. J'ai lu leurs ouvrages, et j'ai été confondu quand j'ai vu dans Thomas et dans Raimond à peu près les mêmes paroles que dans Busembaum. Je me suis défait aussitôt de ces deux patrons, et j'ai brûlé leurs livres.

« Je me suis vu ainsi réduit au seul nom de Jérôme; mais ce Jérôme, le seul patron qui me restait, ne m'a pas été plus utile que les autres. Est-ce que Jérôme n'aurait pas de crédit en paradis? J'ai consulté sur cette affaire un très-savant homme : il m'a dit que Jérôme était le plus colère de tous les hommes; qu'il avait dit de grosses injures au saint évêque de Jérusalem, Jean, et au saint prêtre Rufin; que même il appela celui-ci *hydre* et *scorpion*, et qu'il l'insulta après sa mort : il m'a montré les

---

[1]. Ce n'est pas le divin Platon qui a dit cela; c'est le roi de Prusse. (Éd.)

passages. Je me vois obligé de renoncer enfin à Jérôme, et de m'appeler Carré tout court; ce qui est bien désagréable. »

C'est ainsi que Carré déposait sa douleur dans le sein de frère Giroflée, lequel lui répondit : « Vous ne manquerez pas de saints, mon cher enfant : prenez saint François d'Assise. — Non, dit Carré; sa femme de neige me donnerait quelquefois des envie de rire, et ceci est une affaire sérieuse. — Hé bien, prenez sain Dominique. — Non, il est auteur de l'inquisition. — Voulez-vou de saint Bernard ? — Il a trop persécuté ce pauvre Abeilard qui avait plus d'esprit que lui, et il se mêlait de trop d'affaires : donnez-moi un patron qui ait été si humble que personne n'en ait jamais entendu parler; voilà mon saint. »

Frère Giroflée lui remontra l'impossibilité d'être canonisé et ignoré. Il lui donna la liste de plusieurs autres patrons que notre ami ne connaissait pas; ce qui revenait au même; mais à chaque saint qu'il proposait, il demandait quelque chose pour son couvent; car il savait que Jérôme Carré avait de l'argent. Jérôme Carré lui fit alors ce conte, qui m'a paru curieux :

« Il y avait autrefois un roi d'Espagne qui avait promis de distribuer des aumônes considérables à tous les habitants d'auprès de Burgos qui avaient été ruinés par la guerre. Ils vinrent aux portes du palais; mais les huissiers ne voulurent les laisser entrer qu'à condition qu'ils partageraient avec eux. Le bonhomme Cardero se présenta le premier au monarque, se jeta à ses pieds, et lui dit : « Grand roi, je supplie Votre Altesse Royale de faire « donner à chacun de nous cent coups d'étrivières. — Voilà une « plaisante demande, dit le roi; pourquoi me faites-vous cette « prière ? — C'est, dit Cardero, que vos gens veulent absolument « avoir la moitié de ce que vous nous donnerez. » Le roi rit beaucoup, et fit un présent considérable à Cardero. De là vint le proverbe qu'*il vaut mieux avoir affaire à Dieu qu'à ses saints.* »

C'est avec ces sentiments que passa de cette vie à l'autre mon cher Jérôme Carré, dont je joins ici quelques opuscules à ceux de Guillaume; et je me flatte que messieurs les Parisiens, pour qui Vadé et Carré ont toujours travaillé, me pardonneront ma préface.

CATHERINE VADÉ.

CE QUI PLAIT AUX DAMES.

(1764.)

Or maintenant que le beau dieu du jour
Des Africains va brûlant la contrée,
Qu'un cercle étroit chez nous borne son tour,
Et que l'hiver allonge la soirée;
Après souper, pour vous désennuyer,
Mes chers amis, écoutez une histoire
Touchant un pauvre et noble chevalier,
Dont l'aventure est digne de mémoire.
Son nom était messire Jean Robert,

Lequel vivait sous le roi Dagobert.
　Il voyagea devers Rome la sainte,
Qui surpassait la Rome des Césars;
Il rapportait de son auguste enceinte,
Non des lauriers cueillis aux champs de Mars,
Mais des agnus avec des indulgences,
Et des pardons, et de belles dispenses.
Mon chevalier en était tout chargé;
D'argent, fort peu; car dans ces temps de crise
Tout paladin fut très-mal partagé :
L'argent n'allait qu'aux mains des gens d'Église.
　Sire Robert possédait pour tout bien
Sa vieille armure, un cheval, et son chien :
Mais il avait reçu pour apanage
Les dons brillants de la fleur du bel âge,
Force d'Hercule, et grâce d'Adonis,
Dons fortunés qu'on prise en tout pays.
　Comme il était assez près de Lutèce,
Au coin d'un bois qui borde Charenton,
Il aperçut la fringante Marthon,
Dont un ruban nouait la blonde tresse;
Sa taille est leste, et son petit jupon
Laisse entrevoir sa jambe blanche et fine.
Robert avance, et lui trouve une mine
Qui tenterait les saints du paradis.
Un beau bouquet de roses et de lis
Est au milieu de deux pommes d'albâtre,
Qu'on ne voit point sans en être idolâtre;
Et de son teint la fleur et l'incarnat
De son bouquet auraient terni l'éclat.
Pour dire tout, cette jeune merveille
A son giron portait une corbeille,
Et s'en allait, avec tous ses attraits,
Vendre au marché du beurre et des œufs frais.
Sire Robert, ému de convoitise,
Descend d'un saut, l'accole avec franchise :
« J'ai vingt écus, dit-il, dans ma valise;
C'est tout mon bien, prenez encor mon cœur :
Tout est à vous. — C'est pour moi trop d'honneur, »
Lui dit Marthon. Robert presse la belle,
La fait tomber, et tombe aussitôt qu'elle,
Et la renverse, et casse tous ses œufs.
Comme il cassait, son cheval ombrageux,
Épouvanté de la fière bataille,
Au loin s'écarte, et fuit dans la broussaille.
De Saint-Denys un moine survenant
Monte dessus, et trotte à son couvert.

CE QUI PLAÎT AUX DAMES.

Enfin Marthon, rajustant sa coiffure,
Dit à Robert : « Où sont mes vingt écus? »
Le chevalier, tout pantois et confus,
Cherchant en vain sa bourse et sa monture,
Veut s'excuser : nulle excuse ne sert;
Marthon ne peut digérer son injure,
Et va porter sa plainte à Dagobert.
« Un chevalier, dit-elle, m'a pillée,
Et violée, et surtout point payée. »
Le sage prince à Marthon répondit :
« C'est de viol que je vois qu'il s'agit.
Allez plaider devant ma femme Berthe;
En tel procès la reine est très-experte :
Bénignement elle vous recevra,
Et sans délai justice se fera. »
Marthon s'incline, et va droit à la reine.
Berthe était douce, affable, accorte, humaine;
Mais elle avait de la sévérité
Sur le grand point de la pudicité.
Elle assembla son conseil de dévotes.
Le chevalier, sans éperons, sans bottes,
La tête nue, et le regard baissé,
Leur avoua ce qui s'était passé;
Que vers Charonne il fut tenté du diable,
Qu'il succomba, qu'il se sentait coupable,
Qu'il en avait un très-pieux remord;
Puis il reçut sa sentence de mort.

Robert était si beau, si plein de charmes,
Si bien tourné, si frais, et si vermeil,
Qu'en le jugeant la reine et son conseil
Lorgnaient Robert et répandaient des larmes
Marthon de loin dans un coin soupira;
Dans tous les cœurs la pitié trouva place.
Berthe au conseil alors remémora
Qu'au chevalier on pouvait faire grâce,
Et qu'il vivrait pour peu qu'il eût d'esprit :
« Car vous savez que notre loi prescrit
De pardonner à qui pourra nous dire
Ce que la femme en tous les temps désire;
Bien entendu qu'il explique le cas
Très-nettement, et ne nous fâche pas. »

La chose, étant au conseil exposée,
Fut à Robert aussitôt proposée.
La bonne Berthe, afin de le sauver,
Lui concéda huit jours pour y rêver;
Il fit serment aux genoux de la reine
De comparaître au bout de la huitaine

Remercia du décret lénitif,
Prit congé d'elle, et partit tout pensif.
 « Comment nommer, disait-il en lui-même,
Très-nettement ce que toute femme aime,
Sans la fâcher? La reine et son sénat
Ont aggravé mon trop piteux état.
J'aimerais mieux, puisqu'il faut que je meure,
Que, sans délai, l'on m'eût pendu sur l'heure. »
 Dans son chemin dès que Robert trouvait
Ou femme, ou fille, il priait la passante
De lui conter ce que plus elle aimait.
Toutes faisaient réponse différente,
Toutes mentaient, nulle n'allait au fait.
Sire Robert au diable se donnait.
 Déjà sept fois l'astre qui nous éclaire
Avait doré les bords de l'hémisphère,
Quand sur un pré, sous des ombrages frais,
Il vit de loin vingt beautés ravissantes
Dansant en rond; leurs robes voltigeantes
Étaient à peine un voile à leurs attraits.
Le doux Zéphyr, en se jouant auprès,
Laissait flotter leurs tresses ondoyantes;
Sur l'herbe tendre elles formaient leurs pas,
Rasant la terre, et ne la touchant pas.
Robert approche, et du moins il espère
Les consulter sur la maudite affaire.
En un moment tout disparaît, tout fuit.
 Le jour baissait, à peine il était nuit;
Il ne vit plus qu'une vieille édentée,
Au teint de suie, à la taille écourtée,
Pliée en deux, s'appuyant d'un bâton;
Son nez pointu touche à son court menton,
D'un rouge brun sa paupière est bordée;
Quelques crins blancs couvrent son noir chignon;
Un vieux tapis, qui lui sert de jupon,
Tombe à moitié sur sa cuisse ridée :
Elle fit peur au brave chevalier.
 Elle l'accoste; et, d'un ton familier,
Lui dit : « Mon fils, je vois à votre mine
Que vous avez un chagrin qui vous mine;
Apprenez-moi vos tribulations :
Nous souffrons tous; mais parler nous soulage;
Il est encor des consolations.
J'ai beaucoup vu : le sens vient avec l'âge.
Aux malheureux quelquefois mes avis
Ont fait du bien quand on les a suivis. »
 Le chevalier lui dit : « Hélas! ma bonne,

Je vais cherchant des conseils, mais en vain.
Mon heure arrive, et je dois en personne,
Sans plus attendre, être pendu demain,
Si je ne dis à la reine, à ses femmes,
Sans les fâcher, ce qui plaît tant aux dames. »
   La vieille alors lui dit : « Ne craignez rien,
Puisque vers moi le bon Dieu vous envoie;
Croyez, mon fils, que c'est pour votre bien.
Devers la cour cheminez avec joie :
Allons ensemble, et je vous apprendrai
Ce grand secret de vous tant désiré.
Mais jurez-moi qu'en me devant la vie,
Vous serez juste, et que de vous j'aurai
Ce qui me plaît et qui fait mon envie :
L'ingratitude est un crime odieux.
Faites serment, jurez par mes beaux yeux
Que vous ferez tout ce que je désire. »
Le bon Robert le jura, non sans rire.
« Ne riez point, rien n'est plus sérieux, »
Reprit la vieille; et les voilà tous deux
Qui, côte à côte, arrivent en présence
De reine Berthe et de la cour de France.
Incontinent le conseil assemblé,
La reine assise, et Robert appelé :
« Je sais, dit-il, votre secret, mesdames.
Ce qui vous plaît en tous lieux, en tous temps,
Ce qui surtout l'emporte dans vos âmes,
N'est pas toujours d'avoir beaucoup d'amants;
Mais fille, ou femme, ou veuve, ou laide, ou belle,
Ou pauvre, ou riche, ou galante, ou cruelle,
La nuit, le jour, veut être, à mon avis,
Tant qu'elle peut, la maîtresse au logis.
Il faut toujours que la femme commande;
C'est là son goût ; si j'ai tort, qu'on me pende. »
   Comme il parlait, tout le conseil conclut
Qu'il parlait juste, et qu'il touchait au but.
Robert absous baisait la main de Berthe,
Quand, de haillons et de fange couverte,
Au pied du trône on vit notre sans dent
Criant justice, et la presse fendant.
On lui fait place, et voici sa harangue :
   « O reine Berthe! ô beauté dont la langue
Ne prononça jamais que vérité,
Vous dont l'esprit connaît toute équité,
Vous dont le cœur s'ouvre à la bienfaisance,
Ce paladin ne doit qu'à ma science
Votre secret; il ne vit que par moi.

Il a juré mes beaux yeux et sa foi
Que j'obtiendrais de lui ce que j'espère :
Vous êtes juste, et j'attends mon salaire.
— Il est très-vrai, dit Robert, et jamais
On ne me vit oublier les bienfaits.
Mes vingt écus, mon cheval, mon bagage,
Et mon armure, étaient tout mon partage ;
Un moine noir a, par dévotion,
Saisi le tout quand j'assaillis Marthon :
Je n'ai plus rien ; et, malgré ma justice,
Je ne saurais payer ma bienfaitrice. »
  La reine dit : « Tout vous sera rendu :
On punira votre voleur tondu.
Votre fortune, en trois parts divisée,
Fera trois lots justement compensés :
Les vingt écus à Marthon la lésée
Sont dus de droit, et pour ses œufs cassés ;
La bonne vieille aura votre monture ;
Et vous, Robert, vous aurez votre armure. »
  La vieille dit : « Rien n'est plus généreux ;
Mais ce n'est pas son cheval que je veux :
Rien de Robert ne me plaît que lui-même ;
C'est sa valeur et ses grâces que j'aime.
Je veux régner sur son cœur amoureux ;
De ce trésor ma tendresse est jalouse.
Entre mes bras Robert doit vivre heureux :
Dès cette nuit, je prétends qu'il m'épouse. »
  A ce discours, que l'on n'attendait pas,
Robert glacé laisse tomber ses bras ;
Puis, fixement contemplant la figure
Et les haillons de notre créature,
Dans son horreur il recula trois pas,
Signa son front, et, d'un ton lamentable,
Il s'écriait : « Ai-je donc mérité
Ce ridicule et cette indignité ?
J'aimerais mieux que Votre Majesté
Me fiançât à la mère du diable.
La vieille est folle ; elle a perdu l'esprit. »
  Lors tendrement notre sans dent reprit :
« Vous le voyez, ô reine ! il me méprise ;
Il est ingrat ; les hommes le sont tous.
Mais je vaincrai ses injustes dégoûts.
De sa beauté j'ai l'âme trop éprise,
Je l'aime trop, pour qu'il ne m'aime pas.
Le cœur fait tout : j'avoue avec franchise
Que je commence à perdre mes appas ;
Mais j'en serai plus tendre et plus fidèle.

On en vaut mieux; on orne son esprit;
On sait penser; et Salomon a dit
Que femme sage est plus que femme belle.
Je suis bien pauvre : est-ce un si grand malheur?
La pauvreté n'est point un déshonneur.
N'est-on content que sur un lit d'ivoire?
Et vous, madame, en ce palais de gloire,
Quand vous couchez côte à côte du roi,
Dormez-vous mieux, aimez-vous mieux que moi?
De Philémon vous connaissez l'histoire :
Amant aimé, dans le coin d'un taudis,
Jusqu'à cent ans il caressa Baucis.
Les noirs Chagrins, enfants de la Richesse,
N'habitent point sous nos rustiques toits;
Le Vice fuit où n'est point la Mollesse.
Nous servons Dieu, nous égalons les rois;
Nous soutenons l'honneur de vos provinces;
Nous vous faisons de vigoureux soldats;
Et, croyez-moi, pour peupler vos États,
Les pauvres gens valent mieux que vos princes.
Que si le ciel à mes chastes désirs
N'accorde pas le bonheur d'être mère,
L'hymen encore offre d'autres plaisirs :
Les fleurs du moins sans les fruits peuvent plaire.
On me verra, jusqu'à mon dernier jour,
Cueillir les fleurs de l'arbre de l'amour.

   La décrépite, en parlant de la sorte,
Charma le cœur des dames du palais :
On adjugea Robert à ses attraits.
De son serment la sainteté l'emporte
Sur son dégoût. La dame encor voulut
Être, à cheval, entre ses bras menée
A sa chaumière, où ce noble hyménée
Doit s'achever dans la même journée;
Et tout fut fait comme à la vieille il plut.

   Le cavalier sur son coursier remonte,
Prend tristement sa femme entre ses bras,
Saisi d'horreur, et rougissant de honte,
Tenté cent fois de la jeter à bas,
De la noyer; mais il ne le fit pas :
Tant des devoirs de la chevalerie
La loi sacrée était alors chérie.

   Sa tendre épouse, en trottant avec lui,
S'étudiait à charmer son ennui,
Lui rappelait les exploits de sa race,
Lui racontait comment le grand Clovis
Assassina trois rois de ses amis,

Comment du ciel il mérita la grâce.
Elle avait vu le beau pigeon béni
Du haut des cieux apportant à Remi
L'ampoule sainte et le céleste chrême
Dont ce grand roi fut oint dans son baptême.
Elle mêlait à ses narrations
Des sentiments et des réflexions,
Des traits d'esprit et de morale pure,
Qui, sans couper le fil de l'aventure,
Faisaient penser l'auditeur attentif,
Et l'instruisaient, mais sans l'air instructif.
Le bon Robert, à toutes ces merveilles,
Le cœur ému, prêtait ses deux oreilles,
Tout délecté quand sa femme parlait,
Prêt à mourir quand il la regardait.
 L'étrange couple arrive à la chaumière
Que possédait l'affreuse aventurière.
Elle se trousse, et, de sa sale main,
De son époux arrange le festin;
Frugal repas fait pour ce premier âge
Plus célébré qu'imité par le sage.
Deux ais pourris sur trois pieds inégaux
Formaient la table où les époux soupèrent,
A peine assis sur deux minces tréteaux.
Des deux époux les regards se baissèrent.
La décrépite égaya le repas
Par des propos plaisants et délicats,
Par ces bons mots qui piquent, et qu'on aime,
Si naturels que l'on croirait soi-même
Les avoir dits. Robert fut si content,
Qu'il en sourit, et qu'il crut un moment
Qu'elle pourrait lui paraître moins laide.
Elle voulut, quand le souper finit,
Que son époux vînt avec elle au lit.
Le désespoir, la fureur le possède;
A cette crise il souhaite la mort.
Mais il se couche, il se fait cet effort :
Il l'a promis, le mal est sans remède.
 Ce n'étaient point deux sales demi-draps
Percés de trous et rongés par les rats,
Mal étendus sur de vieilles javelles,
Mal recousus encor par des ficelles,
Qui révoltaient le guerrier malheureux;
Du saint hymen les devoirs rigoureux
S'offraient à lui sous un aspect horrible.
« Le ciel, dit-il, voudrait-il l'impossible ?
A Rome on dit que la grâce d'en haut

CE QUI PLAÎT AUX DAMES.

Donne à la fois le vouloir et le faire :
La grâce et moi nous sommes en défaut.
Par son esprit ma femme a de quoi plaire ;
Son cœur est bon ; mais dans le grand conflit
Peut-on jouir du cœur ou de l'esprit ? »
Ainsi parlant, le bon Robert se jette,
Froid comme glace, au bord de sa couchette ;
Et, pour cacher son cruel déplaisir,
Il feint qu'il dort, mais il ne peut dormir.
 La vieille alors lui dit d'une voix tendre,
En le pinçant : « Ah ! Robert, dormez-vous ?
Charmant ingrat, cher et cruel époux,
Je suis rendue, hâtez-vous de vous rendre ;
De ma pudeur les timides accents
Sont subjugués par la voix de mes sens.
Régnez sur eux ainsi que sur mon âme ;
Je meurs, je meurs ! Ciel ! à quoi réduis-tu
Mon naturel qui combat ma vertu ?
Je me dissous, je brûle, je me pâme.
Ah ! le plaisir m'enivre malgré moi ;
Je n'en puis plus ! faut-il mourir sans toi ?
Va, je le mets dessus ta conscience. »
 Robert avait un fonds de complaisance,
Et de candeur, et de religion ;
De son épouse il eut compassion.
« Hélas ! dit-il, j'aurais voulu, madame,
Par mon ardeur égaler votre flamme ;
Mais que pourrai-je ? — Allez, vous pourrez tout,
Reprit la vieille ; il n'est rien à votre âge
Dont un grand cœur enfin ne vienne à bout,
Avec des soins, de l'art, et du courage.
Songez combien les dames de la cour
Célébreront ce prodige d'amour.
Je vous parais peut-être dégoûtante,
Un peu ridée, et même un peu puante ;
Cela n'est rien pour des héros bien nés :
Fermez les yeux, et bouchez-vous le nez. »
 Le chevalier, amoureux de la gloire,
Voulut enfin tenter cette victoire :
Il obéit ; et, se piquant d'honneur,
N'écoutant plus que sa rare valeur,
Aidé du ciel, trouvant dans sa jeunesse
Ce qui tient lieu de beauté, de tendresse,
Fermant les yeux, se mit à son devoir.
 « C'en est assez, lui dit sa tendre épouse ;
J'ai vu de vous ce que j'ai voulu voir ;
Sur votre cœur j'ai connu mon pouvoir

De ce pouvoir ma gloire était jalouse.
J'avais raison : convenez-en, mon fils :
Femme toujours est maîtresse au logis.
Ce qu'à jamais, Robert, je vous demande,
C'est qu'à mes soins vous vous laissiez guider :
Obéissez ; mon amour vous commande
D'ouvrir les yeux et de me regarder. »
   Robert regarde : il voit, à la lumière
De cent flambeaux sur vingt lustres placés,
Dans un palais, qui fut cette chaumière,
Sous des rideaux de perles rehaussés,
Une beauté dont le pinceau d'Apelle
Ou de Vanlo, ni le ciseau fidèle
Du bon Pigal, Le Moine, ou Phidias,
N'auraient jamais imité les appas.
C'était Vénus, mais Vénus amoureuse,
Telle qu'elle est quand, les cheveux épars,
Les yeux noyés dans sa langueur heureuse,
Entre ses bras elle attend le dieu Mars.
   « Tout est à vous, ce palais, et moi-même ;
Jouissez-en, dit-elle à son vainqueur :
Vous n'avez point dédaigné la laideur,
Vous méritez que la beauté vous aime. »
   Or maintenant j'entends mes auditeurs
Me demander quelle était cette belle
De qui Robert eut les tendres faveurs.
Mes chers amis, c'était la fée Urgèle,
Qui dans son temps protégea nos guerriers,
Et fit du bien aux pauvres chevaliers.
   O l'heureux temps que celui de ces fables,
Des bons démons, des esprits familiers,
Des farfadets, aux mortels secourables !
On écoutait tous ces faits admirables
Dans son château, près d'un large foyer.
Le père et l'oncle, et la mère et la fille,
Et les voisins, et toute la famille,
Ouvraient l'oreille à monsieur l'aumônier,
Qui leur faisait des contes de sorcier.
   On a banni les démons et les fées ;
Sous la raison les grâces étouffées
Livrent nos cœurs à l'insipidité ;
Le raisonner tristement s'accrédite ;
On court, hélas ! après la vérité :
Ah ! croyez-moi, l'erreur a **son mérite**.

L'ÉDUCATION D'UN PRINCE.

(1763.)

Puisque le dieu du jour, en ses douze voyages,
Habite tristement sa maison du Verseau,
Que les monts sont encore assiégés des orages,
Et que nos prés riants sont engloutis sous l'eau,
Je veux au coin du feu vous faire un nouveau conte :
Nos loisirs sont plus doux par nos amusements.
Je suis vieux, je l'avoue, et je n'ai point de honte
De goûter avec vous le plaisir des enfants.
 Dans Bénévent jadis régnait un jeune prince
Plongé dans la mollesse, ivre de son pouvoir;
Elevé comme un sot, et, sans en rien savoir,
Méprisé des voisins, haï dans sa province.
Deux fripons gouvernaient cet Etat assez mince;
Ils avaient abruti l'esprit de monseigneur,
Aidés dans ce projet par son vieux confesseur :
Tous trois se relayaient. On lui faisait accroire
Qu'il avait des talents, des vertus, de la gloire;
Qu'un duc de Bénévent, dès qu'il était majeur,
Etait du monde entier l'amour et la terreur;
Qu'il pouvait conquérir l'Italie et la France;
Que son trésor ducal regorgeait de finance;
Qu'il avait plus d'argent que n'en eut Salomon
Sur son terrain pierreux du torrent de Cédron.
Alamon (c'est le nom de ce prince imbécile)
Avalait cet encens, et, lourdement tranquille,
Entouré de bouffons et d'insipides jeux,
Quand il avait dîné, croyait son peuple heureux.
 Il restait à la cour un brave militaire,
Émon, vieux serviteur du feu prince son père,
Qui, n'étant point payé, lui parlait librement,
Et prédisait malheur à son gouvernement.
Les ministres jaloux, qui bientôt le craignirent,
De ce pauvre honnête homme aisément se défirent.
Émon fut exilé, le maître n'en sut rien.
Le vieillard, confiné dans une métairie,
Cultivait sagement ses amis et son bien,
Et pleurait à la fois son maître et sa patrie.
Alamon loin de lui laissait couler sa vie
Dans l'insipidité de ses molles langueurs.
Des sots Bénéventins quelquefois les clameurs
Frappaient pour un moment son âme appesantie.
Ce bruit sourd et lointain, qu'avec peine il entend

S'affaiblit dans sa course, et meurt en arrivant.
Le poids de la misère accablait la province;
Elle était dans les pleurs, Alamon dans l'ennui :
Les tyrans triomphaient. Dieu prit pitié de lui;
Il voulut qu'il aimât, pour en faire un bon prince.

Il vit la jeune Amide; il la vit, l'entendit;
Il commença de vivre, et son cœur se sentit.
Il était beau, bien fait, et dans l'âge de plaire.
Son confesseur madré découvrit le mystère :
Il en fit un scrupule à son sot pénitent,
D'autant plus timoré qu'il était ignorant :
Et les deux scélérats, qui tremblaient que leur maître
Ne se connût un jour, et vînt à les connaître,
Envoyèrent Amide avec le pauvre Émon.
Elle fit son paquet, et le trempa de larmes.
On n'osait résister. Le timide Alamon,
Vainement attendri, s'arrachait à ses charmes;
Car son esprit flottant, d'un vain remords touché,
Commençant à s'ouvrir, n'était point débouché.

Comme elle allait partir, on entend : « Bas les armes!
A la fuite! à la mort! combattons! tout périt!
Alla! San Germano! Mahomet! Jésus-Christ! »
On voit un peuple entier fuyant de place en place.
Un guerrier en turban, plein de force et d'audace,
Suivi de musulmans, le cimeterre en main,
Sur des morts entassés se frayant un chemin,
Portant dans le palais le fer avec les flammes,
Égorgeait les maris, mettait à part les femmes.
Cet homme avait marché de Cume à Bénévent,
Sans que le ministère en eût le moindre vent;
La Mort le devançait, et dans Rome la sainte
Saint Pierre avec saint Paul étaient transis de crainte.
C'était, mes chers amis, le superbe Abdala,
Pour corriger l'Église envoyé par Alla.

Dès qu'il fut au palais, tout fut mis dans les chaînes,
Prince, moines, valets, ministres, capitaines.
Tels que les fils d'Io, l'un à l'autre attachés,
Sont portés dans un char aux plus voisins marchés,
Tels étaient monseigneur et ses référendaires,
Enchaînés par les pieds avec le confesseur,
Qui, toujours se signant et disant ses rosaires,
Leur prêchait la constance, et se mourait de peur.

Quand tout fut garrotté, les vainqueurs partagèrent
Le butin, qu'en trois lots les émirs arrangèrent :
Les hommes, les chevaux, et les châsses des saints.
D'abord on dépouilla les bons Bénéventins :
Les tailleurs ont toujours déguisé la nature;

Ils sont trop charlatans, l'homme n'est point connu.
L'habit change les mœurs ainsi que la figure :
Pour juger d'un mortel, il faut le voir tout nu.
  Du chef des musulmans le duc fut le partage.
Il était, comme on sait, dans la fleur de son âge ;
Il paraissait robuste, on le fit muletier.
Il profita beaucoup dans ce nouveau métier.
Ses muscles, énervés par l'infâme mollesse,
Prirent dans le travail une heureuse vigueur :
Le malheur l'instruisit, il dompta la paresse ;
Son avilissement fit naître sa valeur.
La valeur sans pouvoir est assez inutile ;
C'est un tourment de plus. Déjà paisiblement
Abdala s'établit dans son appartement,
Boit le vin des vaincus, malgré son évangile.
Les dames de la cour, les dames de la ville,
Conduites chaque nuit par son eunuque noir,
A son petit coucher arrivent à la file,
Attendent ses regards, et briguent son mouchoir.
Les plaisirs partageaient les moments de sa vie.
  Monseigneur cependant, au fond de l'écurie,
Avec ses compagnons, ci-devant ses sujets,
Une étrille à la main, prenait soin des mulets.
Pour comble de malheur, il vit la belle Amide,
Que le noir circoncis, ministre de l'Amour,
Au superbe Abdala conduisait à son tour.
Prêt à s'évanouir, il s'écria : « Perfide !
Ce malheur me manquait, voici mon dernier jour. »
L'eunuque à son discours ne pouvait rien comprendre.
Dans un autre langage Amide répondit
D'un coup d'œil douloureux, d'un regard noble et tendre,
Qui pénétrait à l'âme, et ce regard lui dit :
« Consolez-vous, vivez, songez à me défendre ;
Vengez-moi, vengez-vous : votre nouvel emploi
Ne vous rend à mes yeux que plus digne de moi. »
Alamon l'entendit, et reprit l'espérance.
  Amide comparut devant Son Excellence :
Le corsaire jura que jusques à ce jour
Il avait en effet connu la jouissance,
Mais qu'en voyant Amide il connaissait l'amour.
Pour lui plaire encor plus elle fit résistance ;
Et ces refus adroits, annonçant les plaisirs,
En les faisant attendre irritaient ses désirs.
Les femmes ont toujours des prétextes honnêtes :
« Je suis, lui dit Amide, au rang de vos conquêtes ;
Vous êtes invincible en amour, aux combats,
Et tout est à vos pieds, ou veut être en vos bras ;

Mais souffrez que trois jours mon bonheur se diffère,
Et, pour me consoler de ces tristes délais,
A mon timide amour accordez deux bienfaits.
— Qu'ordonnez-vous? parlez, répondit le corsaire;
Il n'est rien que mon cœur refuse à vos attraits.
— Des faveurs que j'attends, dit-elle, la première
Est de faire donner deux cents coups d'étrivière
A trois Bénéventins que j'ai mandés exprès;
La seconde, seigneur, est d'avoir deux mulets,
Pour m'aller quelquefois promener en litière,
Avec un muletier qui soit selon mon choix. »
Abdala répliqua : « Vos désirs sont mes lois. »
Ainsi dit, ainsi fait. Le très-indigne prêtre,
Et les deux conseillers, corrupteurs de leur maître,
Eurent chacun leur dose, au grand contentement
De tous les prisonniers et de tout Bénévent;
Et le jeune Alamon goûta le bien suprême
D'être le muletier de la beauté qu'il aime.

 « Ce n'est pas tout, dit-elle, il faut vaincre et régner.
La couronne ou la mort à présent vous appelle :
Vous avez du courage, Émon vous est fidèle;
Je veux aussi vous l'être, et ne rien épargner
Pour vous rendre honnête homme, et servir ma patrie.
Au fond de son exil allez trouver Émon;
Puisque vous avez tort, demandez-lui pardon
Il donnera pour vous les restes de sa vie;
Tout sera préparé, revenez dans trois jours.
Hâtez-vous : vous savez que je suis destinée
Aux plaisirs d'Abdala la troisième journée.
Les moments sont bien chers à la guerre, en amours. »
Alamon répondit : « Je vous aime, et j'y cours. »
Il part. Le brave Émon, qu'avait instruit Amide,
Aimait son prince ingrat devenu malheureux.
Il avait rassemblé des amis généreux,
Et de soldats choisis une troupe intrépide.
Il embrassa son prince, ils pleurèrent tous deux,
Ils s'arment en secret, ils marchent en silence.
Amide parle aux siens, et réveille en leur cœur,
Tout esclaves qu'ils sont, des sentiments d'honneur.
Alamon réunit l'audace et la prudence;
Il devint un héros sitôt qu'il combattit.
Le Turc, aux voluptés livré sans défiance,
Surpris par les vaincus, à son tour se perdit.
Alamon triomphant au palais se rendit,
Au moment que le Turc, ignorant sa disgrâce,
Avec la belle Amide allait se mettre au lit.
Il rentra dans ses droits, et se mit à sa place.

Le confesseur arrive avec mes deux fripons,
Tout fraîchement sortis de leurs sales prisons,
Disant avoir tout fait, et n'ayant rien pu faire.
Ils pensaient conserver leur empire ordinaire.
Les lâches sont cruels : le moine conseilla
De faire au pied des murs empaler Abdala.
« Misérables! c'est vous qui méritez de l'être,
Dit le prince éclairé, prenant un ton de maître :
Dans un lâche repos vous m'aviez corrompu.
Je dois tout à ce Turc, et tout à ma maîtresse.
Vous m'aviez fait dévot, vous trompiez ma jeunesse.
Le malheur et l'amour me rendent ma vertu.
Allez, brave Abdala; je dois vous rendre grâce
D'avoir développé mon esprit et mon cœur.
C'est à vous que je dois mon repos, mon bonheur.
De leçons désormais il faut que je me passe;
Je vous suis obligé; mais n'y revenez pas.
Soyez libre, partez; et si les destinées
Vous donnent trois fripons pour régir vos États,
Envoyez-moi chercher; j'irai, n'en doutez pas,
Vous rendre les leçons que vous m'avez données. »

GERTRUDE, OU L'ÉDUCATION D'UNE FILLE.

Mes amis, l'hiver dure, et ma plus douce étude
Est de vous raconter les faits des temps passés.
Parlons ce soir un peu de madame Gertrude.
    Je n'ai jamais connu de plus aimable prude.
Par trente-six printemps, sur sa tête amassés,
Ses modestes appas n'étaient point effacés;
Son maintien était sage, et n'avait rien de rude;
Ses yeux étaient charmants, mais ils étaient baissés.
Sur sa gorge d'albâtre une gaze étendue
Avec un art discret en permettait la vue.
L'industrieux pinceau, d'un carmin délicat,
D'un visage arrondi relevant l'incarnat,
Embellissait ses traits sans outrer la nature;
Moins elle avait d'apprêt, plus elle avait d'éclat :
La simple propreté composait sa parure.
    Toujours sur sa toilette est la sainte Écriture;
Auprès d'un pot de rouge on voit un *Massillon*,
Et le *Petit Carême* est surtout sa lecture.
Mais ce qui nous charmait dans sa dévotion,
C'est qu'elle était toujours aux femmes indulgente :
Gertrude était dévote, et non pas médisante.

Elle avait une fille ; un dix avec un sept
Composait l'âge heureux de ce divin objet,
Qui depuis son baptême eut le nom d'Isabelle.
Plus fraîche que sa mère, elle était aussi belle :
A côté de Minerve on eût cru voir Vénus.
Gertrude à l'élever prit des soins assidus.
Elle avait dérobé cette rose naissante
Au souffle empoisonné d'un monde dangereux.
Les conversations, les spectacles, les jeux,
Ennemis séduisants de toute âme innocente,
Vrais pièges du démon, par les saints abhorrés,
Étaient dans la maison des plaisirs ignorés.
   Gertrude en son logis avait un oratoire,
Un boudoir de dévote, où, pour se recueillir,
Elle allait saintement occuper son loisir,
Et faisait l'oraison qu'on dit jaculatoire.
Des meubles recherchés, commodes, précieux,
Ornaient cette retraite, au public inconnue ;
Un escalier secret, loin des profanes yeux,
Conduisait au jardin, du jardin dans la rue.
   Vous savez qu'en été les ardeurs du soleil
Rendent souvent les nuits aux beaux jours préférables ;
La lune fait aimer ses rayons favorables :
Les filles en ce temps goûtent peu le sommeil.
Isabelle, inquiète, en secret agitée,
Et de ses dix-sept ans doucement tourmentée,
Respirait dans la nuit sous un ombrage frais,
En ignorait l'usage, et s'étendait auprès ;
Sans savoir l'admirer regardait la nature ;
Puis se levait, allait, marchait à l'aventure,
Sans dessein, sans objet qui pût l'intéresser ;
Ne pensant point encore, et cherchant à penser.
Elle entendit du bruit au boudoir de sa mère :
La curiosité l'aiguillonne à l'instant.
Elle ne soupçonnait nulle ombre de mystère,
Cependant elle hésite, elle approche en tremblant,
Posant sur l'escalier une jambe en avant,
Étendant une main, portant l'autre en arrière,
Le cou tendu, l'œil fixe, et le cœur palpitant,
D'une oreille attentive avec peine écoutant.
D'abord elle entendit un tendre et doux murmure,
Des mots entrecoupés, des soupirs languissants.
« Ma mère a du chagrin, dit-elle entre ses dents,
Et je dois partager les peines qu'elle endure. »
Elle approche : elle entend ces mots pleins de douceur :
« André, mon cher André, vous faites mon bonheur! »
Isabelle à ces mots pleinement se rassure.

« Ma tendresse, dit-elle, a pris trop de souci;
Ma mère est fort contente, et je dois l'être aussi. »
Isabelle, à la fin, dans son lit se retire,
Ne peut fermer les yeux, se tourmente et soupire.
« André fait des heureux ! et de quelle façon?
Que ce talent est beau ! mais comment s'y prend-on ? »
Elle revit le jour avec inquiétude.
Son trouble fut d'abord aperçu par Gertrude.
Isabelle était simple, et sa naïveté
Laissa parler enfin sa curiosité.
 « Quel est donc cet André, lui dit-elle, madame,
Qui fait, à ce qu'on dit, le bonheur d'une femme? »
Gertrude fut confuse; elle s'aperçut bien
Qu'elle était découverte, et n'en témoigna rien.
Elle se composa, puis répondit : « Ma fille,
Il faut avoir un saint pour toute une famille;
Et, depuis quelque temps, j'ai choisi saint André.
Je lui suis très-dévote, il m'en sait fort bon gré;
Je l'invoque en secret, j'implore ses lumières;
Il m'apparaît souvent, la nuit, dans mes prières :
C'est un des plus grands saints qui soient en paradis. »
 A quelque temps de là, certain monsieur Denys,
Jeune homme bien tourné, fut épris d'Isabelle.
Tout conspirait pour lui : Denys fut aimé d'elle,
Et plus d'un rendez-vous confirma leur amour.
Gertrude en sentinelle entendit à son tour
Les belles oraisons, les antiennes charmantes,
Qu'Isabelle entonnait quand ses mains caressantes
Pressaient son tendre amant de plaisir enivré.
 Gertrude les surprit, et se mit en colère.
La fille répondit : « Pardonnez-moi, ma mère,
J'ai choisi saint Denys, comme vous saint André. »
 Gertrude, dès ce jour, plus sage et plus heureuse,
Conservant son amant, et renonçant aux saints,
Quitta le vain projet de tromper les humains.
On ne les trompe point : la malice envieuse
Porte sur votre masque un coup d'œil pénétrant;
On vous devine mieux que vous ne savez feindre;
Et le stérile honneur de toujours vous contraindre
Ne vaut pas le plaisir de vivre librement.
 La charmante Isabelle, au monde présentée,
Se forma, s'embellit, fut en tous lieux goûtée.
Gertrude en sa maison rappela pour toujours
Les doux Amusements, compagnons des Amours;
Les plus honnêtes gens y passèrent leur vie :
Il n'est jamais de mal en bonne compagnie.

LES TROIS MANIÈRES.

(1763.)

Que les Athéniens étaient un peuple aimable !
Que leur esprit m'enchante, et que leurs fictions
Me font aimer le vrai sous les traits de la fable !
La plus belle, à mon gré, de leurs inventions
Fut celle du théâtre, où l'on faisait revivre
Les héros du vieux temps, leurs mœurs, leurs passions
Vous voyez aujourd'hui toutes les nations
Consacrer cet exemple, et chercher à le suivre.
Le théâtre instruit mieux que ne fait un gros livre.
Malheur aux esprits faux dont la sotte rigueur
Condamne parmi nous les jeux de Melpomène !
Quand le ciel eut formé cette engeance inhumaine,
La nature oublia de lui donner un cœur.
  Un des plus grands plaisirs du théâtre d'Athène
Était de couronner, dans des jeux solennels,
Les meilleurs citoyens, les plus grands des mortels :
En présence du peuple on leur rendait justice.
Ainsi j'ai vu Villars, ainsi j'ai vu Maurice,
Qu'un maudit courtisan quelquefois censura,
Du champ de la victoire allant à l'Opéra,
Recevoir des lauriers de la main d'une actrice.
Ainsi quand Richelieu revenait de Mahon
(Qu'il avait pris pourtant en dépit de l'envie),
Partout sur son passage il eut la comédie ;
On lui battit des mains encor plus qu'à Clairon.
  Au théâtre d'Eschyle, avant que Melpomène
Sur son cothurne altier vînt parcourir la scène,
On décernait les prix accordés aux amants.
Celui qui, dans l'année, avait pour sa maîtresse
Fait les plus beaux exploits, montré plus de tendresse,
Mieux prouvé par les faits ses nobles sentiments,
Se voyait couronné devant toute la Grèce.
Chaque belle plaidait la cause de son cœur,
De son amant aimé racontait les mérites,
Après un beau serment, dans les formes prescrites,
De ne pas dire un mot qui sentît l'orateur,
De n'exagérer rien, chose assez difficile
Aux femmes, aux amants, et même aux avocats.
On nous a conservé l'un de ces beaux débats,
Doux enfants du loisir de la Grèce tranquille.
C'était, il m'en souvient, sous l'archonte Eudamas.
  Devant les Grecs charmés trois belles comparurent.

LES TROIS MANIÈRES.

La jeune Églé, Téone, et la triste Apamis.
Les beaux esprits de Grèce au spectacle accoururent.
Ils étaient grands parleurs, et pourtant ils se turent,
Écoutant gravement, en demi-cercle assis.
Dans un nuage d'or Vénus avec son fils
Prêtait à leur dispute une oreille attentive.
La jeune Églé commence, Églé simple et naïve,
De qui la voix touchante et la douce candeur
Charmaient l'oreille et l'œil, et pénétraient au cœur.

ÉGLÉ.

Hermotime, mon père, a consacré sa vie
Aux muses, aux talents, à ces dons du génie
Qui des humains jadis ont adouci les mœurs ;
Tout entier aux beaux-arts, il a fui les honneurs ;
Et sans ambition, caché dans sa famille,
Il n'a voulu donner pour époux à sa fille
Qu'un mortel comme lui favorisé des dieux,
Cultivant tous les arts, et qui saurait le mieux
En vers nobles et doux élégamment décrire,
Animer sur la toile, et chanter sur la lyre
Ce peu de vains attraits que m'ont donné les cieux.
Lygdamon m'adorait. Son esprit sans culture
Devait, je l'avouerai, beaucoup à la nature :
Ingénieux, discret, poli sans compliment ;
Parlant avec justesse, et jamais savamment ;
Sans talents, il est vrai, mais sachant s'y connaître ;
L'Amour forma son cœur, les Grâces son esprit.
Il ne savait qu'aimer ; mais qu'il était grand maître
Dans ce premier des arts que lui seul il m'apprit !

Quand mon père eut formé le dessein tyrannique
De m'arracher l'objet de mon cœur amoureux,
Et de me réserver pour quelque peintre heureux
Qui ferait de bons vers, et saurait la musique,
Que de larmes alors coulèrent de mes yeux !
Nos parents ont sur nous un pouvoir despotique ;
Puisqu'ils nous ont fait naître, ils sont pour nous des dieux
Je mourais, il est vrai, mais je mourais soumise.

Lygdamon s'écarta, confus, désespéré,
Cherchant loin de mes yeux un asile ignoré.
Six mois furent le terme où ma main fut promise :
Ce délai fut fixé pour tous les prétendants.
Ils n'avaient tous, hélas ! dans leurs tristes talents,
A peindre que l'ennui, la douleur, et les larmes.
Le temps qui s'avançait redoublait mes alarmes.
Lygdamon tant aimé me fuyait pour toujours :
J'attendais mon arrêt, et j'étais au concours.

Enfin de vingt rivaux les ouvrages parurent :

Sur leurs perfections mille débats s'émurent.
Je ne pus décider, je ne les voyais pas.
Mon père se hâta d'accorder son suffrage
Aux talents trop vantés du fier et dur Harpage :
On lui promit ma foi, j'allais être en ses bras.
 Un esclave empressé frappe, arrive à grands pas,
Apportant un tableau d'une main inconnue.
Sur la toile aussitôt chacun porta la vue.
C'était moi : je semblais respirer et parler;
Mon cœur en longs soupirs paraissait s'exhaler;
Et mon air, et mes yeux, tout annonce que j'aime.
L'art ne se montrait pas; c'est la nature même,
La nature embellie; et, par de doux accords,
L'âme était sur la toile aussi bien que le corps.
Une tendre clarté s'y joint à l'ombre obscure,
Comme on voit, au matin, le soleil de ses traits
Percer la profondeur de nos vastes forêts,
Et dorer les moissons, les fruits, et la verdure.
Harpage en fut surpris; il voulut censurer :
Tout le reste se tut, et ne put qu'admirer.
« Quel mortel ou quel dieu, s'écriait Hermotime,
Du talent d'imiter fait un art si sublime ?
A qui ma fille enfin devra-t-elle sa foi ? »
Lygdamon se montrant lui dit : « Elle est à moi !
L'Amour seul est son peintre, et voilà son ouvrage.
C'est lui qui dans mon cœur imprima cette image;
C'est lui qui sur la toile a dirigé ma main.
Quel art n'est pas soumis à son pouvoir divin ?
Il les anime tous. » Alors, d'une voix tendre,
Sur son luth accordé Lygdamon fit entendre
Un mélange inouï de sons harmonieux :
On croyait être admis dans le concert des dieux.
Il peignit comme Apelle, il chanta comme Orphée.
 Harpage en frémissait; sa fureur étouffée
S'exhalait sur son front, et brûlait dans ses yeux.
Il prend un javelot de ses mains forcenées;
Il court, il va frapper. Je vis l'affreux moment
Où le traître à sa rage immolait mon amant,
Où la mort d'un seul coup tranchait deux destinées.
Lygdamon l'aperçoit, il n'en est point surpris;
Et de la même main sous qui son luth résonne,
Et qui sut enchanter nos cœurs et nos esprits,
Il combat son rival, l'abat, et lui pardonne.
Jugez si de l'amour il mérite le prix,
Et permettez du moins que mon cœur le lui donne.
 Ainsi parlait Églé. L'Amour applaudissait,
Les Grecs battaient des mains, la belle rougissait;

Elle en aimait encor son amant davantage.
 Téone se leva : son air et son langage
Ne connurent jamais les soins étudiés ;
Les Grecs, en la voyant, se sentaient égayés.
Téone, souriant, conta son aventure
En vers moins allongés, et d'une autre mesure,
Qui courent avec grâce, et vont à quatre pieds,
Comme en fit Hamilton, comme en fait la nature.

TÉONE.

Vous connaissez tous Agathon ;
Il est plus charmant que Nirée ;
A peine d'un naissant coton
Sa ronde joue était parée.
Sa voix est tendre : il a le ton
Comme les yeux de Cythérée.
Vous savez de quel vermillon
Sa blancheur vive est colorée ;
La chevelure d'Apollon
N'est pas si longue et si dorée.
Je le pris pour mon compagnon
Aussitôt que je fus nubile.
Ce n'est pas sa beauté fragile
Dont mon cœur fut le plus épris :
S'il a les grâces de Pâris,
Mon amant a le bras d'Achille.

 Un soir, dans un petit bateau,
Tout auprès d'une île Cyclade,
Ma tante et moi goûtions sur l'eau
Le plaisir de la promenade,
Quand de Lydie un gros vaisseau
Vint nous aborder à la rade.
Le vieux capitaine écumeur
Venait souvent dans cette plage
Chercher des filles de mon âge
Pour les plaisirs du gouverneur.
En moi je ne sais quoi le frappe ;
Il me trouve un air assez beau :
Il laisse ma tante, il me happe ;
Il m'enlève comme un moineau,
Et va me vendre à son satrape.

 Ma bonne tante, en glapissant,
Et la poitrine déchirée,
S'en retourne au port du Pirée
Raconter au premier passant
Que sa Téone est égarée ;
Que de Lydie un armateur,
Un vieux pirate, un revendeur

De la féminine denrée,
S'en est allé livrer ma fleur
Au commandant de la contrée.
   Pensez-vous alors qu'Agathon
S'amusât à verser des larmes,
A me peindre avec un crayon,
A chanter sa perte et mes charmes
Sur un petit psaltérion?
Pour me ravoir il prit les armes :
Mais n'ayant pas de quoi payer
Seulement le moindre estafier,
Et se fiant sur sa figure,
D'une fille il prit la coiffure,
Le tour de gorge et le panier.
Il cacha sous son tablier
Un long poignard et son armure,
Et courut tenter l'aventure
Dans la barque d'un nautonier.
   Il arrive au bord du Méandre
Avec son petit attirail.
A ses attraits, à son air tendre,
On ne manqua pas de le prendre
Pour une ouaille du bercail
Où l'on m'avait déjà fait vendre;
Et, dès qu'à terre il put descendre,
On l'enferma dans mon sérail.
Je ne crois pas que de sa vie
Une fille ait jamais goûté
Le quart de la félicité
Qui combla mon âme ravie
Quand, dans un sérail de Lydie,
Je vis mon Grec à mon côté,
Et que je pus en liberté
Récompenser la nouveauté
D'une entreprise si hardie.
Pour époux il fut accepté.
Les dieux seuls daignèrent paraître
A cet hymen précipité;
Car il n'était point là de prêtre :
Et, comme vous pouvez penser,
Des valets on peut se passer
Quand on est sous les yeux du maître.
   Le soir, le satrape amoureux,
Dans mon lit, sans cérémonie,
Vint m'expliquer ses tendres vœux.
Il crut, pour apaiser ses feux,
N'avoir qu'une fille jolie.

LES TROIS MANIÈRES.

Il fut surpris d'en trouver deux.
« Tant mieux, dit-il, car votre amie,
Comme vous, est fort à mon gré.
J'aime beaucoup la compagnie :
Toutes deux je contenterai,
N'ayez aucune jalousie. »
Après sa petite leçon,
Qu'il accompagnait de caresses,
Il voulait agir tout de bon ;
Il exécutait ses promesses,
Et je tremblais pour Agathon.
Mais mon Grec, d'une main guerrière,
Le saisissant par la crinière,
Et tirant son estramaçon,
Lui fit voir qu'il était garçon,
Et parla de cette manière :
 « Sortons tous trois de la maison,
Et qu'on me fasse ouvrir la porte ;
Faites bien signe à votre escorte
De ne suivre en nulle façon.
Marchons tous les trois au rivage ;
Embarquons-nous sur un esquif.
J'aurai sur vous l'œil attentif :
Point de geste, point de langage :
Au premier signe un peu douteux,
Au clignement d'une paupière,
A l'instant je vous coupe en deux,
Et vous jette dans la rivière. »
Le satrape était un seigneur
Assez sujet à la frayeur :
Il eut beaucoup d'obéissance :
Lorsqu'on a peur, on est fort doux.
Sur la nacelle, en diligence,
Nous l'embarquâmes avec nous.
Sitôt que nous fûmes en Grèce,
Son vainqueur le mit à rançon :
Elle fut en sonnante espèce.
Elle était forte, il m'en fit don :
Ce fut ma dot et mon douaire.
 Avouez qu'il a su plus faire
Que le bel esprit Lygdamon,
Et que j'aurais fort à me plaindre,
S'il n'avait songé qu'à me peindre,
Et qu'à me faire une chanson.

Les Grecs furent charmés de la voix douce et vive.
Du naturel aisé, de la gaieté naïve,

Dont la jeune Téone anima son récit.
La grâce, en s'exprimant, vaut mieux que ce qu'on dit.
On applaudit, on rit : les Grecs aimaient à rire.
Pourvu qu'on soit content, qu'importe qu'on admire?
Apamis s'avança les larmes dans les yeux :
Ses pleurs étaient un charme, et la rendaient plus belle
Les Grecs prirent alors un air plus sérieux,
Et, dès qu'elle parla, les cœurs furent pour elle.
Apamis raconta ses malheureux amours
En mètres qui n'étaient ni trop longs, ni trop courts;
Dix syllabes par vers, mollement arrangées,
Se suivaient avec art, et semblaient négligées.
Le rhythme en est facile, il est mélodieux.
L'hexamètre est plus beau, mais parfois ennuyeux.

APAMIS.

L'astre cruel sous qui j'ai vu le jour
M'a fait pourtant naître dans Amathonte,
Lieux fortunés où la Grèce raconte
Que le berceau de la mère d'Amour
Par les Plaisirs fut apporté sur l'onde;
Elle y naquit pour le bonheur du monde,
A ce qu'on dit, mais non pas pour le mien.
Son culte aimable et sa loi douce et pure
A ses sujets n'avaient fait que du bien,
Tant que sa loi fut celle de nature.
Le rigorisme a souillé ses autels :
Les dieux sont bons, les prêtres sont cruels;
Les novateurs ont voulu qu'une belle
Qui par malheur deviendrait infidèle
Allât finir ses jours au fond de l'eau
Où la déesse avait eu son berceau,
Si quelque amant ne se noyait pour elle.
Pouvait-on faire une loi si cruelle?
Hélas! faut-il le frein du châtiment
Aux cœurs bien nés pour aimer constamment?
Et si jamais, à la faiblesse en proie,
Quelque beauté vient à changer d'amant,
C'est un grand mal; mais faut-il qu'on la noie?

Tendre Vénus, vous qui fîtes ma joie
Et mon malheur; vous qu'avec tant de soin
J'avais servie avec le beau Bathyle,
D'un cœur si droit, d'un esprit si docile;
Vous le savez, je vous prends à témoin
Comme j'aimais, et si j'avais besoin
Que mon amour fût nourri par la crainte.
Des plus beaux nœuds la pure et douce étreinte
Faisait un cœur de nos cœurs amoureux.

Bathyle et moi nous respirions ces feux
Dont autrefois a brûlé la déesse.
L'astre des cieux, en commençant son cours,
En l'achevant, contemplait nos amours;
La nuit savait quelle était ma tendresse.
   Arénorax, homme indigne d'aimer,
Au regard sombre, au front triste, au cœur traître
D'amour pour moi parut s'envenimer,
Non s'attendrir : il le fit bien connaître.
Né pour haïr, il ne fut que jaloux.
Il distilla les poisons de l'envie;
Il fit parler la noire calomnie.
O délateurs! monstres de ma patrie,
Nés de l'enfer, hélas! rentrez-y tous.
L'art contre moi mit tant de vraisemblance
Que mon amant put même s'y tromper;
Et l'imposture accabla l'innocence.
   Dispensez-moi de vous développer
Le noir tissu de sa trame secrète;
Mon tendre cœur ne peut s'en occuper,
Il est trop plein de l'amant qu'il regrette.
A la déesse en vain j'eus mon recours,
Tout me trahit; je me vis condamnée
A terminer mes maux et mes beaux jours
Dans cette mer où Vénus était née.
   On me menait au lieu de mon trépas :
Un peuple entier mouillait de pleurs mes pas,
Et me plaignait d'une plainte inutile,
Quand je reçus un billet de Bathyle;
Fatal écrit qui changeait tout mon sort!
Trop cher écrit, plus cruel que la mort!
Je crus tomber dans la nuit éternelle
Quand je l'ouvris, quand j'aperçus ces mots .
« Je meurs pour vous, fussiez-vous infidèle. »
C'en était fait : mon amant dans les flots
S'était jeté pour me sauver la vie.
On l'admirait en poussant des sanglots.
Je t'implorais, ô mort, ma seule envie,
Mon seul devoir! On eut la cruauté
De m'arrêter lorsque j'allais le suivre;
On m'observa : j'eus le malheur de vivre;
De l'imposteur la sombre iniquité
Fut mise au jour, et trop tard découverte.
Du talion il a subi la loi;
Son châtiment répare-t-il ma perte?
Le beau Bathyle est mort, et c'est pour moi!
   Je viens à vous, ô juges favorables!

Que mes soupirs, que mes funèbres soins,
Touchent vos cœurs ; que j'obtienne du moins
Un appareil à des maux incurables.
A mon amant dans la nuit du trépas
Donnez le prix que ce trépas mérite ;
Qu'il se console aux rives du Cocyte
Quand sa moitié ne se console pas ;
Que cette main qui tremble et qui succombe,
Par vos bontés encor se ranimant,
Puisse à vos yeux écrire sur sa tombe :
« Athène et moi couronnons mon amant. »
Disant ces mots, ses sanglots l'arrêtèrent ;
Elle se tut, mais ses larmes parlèrent.
  Chaque juge fut attendri.
 Pour Églé d'abord ils penchèrent ;
 Avec Téone ils avaient ri ;
 J'ignore, et j'en suis bien marri,
 Quel est le vainqueur qu'ils nommèrent.
  Au coin du feu, mes chers amis,
C'est pour vous seuls que je transcris
Ces contes tirés d'un vieux sage.
Je m'en tiens à votre suffrage ;
C'est à vous de donner le prix :
Vous êtes mon aréopage.

THÉLÈME ET MACARE.

(1764.)

Thélème est vive, elle est brillante ;
Mais elle est bien impatiente ;
Son œil est toujours ébloui,
Et son cœur toujours la tourmente.
Elle aimait un gros réjoui
D'une humeur toute différente.
Sur son visage épanoui
Est la sérénité touchante ;
Il écarte à la fois l'ennui,
Et la vivacité bruyante.
Rien n'est plus doux que son sommeil,
Rien n'est plus beau que son réveil ;
Le long du jour il vous enchante.
Macare est le nom qu'il portait.
Sa maîtresse inconsidérée
Par trop de soins le tourmentait :
Elle voulait être adorée.

En reproches elle éclata :
Macare en riant la quitta,
Et la laissa désespérée.
Elle courut étourdiment
Chercher de contrée en contrée
Son infidèle et cher amant,
N'en pouvant vivre séparée.
　Elle va d'abord à la cour.
« Auriez-vous vu mon cher amour?
N'avez-vous point chez vous Macare? »
Tous les railleurs de ce séjour
Sourirent à ce nom bizarre.
« Comment ce Macare est-il fait?
Où l'avez-vous perdu, ma bonne?
Faites-nous un peu son portrait.
— Ce Macare qui m'abandonne,
Dit-elle, est un homme parfait,
Qui n'a jamais haï personne,
Qui de personne n'est haï,
Qui de bon sens toujours raisonne,
Et qui n'eut jamais de souci.
A tout le monde il a su plaire. »
　On lui dit : « Ce n'est pas ici
Que vous trouverez votre affaire,
Et les gens de ce caractère
Ne vont pas dans ce pays-ci. »
　Thélème marcha vers la ville.
D'abord elle trouve un couvent,
Et pense dans ce lieu tranquille
Rencontrer son tranquille amant.
Le sous-prieur lui dit : « Madame,
Nous avons longtemps attendu
Ce bel objet de votre flamme,
Et nous ne l'avons jamais vu.
Mais nous avons en récompense
Des vigiles, du temps perdu,
Et la discorde, et l'abstinence. »
Lors un petit moine tondu
Dit à la dame vagabonde :
« Cessez de courir à la ronde
Après votre amant échappé;
Car, si l'on ne m'a pas trompé,
Ce bon homme est dans l'autre monde. »
　A ce discours impertinent
Thélème se mit en colère :
« Apprenez, dit-elle, mon frère,
Que celui qui fait mon tourment

Est né pour moi, quoi qu'on en dise ;
Il habite certainement
Le monde où le destin m'a mise,
Et je suis son seul élément :
Si l'on vous fait dire autrement,
On vous fait dire une sottise. »
 La belle courut de ce pas
Chercher au milieu du fracas
Celui qu'elle croyait volage.
« Il sera peut-être à Paris,
Dit-elle, avec les beaux esprits
Qui l'ont peint si doux et si sage. »
L'un d'eux lui dit ; « Sur mon avis,
Vous pourriez vous tromper peut-être :
Macare n'est qu'en nos écrits ;
Nous l'avons peint sans le connaître. »
 Elle aborda près du Palais,
Ferma les yeux, et passa vite :
« Mon amant ne sera jamais
Dans cet abominable gîte ;
Au moins la cour a des attraits,
Macare aurait pu s'y méprendre ;
Mais les noirs suivants de Thémis
Sont les éternels ennemis
De l'objet qui me rend si tendre. »
 Thélème au temple de Rameau,
Chez Melpomène, chez Thalie,
Au premier spectacle nouveau,
Croit trouver l'amant qui l'oublie.
Elle est priée à ces repas
Où président les délicats,
Nommés la bonne compagnie.
Des gens d'un agréable accueil
Y semblent, au premier coup d'œil,
De Macare être la copie.
Mais plus ils étaient occupés
Du soin flatteur de le paraître,
Et plus à ses yeux détrompés
Ils étaient éloignés de l'être.
 Enfin Thélème au désespoir,
Lasse de chercher sans rien voir,
Dans sa retraite alla se rendre.
Le premier objet qu'elle y vit
Fut Macare auprès de son lit,
Qui l'attendait pour la surprendre.
« Vivez avec moi désormais,
Dit-il dans une douce paix,

Sans trop chercher, sans trop prétendre ;
Et si vous voulez posséder
Ma tendresse avec ma personne,
Gardez de jamais demander
Au delà de ce que je donne. »
   Les gens de grec enfarinés
Connaîtront Macare et Thélème,
Et vous diront, sous cet emblème,
A quoi nous sommes destinés.
Macare[1], c'est toi qu'on désire ;
On t'aime, on te perd ; et je croi
Que je t'ai rencontré chez moi ;
Mais je me garde de le dire :
Quand on se vante de t'avoir,
On en est privé par l'envie :
Pour te garder il faut savoir
Te cacher, et cacher sa vie.

AZOLAN, OU LE BÉNÉFICIER.

(1764.)

A son aise dans son village
Vivait un jeune musulman,
Bien fait de corps, beau de visage,
Et son nom était Azolan.
Il avait transcrit l'Alcoran,
Et par cœur il allait l'apprendre.
Il fut, dès l'âge le plus tendre,
Dévot à l'ange Gabriel.
Ce ministre emplumé du ciel
Un jour chez lui daigna descendre :
« J'ai connu, dit-il, mon enfant,
Ta dévotion non commune :
Gabriel est reconnaissant,
Et je viens faire ta fortune ;
Tu deviendras dans peu de temps
Iman de la Mecque et Médine ;
C'est, après la place divine
Du grand commandeur des croyants,
Le plus opulent bénéfice
Que Mahomet puisse donner.
Les honneurs vont t'environner

---

1. Feu M. Vadé a fait aux lecteurs la justice de croire qu'ils savent que *Macare* est le Bonheur, et *Thélème*, le Désir ou la Volonté.

Quand tu seras en exercice.
Mais il faut me faire serment
De ne toucher femme ni fille,
De n'en voir jamais qu'à la grille,
Et de vivre très-chastement. »
　Le beau jeune homme étourdiment,
Pour avoir des biens de l'Église,
Conclut cet accord imprudent,
Sans penser faire une sottise.
Monsieur l'iman fut enchanté
De l'éclat de sa dignité,
Et même encor de la finance
Dont il se vit d'abord payé
Par un receveur d'importance,
Qui la partageait par moitié.
　Tant d'honneur et tant d'opulence
N'étaient rien sans un peu d'amour.
Tous les matins, au point du jour,
Le jeune Azolan tout en flamme,
Et par son serment empêché,
Se dit, dans le fond de son âme,
Qu'il a fait un mauvais marché.
Il rencontre la belle Amine,
Aux yeux charmants, au teint fleuri
Il l'adore, il en est chéri.
« Adieu la Mecque, adieu Médine;
Adieu l'éclat d'un vain honneur,
Et tout ce pompeux esclavage;
La seule Amine aura mon cœur :
Soyons heureux dans mon village. »
　L'archange aussitôt descendit
Pour lui reprocher sa faiblesse.
Le tendre amant lui répondit :
« Voyez seulement ma maîtresse.
Vous vous êtes moqué de moi
Notre marché fait mon supplice;
Je ne veux qu'Amine et sa foi,
Reprenez votre bénéfice.
Du bon prophète Mahomet
J'adore à jamais la prudence :
Aux élus l'amour il permet;
Il fait bien plus, il leur promet
Des Amines pour récompense.
Allez, mon très-cher Gabriel,
J'aurai toujours pour vous du zèle;
Vous pouvez retourner au ciel;
Je n'y veux pas aller sans elle. »

L'ORIGINE DES MÉTIERS.

Quand Prométhée eut formé son image
D'un marbre blanc façonné par ses mains,
Il épousa, comme on sait, son ouvrage :
Pandore fut la mère des humains.
 Dès qu'elle put se voir et se connaître,
Elle essaya son sourire enchanteur,
Son doux parler, son maintien séducteur,
Parut aimer, et captiva son maître,
Et Prométhée, à lui plaire occupé,
Premier époux, fut le premier trompé.
 Mars visita cette beauté nouvelle :
L'éclat du dieu, son air mâle et guerrier,
Son casque d'or, son large bouclier,
Tout le servit, et Mars triompha d'elle.
 Le dieu des mers, en son humide cour,
Ayant appris cette bonne fortune,
Chercha la belle, et lui parla d'amour :
Qui cède à Mars peut se rendre à Neptune.
 Le blond Phébus, de son brillant séjour,
Vit leurs plaisirs, eut la même espérance :
Elle ne put faire de résistance
Au dieu des vers, des beaux-arts, et du jour.
 Mercure était le dieu de l'éloquence :
Il sut parler, il eut aussi son tour.
 Vulcain, sortant de sa forge embrasée,
Déplut d'abord, et fut fort mal traité;
Mais il obtint par importunité
Cette conquête aux autres dieux aisée.
 Ainsi Pandore occupa ses beaux ans,
Puis s'ennuya sans en savoir la cause.
Quand une femme aima dans son printemps,
Elle ne peut jamais faire autre chose;
Mais pour les dieux, ils n'aiment pas longtemps.
Elle avait eu pour eux des complaisances :
Ils la quittaient; elle vit dans les champs
Un gros satyre, et lui fit les avances.
 Nous sommes nés de tous ces passe-temps;
C'est des humains l'origine première :
Voilà pourquoi nos esprits, nos talents,
Nos passions, nos emplois, tout diffère.
L'un eut Vulcain, l'autre eut Mars pour son père,
L'autre un satyre; et bien peu d'entre nous
Sont descendus du dieu de la lumière.

De nos parents nous tenons tous nos goûts.
Mais le métier de la belle Pandore,
Quoique peu rare, est encor le plus doux;
Et c'est celui que tout Paris honore[1].

LA BÉGUEULE,

CONTE MORAL.

(1772.)

Dans ses écrits un sage Italien
Dit que le mieux est l'ennemi du bien;
Non qu'on ne puisse augmenter en prudence,
En bonté d'âme, en talents, en science;
Cherchons le mieux sur ces chapitres-là :
Partout ailleurs évitons la chimère.
Dans son état heureux qui peut se plaire,
Vivre à sa place, et garder ce qu'il a !
La belle Arsène en est la preuve claire.
Elle était jeune; elle avait à Paris
Un tendre époux empressé de complaire
A son caprice, et souffrant son mépris.
L'oncle, la sœur, la tante, le beau-père,
Ne brillaient pas parmi les beaux esprits;
Mais ils étaient d'un fort bon caractère.
Dans le logis des amis fréquentaient;
Beaucoup d'aisance, une assez bonne chère;
Les passe-temps que nos gens connaissaient,
Jeu, bal, spectacle, et soupers agréables,
Rendaient ses jours à peu près tolérables :
Car vous savez que le bonheur parfait
Est inconnu; pour l'homme il n'est pas fait.
Madame Arsène était fort peu contente
De ces plaisirs. Son superbe dégoût,
Dans ses dédains, fuyait ou blâmait tout.
On l'appelait la belle impertinente.
  Or admirez la faiblesse des gens :
Plus elle était distraite, indifférente,
Plus ils tâchaient, par des soins complaisants,
D'apprivoiser son humeur méprisante;
Et plus aussi notre belle abusait
De tous les pas que vers elle on faisait.
Pour ses amants encor plus intraitable,

[1]. C'est ici que finissaient les *Contes de Guillaume Vadé*. (ÉD.)

LA BÉGUEULE.

Aise de plaire, et ne pouvant aimer,
Son cœur glacé se laissait consumer
Dans le chagrin de ne voir rien d'aimable.
D'elle à la fin chacun se retira.
De courtisans elle avait une liste;
Tout prit parti; seule elle demeura
Avec l'orgueil, compagnon dur et triste;
Bouffi, mais sec, ennemi des ébats,
Il renfle l'âme, et ne la nourrit pas.
La dégoûtée avait eu pour marraine
Le fée Aline. On sait que ces esprits
Sont mitoyens entre l'espèce humaine
Et la divine; et monsieur Gabalis
Mit par écrit leur histoire certaine.
La fée allait quelquefois au logis
De sa filleule, et lui disait : « Arsène,
Es-tu contente à la fleur de tes ans?
As-tu des goûts et des amusements?
Tu dois mener une assez douce vie. »
L'autre en deux mots répondait : « Je m'ennuie.
— C'est un grand mal, dit la fée, et je croi
Qu'un beau secret c'est de vivre chez soi. »
   Arsène enfin conjura son Aline
De la tirer de son maudit pays.
« Je veux aller à la sphère divine :
Faites-moi voir votre beau paradis;
Je ne saurais supporter ma famille,
Ni mes amis. J'aime assez ce qui brille,
Le beau, le rare; et je ne puis jamais
Me trouver bien que dans votre palais;
C'est un goût vif dont je me sens coiffée.
— Très-volontiers, » dit l'indulgente fée.
   Tout aussitôt dans un char lumineux
Vers l'orient la belle est transportée.
Le char volait; et notre dégoûtée,
Pour être en l'air, se croyait dans les cieux.
Elle descend au séjour magnifique
De la marraine. Un immense portique,
D'or ciselé dans un goût tout nouveau,
Lui parut riche et passablement beau;
Mais ce n'est rien quand on voit le château.
Pour les jardins, c'est un miracle unique;
Marly, Versaille, et leurs petits jets d'eau,
N'ont rien auprès qui surprenne et qui pique.
La dédaigneuse, à cette œuvre angélique,
Sentit un peu de satisfaction.
Aline dit : « Voilà votre maison;

Je vous y laisse un pouvoir despotique,
Commandez-y. Toute ma nation
Obéira sans aucune réplique.
J'ai quatre mots à dire en Amérique,
Il faut que j'aille y faire quelques tours;
Je reviendrai vers vous en peu de jours.
J'espère au moins, dans ma douce retraite,
Vous retrouver l'âme un peu satisfaite. »
    Aline part. La belle en liberté
Reste et s'arrange au palais enchanté,
Commande en reine, ou plutôt en déesse.
De cent beautés une foule s'empresse
A prévenir ses moindres volontés.
A-t-elle faim? cent plats sont apportés;
De vrai nectar la cave était fournie,
Et tous les mets sont de pure ambroisie;
Les vases sont du plus fin diamant.
Le repas fait, on la mène à l'instant
Dans les jardins, sur les bords des fontaines,
Sur les gazons, respirer les haleines
Et les parfums des fleurs et des zéphyrs.
Vingt chars brillant de rubis, de saphirs,
Pour la porter se présentent d'eux-mêmes,
Comme autrefois les trépieds de Vulcain
Allaient au ciel, par un ressort divin,
Offrir leur siége aux majestés suprêmes.
De mille oiseaux les doux gazouillements,
L'eau qui s'enfuit sur l'argent des rigoles,
Ont accordé leurs murmures charmants;
Les perroquets répétaient ses paroles,
Et les échos les disaient après eux.
Telle Psyché, par le plus beau des dieux
A ses parents avec art enlevée,
Au seul Amour dignement réservée,
Dans un palais des mortels ignoré,
Aux éléments commandait à son gré.
Madame Arsène est encor mieux servie;
Plus d'agréments environnaient sa vie;
Plus de beautés décoraient son séjour;
Elle avait tout : mais il manquait l'Amour.
Pour égayer notre mélancolique,
On lui donna le soir une musique
Dont les accords et les accents nouveaux
Feraient pâmer soixante cardinaux.
Ces sons vainqueurs allaient au fond des âmes;
Mais elle vit, non sans émotion,
Que pour chanter on n'avait que des femmes.

LA BÉGUEULE. 397

« Dans ce palais point de barbe au menton !
A quoi, dit-elle, a pensé ma marraine ?
Point d'homme ici ! Suis-je dans un couvent ?
Je trouve bon que l'on me serve en reine ;
Mais sans sujets la grandeur est du vent.
J'aime à régner, sur des hommes s'entend ;
Ils sont tous nés pour ramper dans ma chaîne :
C'est leur destin, c'est leur premier devoir ;
Je les méprise, et je veux en avoir. »
Ainsi parlait la recluse intraitable ;
Et cependant les nymphes sur le soir
Avec respect ayant servi sa table,
On l'endormit au son des instruments.
 Le lendemain mêmes enchantements,
Mêmes festins, pareille sérénade ;
Et le plaisir fut un peu moins piquant.
Le lendemain lui parut un peu fade ;
Le lendemain fut triste et fatigant :
Le lendemain lui fut insupportable.
 Je me souviens du temps trop peu durable
Où je chantais, dans mon heureux printemps,
Des lendemains plus doux et plus plaisants.
 La belle enfin chaque jour fêtoyée
Fut tellement de sa gloire ennuyée,
Que, détestant cet excès de bonheur,
Le paradis lui faisait mal au cœur.
Se trouvant seule, elle avise une brèche
A certain mur ; et, semblable à la flèche
Qu'on voit partir de la corde d'un arc,
Madame saute, et vous franchit le parc.
 Au même instant palais, jardins, fontaines,
Or, diamants, émeraudes, rubis,
Tout disparaît à ses yeux ébaubis ;
Elle ne voit que les stériles plaines
D'un grand désert, et des rochers affreux :
La dame alors, s'arrachant les cheveux,
Demande à Dieu pardon de ses sottises.
La nuit venait, et déjà ses mains grises
Sur la nature étendaient ses rideaux.
Les cris perçants des funèbres oiseaux,
Les hurlements des ours et des panthères,
Font retentir les antres solitaires.
Quelle autre fée, hélas ! prendra le soin
De secourir ma folle aventurière ?
Dans sa détresse elle aperçut de loin,
A la faveur d'un reste de lumière,
Au coin d'un bois, un vilain charbonnier,

Qui s'en allait par un petit sentier,
Tout en sifflant, retrouver sa chaumière.
« Qui que tu sois, lui dit la beauté fière,
Vois en pitié le malheur qui me suit;
Car je ne sais où coucher cette nuit. »
Quand on a peur, tout orgueil s'humanise.
　Le noir pataud, la voyant si bien mise,
Lui répondit : « Quel étrange démon
Vous fait aller dans cet état de crise,
Pendant la nuit, à pied, sans compagnon?
Je suis encor très-loin de ma maison.
Çà, donnez-moi votre bras, ma mignonne;
On recevra ta petite personne
Comme on pourra. J'ai du lard et des œufs.
Toute Française, à ce que j'imagine,
Sait, bien ou mal, faire un peu de cuisine.
Je n'ai qu'un lit; c'est assez pour nous deux. »
　Disant ces mots, le rustre vigoureux
D'un gros baiser sur sa bouche ébahie
Ferme l'accès à toute repartie;
Et par avance il veut être payé
Du nouveau gîte à la belle octroyé.
« Hélas! hélas! dit la dame affligée,
Il faudra donc qu'ici je sois mangée
D'un charbonnier ou de la dent des loups! »
Le désespoir, la honte, le courroux,
L'ont suffoquée : elle est évanouie.
Notre galant la rendait à la vie.
La fée arrive, et peut-être un peu tard.
Présente à tout, elle était à l'écart.
« Vous voyez bien, dit-elle à sa filleule,
Que vous étiez une franche bégueule.
Ma chère enfant, rien n'est si périlleux
Que de quitter le bien pour être mieux. »
　La leçon faite, on reconduit ma belle
Dans son logis. Tout y changea pour elle
En peu de temps, sitôt qu'elle changea.
Pour son profit elle se corrigea.
Sans avoir lu les beaux moyens de plaire
Du sieur Moncrif, et sans livre, elle plut.
Que fallait-il à son cœur?... qu'il voulût.
Elle fut douce, attentive, polie,
Vive et prudente; et prit même en secret
Pour charbonnier un jeune amant discret,
Et fut alors une femme accomplie.

LA BÉGUEULE.

ENVOI A MME DE FLORIAN.

Chloé, quand mon impertinente
A la fin connut la façon
De devenir femme charmante,
C'est de vous qu'elle prit leçon;
Mais elle est loin de son modèle.
Votre sort est plus singulier :
Vous aviez pis qu'un charbonnier,
Et vous avez mieux choisi qu'elle [1].

LES FINANCES.

(1775).

Quand Terray nous mangeait, un honnete bourgeois,
Lassé des contre-temps d'une vie inquiète,
Transplanta sa famille au pays champenois :
Il avait près de Reims une obscure retraite;
Son plus clair revenu consistait en bon vin.
  Un jour qu'il arrangeait sa cave et son ménage,
Il fut dans sa maison visité d'un voisin,
Qui parut à ses yeux le seigneur du village :
Cet homme était suivi de brillants estafiers,
Sergents de la finance, habillés en guerriers.
Le bourgeois fit à tous une humble révérence,
Du meilleur de son cru prodigua l'abondance;
Puis il s'enquit tout bas quel était le seigneur
Qui faisait aux bourgeois un tel excès d'honneur.
  « Je suis, dit l'inconnu, dans les fermes nouvelles,
Le royal directeur des *aides* et *gabelles*.
— Ah! pardon, monseigneur! Quoi! vous *aidez* le roi?
— Oui, l'ami. — Je révère un si sublime emploi :
Le mot d'*aide* s'entend; *gabelles* m'embarrasse.
D'où vient ce mot? — D'un Juif appelé *Gabelus* [2].
— Ah, d'un Juif! je le crois. — Selon les nobles *us*
De ce peuple divin, dont je chéris la race,
Je viens prendre chez vous les *droits* qui me sont dus.
J'ai fait quelques progrès, par mon expérience,
Dans l'art de *travailler un royaume en finance*.
Je fais loyalement deux parts de votre bien :

---

1. Mme de Florian avait été en premières noces Mme Rilliet. (ÉD.)
2. Il y eut en effet le Juif Gabelus qui eut des affaires d'argent avec le bonhomme Tobie : et plusieurs doctes très-sensés tirent de l'hébreu l'étymologie de *gabelle*, car on sait que c'est de l'hébreu que vient le français.

La première est au roi, qui n'en retire rien ;
La seconde est pour moi. Voici votre mémoire....
Tant pour les brocs de vin qu'ici nous avons bus ;
Tant pour ceux qu'aux marchands vous n'avez point vendus,
Et pour ceux qu'avec vous nous comptons encor boire ;
Tant pour le sel marin duquel nous présumons
Que vous deviez garnir vos savoureux jambons [1].
Vous ne l'avez point pris, et vous deviez le prendre.
Je ne suis point méchant, et j'ai l'âme assez tendre.
Composons, s'il vous plaît. Payez dans ce moment
Deux mille écus tournois par accommodement. »
  Mon badaud écoutait d'une mine attentive
Ce discours éloquent qu'il ne comprenait pas ;
Lorsqu'un autre seigneur en son logis arrive,
Lui fait son compliment, le serre entre ses bras :
« Que vous êtes heureux ! votre bonne fortune,
En pénétrant mon cœur, à nous deux est commune.
Du *domaine* royal je suis le *contrôleur* :
J'ai su que depuis peu vous goûtez le bonheur
D'être seul héritier de votre vieille tante.
Vous pensiez n'y gagner que mille écus de rente :
Sachez que la défunte en avait trois fois plus.
Jouissez de vos biens, par mon savoir accrus.
Quand je vous enrichis, souffrez que je demande,
Pour vous être trompé, dix mille francs d'amende [2]. »
  Aussitôt ces messieurs, discrètement unis,
Font des biens au soleil un petit inventaire ;
Saisissent tout l'argent, démeublent le logis.
La femme du bourgeois crie et se désespère,
Le maître est interdit ; la fille est tout en pleurs ;
Un enfant de quatre ans joue avec les voleurs :
Heureux pour quelque temps d'ignorer sa disgrâce
  Son aîné, grand garçon, revenant de la chasse,
Veut secourir son père, et défend la maison :
On les prend, on les lie, on les mène en prison ;
On les juge, on en fait de nobles Argonautes,
Qui du port de Toulon devenus nouveaux hôtes [3],
Vont ramer pour le roi vers la mer de Cadix.
La pauvre mère expire en embrassant son fils.

---

1. Un homme qui a tant de cochons doit prendre tant de sel pour les saler ; et s'ils meurent, il doit prendre la même quantité de sel, sans quoi il est mis à l'amende, et on vend ses meubles.
2. Les contrôleurs du domaine évaluent toujours le bien dont tout collatéral hérite au triple de la valeur, le taxent suivant cette évaluation, imposent une amende excessive, vendent le bien à l'encan, et l'achètent à bon marché.
3. L'aventure est arrivée à la famille d'Antoine Fusigat.

L'enfant abandonné gémit dans l'indigence;
La fille sans secours est servante à Paris.
C'est ainsi qu'on *travaille un royaume en finance*.

LE DIMANCHE, OU LES FILLES DE MINÉE.

A Mme ARNANCHE.

(1775.)

Vous demandez, madame Arnanche,
Pourquoi nos dévots paysans,
Les cordeliers à la grand'manche,
Et nos curés catéchisants,
Aiment à boire le dimanche?
J'ai consulté bien des savants.
Huet, cet évêque d'Avranche,
Qui pour la Bible toujours penche,
Prétend qu'un usage si beau
Vient de Noé le patriarche,
Qui, justement dégoûté d'eau,
S'enivrait au sortir de l'arche.
Huet se trompe : c'est Bacchus,
C'est le législateur du Gange,
Ce dieu de cent peuples vaincus,
Cet inventeur de la vendange.
C'est lui qui voulut consacrer
Le dernier jour hebdomadaire
A boire, à rire, à ne rien faire :
On ne pouvait mieux honorer
La divinité de son père.
Il fut ordonné par les lois
D'employer ce jour salutaire
A ne faire œuvre de ses doigts
Qu'avec sa maîtresse et son verre.
Un jour, ce digne fils de Dieu
Et de la pieuse Sémélé
Descendit du ciel au saint lieu
Où sa mère, très-peu cruelle,
Dans son beau sein l'avait conçu,
Où son père, l'ayant reçu,
L'avait enfermé dans sa cuisse;
Grands mystères bien expliqués,
Dont autrefois se sont moqués
Des gens d'esprit pleins de malice.
Bacchus à peine se montrait

Avec Silène et sa monture,
Tout le peuple les adorait;
La campagne était sans culture;
Dévotement on folâtrait;
Et toute la cléricature
Courait en foule au cabaret.
   Parmi ce brillant fanatisme,
Il fut un pauvre citoyen
Nommé Minée, homme de bien,
Et soupçonné de jansénisme.
Ses trois filles filaient du lin,
Aimaient Dieu, servaient le prochain,
Évitaient la fainéantise,
Fuyaient les plaisirs, les amants,
Et, pour ne point perdre de temps,
Ne fréquentaient jamais l'Église.

Alcithoé dit à ses sœurs :
« Travaillons et faisons l'aumône;
Monsieur le curé dans son prône
Donne-t-il des conseils meilleurs?
Filons, et laissons la canaille
Chanter des versets ennuyeux :
Quiconque est honnête et travaille
Ne saurait offenser les dieux.
Filons, si vous voulez m'en croire;
Et, pour égayer nos travaux,
Que chacune conte une histoire
En faisant tourner ses fuseaux. »
Les deux cadettes approuvèrent
Ce propos tout plein de raison,
Et leur sœur, qu'elles écoutèrent,
Commença de cette façon :

« Le travail est mon dieu, lui seul régit le monde;
Il est l'âme de tout : c'est en vain qu'on nous dit
Que les dieux sont à table ou dorment dans leur lit.
J'interroge les cieux, l'air, et la terre, et l'onde :
Le puissant Jupiter fait son tour en dix ans[1],
Son vieux père Saturne avance à pas plus lents,
Mais il termine enfin son immense carrière;
Et dès qu'elle est finie, il recommence encor.
   « Sur son char de rubis mêlés d'azur et d'or,
Apollon va lançant des torrents de lumière.
Quand il quitta les cieux, il se fit médecin,

1. Douze ans. (ÉD.)

Architecte, berger, ménétrier, devin ;
Il travailla toujours. Sa sœur l'aventurière
Est Hécate aux enfers, Diane dans les bois,
Lune pendant les nuits, et remplit trois emplois.
   « Neptune chaque jour est occupé six heures
A soulever des eaux les profondes demeures,
Et les fait dans leur lit retomber par leur poids.
   « Vulcain, noir et crasseux, courbé sur son enclume,
Forge à coups de marteau les foudres qu'il allume.
   « On m'a conté qu'un jour, croyant le bien payer,
Jupiter à Vénus daigna le marier.
Ce Jupiter, mes sœurs, était grand adultère ;
Vénus l'imita bien : chacun tient de son père.
Mars plut à la friponne ; il était colonel,
Vigoureux, impudent, s'il en fut dans le ciel,
Talons rouges, nez haut, tous les talents de plaire ;
Et tandis que Vulcain travaillait pour la cour,
Mars consolait sa femme en parfait petit-maître,
Par air, par vanité, plutôt que par amour.
   « Le mari méprisé, mais très-digne de l'être,
Aux deux amants heureux voulut jouer d'un tour.
D'un fil d'acier poli, non moins fin que solide,
Il façonne un réseau que rien ne peut briser.
Il le porte la nuit au lit de la perfide.
Lasse de ses plaisirs, il la voit reposer
Entre les bras de Mars ; et, d'une main timide,
Il vous tend son lacet sur le couple amoureux ;
Puis, marchant à grands pas, encor qu'il fût boiteux,
Il court vite au Soleil conter son aventure :
« Toi qui vois tout, dit-il, viens, et vois ma parjure.
« Cependant que Phosphore au bord de l'orient
« Au-devant de ton char ne paraît point encore,
« Et qu'en versant des pleurs la diligente Aurore
« Quitte son vieil époux pour son nouvel amant,
« Appelle tous les dieux ; qu'ils contemplent ma honte,
« Qu'ils viennent me venger. » Apollon est malin ;
Il rend avec plaisir ce service à Vulcain.
En petits vers galants sa disgrâce il raconte ;
Il assemble en chantant tout le conseil divin.
Mars se réveille au bruit, aussi bien que sa belle :
Ce dieu très-éhonté ne se dérangea pas ;
Il tint, sans s'étonner, Vénus entre ses bras,
Lui donnant cent baisers qui sont rendus par elle.
Tous les dieux à Vulcain firent leur compliment ;
Le père de Vénus en rit longtemps lui-même.
On vanta du lacet l'admirable instrument,
Et chacun dit : « Bonhomme, attrapez-nous de même. »

Lorsque la belle Alcithoé
Eut fini son conte pour rire,
Elle dit à sa sœur Thémire :
« Tout ce peuple chante *Évoé*;
Il s'enivre, il est en délire ;
Il croit que la joie est du bruit.
Mais vous, que la raison conduit,
N'auriez-vous donc rien à nous dire ? »
Thémire à sa sœur répondit :
« La populace est la plus forte ;
Je crains ces dévots, et fais bien :
A double tour fermons la porte,
Et poursuivons notre entretien.
Votre conte est de bonne sorte ;
D'un vrai plaisir il me transporte :
Pourrez-vous écouter le mien ?

« C'est de Vénus qu'il faut parler encore ;
Sur ce sujet jamais on ne tarit :
Filles, garçons, jeunes, vieux, tout l'adore ;
Mille grimauds font des vers sans esprit
Pour la chanter. Je m'en suis souvent plainte.
Je détestais tout médiocre auteur :
Mais on les passe, on les souffre, et la sainte
Fait qu'on pardonne au sot prédicateur.
 « Cette Vénus que vous avez dépeinte
Folle d'amour pour le dieu des combats,
D'un autre amour eut bientôt l'âme atteinte :
Le changement ne lui déplaisait pas.
Elle trouva devers la Palestine
Un beau garçon dont la charmante mine,
Les blonds cheveux, les roses, et les lis,
Les yeux brillants, la taille noble et fine,
Tout lui plaisait ; car c'était Adonis.
Cet Adonis, ainsi qu'on nous l'atteste,
Au rang des dieux n'était pas tout à fait ;
Mais chacun sait combien il en tenait.
Son origine était toute céleste ;
Il était né des plaisirs d'un inceste.
Son père était son aïeul Cynira,
Qui l'avait eu de sa fille Myrrha ;
Et Cynira (ce qu'on a peine à croire)
Etait le fils d'un beau morceau d'ivoire.
Je voudrais bien que quelque grand docteur
Pût m'expliquer sa généalogie :
J'aime à m'instruire ; et c'est un grand bonheur
D'être savante en la théologie.

« Mars fut jaloux de son charmant rival ;
Il le surprit avec sa Cythérée,
Le nez collé sur sa bouche sacrée,
Faisant des dieux. Mars est un peu brutal ;
Il prit sa lance, et, d'un coup détestable,
Il transperça ce jeune homme adorable,
De qui le sang produit encor des fleurs.
J'admire ici toutes les profondeurs
De cette histoire ; et j'ai peine à comprendre
Comment un dieu pouvait ainsi pourfendre
Un autre dieu. Çà, dites-moi, mes sœurs,
Qu'en pensez-vous ? parlez-moi sans scrupule :
Tuer un dieu n'est-il pas ridicule ?
— Non, dit Climène ; et puisqu'il était né,
C'est à mourir qu'il était destiné.
Je le plains fort ; sa mort paraît trop prompte.
Mais poursuivez le fil de votre conte. »
Notre Thémire, aimant à raisonner,
Lui répondit : « Je vais vous étonner.
Adonis meurt ; mais Vénus la féconde,
Qui peuple tout, qui fait vivre et sentir,
Cette Vénus qui créa le Plaisir,
Cette Vénus qui répare le monde,
Ressuscita, sept jours après sa mort,
Le dieu charmant dont vous plaignez le sort.
— Bon, dit Climène, en voici bien d'une autre
Ma chère sœur, quelle idée est la vôtre ?
Ressusciter les gens ! je n'en crois rien.
— Ni moi non plus, dit la belle conteuse ;
Et l'on peut être une fille de bien
En soupçonnant que la fable est menteuse.
Mais tout cela se croit très-fermement
Chez les docteurs de ma noble patrie,
Chez les rabbins de l'antique Syrie,
Et vers le Nil, où le peuple en dansant,
De son Isis entonnant la louange,
Tous les matins fait des dieux, et les mange.
Chez tous ces gens Adonis est fêté.
On vous l'enterre avec solennité :
Six jours entiers l'enfer est sa demeure ;
Il est damné tant en corps qu'en esprit.
Dans ces six jours chacun gémit et pleure ;
Mais le septième il ressuscite, on rit.
Telle est, dit-on, la belle allégorie,
Le vrai portrait de l'homme et de la vie :
Six jours de peine, un seul jour de bonheur.
Du mal au bien toujours le destin change :

Mais il est peu de plaisirs sans douleur,
Et nos chagrins sont souvent sans mélange. »

De la sage Climène enfin c'était le tour.
Son talent n'était pas de conter des sornettes,
De faire des romans, ou l'histoire du jour,
De ramasser des faits perdus dans les gazettes.
Elle était un peu sèche, aimait la vérité,
La cherchait, la disait avec simplicité,
Se souciant fort peu qu'elle fût embellie;
Elle eût fait un bon tome à l'*Encyclopédie*.
Climène à ses deux sœurs adressa ce discours .
« Vous m'avez de nos dieux raconté les amours,
   Les aventures, les mystères :
Si nous n'en croyons rien, que nous sert d'en parler?
Un mot devrait suffire : on a trompé nos pères,
   Il ne faut pas leur ressembler.
   Les Béotiens, nos confrères,
Chantent au cabaret l'histoire de nos dieux;
Le vulgaire se fait un grand plaisir de croire
   Tous ces contes fastidieux
Dont on a dans l'enfance enrichi sa mémoire.
Pour moi, dût le curé me gronder après boire,
Je m'en tiens à vous dire, avec mon peu d'esprit,
Que je n'ai jamais cru rien de ce qu'on m'a dit.
D'un bout du monde à l'autre on ment et l'on mentit;
Nos neveux mentiront comme ont fait nos ancêtres.
   Chroniqueurs, médecins et prêtres,
Se sont moqués de nous dans leur fatras obscur :
   Moquons-nous d'eux, c'est le plus sûr.
   Je ne crois point à ces prophètes
   Pourvus d'un esprit de Python,
   Qui renoncent à leur raison
   Pour prédire des choses faites.
Je ne crois pas qu'un Dieu nous fasse nos enfants;
 Je ne crois point la guerre des géants;
Je ne crois point du tout à la prison profonde
D'un rival de Dieu même en son temps foudroyé;
Je ne crois point qu'un fat ait embrasé ce monde,
   Que son grand-père avait noyé;
   Je ne crois aucun des miracles
Dont tout le monde parle, et qu'on n'a jamais vus;
   Je ne crois aucun des oracles
   Que des charlatans ont vendus;
Je ne crois point.... » La belle, au milieu de sa phrase,
S'arrêta de frayeur : un bruit affreux s'entend;
   La maison tremble; un coup de vent

LE DIMANCHE, OU LES FILLES DE MINÉE.

Fait tomber le trio qui jase.
Avec tout son clergé Bacchus entre en buvant :
« Et moi, je crois, dit-il, mesdames les savantes,
Qu'en faisant trop les beaux esprits,
Vous êtes des impertinentes.
Je crois que de mauvais écrits
Vous ont un peu tourné la tête.
Vous travaillez un jour de fête ;
Vous en aurez bientôt le prix,
Et ma vengeance est toute prête :
Je vous change en chauves-souris. »

Aussitôt de nos trois recluses
Chaque membre se raccourcit ;
Sous leur aisselle il s'étendit
Deux petites ailes velues.
Leur voix pour jamais se perdit ;
Elles volèrent dans les rues,
Et devinrent oiseaux de nuit.
Ce châtiment fut tout le fruit
De leurs sciences prétendues.
Ce fut une grande leçon
Pour tout bon raisonneur qui fronde :
On connut qu'il est dans ce monde
Trop dangereux d'avoir raison.
Ovide a conté cette affaire ;
La Fontaine en parle après lui ;
Moi je la répète aujourd'hui,
Et j'aurais mieux fait de me taire.

SÉSOSTRIS[1].

(1778.)

Vous le savez, chaque homme a son génie
Pour l'éclairer et pour guider ses pas
Dans les sentiers de cette courte vie.
A nos regards il ne se montre pas,
Mais en secret il nous tient compagnie.
On sait aussi qu'ils étaient autrefois
Plus familiers que dans l'âge où nous sommes :
Ils conversaient, vivaient avec les hommes
En bons amis, surtout avec les rois.
Près de Memphis, sur la rive féconde

1. Allégorie en l'honneur de Louis XVI. (Éd.)

Qu'en tous les temps, sous des palmiers fleuris,
Le dieu du Nil embellit de son onde,
Un soir au frais, le jeune Sésostris
Se promenait, loin de ses favoris,
Avec son ange, et lui disait : « Mon maître,
Me voilà roi : j'ai dans le fond du cœur
Un vrai désir de mériter de l'être :
Comment m'y prendre ? » Alors son directeur
Dit : « Avançons vers ce grand labyrinthe
Dont Osiris forma la belle enceinte ;
Vous l'apprendrez. » Docile à ses avis,
Le prince y vole. Il voit dans le parvis
Deux déités d'espèce différente :
L'une paraît une beauté touchante,
Au doux sourire, aux regards enchanteurs,
Languissamment couchée entre des fleurs,
D'Amours badins, de Grâces entourée,
Et de plaisir encor tout enivrée.
Loin derrière elle étaient trois assistants,
Secs, décharnés, pâles, et chancelants.
Le roi demande à son guide fidèle
Quelle est la nymphe et si tendre et si belle,
Et que font là ces trois vilaines gens.
Son compagnon lui répondit : « Mon prince,
Ignorez-vous quelle est cette beauté ?
A votre cour, à la ville, en province,
Chacun l'adore, et c'est la Volupté.
Ces trois vilains, qui vous font tant de peine,
Marchent souvent après leur souveraine :
C'est le Dégoût, l'Ennui, le Repentir,
Spectres hideux, vieux enfants du Plaisir. »
   L'Égyptien fut affligé d'entendre
De ce propos la triste vérité.
« Ami, dit-il, veuillez aussi m'apprendre
Quelle est plus loin cette autre déité
Qui me paraît moins facile et moins tendre,
Mais dont l'air noble et la sérénité
Me plaît assez. Je vois à son côté
Un sceptre d'or, une sphère, une épée,
Une balance ; elle tient dans sa main
Des manuscrits dont elle est occupée ;
Tout l'ornement qui pare son beau sein
Est une égide. Un temple magnifique
S'ouvre à sa voix, tout brillant de clarté ;
Sur le fronton de l'auguste portique
Je lis ces mots : *A l'immortalité*.
Y puis-je entrer ? — L'entreprise est pénible.

Repartit l'ange; on a souvent tenté
D'y parvenir, mais on s'est rebuté.
Cette beauté, qui vous semble inflexible,
Peut quelquefois se laisser enflammer.
La Volupté, plus douce et plus sensible,
A plus d'attraits; l'autre sait mieux aimer.
Il faut, pour plaire à la fière immortelle,
Un esprit juste, un cœur pur et fidèle :
C'est la Sagesse; et ce brillant séjour
Qu'on vient d'ouvrir est celui de la Gloire.
Le bien qu'on fait y vit dans la mémoire;
Votre beau nom y doit paraître un jour.
Décidez-vous entre ces deux déesses :
Vous ne pouvez les servir à la fois. »
   Le jeune roi lui dit : « J'ai fait mon choix.
Ce que j'ai vu doit régler mes tendresses.
D'autres voudront les aimer toutes deux :
L'une un moment pourrait me rendre heureux;
L'autre par moi peut rendre heureux le monde. »
A la première, avec un air galant,
Il appliqua deux baisers en passant;
Mais il donna son cœur à la seconde.

LE SONGE CREUX.

Je veux conter comment la nuit dernière,
D'un vin d'Arbois largement abreuvé,
Par passe-temps dans mon lit j'ai rêvé
Que j'étais mort, et ne me trompais guère.
Je vis d'abord notre portier Cerbère,
De trois gosiers aboyant à la fois;
Il me fallut traverser trois rivières;
On me montra les trois sœurs filandières,
Qui font le sort des peuples et des rois.
Je fus conduit vers trois juges sournois,
Qu'accompagnaient trois gaupes effroyables,
Filles d'enfer et geôlières des diables;
Car, Dieu merci, tout se faisait par trois.
Ces lieux d'horreur effarouchaient ma vue,
Je frémissais à la sombre étendue
Du vaste abîme où les esprits pervers
Semblaient avoir englouti l'univers.
Je réclamais la clémence infinie
Des puissants dieux, auteurs de tous les biens.
Je l'accusais, lorsqu'un heureux génie
Me conduisit aux champs élysiens,

Au doux séjour de la paix éternelle,
Et des plaisirs, qui, dit-on, sont nés d'elle.
On me montra, sous des ombrages frais,
Mille héros connus par les bienfaits
Qu'ils ont versés sur la race mortelle,
Et qui pourtant n'existèrent jamais :
Le grand Bacchus, digne en tout de son père;
Bellérophon, vainqueur de la Chimère;
Cent demi-dieux des Grecs et des Romains.
En tous les temps tout pays eut ses saints.
  Or, mes amis, il faut que je déclare
Que si j'étais rebuté du Tartare,
Cet Élysée et sa froide beauté
M'avaient aussi promptement dégoûté.
Impatient de fuir cette cohue,
Pour m'esquiver je cherchais une issue,
Quand j'aperçus un fantôme effrayant,
Plein de fumée, et tout enflé de vent,
Et qui semblait me fermer le passage.
« Que me veux-tu ? dis-je à ce personnage.
— Rien, me dit-il, car je suis le Néant.
Tout ce pays est de mon apanage. »
De ce discours je fus un peu troublé.
« Toi le Néant ! jamais il n'a parlé....
— Si fait, je parle; on m'invoque, et j'inspire
Tous les savants qui sur mon vaste empire
Ont publié tant d'énormes fatras....
— Eh bien, mon roi, je me jette en tes bras.
Puisqu'en ton sein tout l'univers se plonge,
Tiens, prends mes vers, ma personne, et mon songe;
Je porte envie au mortel fortuné
Qui t'appartient au moment qu'il est né. »

FIN DU NEUVIÈME VOLUME.

TABLE.

POËMES.

(SUITE.)

	Pages.
La Guerre civile de Genève, ou les Amours de Robert Covelle, poëme héroïque, avec des notes instructives (1768). — Avertissement des éditeurs de Kehl	1
Prologue	2
Premier postcript	4
Second postcript	4
Troisième postcript	5
Chant I	5
Chant II	12
Chant III	19
Chant IV	25
Chant V	30
Épilogue	35
Jean qui pleure et qui rit (1772)	38
Le Temple du Goût (1731). — A M. Cideville	39
Lettre à M. Cideville sur le Temple du Goût	40
Variantes	66
Voyage à Berlin. — A Mme Denis	84

ODES

I.	Sur sainte Geneviève. Imitation d'une ode latine par le R. P. Lejai (1709)	89
II.	Sur le Vœu de Louis XIII (1712)	91
III.	Sur les Malheurs du temps (1713)	94
IV.	Le vrai Dieu	96
V.	La Chambre de justice, établie au commencement de la régence, en 1715	99
VI.	A M. le duc de Richelieu. Sur l'Ingratitude (1736)	101
VII.	Sur le Fanatisme	104
	Notes et variantes	104
VIII.	A MM. de l'Académie des Sciences, qui ont été sous l'équateur et au cercle polaire mesurer des degrés de latitude	107
IX.	Sur la Paix de 1736	110
X.	Au roi de Prusse. Sur son avénement au trône (1740)	113
XI.	Sur la mort de l'empereur Charles VI (1740)	115
XII.	A la reine de Hongrie Marie-Thérèse d'Autriche (1742)	116
XIII.	La Clémence de Louis XIV et de Louis XV dans la victoire	118
XIV.	La Félicité des temps, ou l'Éloge de la France (1746)	120
XV.	Sur la mort de S. A. S. Mme la princesse de Bareith (1759)	123
	Note de M. Morza sur l'ode précédente	127
XVI.	A la Vérité	136
XVII.	Galimatias pindarique sur un carrousel donné par l'impératrice de Russie (1766)	139
XVIII.	Sur la Guerre des Russes contre les Turcs, en 1768	140

412 TABLE.

		Pages.
XIX.	Ode pindarique, à propos de la guerre présente en Grèce..	142
XX.	L'anniversaire de la Saint-Barthélemi pour l'année 1772..	144
XXI.	Sur le Passé et le Présent. Juin 1775.............	145

STANCES.

I.	Stances sur les poëtes épiques. A Mme la marquise du Châtelet...	148
II.	A M. de Forcalquier.............................	148
III.	Au même, au nom de Mme la marquise du Châtelet, à qui il avait envoyé une pagode chinoise..........	149
IV.	A Mgr le prince de Conti. Pour un neveu du P. Sanadon, jésuite................................	149
V.	Au président Hénault, en lui envoyant le manuscrit de *Mérope*......................................	150
VI.	Au roi de Prusse. Sur M. Hony, marchand de vin....	151
VII.	Au même.......................................	152
VIII.	A Mme du Châtelet (1741).......................	152
IX.	A M. Van-Haren, député des États-Généraux (1743)..	153
X.	A Frédéric, roi de Prusse, pour en obtenir la grâce d'un Français détenu depuis longtemps dans les prisons de Spandau (1743)......................	154
XI.	A Mme la marquise de Pompadour.................	154
XII.	Stances irrégulières. A. S. A. R. la princesse Ulrique de Prusse, sœur de Frédéric le Grand...............	155
XIII.	A Mme du Bocage (1748).........................	156
XIV.	Sur le Louvre (1749)............................	157
XV.	Impromptu fait à un souper dans une cour d'Allemagne.	157
XVI.	Au roi de Prusse................................	158
XVII.	Au même (1751)................................	159
XVIII.	Au même (1751)................................	159
XIX.	Au même (1751)................................	159
XX.	Au même (1751)................................	160
XXI.	Au même (1751)................................	161
XXII.	Au même, qui l'avait invité à dîner (1752)........	161
XXIII.	A Mme Denis....................................	161
XXIV.	Les Torts (1757)................................	162
XXV.	A M. le chevalier de Boufflers, qui lui avait envoyé une pièce de vers intitulée *Le Cœur*.............	163
XXVI.	A M. Deodati de Tovazzi.........................	163
XXVII.	A M. Blin de Sainmore (1761)....................	164
XXVIII.	A l'impératrice de Russie Catherine II, à l'occasion de la prise de Choczim par les Russes, en 1769......	164
XXIX.	A Mme la duchesse de Choiseul, sur la fondation de Versoy (1769).................................	165
XXX.	A M. Saurin, de l'Académie française, sur ce que le général des capucins avait agrégé l'auteur à l'ordre de saint François, en reconnaissance de quelques services qu'il avait rendus à ces moines (1770)....	166
XXXI.	A Mme Necker...................................	167
XXXII.	A M. Hourcastremé (1770).......................	167

		Pages.
XXXIII.	A M. De***, en réponse à des vers que la Société de Bordeaux lui avait envoyés.....................	168
XXXIV.	A Mme Lullin, de Genève.........................	168
XXXV.	Les désagréments de la vieillesse................	169
XXXVI.	Au roi de Prusse, sur un buste en porcelaine, fait à Berlin, représentant l'auteur, et envoyé par sa majesté, en janvier 1775.......................	170
XXXVII.	Stances sur l'alliance renouvelée entre la France et les cantons helvétiques, jurée dans l'église de Soleure, le 15 auguste 1777........................	170
XXXVIII.	Stances ou Quatrains, pour tenir lieu de ceux de Pibrac, qui ont un peu vieilli.....................	171

ÉPÎTRES.

I.	A Monseigneur, fils unique de Louis XIV (1706 ou 1707).......................................	174
II.	A Mme la comtesse de Fontaines, sur son roman de *la comtesse de Savoie* (1713).................	174
III.	A M. l'abbé Servien, prisonnier au château de Vincennes (1714)................................	175
IV.	A Mme de Montbrun-Villefranche (1714).........	178
V.	A M. le prince de Vendôme, grand prieur de France (1715).......................................	179
VI.	A M. l'abbé de***, qui pleurait la mort de sa maîtresse (1715)................................	181
VII.	A une dame un peu mondaine et trop dévote (1715)..	182
VIII.	A M. le duc d'Aremberg.........................	183
IX.	A M. le prince Eugène (1716)...................	184
X.	A Mme de Gondrin, sur le péril qu'elle avait couru en traversant la Loire (1716)....................	186
XI.	A Mme de*** (1716)............................	187
XII.	A Samuel Bernard, au nom de Mme de Fontaine-Martel.	188
XIII.	A Mme de G*** (1716)..........................	189
XIV.	A M. le duc d'Orléans, régent (1716)...........	190
XV.	A S. A. R. Mgr le prince de Conti (1718)........	193
XVI.	A M. de La Faluère de Genonville, conseiller au parlement, et ami intime de l'auteur. Sur une maladie (1719).......................................	194
XVII.	Au roi d'Angleterre, George Ier, en lui envoyant la tragédie d'*OEdipe* (1719).....................	196
XVIII.	A Mme la maréchale de Villars (1719)..........	196
XIX.	A M. le duc de Sully (1720)....................	197
XX.	A M. le maréchal de Villars (1721).............	199
XXI.	Au cardinal Dubois (1721)......................	200
XXII.	A M. le duc de La Feuillade (1722).............	201
XXIII.	A Mme de***....................................	202
XXIV.	A M. de Gervasi, médecin.......................	203
XXV.	A la reine, en lui envoyant la tragédie de *Mariamne* (1725).......................................	204
XXVI.	A M. Pallu, conseiller d'État...................	205
XXVII.	A Mlle Le Couvreur.............................	205
XXVIII.	A M. Pallu.....................................	206

		Pages.
XXIX.	Aux mânes de M. de Genonville (1729)............	208
XXX.	A M. de Formont, en lui envoyant les OEuvres de Descartes et de Malebranche..................	209
XXXI.	A M. de Cideville (1731)....................	210
XXXII.	Épître connue sous les noms des Vous et des Tu....	211
XXXIII.	A M. le comte de Tressan..................	212
XXXIV.	A Mlle de Lubert, qu'on appelait Muse et Grâce (1732).	213
XXXV.	A une dame, ou soi-disant telle (1732)...........	214
XXXVI.	A Mme de Fontaine-Martel (1732).............	216
XXXVII.	A Mlle Gaussin, qui a représenté le rôle de Zaïre avec beaucoup de succès (1732)..................	218
XXXVIII.	A Mme la marquise du Châtelet, sur sa liaison avec Maupertuis.......................	219
XXXIX.	A M. Clément de Dreux..................	219
XL.	A Mme la marquise du Châtelet. Sur la Calomnie....	220
XLI.	A Mlle de Guise, sur son mariage avec le duc de Richelieu...........................	224
XLII.	A M.***..........................	225
XLIII.	A M. le comte de Tressan (1734).............	226
XLIV.	A Uranie (1734)......................	227
XLV.	A Uranie (1734)......................	227
XLVI.	A Mme du Châtelet (1734)..................	228
XLVII.	A M. le comte Algarotti (1735)..............	229
XLVIII.	A M. de Saint-Lambert (1736)...............	230
XLIX.	A Mlle de Lubert......................	231
L.	A Mme la marquise du Châtelet.............	232
LI.	Au prince royal, depuis roi de Prusse. De l'usage de la science dans les princes..................	234
LII.	A Mlle de T.... de Rouen, qui avait écrit à l'auteur, conjointement avec M. de Cideville (1738)........	237
LIII.	Au prince royal de Prusse (1738)..............	237
LIV.	Au même, au nom de Mme la marquise du Châtelet, à qui il avait demandé ce qu'elle faisait à Cirey (1738).	239
LV.	A M. Helvétius (1738)	240
LVI.	Au roi de Prusse, Frédéric le Grand, en réponse à une lettre dont il honora l'auteur à son avénement à la couronne (1740).....................	241
LVII.	A un ministre d'État. Sur l'encouragement des arts (1740)............................	243
LVIII.	Au roi de Prusse.......................	245
LIX.	Au même (1741)......................	246
LX.	Au même (1742)......................	247
LXI.	Réponse aux premiers vers du marquis de Ximenès, du 31 décembre 1742 (1743)..................	248
LXII.	Au roi de Prusse. Fragment.................	248
LXIII.	Au même (1744)......................	249
LXIV.	Au même (1744)......................	252
LXV.	Au roi. Présentée à sa majesté, au camp devant Fribourg (1744)........................	254
LXVI.	Au roi de Prusse. Fragment.................	255
LXVII.	Au même..........................	256
LXVIII.	Au même, qui avait adressé des vers à l'auteur sur des rimes redoublées (1745)................	256

		Pages.
LXIX.	Au duc de Richelieu (1745)...............	257
LXX.	A M. le comte Algarotti, qui était alors à la cour de Saxe, et que le roi de Pologne avait fait son conseiller de guerre (1747)...............	258
LXXI.	A S. A. S. Mme la duchesse du Maine, sur la victoire remportée par le roi à Lawfelt (1747)......	260
LXXII.	A M. le duc de Richelieu...............	262
LXXIII.	A M. le maréchal de Saxe, en lui envoyant les OEuvres de M. le marquis de Rochemore, son ancien ami, mort depuis peu. (Ce dernier est supposé lui faire un envoi de l'autre monde.)...............	263
LXXIV.	A Mme Denis, nièce de l'auteur. La Vie de Paris et de Versailles (1748)...............	264
LXXV.	A M. le président Hénault (1748)...............	268
LXXVI.	A M. le duc de Richelieu, à qui le sénat de Gênes avait érigé une statue (1748)...............	270
LXXVII.	A M. de Saint-Lambert (1749)...............	271
LXXVIII.	A M. Darget (1750)...............	273
LXXIX.	A M. Desmahis (1750)...............	273
LXXX.	A M. le cardinal Quirini (1751)...............	274
LXXXI.	A M. Darget (1751)...............	275
LXXXII.	Au roi de Prusse (1751)...............	276
LXXXIII.	Au même (1751)...............	276
LXXXIV.	Au même...............	277
LXXXV.	L'auteur arrivant dans sa terre près du lac de Genève (1755)...............	278
LXXXVI.	A l'empereur François Ier et l'impératrice, reine de Hongrie. Sur l'inauguration de l'université de Vienne (1756)...............	281
LXXXVII.	A M. le duc de Richelieu. Sur la conquête de Mahon (1756)...............	282
LXXXVIII.	A M. l'abbé de La Porte (1759)...............	283
LXXXIX.	A une jeune veuve...............	284
XC.	A M. le président Hénault, sur son ballet du *Temple des Chimères*, mis en musique par M. le duc de Nivernais, et représenté chez M. le maréchal de Belle-Isle, en 1760...............	285
XCI.	A Daphné, célèbre actrice (1761)...............	285
XCII.	A Mme Denis. Sur l'Agriculture (1761)...............	288
XCIII.	A Mme Élie de Beaumont, en réponse à une épître en vers au sujet de Mlle Corneille...............	292
XCIV.	Au duc de La Vallière, grand fauconnier de France (1761)...............	292
XCV.	A Mlle Clairon (1765)...............	293
XCVI.	A Henri IV. Sur ce qu'on avait écrit à l'auteur que plusieurs citoyens de Paris s'étaient mis à genoux devant la statue équestre de ce prince pendant la maladie du dauphin (1766)...............	295
XCVII.	A M. le chevalier de Boufflers (1766)...............	296
XCVIII.	A M. François de Neufchâteau (1766)...............	297
XCIX.	A M. de Chabanon, qui, dans une pièce de vers, exhortait l'auteur à quitter l'étude de la métaphysique pour la poésie (1766)...............	298

TABLE.

		Pages.
C.	A Mme de Saint-Julien, née comtesse de la Tour-du-Pin.	298
CI.	A Mme de Saint-Julien (1768)	300
CII.	A mon vaisseau (1768)	301
CIII.	A Boileau, ou mon testament (1769)	302
CIV.	A l'auteur du livre des *Trois Imposteurs* (1769)	306
CV.	A M. de Saint-Lambert (1769)	309
CVI.	A M. de La Harpe (1769)	311
CVII.	A M. Pigal (1770)	312
CVIII.	Au roi de la Chine, sur son recueil de vers qu'il a fait imprimer (1771)	313
CIX.	Au roi de Danemark, Christian VII, sur la liberté de la presse accordée dans tous ses États (1771)	321
CX.	A M. Dalembert (1771)	326
CXI.	A l'impératrice de Russie, Catherine II (1771)	332
CXII.	Au roi de Suède, Gustave III (1771)	335
CXIII.	Benaldaki à Caramouflée, fme de Giafar le Barmécide (1771).	336
CXIV.	A Horace (1772)	337
CXV.	Au roi de Suède, Gustave III (1772)	342
CXVI.	A M. Marmontel (1773)	343
CXVII.	A M. Guys (1776)	344
CXVIII.	A un homme (1776)	345
CXIX.	A Mme Necker (1776)	346
CXX.	A M. le marquis de Villette (1777)	347
CXXI.	A M. le marquis de Villette, sur son mariage. Traduction d'une épitre de Properce à Tibulle, qui se mariait avec Délie (1777)	348
CXXII.	A M. le prince de Ligne sur le faux bruit de la mort de l'auteur, annoncée dans la *Gazette de Bruxelles*, au mois de février 1778.	349
CXXIII.	A M. le marquis de Villette. Les Adieux du vieillard (1778).	349

CONTES.

	Pages
Préface des éditeurs de Kehl	351
L'Anti-Giton. A Mlle Lecouvreur (1714)	352
Le Cadenas, envoyé en 1716 à Mme de B	354
Le Cocuage (1716)	357
La Mule du pape (1733)	358
Préface de Catherine Vadé, pour les contes de Guill. Vadé (1764).	360
Ce qui plaît aux dames	363
L'Éducation d'un prince	373
Gertrude, ou l'Éducation d'une fille	377
Les Trois Manières	380
Thélème et Macare	388
Azolan ou le Bénéficier	391
L'Origine des métiers	393
La Bégueule, conte moral (1772)	394
Les Finances (1775)	399
Le Dimanche, ou les Filles de Minée. A Mme Arnauche (1775)	401
Sésostris	407
Le Songe creux	409

FIN DE LA TABLE DU NEUVIÈME VOLUME.

COULOMMIERS. — Typogr. ALBERT PONSOT et P. BRODARD.

A LA MÊME LIBRAIRIE

ŒUVRES
DES PRINCIPAUX ÉCRIVAINS FRANÇAIS

VOLUMES IN-18 JÉSUS.

On peut se procurer chaque volume de cette série relié en percaline gaufrée, sans être rogné, moyennant 50 cent.; en demi-reliure, dos en chagrin, tranches jaspées, moyennant 1 fr. 50 cent., et avec tranches dorées, moyennant 2 fr. en sus du prix marqué.

1re Série à 1 franc 25 c. le volume.

Barthélemy : *Voyage du jeune Anacharsis en Grèce dans le milieu du* IVe *siècle avant l'ère chrétienne.* 3 volumes.

Atlas pour le *Voyage du jeune Anacharsis*, dressé par J. D. Barbé du Bocage, revu par A. D. Barbé du Bocage. In-8, 1 fr. 50 c.

Boileau : *Œuvres complètes.* 2 vol.

Bossuet : *Œuvres choisies.* 5 vol.

Corneille : *Œuvres complètes.* 7 vol.

Fénelon : *Œuvres choisies.* 4 vol.

La Fontaine : *Œuvres complètes.* 3 volumes.

Marivaux *Œuvres choisies.* 2 vol.

Molière : *Œuvres complètes.* 3 vol.

Montaigne : *Essais*, précédés d'une lettre à M. Villemain sur l'éloge de Montaigne, par P. Christian. 2 vol.

Montesquieu : *Œuvres complètes.* 3 volumes.

Pascal : *Œuvres complètes.* 3 vol.

Racine : *Œuvres complètes.* 3 vol.

Rousseau (J.-J.) : *Œuvres complètes.* 13 volumes.

Saint-Simon (le duc de) : *Mémoires complets et authentiques* sur le siècle de Louis XIV et la Régence, collationnés sur le manuscrit original par M. Chéruel, et précédés d'une notice de M. Sainte-Beuve, de l'Académie française. 13 vol.

Sédaine : *Œuvres choisies.* 1 vol.

Voltaire : *Œuvres complètes.* 46 vol.

2e Série à 3 francs 50 cent. le volume.

Chateaubriand : *Le génie du Christianisme.* 1 vol.

— *Les Martyrs* ; — *le Dernier des Abencerrages.* 1 vol.

— *Atala ; — René ; — les Natchez.* 1 vol.

Fléchier : *Mémoires sur les Grands-Jours d'Auvergne en 1665*, annotés par M. Chéruel et précédés d'une notice par M. Sainte-Beuve. 1 vol.

Malherbe *Œuvres poétiques*, réimprimées pour le texte sur la nouvelle édition des *Œuvres complètes* de Malherbe, publiées par M. Lud. Lalanne dans la Collection des GRANDS ÉCRIVAINS DE LA FRANCE. I v.

Sévigné (Mme de) : *Lettres de Mme de Sévigné, de sa famille et de ses amis*, réimprimées pour le texte sur la nouvelle édition publiée par M. Monmerqué dans la Collection des GRANDS ÉCRIVAINS DE LA FRANCE. 8 vol.

COULOMMIERS — Typ. ALBERT PONSOT et P. BRODARD.

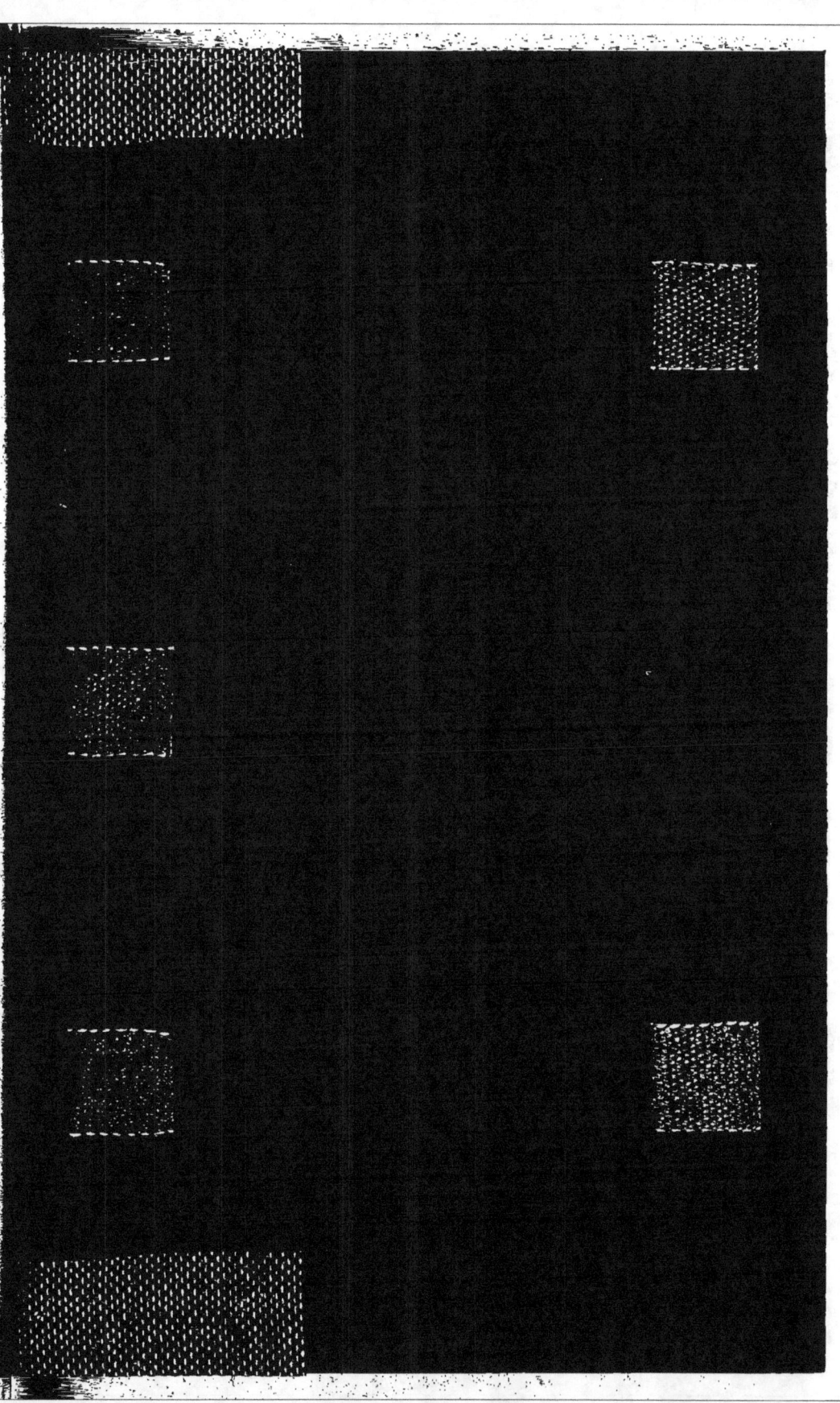

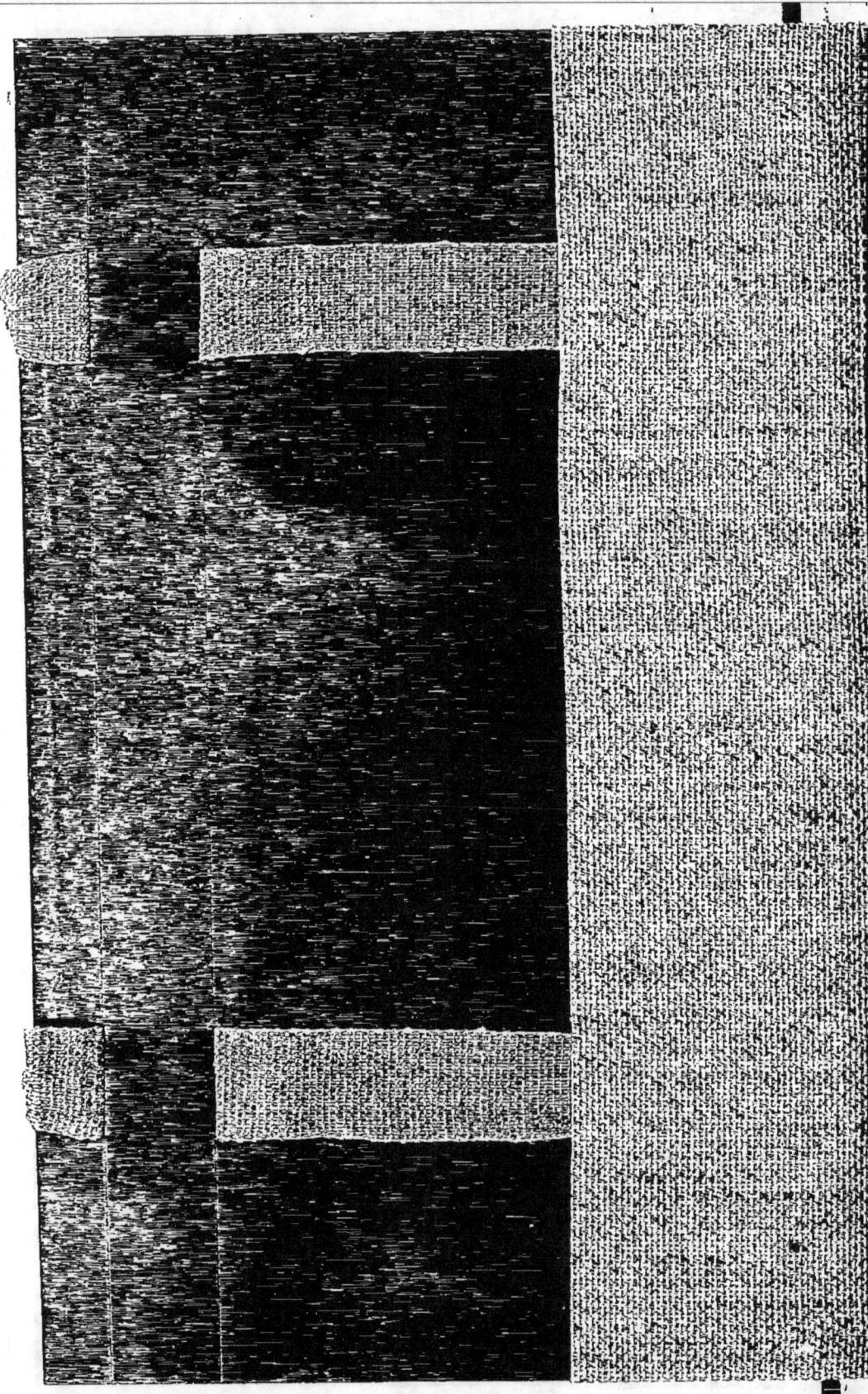